George
Das Ladenschlußgesetz auf dem Prüfstand

GABLER EDITION WISSENSCHAFT

Torsten George

Das Ladenschlußgesetz auf dem Prüfstand

Beschäftigungseffekte einer Flexibilisierung der Ladenöffnungszeiten

Mit einem Geleitwort
von Prof. Dr. W. Dietrich Winterhager

DeutscherUniversitätsVerlag

Die Deutsche Bibliothek - CIP-Einheitsaufnahme

George, Torsten:
Das Ladenschlussgesetz auf dem Prüfstand :
Beschäftigungseffekte einer Flexibilisierung der
Ladenöffnungszeiten / Torsten George.
Mit einem Geleitw. von W. Dietrich Winterhager.
- Wiesbaden : Dt. Univ.-Verl. ; Wiesbaden : Gabler, 1996
(Gabler Edition Wissenschaft)
Zugl.: Berlin, Freie Univ., Diss., 1995
ISBN 3-8244-6317-2

D 188

Der Deutsche Universitäts-Verlag und der Gabler Verlag sind Unternehmen der
Bertelsmann Fachinformation.

Gabler Verlag, Deutscher Universitäts-Verlag, Wiesbaden

Lektorat: Claudia Splittgerber / Markus Weber

Druck und Buchbinder: Rosch-Buch, Hallstadt
Printed in Germany

ISBN 3-8244-6317-2

"Jede Flexibilisierung der Arbeitszeit ist sinnvoll. Für viele, die Arbeit suchen, für viele, die Arbeit haben" (Glaubrecht/Wagner/Zander 1988, S. 106).

Geleitwort

Das geltende Ladenschlußgesetz in der Bundesrepublik Deutschland ist 1956 nur mit einer Zufallsmehrheit im Deutschen Bundestag zustande gekommen; es ist im internationalen Vergleich sehr restriktiv, und ordnungspolitisch widerspricht es dem herrschenden liberalen Credo.

Aber diese Regelungen haben nun auch eine lange Geschichte, beide Tarifpartner wehren sich mehrheitlich gegen eine weitgehende Liberalisierung, und es werden unterschiedliche Motive angeführt, die für eine Regulierung sprechen.

In der gegenwärtigen wirtschaftlichen Situation mit erheblicher und nachhaltiger Arbeitslosigkeit ist die Frage nach den Beschäftigungswirkungen einer Liberalisierung der Öffnungszeiten besonders wichtig. Die vorliegende Arbeit untersucht das und findet, daß positive oder negative Beschäftigungswirkungen auftreten können je nachdem, wie weitgehend und in welcher Form eine Liberalisierung durchgeführt wird. Es ist insbesondere auch zu befürchten, daß manche gegenwärtig diskutierten Modelle zu einem Beschäftigungsrückgang führen könnten. Der Verfasser stellt demgegenüber ein eigenes umfassendes Modell vor, von dem erhebliche positive Beschäftigungswirkungen zu erwarten sind. Um eine Regelung, die ungefähr dem entspricht, wird man bei der Neuformulierung des Gesetzes in der nächsten Zeit nicht herumkommen; das ist ein praktischer Verdienst dieser Arbeit.

Eine solche Neuregelung beeinflußt natürlich auch die Struktur des Einzelhandels und der Beschäftigung in ihm. Das vorgestellte Modell dürfte etwa dem Facheinzelhandel mehr förderlich sein als die gegenwärtige Regelung, und es dürfte der Offensive der Bundesregierung für mehr Teilzeitbeschäftigung entgegenkommen. Auch insoweit wird es zweifellos Befürworter finden.

Der Arbeit möchte man wünschen, für die anstehende zeitgemäßere und sachgerechtere Regelung der Ladenöffnungszeiten zur Kenntnis genommen und auch beherzigt zu werden.

Prof. Dr. W. Dietrich Winterhager

Geleitwort

Vorwort

Während der Erstellung meiner Diplomarbeit, die sich mit einer Verbesserung der Situation am Arbeitsmarkt im Rahmen einer Deregulierung der Arbeitsvermittlung befaßte, entstand der Grundgedanke für die hier vorliegende Arbeit. Der Einzelhandelssektor bietet dabei aufgrund seiner engen Verbindung zu dem produzierenden Gewerbe einen geeigneten Ansatzpunkt für weitere Überlegungen hinsichtlich einer nachfrageinduzierten Belebung der deutschen Wirtschaft.

Inspiriert durch Erfahrungen in den Vereinigten Staaten von Amerika und den entsprechenden Ideen für ein ausgewogenes und zukunftsweisendes Modell von Ladenöffnungszeiten, begann die nähere Recherche zu diesem Thema.

Dabei war auffällig, daß sich die vorherrschende Literatur zu diesem Komplex sehr einseitig darstellt: So befaßt sie sich hauptsächlich mit den seit nun mehr als 35 Jahren gleichbleibenden Argumenten des Pro und contra des Ladenschlußgesetzes, ohne diese aber näher auf ihren wirtschaftlichen Gehalt hin zu untersuchen. Selbst die wenigen Ausnahmen, die sich sachlich mit den wirtschaftlichen Aspekten des derzeitigen Ladenschlußmodells und den Konsequenzen einer Aufhebung der gesetzlichen Grenzen befassen, konzentrieren sich bei ihrer Betrachtung ausschließlich auf den Einzelhandelssektor - branchen- oder arbeitsmarktsegmentübergreifende Effekte bleiben dabei jedoch außer acht.

Dem Prinzip interdisziplinären Arbeitens folgend, erfaßt die hier vorliegende Arbeit nicht nur die politischen, wirtschaftlichen und juristischen Probleme im Zusammenhang mit einer Veränderung des Ladenschlußgesetzes, sondern beschäftigt sich auch mit den arbeitsmarktsegment bzw. branchenübergreifenden Effekten, die letztendlich zu einem anderen Urteil über die Flexibilisierungsbestrebungen führen als eine eingeengte Sichtweise.

Das Grundanliegen der Arbeit ist es, tendenziell allen "Parteien" bei der Aufstellung eines neuen Ladenschlußmodells gerecht zu werden, und somit sowohl den Forderungen der Gewerkschaften als auch dem Schutz der klein- und mittelständischen Betriebe nachzukommen.

Das Ergebnis der Arbeit ist somit als Anregung zur weiteren Diskussion um eine Entkoppelung der Arbeitszeit von der Ladenöffnungszeit zu verstehen, die letztlich dazu dienen kann, über konsuminduzierte Nachfragesteigerungen bzw. -ausweitungen die gesamtwirtschaftliche Produktion zu steigern und somit auch einen Beitrag zur Entlastung des Arbeitsmarktes zu erbringen.

An dieser Stelle möchte ich vor allem meinem Vater danken, der mir während meines gesamten Lebensweges hilfreich zur Seite stand und mir erst durch seine materielle als auch immaterielle Unterstützung die Möglichkeit eröffnete, diese Arbeit zu erstellen.

Mein weiterer Dank gilt Prof. Winterhager und Prof. Peine für das Interesse und Verständnis, das sie meinem Forschungsprojekt entgegengebracht haben. Ferner bin ich den Behörden, Verbänden und Unternehmen sowie den von mir befragten Personen für ihre wertvolle Unterstützung zu Dank verpflichtet, denn ohne ihr außerordentliches Entgegenkommen wäre es mir niemals möglich gewesen, die in dieser Arbeit verarbeiteten Informationen zu sammeln. Darüber hinaus gilt mein besonderer Dank auch Herrn Ziegler für seine Hilfe bei der Grafikeinbindung.

Torsten George

Inhaltsverzeichnis

Verzeichnis der Abkürzungen

Abs.	Absatz
AER	American Economic Review (Zeitschrift)
AERPP	American Economic Review, Papers and Proceedings (Zeitschrift)
AFG	Arbeitsförderungsgesetz
Art.	Artikel
AuB	Arbeit und Beruf (Zeitschrift)
AuR	Arbeit und Recht (Zeitschrift)
AöR	Archiv des öffentlichen Rechts (Zeitschrift)
AZO	Arbeitszeitordnung
BAG	Bundesarbeitsgericht
BAG e.V.	Bundesarbeitsgemeinschaft der Mittel- und Großbetriebe des Einzelhandels e.V.
BB	Betriebs-Berater (Zeitschrift)
Bd.	Band
ber.	bereinigt
BetrVG	Betriebsverfassungsgesetz
BGB	Bürgerliches Gesetzbuch
BGBl.	Bundesgesetzblatt
BGH	Bundesgerichtshof
BGHZ	Entscheidungen des Bundesgerichtshofes in Zivilsachen
BlnZ	Berliner Zeitung (Zeitung)
BM	Berliner Morgenpost (Zeitung)
BMA	Bundesministerium für Arbeit und Sozialordnung
BMWi	Bundesministerium für Wirtschaft
BPEA	Brookings Papers on Economic Activity (Zeitschrift)
BR-Drs.	Drucksachen des Bundesrates
BT-Drs.	Drucksachen des Bundestages
BVerfG	Bundesverfassungsgericht
BVerfGG	Bundesverfassungsgerichtsgesetz
BVerfGE	Amtliche Sammlungen der Entscheidungen des Bundesverfassungsgerichts (Band und Seite)

BVerwG	Bundesverwaltungsgericht
BVerwGE	Amtliche Sammlungen der Entscheidungen des Bundesverwaltungsgerichts (Band und Seite)
DAG	Deutsche Angestellten Gewerkschaft
DB	Der Betrieb (Zeitschrift)
DBW	Die Betriebswirtschaft (Zeitschrift)
DGB	Deutscher Gewerkschaftsbund
DIHT	Deutscher Industrie- und Handelstag
Diss.	Dissertation
DIW	Deutsches Institut für Wirtschaftsforschung
Drs.	Drucksache
EG	Europäische Gemeinschaft
EJ	The Economic Journal (Zeitschrift)
EStG	Einkommensteuergesetz
EU	Europäische Union (vormals Europäische Gemeinschaft)
EuGH	Gerichtshof der Europäischen Gemeinschaft
EWGV	Vertrag zur Gründung der Europäischen Wirtschaftsgemeinschaft
FAZ	Frankfurter Allgemeine Zeitung (Zeitung)
FfH	Forschungsstelle für den Handel Berlin e.V.
GaststättenG	Gaststättengesetz
GdE	Gesamtverband des Einzelhandels e.V.
gem.	gemäß
GewArch	Gewerbe-Archiv (Zeitschrift)
GewO	Gewerbeordnung
GG	Grundgesetz
GWB	Gesetz gegen Wettbewerbsbeschränkungen (Kartellgesetz)
HB	Handelsblatt (Zeitung)
HBV	Gewerkschaft Handel, Banken und Versicherungen
h.M.	herrschende Meinung
Hrsg.	Herausgeber
hrsg.	herausgegeben

IAB	Institut für Arbeitsmarkt- und Berufsforschung der Bundesanstalt für Arbeit
i.d.F.	in der Fassung
i.d.R.	in der Regel
IFAV	Institut für angewandte Verbraucherforschung e.V.
IRP	Institut for Research on Poverty
i.S.	im Sinne
i.V.m.	in Verbindung mit
JArbSchG	Jugendarbeitsschutzgesetz
JBR	Journal of Business Research (Zeitschrift)
JPE	Journal of Political Economy (Zeitschrift)
JuS	Juristische Schriften (Zeitschrift)
LadSchlG	Ladenschlußgesetz
MuSchG	Mutterschutzgesetz
NJW	Neue Juristische Wochenschrift (Zeitschrift)
no.	number
NZA	Neue Zeitschrift für Arbeits- und Sozialrecht (Zeitschrift)
OLG	Oberlandesgericht
o.V.	ohne Verfasser
OVG	Oberverwaltungsgericht
QJE	Quarterly Journal of Economics (Zeitschrift)
RdA	Recht der Arbeit (Zeitschrift)
Rdnr.	Randnummer
RGBl.	Reichsgesetzblatt
Rspr.	Rechtsprechung
SAE	Sammlung Arbeitsrechtlicher Entscheidungen
SIW	Studies in Income and Wealth (Zeitschrift)
sog.	sogenannte
SP	Social Research (Zeitschrift)
StBA	Statistisches Bundesamt

TS	Der Tagesspiegel (Zeitung)
TVG	Tarifvertragsgesetz
u.U.	unter Umständen
UWG	Gesetz gegen den unlauteren Wettbewerb
vgl.	vergleiche
VO	Verordnung
vol.	volume
WiSt	Wirtschaftswissenschaftliches Studium (Zeitschrift)
WuW	Wirtschaft und Wettbewerb (Zeitschrift)
ZfA	Zeitschrift für Arbeit (Zeitschrift)
z.Z.	zur Zeit

1. Einleitung

1.1 Untersuchungsgegenstand und Ziel der Arbeit

Das Ladenschlußgesetz ist bereits seit seinem Inkrafttreten im Jahre 1956 heftig umstritten. Allen Vorstößen zu einer Liberalisierung, d.h. *einer staatlich kontrollierten Freigabe der Gesamtladenöffnungszeit, bei gleichzeitigem Fortbestand der derzeitigen wöchentlichen Arbeitszeit der Arbeitnehmer und somit einer weitergehenden Entkoppelung der persönlichen Arbeitszeit von den Ladenöffnungszeiten* (Definition des Autors) war bisher nur ein bescheidener Erfolg beschieden.

Die weitere Flexibilisierung, d.h. die Rückführung der Entscheidung über die Ladenöffnungszeiten in die Hände des Marktes, des durch vielfache Ausnahmeregelungen durchlöcherten Ladenschlußgesetzes (so auch das ifo-Gutachten; vgl. ifo Institut, in: ifo Schnelldienst 1995, S. 12, 14), ist daher seit der Einführung des Dienstleistungsabends vor fünf Jahren nur noch ein Thema für nachrichtenschwache Zeiten gewesen. Die Starrheit, mit der die vorgefaßten Meinungen sowohl von Seiten der Gegner (z.B. Gewerkschaften und Interessenvertretungen des Einzelhandels mit Ausnahme des Bundesverbandes der Filialisten und Selbstbedienungswarenhäuser) als auch der Befürworter (z.B. Verbraucherorganisationen, der Sachverständigenrat zur Begutachtung der gesamtwirtschaftlichen Entwicklung und die Monopolkommission) des jetzigen Ladenschlußmodells vertreten werden, verhindert jeden Versuch einer Versachlichung und erstickt zudem jegliche Initiative zu einer Liberalisierung des Ladenschlußgesetzes im Keim. Umstritten ist zwischen Gegnern und Befürwortern einer Freigabe der Ladenöffnungszeiten, ob überhaupt ein Bedarf für eine längere zeitliche Betriebsbereitschaft des Einzelhandels besteht. Die Gegner einer Flexibilisierung des Ladenschlußgesetzes sehen die derzeit bestehende Einkaufszeit als ausreichend an, da nach ihrer Auffassung Arbeitszeitverkürzungen, Urlaubsverlängerungen und die Einführung flexibler Arbeitszeitmodelle in vielen Wirtschaftsbereichen für einen hinreichenden "Einkaufsspielraum" der Verbraucher gesorgt haben (vgl. Batzer 1984, S. 19; Dichtl/Müller 1984, S. 25; Gartz 1984, S. 209; DAG 1990, S. 30; HBV 1993, S. 7; Niedersächsisches Ministerium für Wirtschaft, Technologie und Verkehr 1993, S. 3). Darüber hinaus wird von Seiten der Kritiker einer Freigabe der Ladenöffnungszeiten bezweifelt, daß sich durch eine Ausweitung des Verkaufszeitangebots der Umsatz des Einzelhandels steigern ließe, was als Grundvoraussetzung für die Umsetzung der Liberalisierungsbestrebungen angesehen wird (vgl. Batzer 1984, S. 20; HBV 1993, S. 4; Niedersächsisches Ministerium für Wirtschaft, Technologie und Verkehr 1993, S. 3). Infolgedessen werden auch jegliche Arbeitsmarktwirkungen einer Liberalisierung von vornherein ausgeschlossen. Vielmehr wird die Auffassung vertreten, daß ein Wegfall des Ladenschlußgesetzes zu einem verstärkten Verlust von Arbeitsplätzen führen wird, da durch die Bevorteilung nichtpersonalintensiver Einzelhandelsformen (z.B. Selbstbedienungswarenhäuser) ebenso wie durch die Anpassung des Personaleinsatzes an die veränderten Kundenströme (Rationalisierungsmaßnahmen), die Zahl der Arbeitnehmer tendenziell eher abnehmen wird (vgl. Batzer 1984, S. 24; Gartz 1984, S. 210; DAG 1990, S. 32; HBV 1993, S. 5). Gleichzeitig wird prognostiziert, daß die im Einzelhandelssektor Beschäftigten infolge einer Aufhebung der Beschränkung der zeitlichen Betriebsbereitschaft mit einer weiteren Verschlechterung der Arbeitsbedingungen (insbesondere ihrer Arbeitszeit) zu rechnen hätten (vgl. Dichtl/ Müller 1984, S. 29; Gartz 1984, S. 209; DAG 1990, S. 30; HBV 1993, S. 6). Mit einer Liberalisierung des Ladenschlußgesetzes wird von Seiten der Gegner einer Freigabe der Ladenöffnungszeiten zudem eine Verstärkung des derzeit bereits vorzufindenen Konzentrationsprozesses verbunden, was zu einer Gefährdung des mittelständischen Einzelhandels führen könnte und damit auch den Stand der Verbraucher negativ beeinflussen würde (vgl. Batzer 1984, S. 21 ff.; Gartz 1984, S. 210; HBV 1993, S. 9 ff.). Ein weiteres Argument gegen eine Aufhebung des Ladenschlußgesetzes ist in der zu befürchtenden Verschiebung der Einzelhandelsstandorte zugunsten sogenannter 1a-Standorte (Citylage) oder der "grünen Wiese" zu sehen (vgl. Schmidt/Kayser 1986, S. 27; HBV 1993, S. 3; Niedersächsisches Ministerium für Wirtschaft, Technologie und Verkehr 1993, S. 3; FfH 1993, S. 89). Eine Weiterentwicklung der Rechtsvorschriften und ein Überdenken des Gesamtkonzeptes aufgrund der seit der Verabschiedung des Gesetzes über den Ladenschluß geänderten Ausgangssituation ist infolge der zuvor skizzierten Meinungsverschiedenheit derzeit nicht zu erkennen. Auch das im August diesen Jahres vom ifo Institut vorgelegte Gutachten zur Überprüfung des Ladenschlußgesetzes vor dem Hintergrund der Erfahrungen im In- und Ausland (vgl. ifo Institut, in: ifo Schnelldienst, August 1995) dürfte keine wesentliche Veränderung im Meinungsstreit bewirken, sondern nur kurzfristig die Diskussion um neue Lösungsvorschläge zur Behebung des "Ladenschlußproblems" beleben. Folglich ist es eine Aufgabe dieser Arbeit, die Frage zu klären, inwiefern die vorangestellten Argumente der Gegner einer Freigabe der Ladenöffnungszeit zutreffend bzw. bei den Liberalisierungsbestrebungen mit einzubeziehen sind.

Unabhängig von den Argumenten hinsichtlich der Zweck- oder Unzweckmäßigkeit einer Regulierung der Ladenöffnungszeiten, steht das Ladenschlußgesetz zum Grundgedanken einer marktwirtschaftlich ausgerichteten Wettbewerbswirtschaft im Widerspruch, da den sozialpolitischen Belangen (Arbeitnehmerschutz) eine größere Rolle eingeräumt wird als dem Allgemeininteresse (Verbraucher- und Unternehmerfreiheit; vgl. ifo Institut, in: ifo Schnelldienst 1995, S. 13, 23). Dieses Vorgehen läuft der Auslegung der im Grundgesetz statuierten Wirtschaftsverfassung zuwider, wonach staatliche Eingriffe (z.B. durch Regulierung) nur dann zulässig sind, wenn schutzwürdige Personengruppen durch das freie Spiel der Kräfte unberechtigterweise benachteiligt würden (so auch Neumann 1984, S. 46; Schmidt/Kayser 1986, S. 22; Stober [a] 1989, S. 26 ff., Stober [c] 1994, S. 42 ff.). Die Arbeitnehmer erfahren aber bereits durch spezielle Arbeitsschutznormen (z.B. AZO, BetrVG etc.) einen ausreichenden Schutz, der eine zusätzliche Regulierung der zeitlichen Betriebsbereitschaft unnötig erscheinen läßt. Es ist daher eine ordnungspolitische Aufgabe des

Staates, durch eine Deregulierung die Produzenten- und Konsumentensouveränität wiederherzustellen, die Beschränkungen der unternehmerischen Gestaltungsfreiheit über die Nutzbarmachung der zeitlichen Betriebsbereitschaft als absatzpolitisches Instrument zu beseitigen und potentiellen Arbeitskräften die Chance zu bieten, zu den von ihnen als günstig empfundenen Zeiten arbeiten zu können (so auch das ifo Institut in seinem Gutachten zum Ladenschluß; vgl. ifo Institut, in: ifo Schnelldienst 1995, S. 11 ff.).

Darüber hinaus erfordert auch die durch unbestimmte Rechtsbegriffe und unübersichtliche Ausnahmeregelungen geschaffene Unsicherheit des Handels, welche sich in der Zunahme der Verstöße des Ladenschlußgesetzes widerspiegelt, eine Überarbeitung des Gesamtkonzeptes. Zudem wird die Zweckmäßigkeit des Gesetzes heute bereits in Zweifel gezogen. So erkannte bereits das Bundesverfassungsgericht in seiner Grundsatzentscheidung zum Ladenschluß im Jahre 1961 (vgl. BVerfGE 13, S. 230 ff., S. 237 ff.), daß der ursprüngliche Zweck des Arbeitsschutzes nicht mehr das vorrangige Ziel sei, sondern aufgrund des Wandels nunmehr der Schwerpunkt bei dem Schutz des Wettbewerbes läge. Vor dem Hintergrund der gesellschaftlichen, sozialen und handelspolitischen Veränderungen seit diesem Zeitpunkt bedarf das Gesetz demzufolge einer kritischen Überprüfung seiner verfassungsrechtlichen und auch volkswirtschaftlichen Rechtfertigung. So ist es ein Ziel dieser Arbeit, die bestehenden Mißverständnisse rund um das Ladenschlußgesetz aufzuzeigen und darzulegen, daß aufgrund der vielseitigen tarif- und arbeitsrechtlichen Regelungen das Ladenschlußgesetz hinfällig geworden ist. Ferner ist zu bedenken, daß das Gesetz die Arbeitnehmer des Einzelhandels nicht vor Arbeiten außerhalb der Ladenöffnungszeiten schützen kann, es aber eine Bedienung der Kunden zu bedarfsgerechten Zeiten verhindert. Ebenso erscheint das ursprüngliche Ziel des Wettbewerbsschutzes vor dem Hintergrund des zunehmenden Konzentrationsprozesses im Einzelhandel, den die Monopolkommission zuletzt als "besorgniserregend" bezeichnete (vgl. TS vom 19. Februar 1994, S. 19), verfehlt.

Schließlich ist eine Aufhebung des Ladenschlußgesetzes auch nicht mit verlängerten Arbeitszeiten gleichzusetzen, wie irrtümlich oft assoziiert wird, sondern schafft für die Händler nur die Möglichkeit, die zeitliche Betriebsbereitschaft den Wünschen der Kunden anzupassen und somit ihrer eigentlichen volkswirtschaftlichen Aufgabe der Bedürfnisbefriedigung nachzukommen. Bei einer Festschreibung der derzeitigen Beschäftigungsverhältnisse (Lage und Dauer der Arbeitszeit) wäre dies nur durch die Einstellung zusätzlicher Arbeitskräfte möglich. Vor dem Hintergrund der wirtschaftlichen Krise und des hohen Stands der Arbeitslosenzahl, erscheint eine Abkehr von einem konsumfeindlichen und damit nachfragehemmenden Ladenschlußkonzept ratsam, zumal über mögliche Beschäftigungseffekte die Aufhebung des Ladenschlußgesetzes auch arbeitsmarktpolitische Bedeutung erlangen könnte.

Die Intention der hier vorliegenden Arbeit ist es, zu ergründen, wie sich eine Änderung des Ladenschlußgesetzes auf die Interessen der betroffenen Gruppen und die Beschäftigungssituation bzw. gesamte Volkswirtschaft auswirken wird, zum anderen, ob der gesellschaftliche und wirtschaftliche Wandel der letzten 39 Jahre eine Reform nicht sowieso erforderlich erscheinen läßt.

Hierzu wird neben einer eingehenden rechtlichen und wirtschaftlichen Situationsanalyse ein Ladenschlußmodell vorgestellt, das auf den Annahmen basiert, daß eine Aufhebung des Ladenschlußgesetzes mit begleitenden mittelstandsfördernden Maßnahmen zu einem branchenübergreifenden Beschäftigungswachstum (Erweiterung der üblichen Sichtweise) führt und über das gestiegene Einkommensniveau (Kaufkraftsteigerung) zu einer Belebung der Wirtschaft beizutragen vermag. Den Interessen des Arbeits- und Wettbewerbsschutzes sowie dem Verbraucherinteresse wird dabei Rechnung getragen, und zugleich die Möglichkeit genutzt, dem Arbeitsplatzabbau im Einzelhandel entgegenzuwirken und sogar neue Arbeitsplätze zu schaffen. Zu verkennen ist dabei nämlich nicht, daß der Einzelhandelssektor mit seinen mehr als zwei Millionen Beschäftigten und seiner engen Verknüpfung zum industriellen Sektor (als dessen Warenlieferant) einen entscheidenden Beitrag zur Entspannung des Arbeitsmarktes und des wirtschaftlichen Aufschwunges leisten kann. Hierbei sollten sich alle unmittelbar oder mittelbar beteiligten Gruppen ihrer gesellschaftlichen Verantwortung bewußt werden und somit den vorliegenden Beitrag zunächst vorurteilsfrei betrachten.

1.2 Aufbau der Arbeit

Im Rahmen dieser Zielsetzung wird zunächst in *Kapitel zwei* die geschichtliche Entwicklung des Ladenschlusses bis hin zur heutigen rechtlichen Ausgestaltung dargestellt. Daneben werden auch die Gründe für die Eingriffe des Staates, die schließlich zur Einführung einer einheitlichen Regelung der Ladenöffnungszeiten führten, kurz erläutert.

In *Kapitel drei* werden die gesetzlichen Grundlagen des Ladenschlusses in der Bundesrepublik Deutschland behandelt. Diesbezüglich werden der Begriff des Ladenschlusses näher beleuchtet und die Zielsetzungen, Struktur und Inhalt sowie der Geltungsbereich des Gesetzes vorgestellt. Außerdem wird das Gesetz zur Einführung des Dienstleistungsabends in die Betrachtung mit einbezogen und die neben dem Ladenschlußgesetz geltenden Rechtsvorschriften erläutert.

Aufbauend auf die in Kapitel drei beschriebene Ausgangssituation wird in *Kapitel vier* der rechtliche Fortbestand der Ladenschlußregelungen unter verfassungs- und wettbewerbsrechtlichen Aspekten untersucht. Neben der Wiedergabe des Urteilstenors des Bundesverfassungsgerichts wird insbesondere das Grundrecht auf freie Berufswahl und Handlungsfreiheit sowie die Zulässigkeit tarifvertraglicher Regelungen über den Ladenschluß in den Mittelpunkt der Betrachtung gestellt.

Im Rahmen eines Ländervergleichs werden dann in *Kapitel fünf* die Ladenschlußkonzepte der Vereinigten Staaten und Schwedens, die jeweils erheblich liberalere Regelungen aufweisen, erläutert und deren Erfahrungen aufgezeigt. Aufbauend auf diese Ansätze werden hiernach in *Kapitel sechs* die Erfordernisse zur Flexibilisierung der Ladenöffnungszeiten herausgearbeitet, die letztlich die Grundlage für die Ableitung des Grundkonzeptes liberaler Öffnungszeiten bilden, welches in *Kapitel sieben* mit den entsprechenden ökonomischen, rechtlichen und personalpolitischen Rahmenbedingungen entwickelt wird.

Unter Annahme eines solchen Modells werden anschließend die makro- und mikroökonomischen Konsequenzen aufgezeigt (*Kapitel acht*), wobei der Schwerpunkt hierbei auf den möglichen Beschäftigungseffekten und den damit verbundenen Wirkungen für die Volkswirtschaft liegt. Hierzu wird eine einfache Modellrechnung aufgestellt, welche die relevanten Faktoren berücksichtigt und die Ergebnisse der in *Kapitel neun* dargestellten empirischen Studien miteinbezieht.

Den Abschluß der Studie bildet eine Analyse der Übertragbarkeit der gewonnenen Ergebnisse auf den Bereich der verarbeitenden Industrie (*Kapitel zehn*) und eine zusammenfassende Übersicht über die Resultate der Arbeit (*Kapitel elf*).

2. Historische Entwicklung der Ladenöffnungszeiten

Die rechtliche Ausgestaltung des heutigen Ladenschlußrechts in Form des Ladenschlußgesetzes ist das Ergebnis einer mehr als hundertjährigen Entwicklung. Die im Laufe dieser Zeit erworbenen Erfahrungen dienten in der Vergangenheit dazu, die Regulierung des Einzelhandels in bezug auf die Ladenschlußzeiten zu rechtfertigen.

Im Zuge der Herausbildung einer Handelslandschaft, d.h. durch die Ablösung des Marktbetriebes durch stationäre Verkaufsstellen im 14. Jahrhundert, entstanden erstmals gesetzliche Regelungen, die sich mit den Ladenöffnungszeiten befaßten. So bestimmte z.B. die Briga-Krämer-Ordnung im Jahre 1318 den vollständigen Ladenschluß an Sonntagen. Die Motive für derartige Bestimmungen waren zunächst rein religiösen Ursprungs und bezogen sich im wesentlichen auf die Festlegung der Ladenöffnungszeiten an Sonn- und Feiertagen. Die werktäglichen Ladenöffnungszeiten lagen dahingegen weiter im freien Ermessen der Händler (vgl. Aengenendt [a] 1971, S. 11; DAG 1990, S. 20).

Die Veränderungen des 19. und beginnenden 20. Jahrhunderts mit der Zunahme der Arbeitszeit im Rahmen der Industrialisierung brachten jedoch eine Änderung der Einstellung mit sich: Der Schutz der Arbeitnehmer stand nunmehr im Vordergrund, wodurch nun auch die werktäglichen Regelungen in die Betrachtung mit einbezogen wurden. Dabei handelte es sich zunächst um allgemeine Bestimmungen, die sich mit dem Schutz der Industriearbeiter befaßten. Mit der Verabschiedung des Arbeitsschutzgesetzes vom 1. Juni 1891 (RGBl. S. 261) wurde dann jedoch auch die Gewerbeordnung um die §§ 41 a und 105 b bis h GewO ergänzt und hierdurch die Sonn- und Feiertagsarbeit im Handel erheblich eingeschränkt (vgl. Achten 1988, S. 35 f.).

Als eine Erhebung der Kommission für Arbeiterstatistik Arbeitszeiten im Einzelhandel von mehr als 14 Stunden nachwies, war der Gesetzgeber vor diesem Hintergrund zu weiteren Eingriffen zum Schutze der Beschäftigten gezwungen. So verabschiedete der Reichstag am 30. Juli 1900 das Gesetz "betreffend die Abänderung der Gewerbeordnung" (RGBl. S. 321) durch Einfügung des § 139 GewO. Danach wurde der Arbeitgeber laut § 139 c GewO dazu verpflichtet, seinen Mitarbeitern täglich mindestens eine zehnstündige ununterbrochene Arbeitspause zu gewähren. Darüber hinaus bestimmte der § 139 e GewO eine Ladenöffnungszeit zwischen fünf Uhr morgens und neun Uhr abends (vgl. Achten 1988, S. 57 ff.). Erstmals fand damit in der Gewerbeordnung eine wochentägliche Beschränkung der Ladenöffnungszeit statt.

Nach dem 1. Weltkrieg wurde durch die Verordnung "über die Regelung der Arbeitszeit der Angestellten" vom 18. März 1919 (RGBl. S. 315) der Arbeitsschutz dahingehend verstärkt, daß Angestellte des Einzelhandels nunmehr nur noch acht Stunden täglich arbeiten durften (§ 1 der VO über die Regelung der Arbeitszeit der Angestellten). Zur besseren Kontrolle der Arbeitsschutzvorschrift bestimmte § 9 der VO über die Regelung der Arbeitszeit der Angestellten, daß die Geschäfte zwischen 19 Uhr abends und sieben Uhr morgens geschlossen zu halten waren. Mit dieser rechtlichen Ausgestaltung wurde die Auffassung vertreten, daß eine Kontrolle der Einhaltung der Arbeitszeitregelungen nur durch eine Verknüpfung von Arbeits- und Ladenöffnungszeit zu erreichen sei (vgl. Aengenendt [a] 1971, S. 13). Dieser Gedanke findet auch im heutigen Ladenschlußgesetz seine Fortsetzung.

1934 wurde diese werktägliche Ladenschlußregelung in die Arbeitszeitordnung (RGBl. S. 803) übernommen und bei der Neuregelung der Arbeitszeitordnung vom 30. April 1938 (RGBl. S. 447) in § 22 AZO gesondert berücksichtigt. Nunmehr bestand im gesamten Reichsgebiet eine einheitliche Regelung der Ladenschlußzeiten.

Während des 2. Weltkrieges wurden die Ladenschlußzeiten aufgrund des Warenmangels weiter verkürzt. Nach Beendigung des Krieges wurde die Arbeitszeitordnung von 1938 durch die Direktive Nr. 26 des alliierten Kontrollrates vom 26. Januar 1946 wieder in Kraft gesetzt (vgl. Achten 1988, S. 249; Höger 1972, S. 5 f.).

Im Jahre 1950 wurde im Bundestag erstmals über eine Initiative zu einer bundeseinheitlichen Regelung des Ladenschlusses in einem eigenständigen Gesetz diskutiert. Die vorgelegten Entwürfe zur besseren Wahrung eines verlängerten Wochenendes für Einzelhandelsangestellte fanden jedoch keine Zustimmung. Am 24. September 1954 überbrachte schließlich die Bundesregierung dem Bundesrat den Entwurf eines Gesetzes über den Ladenschluß (BR-Drs. 310/54), der jedoch nicht an den Bundestag weitergeleitet wurde. So kam es, daß am 14. Juni 1955 196 Bundestagsabgeordnete einen Initiativentwurf vorlegten (BT-Drs. 1461), der sich weitgehend am Regierungsentwurf orientierte und zur Grundlage des geltenden Ladenschlußgesetzes avancierte. Da er in wesentlichen Punkten von dem Regierungsentwurf abwich, ihm aber keine eigenständige Begründung beigefügt war, gilt die Begründung des Regierungsentwurfs heute (unter Vorbehalt) als Orientierungshilfe zu Auslegungsfragen (vgl. Stober [b], in: GewArch 1982, S. 1 ff.).

Nach drei Lesungen und gegen die Bedenken des wirtschaftspolitischen Ausschusses wurde schließlich am 28. November 1956 das Gesetz über den Ladenschluß vom Bundestag verabschiedet. Dabei war mit nur 153 Ja-Stimmen (53,1 %ige Mehrheit) zu 123 Nein-Stimmen und 6 Enthaltungen keine breite parlamentarische Mehrheit für die Einführung des Gesetzes vorhanden. Zudem fehlten von den 487 im Bundestag vertretenen Abgeordneten 205 Volksvertreter (vgl. Piepenbrock [b] 1984, S. 87), was bis heute Anlaß zu Zweifeln an der Rechtfertigung des Gesetzes gibt. So sagte schon der damalige Bundeswirtschaftsminister Ludwig Erhard zu der Einführung des Gesetzes: *"Für derartige Gesetze bringe ich kein Verständnis auf... Kein Mensch kommt doch z.B. auf die komische Idee, daß etwa am Samstagnachmittag keine Züge gehen dürften oder keine Post ausgetragen wird, keine Gaststätte geöffnet werden sollte"* (Gutowski [b] 1986, S. 9).

Mit der Schaffung des Ladenschlußgesetzes wurden die Regelungen der betrieblichen Schluß- bzw. Öffnungszeiten aus den Arbeitszeitbestimmungen herausgenommen und die maximale Öffnung von Verkaufsstellen auf 7.00 bis 18.30 Uhr von Montag bis Freitag und auf 7.00 bis 14.00 Uhr am Samstag festgelegt. Am ersten Samstag im Monat dürfen die Geschäfte bis 18.00 Uhr geöffnet haben (vgl. BGBl. I S. 875). Ausnahmeregelungen waren im originären Gesetz nur begrenzt gegeben.

Dieser Umstand führte schließlich dazu, daß bereits im Dezember 1957 eine Änderung des Gesetzes erging und in der Folgezeit weitere Gesetzesnovellen (bis zum heutigen Tage gab es 10 Änderungen; vgl. Scholtissek, in: BB 1992, S. 589) zur Bedarfsanpassung erfolgen mußten: So wurden insbesondere durch das 2. Gesetz zur Änderung über den Ladenschluß (BGBl. 1960 I S. 845) die verkaufsoffenen Sonntage vor Weihnachten aufgehoben und durch die verkaufsoffenen Sonnabende vor Weihnachten ersetzt (vgl. Reichert 1971, S. 22 ff.; Aengenendt [a] 1971, S. 15).

Die gesetzlichen Bestimmungen des Ladenschlußgesetzes von 1956 wurden in ihren wesentlichen Teilen im Jahre 1961 vom Bundesverfassungsgericht (vgl. BVerfGE 13, S. 230 ff. - 1 BvR 758/57; BVerfGE 13, S. 237 - 1 BvR 760/57) bestätigt und für verfassungskonform hinsichtlich des Grundrechts der freien Berufswahl, des Eigentumschutzes (am eingerichteten und ausgeübten Gewerbebetrieb) und der Handlungsfreiheit sowie des Gleichheitsgrundsatzes erklärt (näheres hierzu unter Punkt 4.2). Seither bildet dieses Urteil die wesentliche Säule für die Rechtfertigung einer Regulierung des Einzelhandels, ohne damit aber eine Aussage über die sozialökonomische Zweckmäßigkeit zu machen.

Aufgrund der Vielzahl der Änderungen des Gesetzes, die letztlich zu einer "Aufweichung" führten (vgl. ifo Institut, in: ifo Schnelldienst 1995, S. 12, 14), und des wirtschaftlichen und gesellschaftlichen Wertewandels ist es fraglich, ob das damalige Urteil heute noch Gültigkeit hat. Ebenso haben die Veränderungen der letzten zehn Jahre zu erheblichen Zweifeln an der bestehenden Ausgestaltung der Ladenöffnungszeiten geführt:

So wurde mit dem Art. 9 des Gesetzes zur Änderung wirtschafts-, verbraucher-, arbeits- und sozialrechtlicher Vorschriften vom 27. Juli 1986 (BGBl. I S. 1169) die Öffnungsmöglichkeit an Bahnhofsverkaufsstellen, Verkaufsstellen in internationalen Flug- und Fährhäfen und Personenbahnhofsanlagen des Stadtverkehrs (in Städten mit mehr als 200.000 Einwohnern) für Pendler und Reisende erweitert (vgl. Anzinger, in: NZA 1986, S. 589 ff.). Diese Neuregelung mußte nach einem Urteil des Bundesverwaltungsgerichts (vgl. Stober [a], in: BB 1986, S. 659 ff.) dahingehend geändert werden, daß Waren des täglichen Gebrauchs und Geschenkartikel auch an andere Personen als an Reisende abgegeben werden müssen. Dabei wird aber das Gesamtkonzept des Ladenschlußgesetzes dahingehend durchbrochen, daß eine Wettbewerbsneutralität nicht mehr gegeben ist. Somit sind hierdurch erste Auflösungserscheinungen ersichtlich.

Von erheblichen Protesten und Streiks im Einzelhandel begleitet wurde am 10. Juli 1989 das Gesetz zur Einführung des Dienstleistungsabends (BGBl. I S. 1382) verabschiedet, das eine Ladenöffnungszeit donnerstags bis 20.30 Uhr erlaubt, sofern hierdurch die Gesamtöffnungszeit (64,5 bzw. 68,5 Stunden) in der Woche nicht überschritten wird (hierzu auch Punkt 3.2). Hierin ist ein Schritt in die richtige Richtung zu erkennen, der aber einer weiteren Liberalisierung bedarf, um sozialökonomische Effekte zu fördern. So kommt auch die von der Bundesregierung eingesetzte "Unabhängige Kommission zur Revitalisierung der Marktwirtschaft" (Deregulierungskommission) in ihrem Abschlußbericht vom März 1991 zu dem Ergebnis, daß die Einwände gegen eine Liberalisierung nicht überzeugen und die ersatzlose Streichung des Ladenschlußgesetzes erstrebenswert sei (vgl. Hoffmann, in: GewArch 1991, S. 298). Zu dem gleichen Schluß gelangt auch das Bundesministerium für Wirtschaft in seinem Standortpapier zum Thema Ladenschluß, in dem es heißt: *"Deshalb sollte seitens des BMWi nach wie vor auf eine vollständige Aufhebung des Ladenschlußgesetzes hingewirkt werden"* (Bundesministerium für Wirtschaft 1993 [a], S. 8).

Ein weiteres Indiz für eine notwendige Überarbeitung des Ladenschlußmodells, stellt das von dem Bundesverwaltungsgericht im Oktober 1993 gefällte sogenannte "Tankstellenurteil" (BVerwG 1 C 17.91) dar. Danach ist an Tankstellen auch weiterhin der Verkauf von Reisebedarf (nichtalkoholische Getränke, Süßwaren, Zigaretten, Zeitungen u.ä.) außerhalb der öffentlichen Ladenschlußzeiten erlaubt (vgl. TS vom 27.10.1993, S. 9; HB vom 27.10.1993, S. 1; Arbeitsgemeinschaft der Verbraucherverbände e.V., in: Verbraucherpolitische Korrespondenz 1993, S. 1 ff.). Es handelt sich bei der Bezeichnung des Reisebedarfs um einen unbestimmten Rechtsbegriff (eine Definition ist nicht ausdrücklich im Gesetz benannt), dessen Inhalt letztlich durch die Interpretation der Rechtsprechung erfolgt. Der Umfang der Waren, welche die Rechtsprechung dem Begriff des Reisebedarfs zubilligt, geht allerdings über das ursprünglich allein mit der Aufrechterhaltung der Fahrbereitschaft der Autofahrer verbundene Warenangebot hinaus (vgl. Urteil des BVerwG, in: GewArch 1994, S. 117 ff.). Trotz des Bewußtseins, daß die in den Tankstellenshops angebotenen Waren auch zur Deckung des täglichen Bedarfs der Verbraucher dienen können, wird diese Praxis geduldet. Durch dieses Vorgehen findet eine weitere "Durchlöcherung" der geltenden rechtlichen Regeln statt. Dies führt in der Konsequenz zu einer erheblichen Rechtsunsicherheit für ganze Händlergruppen (vgl. BMWi [a] 1993, S. 6; Niedersächsisches

Ministerium für Wirtschaft, Technologie und Verkehr 1993, S. 12).

Angeregt durch das "Tankstellenurteil" kam es demzufolge zu einer hitzigen Diskussion über den Fortbestand der Ladenschlußregelungen. Dabei läßt sich innerhalb der Positionen eine leichte Trendwende gegenüber den früheren Jahren feststellen: Inzwischen haben nämlich eine Vielzahl von Großunternehmen sowie auch Teile von Interessenvertretungen ihre Meinung zugunsten einer Flexibilisierung geändert. So äußerte zuletzt auch der Handelsausschuß des Deutschen Industrie- und Handelstages, daß eine Flexibilisierung aufgrund der künftigen strukturellen Veränderungen im Handel erforderlich ist, um der gewerblichen Wirtschaft mehr Dispositionsfreiheit einzuräumen (vgl. DIHT im Rundschreiben vom 3. Dezember 1993).

Mit der Bundesratsinitiative des Landes Berlins zur Änderung des Ladenschlußgesetzes (vgl. BR-Drs. 608/93 vom 15. Oktober 1993) und dem gleichlautenden Beschluß des Bundesrates, wonach die werktäglichen Ladenschlußzeiten nicht für Verkaufsstellen gelten sollen, in denen während dieser Zeit keine Arbeitnehmer beschäftigt werden, d.h. nur der Inhaber bzw. seine Familienmitglieder sie nutzen dürfen, ist ein weiterer Schritt in Richtung einer Flexibilisierung der Ladenöffnungszeiten zu sehen. Eine Durchsetzung des Vorhabens ist aber aufgrund des koalitionsinternen Streits und der ungeklärten Stimmenverhältnisse im Bundestag zweifelhaft. Zudem sieht der Gesetzesentwurf eine kaum zu rechtfertigende Ungleichbehandlung von Handelsunternehmen vor. Außerdem gehen von der Maßnahme keinerlei positive Beschäftigungseffekte aus, wie sie eventuell eine vollständige Aufhebung des Ladenschlußgesetzes erbringen würde.

Belebt wurde die Diskussion um das Ladenschlußgesetz zuletzt (August 1995) durch die Veröffentlichung des Gutachtens des ifo Instituts für Wirtschaftsforschung München, welches sowohl im Auftrag des Bundesminsteriums für Arbeit und Sozialordnung als auch des Bundesministeriums für Wirtschaft das Für und Wider einer Beibehaltung, Änderung oder völligen Freigabe der gesetzlichen Ladenöffnungszeiten abzuwägen und das Ladenschlußgesetz unter Berücksichtigung von Erfahrungen im In- und Ausland zu überprüfen hatte (vgl. ifo Institut, in: ifo Schnelldienst 1995, S. 11 ff.). Aufgrund der positiven Untersuchungsergebnisse (Belebung der einzelhandelsrelevanten Nachfrage, positive Umsatz- und Beschäftigungseffekte; vgl. ifo Institut, in: ifo Schnelldienst 1995, S. 18 f.) spricht sich das ifo Institut für einen Verzicht einer zeitlichen Beschränkung der wöchentlichen Ladenöffnungszeit aus (vgl. ifo Institut, in: ifo Schnelldienst 1995, S. 24). Nach Ansicht der Gutachter entspricht es zudem *"dem Wesen einer wettbewerbsorientierten Wirtschaftsordnung, der aktiven und innovativen Neugestaltung mehr Raum zu geben als der Konservierung von Wettbewerbsstrukturen, die sich unter handelsbeschränkenden Regulierungen im Verlauf der letzten vier Jahrzehnten gebildet haben"* (ifo Institut, in: ifo Schnelldienst 1995, S. 23). Insoweit sollte nach Auffassung des ifo Instituts eine Reform des Ladenschlußgesetzes *"dem Handel die Möglichkeit eröffnen, mit den Veränderungen in der*

Arbeitswelt und in der Gesellschaft Schritt zu halten" (ifo Institut, in: ifo Schnelldienst 1995, S. 25). Zwar sorgte der Untersuchungsbericht für eine Belebung in der Diskussion um die Ladenschlußproblematik und scheint die Standpunkte der Befürworter einer Flexibilisierung der Ladenöffnungszeiten zu unterstützen, allerdings ist nicht zu vermuten, daß es in Kürze zu einer Änderung des Gesetzes kommen wird. Alleine die unterschiedlichen Ansichten über die Ausgestaltung des zukünftigen Ladenschlußmodells machen eine rasche Einigung eher unwahrscheinlich, zumal sich die Einstellung der Gewerkschaften zu diesem Thema auch durch das vorliegende ifo-Gutachten nicht verändert hat. Überdies weist das Gutachten einige Widersprüche auf (z.B. Forderung der völligen Freigabe der Öffnungszeiten bei gleichzeitigem Lizensierungsverfahren für Nachtöffnung, fehlende Beachtung von Spill-over-Effekten u.ä.), die den Gegnern einer Liberalisierung der Ladenöffnungszeiten Anlaß zur Kritik bietet.

Die Ereignisse zeigen, wie notwendig eine eingehende Auseinandersetzung mit der wirtschaftlichen und rechtlichen Ausgestaltung der Ladenöffnungszeiten ist. Dennoch darf man unter Beachtung der durch die Geschichte gewonnenen Erfahrungen nicht die Notwendigkeit eines staatlich geregelten Rahmens der Öffnungszeiten zum Schutze des Mittelstandes und der Arbeitnehmer verkennen. Daher scheint ein Modell, welches beiden Forderungen aufgrund einer gesetzlichen Ausgestaltung Rechnung trägt, erstrebenswert.

3. Die rechtliche Ausgestaltung des Ladenschlußgesetzes

Nachdem im letzten Abschnitt die historische Entwicklung dargestellt wurde, die zu einem staatlichen Eingriff und schließlich zur Errichtung eines repressiven Verbots mit Erlaubnisvorbehalt (Ausnahmevorbehalt) hinsichtlich der einzuhaltenden Schlußzeiten des Handels führten, sollen nachfolgend die derzeit gültigen gesetzlichen Regelungen für den Ladenschluß betrachtet werden.

Das Gesetz über den Ladenschluß vom 28. November 1956 (BGBl. I S. 875), zuletzt geändert durch das Gesetz zur Einführung eines Dienstleistungsabends vom 10. Juli 1989 (BGBl. I S. 1382), bildet die generelle Grundlage für die Bestimmung der Ladenschlußzeiten des Einzelhandels. Neben dieser Quelle bedingen auch andere Normen die Beschränkung der Ladenzeiten bzw. die Lage und Dauer der Arbeitszeit der im Einzelhandel Beschäftigten. In diesem Zusammenhang sind als ergänzende gesetzliche Regelungen die Gewerbeordnung, das Grundgesetz, die Arbeitszeitordnung und das Betriebsverfassungsgesetz zu nennen. Die letztgenannten Normen werden in diesem Kapitel nur am Rande behandelt, aber in Verbindung mit der verfassungs- und betriebsverfassungsrechtlichen Überprüfung eingehender beleuchtet.

3.1 Das Ladenschlußgesetz im Überblick

Das Ladenschlußgesetz stellt eine Besonderheit unter den gesetzlichen Regelungen dar: Es begründet für den Einzelhandelssektor eine arbeits- und wettbewerbsrechtliche "Schutzzone", die für den Wirtschaftsbereich einzigartig ist (vgl. ifo Institut, in: ifo Schnelldienst 1995, S. 23). Die Gründe für eine so gravierende Differenzierung werden jedoch nicht benannt.

3.1.1 Zielsetzungen

Anders als andere Gesetze des Wirtschaftsrechts enthält das Ladenschlußgesetz explizit keine Hinweise über Zielsetzung oder Zweck. Da der Gesetzesinitiative des Ladenschlußrechts - wie im Kapitel zuvor bereits beschrieben - eine Begründung fehlte, ist zur Ableitung des Zweckes der Ladenschlußnorm ersatzweise auf die Begründung der ursprünglichen Regierungsvorlage (vgl. BR-Drs. 310/54, in: DAG 1990, S. 23 ff.) sowie auf die Anwendung methodischer Grundsätze (so z.B. Ableitung des Arbeitnehmerschutzes aus den §§ 17 Abs. 3 und 20 Abs. 4 LadSchlG) zurückzugreifen.

Die Vorschriften des Ladenschlußgesetzes waren demnach dazu bestimmt, den Arbeitsschutz zu vervollständigen. Mit der Festschreibung der Ladenschlußzeiten sollten die in der Regel ungünstigen Arbeitszeiten im Einzelhandel begrenzt und eine Einhaltung der gesetzlich vorgeschriebenen Arbeitszeit (§ 3 AZO) sichergestellt werden. Das Gesetz erreicht den Schutz der Ladenangestellten nur mittelbar, indem es nicht ihre Nichtbeschäftigung, sondern die Schließung der Verkaufsstellen während bestimmter Zeiten anordnet. Es stellt somit eine Ergänzung zu den Vorschriften über die Arbeitszeit (AZO) und den Beschäftigungsverboten der Gewerbeordnung (§§ 105 a ff. GewO), des Mutterschutzgesetzes und des Jugendarbeitsschutzgesetzes dar (vgl. Reichert 1971, S. 24; Stober [b], in: GewArch 1982, S. 1 ff.).

Neben der zunehmenden Diskrepanz zwischen gesetzlich erlaubter effektiver Ladenöffnungszeit (64,5 bzw. 68,5 Stunden bei Wochen mit langem Sonnabend) und den tarifvertraglich festgelegten Arbeitszeiten von 37,5 Stunden (vgl. DAG 1990, S. 28) haben sich umfangreiche arbeitsrechtliche Normen herausgebildet, die den Arbeitsschutz weitaus wirkungsvoller erfüllen können. In diesem Kontext verliert das Ladenschlußgesetz aus arbeitsrechtlicher Sicht zunehmend an Bedeutung. Als Aufgabe verbleibt demzufolge nur noch die Absicherung einer ausreichenden Arbeits- und Nachtruhe sowie eines zusammenhängenden Wochenendes für das Verkaufspersonal (analog § 17 LadSchlG; vgl. BVerfGE 13, S. 237 ff.). So stellte bereits das Bundesverfassungsgericht im Jahre 1961 fest, daß anstelle des primären Ziels des Arbeitsschutzes *"der Gedanke der Wettbewerbsneutralität stärker in den Vordergrund"*, trat, *"der von Anfang an zur Einbeziehung auch der ohne Personal arbeitenden Ladeninhaber in das Ladenschlußgesetz geführt hat"* (BVerfGE 13, S. 240). Nach heutiger Auffassung ist in der Sicherung der Wettbewerbsneutralität ein eigenständiges Ziel zu sehen. Zweck einer solchen ist es, die Gleichheit zwischen verschiedenen Arten der Verkaufsstellen herzustellen. Dies soll dadurch erreicht werden, daß die zulässige Arbeitszeit für alle Betriebe im Einzelhandel auf die gleichen Tageszeiten der Werktage verteilt werden. Der dabei zugrunde liegende Begriff der "Wettbewerbsneutralität" ist allerdings im juristischen Sinne zu bewerten und entspricht nicht der wirtschaftswissenschaftlichen Definition, was zu erheblichen Bedenken hinsichtlich der Rechtfertigung des Ladenschlußgesetzes führt (vgl. Stehn 1987, S. 12; Reichert 1971, S. 25 f.; vgl. hierzu auch Abschnitt 4.1 und 6.3).

Bei der Gestaltung des Ladenschlußgesetzes spielte außerdem der Gedanke einer wirksamen und möglichst einfachen Verwaltungskontrolle eine Rolle. Dieser Gedanke ist allerdings nicht als eigenständiges Ziel bei der Auslegung des Gesetzes aufzufassen. Er muß immer in Zusammenhang mit dem Arbeitsschutz gestellt werden. Umstritten ist, ob auch der Verbraucherschutz bei der Auslegung des Gesetzes Anwendung findet. Da das Ladenschlußgesetz eine Einschränkung der Verbraucherfreiheit impliziert, kann man den Verbraucherschutz kaum als eigentliches Ziel des Gesetzes ableiten. Lediglich bestimmte Verbraucherinteressen und Bedürfnisse, die von der Sache her einer ständigen Befriedigung bedürfen, wurden im Gesetz dem Arbeitsschutz vorangestellt (vgl. Ausnahmetatbestände der §§ 4-16, 18 a , 19, 23 LadSchlG). Die Berücksichtigung des Verbraucherschutzes findet allein dann Anwendung, wenn es zu einer Auslegung unbestimmter Rechtsbegriffe unter Abwägung verfassungsrechtlicher Gegebenheiten kommt (vgl. Stober, in: GewArch 1982, S. 9). Das Ladenschlußgesetz dient zudem dem Religionsschutz, indem es teilweise an die religiös begründete Sonn- und Feiertagsregelung anknüpft (vgl. §§ 2, 12 Abs. 2, 14 Abs. 2 Satz 2, 17 LadSchlG). Für die Auslegung des Gesetzes kommt dem Religionsschutz aber ebenfalls keine eigenständige Bedeutung zu.

3.1.2 Struktur und Inhalt des Gesetzes

Bevor nunmehr eine verkürzte Darstellung des Gesetzes über den Ladenschluß vom 28. November 1956 (BGBl. I S. 875) erfolgt, wird der strukturelle Aufbau des Gesetzes vorangestellt:

Das Ladenschlußgesetz ist in sieben Abschnitte gegliedert. Während der erste Abschnitt die Begriffsbestimmungen - die dem Gesetz zugrunde liegen - erläutert, befassen sich der zweite (Ladenschlußzeiten) sowie der vierte Abschnitt (Bestimmungen für einzelne Gewerbezweige und für den Marktverkehr) mit der Festschreibung der Ladenschlußzeiten. Die im dritten Abschnitt (§ 17 LadSchlG) enthaltene Arbeitsschutzregelung verliert unter Berücksichtigung tarifvertraglicher Regelungen und der einhergehenden Arbeitszeitverkürzung immer mehr an Bedeutung. Die Durchführungsbestimmungen des Gesetzes, d.h. die Befugnisse und Pflichten der zuständigen Verwaltungsbehörden, werden im fünften Abschnitt bestimmt. Der sechste Abschnitt enthält Ausführungen zu Ordnungswidrigkeiten und Straftaten. Im siebenten Abschnitt sind die Schlußbestimmungen aufgeführt, die u.a. das Inkrafttreten und den Vorbehalt der Landesgesetzgebung betreffen.

Vorbehaltlich der Ausnahmevorschriften (lex specialis derogat legi generali) müssen gemäß § 3 LadSchlG Verkaufsstellen

"1. *an Sonn- und Feiertagen,*
2. *montags bis freitags bis 7.00 Uhr, in Verkaufsstellen für Bäckerwaren bis 6.30 Uhr, und ab 18.30 Uhr,*
3. *samstags bis 7.00 Uhr, in Verkaufsstellen für Bäckerwaren bis 6.30 Uhr, und ab 14.00 Uhr, am ersten Samstag im Monat oder, wenn dieser Tag auf einen Feiertag fällt, am zweiten Samstag im Monat sowie an den vier aufeinanderfolgenden Samstagen vor dem 24. Dezember ab 18.00 Uhr, in den Monaten April bis September ab 16.00 Uhr,*

4. *am 24. Dezember, wenn dieser Tag auf einen Werktag fällt, ab 14.00 Uhr",*

für den geschäftlichen Verkehr mit Kunden geschlossen sein. Darüber hinaus ermöglicht § 3 Abs. 2 LadSchlG eine Öffnung der Verkaufsstellen donnerstags bis 20.30 Uhr, sofern hierdurch die nach § 3 Abs. 1 Nr. 2 und 3 *"zulässige Gesamtöffnungszeit in der Woche nicht überschritten wird"* (§ 3 Abs. 2 LadSchlG; Ausnahme: Gründonnerstag). Die jeweils beim Ladenschluß anwesenden Kunden dürfen noch bedient werden (vgl. § 3 Abs. 1 Nr. 4 Satz 2 LadSchlG).

Unter dem hier verwendeten Begriff des *geschäftlichen Verkehrs* versteht man im Sinne des Gesetzes außer der eigentlichen Verkaufstätigkeit (Abgabe von Waren, Entgegennahme von Bestellungen, Aushändigung vorbestellter Waren u.ä.) auch die Beratung von Kunden und das Vorzeigen von Mustern (verkaufsanbahnende Tätigkeiten), hingegen nicht die Zustellung von Waren (Bevorzugung des Versandhandels; vgl. Stober 1988, LadSchlG, § 3 LadSchlG Rdnr. 26 ff.; Neumann 1989, LadSchlG, S. 10).

Die Festschreibung der Ladenschlußzeiten, die für den Ladeninhaber den Rahmen festlegen, in dem er seine Ladenöffnungszeiten nach eigenem Ermessen frei wählen kann, bezieht sich zunächst auf den Begriff der *Verkaufsstelle* (sachlicher Anwendungsbereich des Ladenschlußgesetzes). Darunter sind entsprechend § 1 Abs. 1 Nr. 2 Satz 1 LadSchlG (Legaldefinition) solche Einrichtungen zu verstehen, von denen von *"einer festen Stelle aus ständig Waren zum Verkauf an jedermann feilgehalten werden"* (§ 1 Abs. 1 Nr. 2 Satz 1 LadSchlG). Unter *Einrichtung* wird dabei *"eine besondere Vorrichtung verstanden, die (auch) dem Feilhalten von Waren dient"* (BR-Drs. 310/54, S. 6). Dabei ist es aber nicht erforderlich, daß die Vorrichtung ausschließlich dem Verkauf gewidmet ist. Der Begriff *feste Stelle* meint eine gewisse, nicht ohne weiteres zu lösende Verbindung mit dem Boden. Es muß sich dabei allerdings nicht um einen stehenden Gewerbebetrieb (i.S.d. §§ 14, 42 GewO) handeln, da das Ladenschlußgesetz nicht auf den Betrieb eines Gewerbes abstellt (vgl. Neumann 1989, LadSchlG, S. 2 f.). Das Merkmal *ständig* dient der Abgrenzung zu nur vorübergehend bzw. befristet vorhandenen Verkaufsstellen. Der Begriff *Ware* ist ein allgemeingültiger wirtschaftlicher Terminus, der somit abgesehen von Sonderregelungen (§ 18 LadSchlG) nicht auf Werk- und Dienstleistungen (z.B. Handwerksbetriebe, Reinigungsfirmen, Reisebüros) anzuwenden ist (vgl. Denecke/Neumann 1987, AZO/ LadSchlG, S. 271). Verkaufsstellen i.S.d. Gesetzes liegen nur vor, wenn die Waren *zum Verkauf an jedermann* feilgehalten werden. Hierbei kommt es auf die Möglichkeit des freien Zutritts für alle Personen an. Insofern werden Verkäufe von Privat an Privat und der Verkauf im Großhandel (Zutritt nur für einen klar abgegrenzten Personenkreis) nicht erfaßt. Letzteres ist jedoch heftig umstritten, da die Praxis zeigt, daß die Käufe oftmals zur reinen Deckung des Eigenbedarfs erfolgen und die Vergabe von

Einkaufsausweisen an Nichtberechtigte (Endverbraucher) dem Großhandel Wettbewerbsvorteile verschafft, die nicht im Sinne der Ausgestaltung des Ladenschlußgesetzes liegen dürften (vgl. Stober 1988, LadSchlG, § 1 LadSchlG Rdnr. 33 ff.; Denecke/Neumann 1987, AZO/LadSchlG, S. 272). Das Merkmal *feilhalten* dient der Abgrenzung zum "feilbieten" (vgl. §§ 55 Abs. 1 Nr. 1, 67 Abs. 1 GewO), das eine ausdrückliche Kaufaufforderung verlangt. Feilhalten hingegen beinhaltet das Vorzeigen und Bereithalten der Ware in der Verkaufsstelle. Das Zeigen von Mustern, Proben und ähnlichem wird dem Feilhalten gleichgestellt, sofern es der Anbahnung eines Kaufes dient (vgl. Neumann 1989, LadSchlG, S. 4).

Ergänzt wird die Vorschrift des § 1 LadSchlG durch die Auffangregelung des § 20 LadSchlG. Zweifelsfragen darüber, ob eine Verkaufsstelle im Sinne des Gesetzes vorliegt, haben infolge der Bestimmung des § 20 LadSchlG keine besondere Bedeutung. Gemäß § 20 LadSchlG unterliegt nämlich auch das Feilhalten von Waren *außerhalb* einer Verkaufsstelle (tragbare oder leicht aufstellbare Einrichtungen) den Vorschriften über die allgemeinen Ladenschlußzeiten. Hierdurch wird eine lückenlose Einbeziehung dieser Tätigkeiten bezweckt und damit der Anwendungsbereich des § 1 LadSchlG erheblich ausgeweitet (vgl. Stober 1988, LadSchlG, § 20 LadSchlG Rdnr. 2 ff.). Das Ladenschlußgesetz ist jedoch nicht auf alle Verkaufsstellen anwendbar. So wird sein Geltungsbereich durch Sonderregelungen eingeschränkt (lex specialis derogat legi generali). Dies trifft zum Beispiel für Verkaufsstellen im Zusammenhang des Gaststättengewerbes (vgl. § 7 GaststättenG) zu (vgl. Stober 1988, LadSchlG, § 1 LadSchlG Rdnr. 59).

Beim ebenfalls in § 3 LadSchlG benannten Begriff des *Feiertags* handelt es sich um gesetzliche Feiertage (vgl. § 2 LadSchlG), die bundes- oder landesrechtlich durch Gesetz näher bestimmt sind.

In den §§ 4 bis 16 LadSchlG werden Ausnahmetatbestände benannt, die dem besonderen Versorgungsbedürfnis der Bevölkerung Rechnung tragen. So lassen sich z.B. für Apotheken (§ 4 LadSchlG) spezielle Ladenzeitenregelungen im Gesetz finden. Ebenso wird Tankstellen (§ 6 LadSchlG) eine durchgehende Öffnungszeit eingeräumt. Während der allgemeinen Ladenschlußzeiten (zwischen 18.30 und 7.30 Uhr) und an Sonn- und Feiertagen ist allerdings nur die Abgabe von Betriebsstoffen und Ersatzteilen erlaubt, soweit sie zur Erhaltung der Fahrbereitschaft notwendig sind. Über den Wortlaut des Gesetzes hinaus ist auch der Verkauf von Zubehör bzw. Reisebedarf gestattet (vgl. BVerwG-Urteil vom 26. Oktober 1993 - 1 C 17/90 -, in: GewArch 1994, S. 117 ff.). Es handelt sich dabei um den Verkauf solcher Waren, die der Erhaltung der Fahrfähigkeit und Fahrbereitschaft des Fahrers dienen (nichtalkoholische Getränke, Süßwaren, Zigaretten, Zeitungen u.ä.). Dadurch wird aber die Tankstelle zu einer Spätverkaufsstelle. Im Einzelfall kann dies eine Verzerrung der Wettbewerbschancen mit sich bringen und damit den Gesamtcharakter des Gesetzes in Frage stellen (vgl. hierzu auch Kapitel 4.3.3).

Die in § 7 LadSchlG bestimmte Beschränkung der Benutzung von Warenautomaten wurde bereits 1962 (vgl. BVerfGE 14, S. 19 ff.) durch eine Entscheidung des Bundesverfassungsgerichts für verfassungswidrig und nichtig erklärt. Warenautomaten unterliegen demnach nicht dem Ladenschlußgesetz. Weitere Regelungen, die zu einer Aushöhlung des Gesetzeszwecks der Wettbewerbsneutralität beitragen, sind in den §§ 8 und 9 LadSchlG zu sehen. Hiernach können Verkaufsstellen in Bahnhöfen und Flug- bzw. Fährhäfen durchgehend geöffnet haben (Ausnahme: Personenbahnhöfe im öffentlichen Nahverkehr; 24. Dezember) und Waren des täglichen Ge- und Verbrauchs vertreiben.

Der Schutz der Arbeitnehmer des Einzelhandels wird in § 17 LadSchlG geregelt. *"In Verkaufsstellen"* dürfen *"Arbeitnehmer an Sonn- und Feiertagen nur während der ausnahmsweise zugelassenen Öffnungszeiten (§§ 4 bis 15 und die hierauf gestützten Vorschriften), und falls dies zur Erledigung von Vorbereitungs- und Abschlußarbeiten unerläßlich ist, während insgesamt weiterer dreißig Minuten beschäftigt werden"* (§ 17 Abs. 1 LadSchlG). Die Beschäftigungsdauer darf jedoch insgesamt acht Stunden nicht überschreiten (vgl. § 17 Abs. 2 LadSchlG).

Eine in der Praxis sehr häufig angewandte Regelung betrifft die Ausnahmebewilligung im öffentlichen Interesse (vgl. § 23 LadSchlG). Die Norm enthält die Voraussetzungen zur Erteilung von Ausnahmegenehmigungen (Ermessensvorbehalt) und die behördliche Zuständigkeit. Sie kann als ergänzende Generalklausel angesehen werden und trägt zu einer flexiblen Handhabung von regionalen Besonderheiten bei. Der Arbeitsschutz muß aber nur aufgrund eines dringend notwendigen öffentlichen Interesses zurücktreten. Ein öffentliches Interesse besteht nur dann, wenn es Gründe des Gemeinwohls erfordern (z.B. Versorgung mit Nahrungsmitteln, touristisches Ereignis wie die Reichstagsverhüllung von Christo und Jeanne Claude).

Aufgrund der zuvor gemachten Ausführungen läßt sich folgendes festhalten: Das Ladenschlußgesetz weist einen sehr kasuistischen Charakter auf, d.h. es nimmt vorrangig eine Betrachtung von Einzelfällen und deren Beurteilung nach den besonders für sie zutreffenden Tatbeständen vor. Für die Anwendung des Gesetzes bedeutet dies, daß veränderte Gewohnheiten und Bedürfnisse nicht genügend berücksichtigt werden können. Zudem fehlt jeglicher struktureller Zusammenhang: So werden Ausnahmetatbestände für bestimmte Verkaufsstellen und Waren (besondere Ladenschlußzeiten der §§ 4 ff. LadSchlG) durch Bestimmungen für einzelne Gewerbezweige und -formen (§§ 18 ff. LadSchlG) modifiziert. Die Möglichkeit des Erlasses von Rechtsverordnungen (immerhin 19 Möglichkeiten) sowie die Erteilung von Ausnahmegenehmigungen durch Verwaltungsakte (§§ 20 Abs. 2 a, 23 LadSchlG) fördern die Unübersichtlichkeit des Normengeflechts und tragen zu einer steigenden Rechtsunsicherheit der Betroffenen bei (vgl. Stober, in: GewArch 1982, S. 1 und 4 ff.). Durch das

Auslassen des zeitungebundenen Handels (Versandhandel, Großhandel) sowie die durch das "Tankstellenurteil" (vgl. BVerwG-Urteil vom 26. Oktober 1993 - 1 C 17/90 -, in: GewArch 1994, S. 117 ff.) bestätigte Möglichkeit des Spätverkaufs an den Tankstellen findet möglicherweise auch eine ungerechtfertigte Ungleichbehandlung statt, die daher im folgenden Kapitel einer der Punkte der verfassungsrechtlichen Untersuchung darstellen wird.

3.2 Das Gesetz zur Einführung eines Dienstleistungsabends

Das Gesetz zur Einführung eines Dienstleistungsabends vom 10. Juli 1989 (BGBl. I S. 1382) wird von den Liberalisierungsgegnern als frauen- und familienfeindliche und die sozialen Zusammenhänge zerstörende Vorschrift angesehen (vgl. DAG 1990, S. 30). Dies veranlaßt sie, auch das "Scheitern" des Gesetzes vor dem Hintergrund der Entwicklung hin zu einem reinen "Kaufabend" hervorzuheben (vgl. Vogt, in: NJW 1989, S. 2376 f.). Dabei sind die im Gesetz zur Einführung eines Dienstleistungsabends enthaltenen Artikel nach ihren rechtlichen Wirkungen eingehender zu differenzieren:

So enthält Artikel 1 des Gesetzes zur Einführung eines Dienstleistungsabends nur eine Empfehlung für eine Ausweitung des Ladenschlußkonzeptes auf Dienstleistungsbetriebe sowie Dienststellen des Bundes (unter gleichzeitiger Beachtung des § 76 Abs. 5 Satz 3 BetrVG; vgl. Buschmann [b], in: NZA 1990, S. 387 f.). Dem Gesetzgeber steht aufgrund der Art. 70 ff. GG lediglich eine beschränkte Gesetzgebungskompetenz zu. Für den Dienstleistungsbereich wäre eine rechtsverbindliche und harmonisierende Regelung unproblematisch, für den Behördenbereich hingegen sind die jeweiligen Landes-, Kommunal- und anderen Selbstverwaltungskompetenzen zu berücksichtigen. Eine einheitliche Regelung kann somit nicht erzwungen werden (fehlende rechtliche Wirkung) - sie ist nur auf freiwilliger Basis möglich (vgl. Vogt, in: NJW 1989, S. 2376 f.). Insofern ist es nicht erstaunlich, daß die vom Gesetzgeber angestrebte Umsetzung eines Dienstleistungsabends leerlief. Anzumerken ist, daß die Arbeitszeiten und damit verbunden auch die Öffnungszeiten der Freiberufler und des Dienstleistungssektors (Ärzte, Steuerberater, Rechtsanwälte und Dienstleistungsbetriebe) sowieso über denen des Einzelhandels liegen.

Erst Artikel 2 des Gesetzes zur Einführung eines Dienstleistungsabends enthält mit einer veränderten Fassung des § 3 LadSchlG eine rechtsverbindliche Regelung für den Einzelhandelssektor. Diese sieht eine Ladenöffnung donnerstags bis 20.30 Uhr vor, soweit hierdurch die Gesamtöffnungszeit in der Woche nicht überschritten wird (als Folge eine Verkürzung der Arbeitszeit an anderen Tagen). Aus der Einführung des Dienstleistungsabends lassen sich auch nur bedingt Rückschlüsse (Akzeptanz des Abendverkaufs durch den Verbraucher) hinsichtlich der Effekte einer Flexibilisierung des Ladenschlußmodells ziehen, da letztlich die Gesamtöffnungszeit gleich geblieben ist.

Tarifvertragliche Erklärungen zum Abschluß von Betriebsvereinbarungen im Einzelhandel (vgl. HBV [a] [Gesetzessammlungen] 1992, S. 17) stehen der unbeschränkten Wahrnehmung des langen Donnerstags aber entgegen. So soll grundsätzlich das Ende der täglichen Arbeitszeit der Arbeitnehmer auf 18.30 Uhr festgeschrieben und hiervon nur dann abgewichen werden, wenn Wettbewerbsgründe dies zur Abwendung abendöffnungsbedingter Nachteile erfordern (vgl. HBV [a] [Gesetzessammlungen] 1992, S. 17; DAG 1990, S. 27). Wettbewerbsgründe liegen dann vor, wenn andere nicht tarifgebundene Ladengeschäfte in der näheren Umgebung am Donnerstagabend öffnen. Dem Betriebsrat steht dabei ein Mitbestimmungsrecht bei der Festlegung der Arbeitszeiten auch in Verkaufsstellen ohne Rücksicht auf die Tarifbindung zu (vgl. Vogt, in: NJW 1989, S. 2376 f.; hierzu auch Punkt 3.3.3).

3.3 Ergänzende Rechtsquellen mit Arbeitnehmerschutzfunktion

Nachfolgend sollen die rechtlichen Normen dargestellt werden, die mit der Bestimmung der Arbeitszeit den Arbeitsschutzgedanken des Ladenschlußgesetzes ergänzen bzw. umsetzen. Zu beachten ist nämlich, daß das Ladenschlußgesetz keine unmittelbare Arbeitszeitregelung enthält. Während in anderen Ländern nach einer Überführung des Arbeitsschutzgedankens in spezielle Rechtsvorschriften die Regulierung der Ladenschlußzeiten aufgegeben und liberaleren Regelungen Platz gemacht wurde, besteht in Deutschland weiterhin eine Koexistenz von arbeitsrechtlichen Vorschriften und dem Ladenschlußgesetz. Formal stehen zwar Arbeitszeitregelungen und Ladenschluß unabhängig nebeneinander - allerdings besteht ein mittelbarer tatsächlicher Zusammenhang: Mit der Festlegung der Arbeitszeit und Festschreibung von Beschäftigungsverboten (z.B. allgemeines Sonn- und Feiertagsarbeitsverbot in der Gewerbeordnung) der im Einzelhandel Beschäftigten wird zugleich der Zeitrahmen bestimmt, in dem die Arbeitnehmer dem Betrieb zur Verfügung stehen. Hierdurch wird mittelbar (über die Verfügbarkeit von Arbeitskräften) auch der Ladenschluß determiniert.

3.3.1 Die Gewerbeordnung (GewO)

Als ergänzende Vorschriften des Ladenschlußrechts sind für gewerbliche Arbeitnehmer zeitliche Begrenzungen der wirtschaftlichen Tätigkeit in den §§ 105 a ff. GewO (Arbeiten an Sonn- und Feiertagen) sowie in den §§ 105 b ff. GewO (Ruhezeiten) zu finden (vgl. Stahlhack/Bleistein 1989, GewO, §§ 105 a ff.; v. Landmann/Rohmer 1994, GewO, §§ 105 a ff.). Hierin kann man eine Ausfüllung des Verbots der Sonn- und Feiertagsarbeit sehen, welches im Ladenschlußgesetz nur grob bestimmt wird. So legt § 105 a GewO fest, daß eine Verpflichtung zur Leistung von

Sonntagsarbeit nur besteht, sofern diese unmittelbar durch das Gesetz oder aufgrund des Gesetzes von den Gewerbeaufsichtsbehörden zugelassen ist oder gemäß § 105 i GewO die Vorschriften über Sonntagsruhe für bestimmte Gewerbe wie Gast- und Schankwirtschaften, Musikaufführungen, Schaustellungen aller Art sowie das Verkehrsgewerbe keine Anwendung finden (vgl. §§ 105 a und i GewO; Stahlhack/Bleistein 1989, GewO, §§ 105 a ff.; v. Landmann/Rohmer 1994, GewO, §§ 105 a ff.).

Ein Verbot der Sonntagsarbeit gilt somit nur für die in § 105 b GewO aufgezählten Gewerbe. Insofern sind solche Gewerbe, die nicht dem Geltungsbereich der Gewerbeordnung unterliegen (analog § 6 GewO sowie § 105 i GewO), nicht an die Einhaltung des Verbots der Sonntagsarbeit gebunden. Für den Handelsbereich ist § 105 b Abs. 2 GewO einschlägig: Dieser gilt nur insoweit für die im Einzelhandel Beschäftigten, als sie mit der Bereitstellung der Ware und der Belieferung der Verkaufsstellen zu tun haben. Für die in Verkaufsstellen oder sonst bei der Abgabe der Waren an die Verbraucher tätigen Angestellten und Arbeiter gelten dagegen die Bestimmungen des § 17 LadSchlG. Von dem grundsätzlichen Beschäftigungsverbot an Sonn- und Feiertagen können unter den Voraussetzungen der §§ 105 c-e GewO Ausnahmen vorgenommen werden.

3.3.2 Die Arbeitszeitordnung (AZO)

Wie zuvor beschrieben, wird die Zulässigkeit und Dauer von Sonntags- und Feiertagsarbeiten gemäß § 105 a ff. GewO festgelegt. Bei der Höchstdauer der Arbeitszeit und deren Berechnung nach der Arbeitszeitordnung bleibt deshalb die Sonntagsarbeit völlig außer Betracht. Dennoch wird auch durch die Auflage der Einhaltung spezieller Arbeitszeiten die Öffnungszeit des Ladeninhabers mittelbar beeinflußt (vgl. Denecke/Neumann 1987, AZO).

Zunächst definiert § 2 Abs. 1 AZO (auch § 4 Abs. 1 JArbSchG) den Begriff der Arbeitszeit als *"Zeit vom Beginn bis zum Ende der Arbeit ohne Ruhepausen"* (§ 2 Abs. 1 AZO). Die höchstzulässige Dauer der Arbeitszeit der Arbeitnehmer im Einzelhandel ist gemäß § 3 AZO auf grundsätzlich acht Stunden werktäglich und damit auf 48 Stunden wöchentlich begrenzt. Diese 48 Stunden pro Woche können gemäß § 4 AZO auf die einzelnen Werktage unterschiedlich verteilt werden. Die so verteilte Arbeitszeit kann *"beim Zuendebedienen der Kundschaft einschließlich der damit zusammenhängenden notwendigen Aufräumungsarbeiten"* laut § 5 Abs. 2 AZO *"um eine halbe Stunde, jedoch höchstens bis zu zehn Stunden täglich verlängert werden"* (§ 5 Abs. 2 AZO). Hierunter fällt jedoch nicht die Verkaufstätigkeit an Sonn- und Feiertagen, die in § 17 LadSchlG näher geregelt wird. Demnach ist eine Verlängerung der Öffnungszeiten für das Zuendebedienen nicht gestattet.

3.3.3 Das Betriebsverfassungsgesetz (BetrVG)

Im Zusammenhang mit Liberalisierungsbestrebungen wird die Regelung des § 87 Abs. 1 Nr. 2 BetrVG als wesentlicher Hinderungsgrund angeführt (vgl. Hess/ Schlochauer/Glaubitz 1986, BetrVG, § 87 Abs. 1 BetrVG Rdnr. 1 ff.; Stege/Weinspach 1984, BetrVG, § 87 Abs. 1 BetrVG Rdnr. 1 ff.). Dabei hat *"der Betriebsrat..., soweit eine gesetzliche oder tarifliche Regelung nicht besteht"*, über den *"Beginn und Ende der täglichen Arbeitszeit einschließlich der Pausen sowie Verteilung der Arbeitszeit auf die einzelnen Wochentage"* (§ 87 Abs. 1 Nr. 2 BetrVG) mitzubestimmen. Das Mitbestimmungsrecht bezieht sich demnach nur auf die Lage der Arbeitszeit, dagegen nicht auf ihre Dauer. Dennoch werden nach einer Entscheidung des Bundesarbeitsgerichts (vgl. Beschluß des BAG vom 31. August 1982 - 1 ABR 27/80 -, in: NJW 1983, S. 953) sowie eines Beschlusses des Dreier-Ausschusses des Bundesverfassungsgerichts (vgl. Besprechung des Beschlusses des BVerfG - 1 BvR 143/83-, in: NJW 1986, S. 1587 ff., S. 1601; DB 1986, S. 486 f.) durch diese Norm auch solche Arbeitszeitregelungen gedeckt, die eine Ausschöpfung der gesetzlichen Ladenöffnungszeit unmöglich macht. Eine solche Auslegung und Abkehr vom "Mitbestimmungsurteil" (vgl. BVerfGE 50, S. 339 ff.) erscheint vor dem Hintergrund eines möglichen Eingriffs in die unternehmerische Entscheidungsfreiheit bedenklich (so die h.M.; vgl. Scholz, in: NJW 1986, S. 1587 ff.; Löwisch, in: SAE 1983, S. 141 ff.; Martens, in: RdA 1989, S. 164 ff.; Stege/Weinspach 1984, BetrVG, S. 552; Immenga 1989, S. 12 ff.). Es bedarf daher einer eingehenden verfassungsrechtlichen Überprüfung (vgl. hierzu Punkt 4.5).

3.3.4 Sonstige Regelungen

Im zunehmenden Maße werden heute *Tarifverträge* (Vorrang vor Betriebsvereinbarungen) abgeschlossen, die die Öffnungszeiten auf dem jetzigen Stand festschreiben, um denkbaren gesetzgeberischen Initiativen ihre praktischen Wirkung zu nehmen. So berichtete die Deutsche Angestellten Gewerkschaften ihren Mitgliedern im Februar 1990, daß durch die Festschreibung der Arbeitszeit im Verkauf auf 18.30 Uhr innerhalb der Woche (mit Öffnungsklausel für den langen Donnerstag; vgl. Abschnitt 3.2) und auf 14.00 Uhr an Samstagen (bzw. 16.00/18.00 Uhr an langen Sonnabenden) die jetzigen Arbeitszeiten und damit auch der Ladenschluß auf Jahre hinaus fest gesichert seien (vgl. DAG 1990, S. 27). Zur Verhinderung von Wettbewerbsverzerrungen wurden die Tarifverträge zudem für allgemeinverbindlich erklärt (nach § 5 TVG). Ein solches Vorgehen greift in erheblichem Maße in das Marktverhalten der Unternehmen ein und erfordert eine Überprüfung der Zulässigkeit tarifvertraglicher Regelungen der Ladenschlußzeit (vgl. Kulka, in: RdA 1988, S. 336 ff.; Immenga 1989, S. 1 ff.; Stahlhacke, in: NZA 1988, S. 344 ff.). Entsprechende Ausführungen sind Abschnitt 4.4 zu entnehmen.

Neben den zuvor beschriebenen Normen setzen auch das *Mutterschutzgesetz* (§§ 3, 4, 6 und 8 MuSchG mit allgemeinen Beschäftigungsverboten und Arbeitsverbot an Sonn- und Feiertagen) und das *Jugendarbeitsschutzgesetz* (§§ 17, 18 JArbSchG mit einem allgemeinen Beschäftigungsverbot an Sonn- und Feiertagen) den besonderen Arbeitsschutzgedanken des Ladenschlußgesetzes in spezielle Vorschriften um. Die Bestimmung der Tage, die gesetzliche Feiertage im Sinne des § 105a GewO, § 8 MuSchG, § 18 JArbSchG und des § 3 LadSchlG sind, an denen nicht gearbeitet werden darf, ist nach Art. 70 GG Ländersache und wird demzufolge in den landesrechtlichen *Feiertagsgesetzen* festgelegt. Das grundsätzliche Gebot der Sonn- und Feiertagsruhe ist im Grundgesetz im Art. 140 GG i.V.m. Art. 139 der Weimarer Verfassung verankert und findet in den zuvor beschriebenen Normen seinen Niederschlag.

4. Das Ladenschlußgesetz in der rechtlichen Diskussion

Betrachtet man das Ladenschlußgesetz unter rechtlichen Aspekten, so haben die Ergebnisse des letzten Kapitels gezeigt, daß seine Ausgestaltung nicht unproblematisch ist. Zudem sind auch die wirtschaftlichen, gesellschaftlichen und sozialen Veränderungen der letzten Jahrzehnte zu berücksichtigen. Das jetzige Ladenschlußkonzept kann weder die Bedürfnisses der Verbraucher noch die Rechtssicherheit der Händler befriedigen. Angesichts der veränderten Bedingungen erscheint eine Überprüfung des Ladenschlußrechts auf seine Vereinbarkeit mit den einschlägigen Rechtssätzen notwendig. Aus diesem Grunde wird nachfolgend zunächst untersucht, ob die im Grundgesetz statuierte Wirtschaftsverfassung überhaupt die Regulierung von Wirtschaftsbereichen erlaubt. Anschließend werden die Gründe der Urteile des Bundesverfassungsgerichts von 1961 dargestellt, die bis heute die wesentliche Grundlage für das Ladenschlußgesetz darstellen. Darauf aufbauend wird die Konformität des Ladenschlußrechts mit den einschlägigen verfassungsrechtlichen Normen geprüft und der Frage der Zulässigkeit von tarifvertraglichen Regelungen über Ladenschlußzeiten unter wettbewerbsrechtlichen Aspekten nachgegangen. Die veränderten gesellschaftlichen und sozialen Aspekte finden dabei besondere Berücksichtigung.

4.1 Diskussion der Beschränkung der Marktwirtschaft (freie versus soziale Marktwirtschaft)

Eine Regulierung, d.h. eine direkte hoheitliche Einschränkung der Gewerbe- und Vertragsfreiheit durch staatliche Institutionen, stellt immer einen Eingriff in das freie Spiel der Kräfte dar (vgl. Aschinger u.a. 1989, S. 9 ff.). In einem Wirtschaftssystem *freier Marktwirtschaft* wäre eine Einschränkung von Leistungen bzw. Leistungsträgern nicht zu dulden, da in dieser Wirtschaftsverfassung dem Staat theoretisch keine Eingriffsrechte zur Verfügung stehen. Hingegen ließe sich eine Regulierung von Wirtschaftsbereichen in einem *sozialen Wirtschaftssystem* vertreten, wenn der Staat die prinzipielle Freiheit der wirtschaftenden Menschen nur beschränken würde, soweit es der Gedanke der sozialen Gerechtigkeit erfordern würde (vgl. Stober [c] 1994, S. 42 f.). Fraglich ist, welches Wirtschaftssystem in der Verfassung der Bundesrepublik Deutschland festgeschrieben ist.

Das Grundgesetz enthält explizit keine Aussagen über die Wirtschaftsverfassung (vgl. BVerfGE 4, S. 7 ff; BVerfGE 50, S. 290; Stober [c] 1994, S. 52 ff.). Dennoch ist es insoweit nicht als vollständig neutral zu werten. So zeigen einzelne Grundgesetzartikel (Art. 20 Abs. 1, 28 Abs. 1, 74, 104, 109 GG) eine Richtung auf, die den Staat als einen demokratischen und sozialen Rechtsstaat qualifizieren (vgl. Schmidt-Bleibtreu/Klein 1990, GG, S. 89 ff.; Maunz/Zippelius 1991, S. 242). Hieraus lassen sich Aussagen über die Wirtschaftsverfassung ableiten. Einen besonderen Anhaltspunkt für die Ausgestaltung der Wirtschaftsverfassung bietet insbesondere das Kapitel der Grundrechte. Es gibt Auskunft über die Freiheit gegenüber dem Staat, Institutsgarantien und die vom Staat zu beachtenden Wertvorstellungen, welche vornehmlich im wirtschaftlichen Bereich relevant sind (Art. 2, 9, 12, 14 GG).

Ähnlich wie die Weimarer Verfassung ist das Grundgesetz vom Sozial- und Rechtsstaatsprinzip (Ersatz für eine Sozialverfassung) erfüllt (vgl. Stein 1993, S. 170 ff; Stober [b] 1989, S. 160 ff.), die jeweils nicht nur im Art. 20 GG und 28 Abs. 1 GG enthalten sind, sondern in zahlreichen weiteren Normen präzisiert werden (Art. 14 Abs. 2, 15 GG). Das *Sozialstaatsprinzip* ist zu einem leitenden Grundsatz geworden und spiegelt sich auch in den fünf fundamentalen Staatszielen wider (vgl. Stober [c] 1994, S. 64 ff.; Stein 1993, S. 170 ff.; Degenhart 1994, S. 130 ff.). Es enthält das Gebot, die Schwachen zu schützen, das Gemeinwohl gegen Individual- und Verbandsegoismus zu sichern und soziale Gerechtigkeit anzustreben (vgl. BVerfGE 5, S. 85, 198; BVerfGE 22, S. 180, 204; Degenhart 1994, S. 130 ff.). Es ist als geltendes Recht und damit mehr als nur eine Empfehlung anzusehen (vgl. BVerfGE 1, 105). Das Sozialstaatsprinzip steht nicht isoliert, sondern muß im Kontext der Grundrechte sowie dem Rechtsstaatsprinzip begriffen werden (vgl. Stober [c] 1994, S. 66, 68 ff.; Stein 1993, S. 170 ff.; Degenhart 1994, S. 130 ff.). Folglich dient es als verfassungsrechtlicher Auslegungs- und Prüfungsmaßstab (Maunz/Zippelius 1991, S. 99 ff.; Hesse 1991, S. 77; v. Münch/Kunig 1992, GG, S. 32; Isensee/Kirchhof 1987, S. 1092 ff.). Innerhalb eines solchen Prüfungsrahmens hat der Staat seine "Verpflichtung" zur Daseinsvorsorge der Bürger mit den Freiheitsrechten des einzelnen abzuwägen (vgl. Stober [c] 1994, S. 66 f.). Somit ist auch in die Antwort auf die Frage nach der Zulässigkeit und den Grenzen staatlicher Aktivität im Wirtschaftsbereich der Grundsatz des Sozialstaatsprinzips mit einzubeziehen. Demzufolge ist die Regulierung einer sonst freien privatwirtschaftlich ausgeübten Tätigkeit dann möglich und auch erforderlich, wenn die Interessen des Allgemeinwohls Vorrang vor den Interessen des einzelnen haben. Wie bereits die Darstellung der geschichtlichen Entwicklung des Ladenschlußgesetzes (vgl. Kapitel 2) zeigte, war der Eingriff des Staates in das Betätigungsfeld des Einzelhandels zum Schutze der Arbeitnehmer und des Wettbewerbes geboten.

Das Sozialstaatsprinzip begründet zwar eine gewisse Verpflichtung des Staates zur sozialen Absicherung der Bürger (vgl. BVerfGE 5, S. 85, 198; BVerfGE 22, S. 180, 204), aber nicht unmittelbar die Zulässigkeit eines Eingriffs im Sinne einer Beschränkung der Gewerbefreiheit (vgl. Stober [c] 1994, S. 66, 68 ff.; Stein 1993, S. 170 ff.; Degenhart 1994, S. 130 ff.). So sind staatliche Einflußnahmen auf einzelne betriebliche Parameter, wie auch die Festschreibung der Ladenschlußzeiten im Ladenschlußgesetz (Bestimmung der zeitlichen Betriebsbereitschaft), aus Sicht des Grundgesetzes zunächst neutral zu bewerten. Ob die Maßnahmen verfassungsgemäß sind, muß jeweils eine Einzelfallprüfung erbringen. Regulierungen, die durch die Gesetzgebung begründet werden, sind dabei hauptsächlich auf ihre Vereinbarkeit mit Art. 12 GG zu überprüfen, soweit sie die konkrete Ausübung privatwirtschaftlicher Berufe durch staatliche Schranken behindern. Diese Prüfung wird auch die Aufgabe der nächsten Unterpunkte sein. Dabei wird die Vereinbarkeit des Ladenschlußgesetzes mit dem Grundrecht auf freie Berufswahl, dem Gleichbehandlungsgrundsatz, dem Schutz des Eigentums und der freien Entfaltung der Persönlichkeit (Konsum- und Wettbewerbsfreiheit) im Mittelpunkt der Betrachtung stehen.

4.2 Geltende Rechtsprechung: Urteilstenor des Bundesverfassungsgerichts

In zwei Grundsatzentscheidungen bejahte das Bundesverfassungsgericht 1961 (vgl. Urteile vom 29. November 1961, in: BVerfGE 13, S. 230 ff., 237 ff.) die Vereinbarkeit des Ladenschlußgesetzes mit dem Grundgesetz, und zwar sowohl aus Sicht betroffener Händler als auch betroffener Verbraucher. Nachfolgend sollen die (zu dem damaligen Zeitpunkt nachvollziehbaren) Gründe für diese bis heute den Fortbestand des Ladenschlußgesetzes sichernde Rechtsprechung dargestellt werden:

Die Richter hielten zunächst fest, daß gesetzliche Regelungen über den Ladenschluß unter die konkurrierende Gesetzgebungskompetenz des Bundes aus Art. 74 Nr. 11 (Recht der Wirtschaft) und Nr. 12 GG (Arbeitsschutz) fallen. Ein Gesetz des Bundes sei demzufolge nur dann statthaft, wenn ein Bedürfnis nach einer bundesgesetzlichen Regelung gemäß Art. 72 Abs. 2 GG vorläge. Der Auffassung der Bundesregierung folgend sei ein Bedürfnis gegeben gewesen. Die Einheitlichkeit der Lebensverhältnisse im Bundesgebiet, die landesüberschreitende Einheitlichkeit der Wirtschaftsräume und der Zusammenhang des Ladenschlusses mit dem bundesrechtlich geregelten Arbeitszeitschutz (AZO und §§ 105 a ff. GewO) seien ausreichende Gründe für eine bundeseinheitliche Ausgestaltung gewesen. Es sei zudem den Ländern selbst eine wirksame Regelung (gemäß Art. 72 Abs. 2 Nr. 1 GG) nicht möglich gewesen. Eine Überschreitung des Ermessensspielraums des Gesetzgebers sei hierbei nicht zu erkennen gewesen (vgl. BVerfGE 13, S. 233 f.).

Das Bundesverfassungsgericht stellte zudem fest, daß ein Mißbrauch der Gesetzgebungsbefugnisse nicht vorläge. So vermochte die gesetzliche Regelung zu einer sozialen Befriedung beizutragen, was sich allein in der Tatsache widerspiegele, daß seit Jahrzehnten eine gesetzliche Ordnung der Ladenschlußzeiten für notwendig gehalten werde. Somit sei auch ein sachlicher Grund für eine gesetzliche Regelung gegeben gewesen (vgl. BVerfGE 13, S. 234 f.). Die Regulierung der Ladenschlußzeiten stelle zwar einen Eingriff in das Grundrecht der Handlungsfreiheit der Verbraucher dar, der sich nur rechtfertigen ließe, sofern schwerwiegende Gründe des Allgemeinwohls die Festschreibung der Ladenschlußzeiten rechtfertigen oder gar gebieten würde. Jedoch seien die Verbraucher durch die gesetzliche Regelung nicht in unzumutbarer oder übermäßig belastender Weise betroffen, da ihnen noch ausreichend Zeit zum Einkauf zur Verfügung stünde (vgl. BVerfGE 13, S. 236). Eine Verletzung des Gleichbehandlungsgrundsatzes des Art. 3 Abs. 1 GG sei ebenfalls nicht gegeben. So würden andere Gewerbezweige sich in erheblichem Maße von dem Einzelhandelssektor unterscheiden. Insofern entstünde hierdurch keine Verpflichtung, für sie eine dem Ladenschlußgesetz entsprechende Regelung zu schaffen oder eine Regelung des Ladenschlusses zu unterlassen (vgl. BVerfGE 13, S. 236).

Weiter stufte das Bundesverfassungsgericht das Ladenschlußgesetz als Eingriff in die Berufsausübung ein. Zu einer Legitimation einer gesetzlichen Regelung genüge es, daß vernünftige Erwägungen des Gemeinwohls einen solchen Eingriff zweckmäßig erscheinen ließen (vgl. BVerfGE 13, S. 240). Der zu schützende Gemeinschaftswert liege in der Einhaltung und Kontrolle der Arbeitszeitbestimmungen bei Verteilung der Arbeitszeit auf die einzelnen Werktage (Sicherung eines zusammenhängenden Wochenendes) und in der Verhinderung von Wettbewerbsverzerrungen. Dabei hätte der Gesetzgeber auch die Wahl unter mehreren Möglichkeiten nach eigenem Ermessen und unter Berücksichtigung des Übermaßverbotes (vgl. BVerfGE 7, S. 377 ff.). Diese Kriterien seien ebenfalls eingehalten worden. Somit sei der Eingriff aus sozial- und wirtschaftspolitischen Gründen zweckmäßig und eine Beschränkung der Berufsausübung den Ladeninhabern auch zuzumuten (vgl. BVerfGE 13, S. 240 f.).

Mit diesen Entscheidungen wurde zwar die Verfassungsmäßigkeit des Ladenschlußgesetzes zum damaligen Zeitpunkt bestätigt, jedoch keine Aussage über die sozialökonomische Zweckmäßigkeit getroffen.

4.3 Verfassungskonformitätsprüfung

Die Entscheidung des Bundesverfassungsgerichts bindet die Gerichte (§ 31 Abs. 1 BVerfGG) über den Einzelfall hinaus, auch wenn das Urteil nach § 31 Abs. 2 BVerfGG keine Gesetzeskraft erlangt hat (vgl. Schunck/De Clerk 1993, S. 326). Dennoch bedarf diese Rechtsprechung vor dem Hintergrund der Fortentwicklung der Verfassungsrechtsprechung (differenzierten Verhältnismäßigkeitsrechtsprechung), vor allem aber wegen der gewichtigen gesellschaftlichen und sozialen Veränderungen der letzten Jahre, einer erneuten Überprüfung (auf die Vereinbarkeit des § 3 LadSchlG i.V.m. §§ 1, 20 LadSchlG) am Grundgesetz. Der Tenor eines solchen Urteils kann sich nämlich immer nur auf den Zeitpunkt beziehen, in dem das Urteil gefällt wurde (vgl. BVerfGE 33, S. 199, 203; Schunck/De Clerk 1993, S. 325 ff.).

4.3.1 Konformität mit Artikel 12 Grundgesetz (Berufsfreiheit)

Art. 12 Abs. 1 GG garantiert das Recht, Beruf, Arbeitsplatz und Ausbildungsstätte frei zu wählen und somit die Grundlage der Lebensführung eigenständig zu bestimmen (vgl. v. Münch/Kunig 1992, GG, Art. 12 GG Rdnr. 1 ff.; Jarass/Pieroth 1995, GG, Art. 12 GG Rdnr. 1 ff.). Wegen der Bedeutung des Berufes als Lebensgrundlage sowie als ein Beitrag zur gesellschaftlichen Gesamtleistung wird das Recht der Berufsfreiheit als das Hauptgrundrecht für eine wirtschaftliche Betätigung angesehen (vgl. v. Münch/Kunig 1992, GG, Art. 12 GG Rdnr. 1 ff.; Jarass/Pieroth 1995, GG, Art. 12 GG Rdnr. 1 ff.; Lepa 1990, S. 209 ff.; Stein 1993, S. 359 ff.) In Verbindung mit einer vom Staat auferlegten Beschränkung dieser Freiheit ist daher jeweils ein besonders hoher Maßstab bei der Überprüfung der betreffenden Gesetze hinsichtlich ihrer Vereinbarkeit mit der Verfassung anzulegen (vgl. v. Münch/Kunig 1992, GG, Art. 12 GG Rdnr. 1 ff.; Maunz/Dürig 1993, GG, Art. 12 GG Rdnr. 1 ff.; Jarass/Pieroth 1995, GG, Art. 12 GG Rdnr. 1 ff.). Im vorliegenden Fall ist der Frage nachzugehen, ob die Regelung des § 3 LadSchlG (i.V.m. §§ 1, 20 LadSchlG) verfassungsrechtlich zu rechtfertigen, d.h. mit dem Art. 12 GG vereinbar ist.

Bei der Überprüfung der verfassungsrechtlichen Rechtfertigung eines Eingriffs in die vom Grundgesetz garantierte Berufsfreiheit ist es entscheidend, ob ein Eingriff in den Schutzbereich des Art. 12 Abs. 1 GG vorliegt. Nur wenn das Gesetz über den Ladenschluß (§ 3 LadSchlG i.V.m. §§ 1, 20 LadSchlG) in den Schutzbereich der Berufsfreiheit eingreift, ist dessen verfassungsrechtliche Zulässigkeit anhand des Maßstabs des Art. 12 GG überprüfbar.

Die Bestimmung des Art. 12 GG gilt nur für Deutsche im Sinne des Art. 116 GG (persönlicher Schutzbereich; vgl. BVerfGE 78, S. 179, 196; Maunz/Dürig 1993, GG, Art. 12 GG Rdnr. 95 ff.; v. Münch/Kunig 1992, GG, Art. 12 GG Rdnr. 5 ff.). Nach Art. 48 ff. EWGV und Art. 52 ff. EWGV sind allerdings auch EU-Ausländer durch den Art. 12 GG geschützt (vgl. BVerfGE 32, S. 311, 316; BVerfGE 78, S. 179, 196 f.; Maunz/Dürig 1993, GG, Art. 12 GG Rdnr. 95 ff.; v. Münch/Kunig 1992, GG, Art. 12 GG Rdnr. 5 ff.; Stein 1993, S. 359 ff.). Insofern können sich nur Deutsche oder Angehörige der EG-Mitgliedsstaaten auf die Berufsfreiheit berufen (vgl. BVerfGE 32, S. 311, 316; BVerfGE 78, S. 179, 196 f.). Sofern es sich also um Deutsche oder EG-Angehörige handelt, die von dem Ladenschlußgesetz als Verkaufsstelleninhaber berührt werden, sind die Voraussetzungen für einen Eingriff in den persönlichen Schutzbereich des Art. 12 Abs. 1 GG gegeben.

Der sachliche Schutzbereich des Art. 12 Abs. 1 GG umfaßt den Beruf (vgl. Jarass/Pieroth 1995, GG, Art. 12 GG Rdnr. 4; Stein 1993, S. 359 ff.; Lepa 1990, S. 209 ff.). Unter dem Begriff *Beruf* ist jede erlaubte (nicht sozial schädliche) und auf Dauer angelegte, der Lebensgrundlage dienende Tätigkeit zu verstehen (vgl. BVerfGE 7, S. 377, 397; BVerfGE 50, S. 290, 362; BVerfGE 54, S. 301, 313;

Maunz/Dürig 1993, Art. 12 GG Rdnr. 17 ff.; Wassermann 1989, GG, Art. 12 GG Rdnr. 61 ff.; v. Münch/Kunig 1992, GG, Art. 12 GG Rdnr. 8 ff.; Jarass/Pieroth 1995, GG, Art. 12 GG Rdnr. 4; Schmidt-Bleibtreu/Klein 1990, GG, S. 273 ff.; Lepa 1990, S. 209 ff.; Stein 1993, S. 359 ff.). Dabei unterscheidet das Grundgesetz nicht zwischen dem selbständig und unselbständig ausgeübten Beruf. Der Schutzbereich erfaßt somit auch die freien Berufe (vgl. BVerfGE 16, S. 286, 294), die Gewerbefreiheit (vgl. BVerfGE 7, S. 377, 399; BVerfGE 50, S. 290, 362 f.) und die Unternehmerfreiheit, d.h. die freie Gründung und Führung von Unternehmen (vgl. BVerfGE 7, S. 377; BVerwGE 71, S. 183, 188; Schunck/De Clerk 1993, S. 199 ff.). Zur Berufsfreiheit gehört ferner die eigenverantwortliche Bestimmung des Umfangs der beruflichen Tätigkeit (z.B. Geschäftserweiterung, Errichtung von Zweigstellen; vgl. Ossenbühl, in: AöR 1990, S. 1 ff.).

Fraglich ist, ob die Tätigkeit des Einzelhändlers einen Beruf im Sinne der oben genannten Definition darstellt. Unerheblich ist, ob für den "Einzelhändler" ein konkretes Berufsbild existiert. Bei der Beantwortung der Frage, ob Einzelhandel eine *erlaubte Tätigkeit* ist, kommt es nicht unmittelbar darauf an, ob die Tätigkeit durch oder aufgrund eines Gesetzes verboten bzw. eingeschränkt ist (vgl. Schmidt-Bleibtreu/ Klein 1990, GG, S. 274). Vielmehr ist darauf abzustellen, ob die Tätigkeit als solche nicht sozial schädlich ist (vgl. BVerfGE 54, 301 ff.). Der Einzelhandel als eine Tätigkeit zur Versorgung der Verbraucher mit Waren des Ge- und Verbrauchs ist keinesfalls als sozial schädlich einzustufen. Er ist vielmehr als eine soziale Notwendigkeit erforderlich und daher als ein erlaubter Beruf anzuerkennen. Das gewerbliche Feilhalten von Waren innerhalb oder außerhalb einer Verkaufsstelle (unter Beachtung des Begriffs des Feilhaltens von Waren zum Verkauf an jedermann in § 20 LadSchlG) ist der Tätigkeitsbeschreibung des eigenständigen Berufes des "Einzelhändlers" gleichzusetzen. Dritte können sich nur dann auf einen Eingriff in den Schutzbereich des Art. 12 GG berufen, sofern davon auszugehen ist, daß die von ihnen ausgeübte Tätigkeit auf längere Dauer ausgerichtet ist und dabei zur Erhaltung der Lebensgrundlage beitragen soll. Insoweit wären die Kriterien für die Definition des Berufes des "Einzelhändlers" gegeben. Mit dem in § 3 LadSchlG (i.V.m. §§ 1, 20 LadSchlG) enthaltenen Gebot, die Geschäfte zu bestimmten Zeiten geschlossen zu halten, wird unmittelbar in die berufliche Betätigung eingegriffen. Der Schutzbereich des Art. 12 Abs. 1 GG wird insofern durch das Gesetz über den Ladenschluß berührt. Eine verfassungsrechtliche Rechtfertigung der Maßnahme ist aber nur erforderlich, wenn sie Eingriffsqualität besitzt (vgl. Windthorst 1994, S. 173 ff.). Damit verbunden ist jedes hoheitliche, gezielte, rechtlich verbindliche Verhalten der grundrechtsgebundenen staatlichen Gewalt, das zu einer unmittelbaren Einschränkung von Grundrechtsgewährleistungen führt (vgl. Windthorst 1994, S. 173 ff.). In bezug auf das Ladenschlußgesetz ist bisher noch keine Ausage getroffen worden, ob es einer verfassungsrechtlichen Rechtfertigung bedarf.

Die h.M. beurteilt Art. 12 Abs. 1 GG als ein einheitliches Grundrecht (vgl. BVerfGE 7, S. 377, 402; BVerfGE 33, S. 125, 158; Jarass/Pieroth 1995, GG, Art. 12 GG Rdnr. 1 f.; Wassermann 1989, GG, Art. 12 GG Rdnr. 59; Stein 1993, S. 359 ff.; Lepa 1990, S. 209 ff). Deshalb erstreckt sich der im Grundgesetz statuierte Gesetzesvorbehalt - entgegen dem Wortlaut des Gesetzestextes - sowohl auf die Berufswahl als auch auf die Berufsausübung (vgl. BVerfGE 7, S. 377, 402; BVerfGE 33, S. 125, 158; Jarass/Pieroth 1995, GG, Art. 12 GG Rdnr. 1 f.; Wassermann 1989, zu Art. 12 GG Rdnr. 59; Stein 1993, S. 359 ff.; Lepa 1990, S. 209 ff). Regelungen der *Berufswahl* betreffen die Frage, ob und unter welchen Voraussetzungen (subjektive oder objektive Kriterien) eine Tätigkeit aufgenommen bzw. fortgeführt werden kann (vgl. v. Münch/Kunig 1992, GG, Art. 12 GG Rdnr. 37; Jarass/Pieroth 1995, GG, Art. 12 GG Rdnr. 7; Stein 1993, S. 359 ff.; Lepa 1990, S. 209 ff.). Regelungen der *Berufsausübung* betreffen das "Wie" und die Art, in welcher Weise eine Berufstätigkeit ausgeübt werden kann, ohne auf die Freiheit der Berufswahl zurückzuwirken (vgl. v. Münch/Kunig 1992, GG, Art. 12 GG Rdnr. 38; Jarass/ Pieroth 1995, GG, Art. 12 GG Rdnr. 7; Stein 1993, S. 359 ff.; Lepa 1990, S. 209 ff.). Eine Beeinträchtigung der Berufsausübung liegt z.B. bereits dann vor, wenn der Staat das Verhalten der Unternehmen im Wettbewerbs regelt (vgl. BVerfGE 32, S. 311, 317; BVerfGE 46, S. 120, 137 f.). Dafür genügt, daß durch staatliche Maßnahmen der Wettbewerb beeinflußt und damit die Ausübung einer beruflichen Tätigkeit behindert wird (vgl. BVerfGE 32, S. 311, 317; BVerfGE 46, S. 120, 137 f.; BVerfGE 86, S. 28, 37; Jarass/Pieroth 1995, GG, Art. 12 GG Rdnr. 14). Das Gesetz über den Ladenschluß gebietet seinen Normenadressaten, zu bestimmten Zeiten keinen geschäftlichen Verkehr mit Kunden auszuüben. Es regelt insoweit unmittelbar die Berufsausübung, d.h. das "Wie" des auszuübenden Berufes. Folglich begründet § 3 LadSchlG (i.V.m. §§ 1, 20 LadSchlG) eine Grundrechtsbeeinträchtigung der Verkaufsstelleninhaber.

Der Eingriff in den Schutzbereich des Art. 12 Abs. 1 GG ließe sich verfassungsrechtlich nur rechtfertigen, wenn die Regelung auch Ausdruck der Schranken ist. Formelle Voraussetzung für eine Beschränkung der durch Art. 12 Abs. 1 GG gewährleisteten Freiheit ist, daß der Eingriff durch oder aufgrund eines Gesetzes erfolgt (Gesetzesvorbehalt des Art. 12 Abs. 1 Satz 2 GG; vgl. BVerfGE 80, S. 257; v. Münch/Kunig 1992, GG, Art. 12 GG Rdnr. 73 ff.; Schmidt-Bleibtreu/Klein 1990, GG, S. 294; Windthorst 1994, S. 197 ff.). Das Zitiergebot (Art. 19 Abs. 2 GG) als weitere formelle Voraussetzung, ist bei Gesetzen, die aufgrund eines Regelungsvorbehalts Eingriffe in den Schutzbereich - wie im Falle des Art. 12 Abs. 1 Satz GG - zulassen, nicht zu beachten (vgl. Matzat 1992, S. 129 ff.). Der Eingriff ist also gerechtfertigt, wenn § 3 LadSchlG (i.V.m. §§ 1, 20 LadSchlG) die verfassungsgemäße Konkretisierung des Gesetzesvorbehalts des Art. 12 Abs. 1 Satz 2 GG ist (vgl. v. Münch/ Kunig 1992, GG, Art. 12 GG Rdnr. 41 ff.). Beim Gesetz über den Ladenschluß (LadSchlG) handelt es sich um ein einfaches Gesetz im formellen Sinne, welches von den dazu befugten Verfassungsorganen in dem dafür vorgesehenen Gesetzgebungsverfahren erlassen wurde. Insoweit wird Art. 12 GG *durch* ein Gesetz konkretisiert.

Die Regelungsbefugnis des Staates erstreckt sich trotz Einheitlichkeit des Art. 12 Abs. 1 GG nicht in gleichem Umfange auf die Berufswahl und Berufsausübung (vgl. v. Münch/Kunig 1992, GG, Art. 12 GG Rdnr. 41 ff, 48 ff.; Stein 1993, S. 359 ff.; Stober [b] 1989, S. 455 ff.; Lepa 1990, S. 209 ff.). Die Regelungsbefugnis ist um so freier, je mehr sie nur reine Berufsausübungsregelung ist, und um so begrenzter, je mehr sie die Berufswahl berührt (vgl. BVerfGE 25, S. 1, 12). Diese Auffassung wurde vom Bundesverfassungsgericht im sogenannten "Apotheken-Urteil" (vgl. BVerfGE 7, S. 377 ff.) entwickelt. Dabei unterscheidet das Gericht drei unterschiedlich wirkende Stufen (*Dreistufentheorie*), auf denen der Gesetzgeber unter bestimmten Voraussetzungen in das Recht der Berufsfreiheit eingreifen kann (vgl. Wassermann 1989, GG, Art. 12 GG Rdnr. 49 ff.; Leibholz/Rinck/Hesselberger 1993, GG, Art. 12 GG Rdnr. 281 ff.; Stein 1993, S. 359 ff.; Stober [b] 1989, S. 455 ff.; Lepa 1990, S. 209 ff.; kritische Anmerkungen zur Stufentheorie z.B. v. Münch/Kunig 1992, GG, Art. 12 GG Rdnr. 42; Maunz/Dürig 1993, GG, Art. 12 GG Rdnr. 319; Ipsen, in: JuS 1990, S. 634 ff.):

Auf der *höchsten Stufe* darf die Freiheit der Berufswahl durch objektive Zulassungsvoraussetzungen (Regelungen, die sich unabhängig von persönlichen Eigenschaften nach objektiven Merkmalen richten; z.B. Bedürfnis für Apothekenerrichtung vgl. BVerfGE 7, S. 377 ff., Kontingentierungssystem vgl. BVerfGE 11, S. 168 ff.) nur beschränkt werden, soweit die "Abwehr nachweisbarer oder höchstwahrscheinlicher schwerer Gefahren für ein überragend wichtiges Gemeinschaftsgut" (vgl. BVerfGE 7, S. 377 ff.) dies rechtfertigt (z.B. Schutz des Staatshaushaltes, Schutz des sozialen Systems etc.; vgl. hierzu BVerfGE 7, S. 405 ff.; Leibholz/Rinck/Hesselberger 1993, GG, Art. 12 GG Rdnr. 281 ff., 341 ff.; v. Münch/Kunig 1992, GG, Art. 12 GG Rdnr. 65 ff.). Auf der *zweiten Stufe* darf die Freiheit der Berufswahl durch subjektive Zulassungsvoraussetzungen (Regelungen, deren Erfüllung von persönlichen Eigenschaften abhängt, ohne daß es auf die Möglichkeit der persönlichen Einflußnahme ankommt; z.B. Zuverlässigkeit vgl. BVerfGE 63, S. 266, 282, Alter, Fachwissen etc.) beschränkt werden. Zu solchen Eingriffen ist der Gesetzgeber allerdings nur legitimiert, wenn es der "Schutz besonders wichtiger Gemeinschaftsgüter zwingend erfordert" (vgl. BVerfGE 7, S. 377 ff. ; v. Münch/Kunig 1992, GG, Art. 12 GG Rdnr. 53 ff.; z.B. Gesundheit, Leistungsfähigkeit des Handwerks etc.). Die Freiheit der Berufsausübung (*unterste Stufe*) kann beschränkt werden, soweit "vernünftige Erwägungen des Allgemeinwohls es zweckmäßig erscheinen lassen" (vgl. BVerfGE 7, S. 377 ff.). Sachliche Gründe reichen hierzu aus (z.B. Arbeitszeitschutz, Wettbewerbsneutralität, Sicherung einer einheitlichen Verwaltungspraxis; vgl. v. Münch/ Kunig 1992, GG, Art. 12 GG Rdnr. 48 ff.).

Bei den Bestimmungen des Ladenschlußgesetzes (LadSchlG) handelt es sich - wie bereits festgestellt - um Regelungen, die sich mit dem "Wie" und der Art und Weise, in welcher eine Berufstätigkeit im Einzelhandel ausgeübt werden kann, befassen. Somit ist ein Eingriff auf der ersten Stufe gegeben (so auch Schunck/De Clerk 1993, S. 199). Fraglich ist, ob ein Eingriff - wie ihn das Ladenschlußgesetz darstellt - auf dieser Stufe zulässig ist, d.h. ob die Beschränkung der Berufsausübung rechtfertigende Gründe vorlagen. Ein Eingriff ist nur dann zu rechtfertigen, wenn für die Regulierung der Ladenöffnungszeiten "vernünftige Erwägungen des Allgemeinwohls" sprechen. Die Sicherung eines freien Abends und eines zusammenhängenden freien Wochenendes sowie die Sicherung der Wettbewerbsneutralität könnten hier vernünftige Erwägungen des Gemeinwohls sein. So dient die Schaffung eines ausreichenden Erholungszeitraums dem Gesundheitsschutz und fördert zudem familienpolitische Belange. Der Ausschluß von Wettbewerbsverzerrungen ist ebenfalls als eine vernünftige Erwägung des Gemeinwohls anzuerkennen. Eine Ungleichbehandlung der Wettbewerber könnte nämlich zu erheblichen Schäden für die Volkswirtschaft und somit auch für das soziale System führen. Ob diese Erwägungen zum jetzigen Zeitpunkt auch noch bestehen, wird im Rahmen der Prüfung der Proportionalität (Verhältnismäßigkeit im engeren Sinne) des Ladenschlußgesetzes näher beleuchtet. Das Ladenschlußgesetz (§ 3 LadSchlG i.V.m. §§ 1, 20 LadSchlG) wird nach den bisherigen Erwägungen den inhaltlichen Anforderungen der Eingriffsvoraussetzungen gerecht. Im vorliegenden Fall sind daher formelle und materielle Verstöße des Gesetzgebers bei der Beschränkung der freien Berufsausübung durch das Ladenschlußgesetz nicht zu erkennen. Fraglich ist, ob die Einschränkung der Berufsfreiheit gemessen an der Eingriffsvoraussetzung auf der Stufe der Berufsausübung verhältnismäßig ist. Eingriffe in den Schutzbereich eines Grundrechts sind immer anhand der Verhältnismäßigkeit zu messen (vgl. BVerfGE 23, S. 133; ebenso Maunz/Dürig 1993, GG, Art. 12 GG Rdnr. 292; v. Münch/Kunig 1992, GG, Art. 12 GG Rdnr. 37, 44; Ipsen, in: JuS 1990, S. 634 ff.). Ein angemessenes Verhältnis zwischen Eingriff und Nutzen soll vor allem dem Interessenausgleich dienen (vgl. Maunz/Zippelius 1991, S. 95 f.).

Zunächst ist die Frage zu klären, ob die Regelung des Gesetzesvorbehalts den an sie gestellten Anforderungen gerecht wird und die erforderlichen Mittel verfolgt:

Der Begründung der Regierungsvorlage (vgl. BR-Drs. 310/54) folgend ist das Gesetz über den Ladenschluß (LadSchlG) dazu bestimmt, den Arbeitsschutz zu vervollständigen. Im einzelnen bedeutet dies, den Schutz vor Verstößen gegen die geltenden Arbeitszeitbestimmungen, vor zu langer Arbeitszeit und Sonntagsarbeit sowie von Verstößen gegen den Arbeitsschutz aus Wettbewerbsgründen gewährleisten zu wollen (vgl. Stober [b] 1989, S. 1202 ff.). Nach Ansicht des Bundesverfassungsgerichts (vgl. BVerfGE 13, S. 240) trat der Zweck des Arbeitsschutzes im Zuge der Herausbildung umfangreicher allgemeiner Arbeitsschutznormen zum Gedanken der Wahrung der Wettbewerbsneutralität (vgl. BVerfGE 13, S. 230, 235, 237, 240; BVerfGE 14, S. 19, 22 f.; BVerfGE 59, S. 336) in den Hintergrund. Einzig die Absicherung einer ausreichenden Arbeits- und Nachtruhe sowie eines zusammenhängenden Wochenendes für das Verkaufspersonal verbleibt nach dieser Ansicht als arbeitsrechtliche Zielsetzung des Ladenschlußgesetzes (vgl. BVerfGE 13, S. 230 ff., 237 ff.; Stober [b] 1989, S. 1202 ff.). Zudem wird durch das Gesetz das Ziel verfolgt, den Behörden die Möglichkeit zu geben, die Einhaltung der Arbeitszeitbestimmungen einfacher zu kontrollieren (vgl. BVerfGE 13, 230, 235; BVerwGE 28, 298, 302; Stober [b], in: GewArch 1982, S. 1, 9).

Die Zwecksetzung ist offensichtlich zum damaligen Zeitpunkt nicht sachfremd gewesen. Das Interesse der Gemeinschaft an Arbeitnehmerschutz und Wettbewerbsneutralität machte die Festschreibung von Ladenschlußzeiten erforderlich. Das Ladenschlußgesetz versucht die benannten Ziele durch die Festschreibung von allgemeinen Ladenschlußzeiten (§ 3 LadSchlG) zu erreichen. Während dieser Zeit sind die Verkaufsstellen des Einzelhandels für den Kundenverkehr - von Ausnahmen abgesehen (§§ 4 - 16, 18 a, 19, 23 LadSchlG) - geschlossen zu halten sind. Ein Zuwiderhandeln stellt eine Ordnungswidrigkeit dar, die von der zuständigen Behörde mit einer Geldbuße geahndet werden kann (vgl. § 24 Abs. 2 LadSchlG). In Fällen, in denen durch einen vorsätzlichen oder fahrlässigen Verstoß gegen das Ladenschlußgesetz Arbeitnehmer in ihrer Arbeitskraft oder Gesundheit gefährdet sind, wird dies mit einer Freiheitsstrafe bzw. einer hohen Geldbuße bestraft (vgl. § 25 LadSchlG).

Fraglich ist, ob das Ladenschlußgesetz auch verhältnismäßig ist. Beim Übermaßverbot handelt es sich um einen ungeschriebenen Bestandteil des Rechtsstaatsprinzips, dessen Geltung aus dem Spannungsverhältnis zwischen Freiheitsrechten (hier Art. 12 Abs. 1 GG) und Bindungen des Individuums folgt (vgl. BVerfGE 19, S. 342, 348; BVerfGE 30, S. 292, 315 f.; Besprechung des BVerfG-Urteils vom 9. März 1994 - 2 BvL 43/92 u.a. -, in: NJW 1994, S. 1577 ff.; Jarass/Pieroth 1995, GG, Art. 20 Rdnr. 58; Windthorst 1994, S. 249 ff.; Stein 1993, S. 240 ff.). Die Verhältnismäßigkeit des Ladenschlußgesetzes hängt zunächst von der Geeignetheit des eingesetzen Mittels ab.

Geeignet ist eine Maßnahme nur, wenn der mit ihr verfolgte Zweck überhaupt erreicht werden kann (objektive Tauglichkeit), wenn also der mit der Maßnahme bezweckte Erfolg möglich ist (vgl. BVerfGE 30, S. 316; BVerfGE 39, S. 230; Degenhart 1994, S. 120). Ungeeignet sind deshalb unzureichende Maßnahmen, und solche, deren Erfüllung objektiv aus tatsächlichen oder rechtlichen Gründen unmöglich ist (vgl. BVerfGE 30, S. 316; BVerfGE 39, S. 230; Degenhart 1994, S. 120). Dabei steht dem Gesetzgeber ein Beurteilungsspielraum hinsichtlich der Geeignetheit wirtschaftspolitischer Regelungen zu, der nur einer begrenzten gerichtlichen Kontrolle unterliegt (vgl. BVerfGE 50, S. 290; Stern 1993, S. 866; Kontrollmöglichkeiten nur bei einer weiten Überschreitung vgl. BVerfGE 39, S. 225 f.; BVerfGE 53, S. 145). Die Prognose des Gesetzgebers muß aber sachgerecht und vertretbar sein (vgl. BVerfGE 30, S. 263; BVerfGE 39, S. 230). Eine wirtschaftspolitische Maßnahme ist nicht schon deshalb ungeeignet, weil sie auf einer wirtschaftlichen Fehleinschätzung zum Zeitpunkt der Gesetzesvorbereitung beruhte (vgl. BVerfGE 25, S. 1, 12). Bei einer fehlerhaften Prognose ist der Gesetzgeber jedoch aus verfassungsrechtlichen Gründen zur Nachbesserung verpflichtet (vgl. BVerfGE 30, S. 250, 263; BVerfGE 49, S. 89, 130). Dieses Element der Verhältnismäßigkeit ist als verfahrensmäßige Sicherung zur Beachtung des Verfassungsrechts gedacht, die im allgemeinen gewährleistet, daß jedenfalls keine evident ungeeigneten Maßnahmen Gesetz werden (vgl. Grabitz, in: AöR 1973, S. 571 ff.; Ipsen, in: JuS 1990, S. 637).

Die Beschränkung einer privaten Betätigung durch die Festschreibung von Ladenschlußzeiten erscheint in diesem Zusammenhang *geeignet*, eine arbeitnehmerfreundliche Verteilung der Arbeitszeiten auf die Wochentage zu erreichen und die vom Ladenschlußgesetz erfaßten Verkaufsstelleninhaber (mit und ohne Verkaufspersonal) hinsichtlich der betrieblichen Betriebsbereitschaft gleichzustellen und hierdurch einen Wettbewerb über diesen Parameter auszuschließen. In diesem Rahmen spielt es keine Rolle, ob das bestehende System die gesteckten Ziele des Allgemeinwohls auch tatsächlich erreichen kann (vgl. Pieroth 1982, S. 66 f.). Vielmehr wird dem Gesetzgeber bei der verfassungsrechtlichen Beurteilung der Eignung staatlicher Maßnahmen eine gewisse "Einschätzungsprärogative" zuerkannt. Ein Gesetz kann nur dann aus mangelnder Geeignetheit für verfassungswidrig erklärt werden, wenn dessen Beurteilung im Hinblick auf die künftige Entwicklung und der Auswirkungen des Gesetzes durch den Gesetzgeber auf einer offensichtlich falschen Prognose beruhte (vgl. Degenhart 1994, S. 120). Die Fehleinschätzungen des Gesetzgebers bezüglich der Geeignetheit des Ladenschlußgesetz zum Schutze vor Verstößen gegen die Arbeitszeitbestimmungen und der Sicherung der Wettbewerbsneutralität sind jedoch nicht ausreichend, das Gesetz als verfassungswidrig anzusehen. Zwar konnte das Ladenschlußgesetz weder die Arbeitnehmer davor bewahren, auch nach Ladenschluß zu Arbeiten herangezogen zu werden (z.B. Aufräum- und Abschlußarbeiten), noch den zunehmenden Konzentrationsprozeß im Einzelhandel verhindern. *"Allein die Tatsache, daß die mangelnde Eignung des Gesetzes nachträglich deutlich wird"* (Degenhart 1994, S. 120), reicht jedoch nicht aus, daß das Gesetz verfassungswidrig wird . *"Allerdings kann bei Gesetzen mit fortdauernder Wirkung der Gesetzgeber dann zur Nachbesserung verpflichtet sein"* (Degenhart 1994, S. 120). Letztlich ist das Ladenschlußgesetz also als geeignet anzusehen.

Fraglich ist indes, ob die Regelung des Ladenschlußgesetzes auch *erforderlich*, d.h. notwendig ist. Erforderlich ist eine Maßnahme nur, wenn nicht andere geeignete Maßnahmen zur Verfügung stehen, die die Betroffenen und die Allgemeinheit in ihren Rechten weniger beeinträchtigen. Das mildere Mittel muß jedoch denselben Erfolg erzielen (vgl. BVerfGE 30, S. 316; BVerfGE 39, S. 230; BVerfGE 65, S. 127; Ipsen, in: JuS 1990, S. 634, 637; Degenhart 1994, S. 121; Rupp, in: AöR 1992, S. 232 ff.). Im Falle des Ladenschlußgesetzes ist der Frage nachzugehen, ob nicht weniger einschneidende Maßnahmen möglich sind. Als milderes Mittel stünde dem Gesetzgeber im Hinblick auf eine gerechte Arbeitszeitverteilung die Allgemeinverbindlichkeitserklärung tarifvertraglicher Bestandssicherungsklauseln für die derzeit Beschäftigten des Einzelhandels zur Verfügung (vgl. hierzu die Ausführungen in Kapitel 7.2.2.2). Die Wettbewerbsneutralität wäre über die Schaffung eines differenzierten Gewerbemietrechts wahrzunehmen, ohne daß hierdurch die strategischen Wettbewerbsparameter (z.B. Preis, Standort, zeitliche Betriebsbereitschaft) des Unternehmens betroffen würden (nähere Ausführungen zu einem differenzierten Gewerbemietrecht vgl. Kapitel 7.2.2.3). Zu prüfen ist dabei aber, ob in diesen Regelungen ebenso wirksame Mittel zu sehen sind, wie es die Regulierung der Ladenschlußzeiten durch das Ladenschlußgesetz darstellt.

Sofern eine Liberalisierung des Ladenschlußgesetzes in Form einer Aufhebung erfolgen würde, könnten andere Maßnahmen gleichfalls für eine ausreichende Nacht- und Wochenendruhe der jetzigen Arbeitnehmer (jedoch nicht bei Neubeschäftigten, die aus individuellen Gründen Wert auf Arbeit in den Abendstunden legen) sowie für die Sicherung der Wettbewerbsneutralität sorgen. So wären durch den tarifvertraglichen Bestandsschutz der bestehenden Arbeitsverhältnisse und die Schaffung eines adäquaten Gewerbemietrechts ebenso wirksame Mittel gegeben. Dem wären auch nicht die Argumente entgegenzuhalten, daß es zu einer Verschlechterung der Arbeitsbedingungen des Verkaufspersonals über eine Verlagerung oder Ausweitung der Arbeitszeit kommen und die Konzentrationstendenz in erheblichem Maße zunehmen würde. Der Zunahme der Arbeitszeit stünden gesetzliche, tarifvertragliche und betriebsrechtliche Normen entgegen. Eine Verletzung der Arbeitnehmerinteressen ist daher nicht zu vermuten. Eine Verlagerung der Arbeitszeit wäre durch einen allgemeinverbindlichen Bestandsschutz der Arbeitnehmer dahingehend erschwert, daß nur williges (über eine Öffnungsklausel) oder neues Personal unter Zuhilfenahme eines Nachteilsausgleichs einer veränderten Lage der Arbeitszeit zustimmen würde. Eine Gefahr der zunehmenden Konzentration im Einzelhandel wäre allein deshalb als gering anzusehen, weil kleine und mittelständische Unternehmen durch die Ausschöpfung der zeitlichen Nische (Abendöffnung) eine bessere Rentabilität erreichen könnten und sich daher gegenüber den Breitsortimentanbietern (Warenhäuser) behaupten könnten. Ein differenziert ausgestaltetes Gewerbemietrecht könnte dabei den Gefahren einer Konzentrationstendenz über den Mietwucher entgegenwirken. Das Argument einer fehlenden Kontrollmöglichkeit der Arbeitszeit kann ebenfalls nicht geltend gemacht werden. Auch bei der bisherigen Praxis des Ladenschlußgesetzes konnten Arbeiten hinter verschlossener Tür nicht erfaßt werden. Durch die generelle Stärkung des Arbeitnehmerschutzes in den vergangenen Jahren erscheint eine Ausbeutung der Arbeitnehmer aufgrund fehlender Kontrollmöglichkeiten auch sehr zweifelhaft. Durch die Freigabe der Ladenschlußzeiten könnte es zudem - über eine Verlängerung der Ladenöffnungszeiten bei gleichbleibender Arbeitszeit der momentan im Einzelhandel Beschäftigten - zu einem Nachfrageanstieg nach Arbeitskräften kommen, die aufgrund ihrer individuellen Bedürfnisse bereit sind, auch abends zu arbeiten. Eine solche Entwicklung -

vor dem Hintergrund der derzeit angespannten Lage auf dem Arbeitsmarkt - käme viel mehr dem Allgemeinwohl zugute als es in der Aufrechterhaltung des bisherigen Ladenschlußgesetzes zu sehen ist. Somit ließe sich durch die beschriebenen Maßnahmen das Allgemeinwohl ebenso wirksam schützen. Daneben läßt sich in diesem Zusammenhang anmerken, daß im Wirtschaftsverwaltungsrecht andere Tätigkeiten (z.B. Dienstleistungssektor, Großhandel), die eine ebenso große Gefährdung der Gemeinschaftsgüter darstellen, keiner spezifischen Zeiteinschränkung unterliegen.

Der Gesetzgeber muß Regelungen nach dem Grundsatz der Verhältnismäßigkeit im weiteren Sinne jeweils auf der Stufe vornehmen, die den geringsten Eingriff in die Freiheit der Berufswahl mit sich bringt, und darf die nächste Stufe erst dann wählen, wenn mit hoher Wahrscheinlichkeit dargelegt werden kann, daß die befürchteten Gefahren mit verfassungsmäßigen Mitteln der vorausgehenden Stufe nicht wirksam bekämpft werden können (vgl. BVerfGE 7, S. 405 ff.; BVerfGE 37, S. 21; BVerfGE 39, S. 231; BVerfGE 53, S. 145; vgl. Maunz/Zippelius 1991, S. 257). Zwar steht dem Gesetzgeber bei der Auswahl verschiedener Alternativen ein Beurteilungsspielraum zu, dennoch sind die verfassungsrechtlichen Bindungen trotz dieses Freiraums groß (vgl. BVerfGE 20, S. 150; BVerfGE 39, S. 156; Besprechung des BVerfG-Urteils vom 9. März 1994 - 2 BvL 43/92 u.a. -, in: NJW 1994, S. 1577 ff.; Windthorst 1994, S. 251 f.). Somit ist auch innerhalb der Stufen das mildeste Mittel zu wählen (vgl. BVerfGE 53, S. 135, 145 f.). Diesem Grundsatz folgend, verstößt die im Ladenschlußgesetz statuierte Regulierung der Ladenschlußzeiten gegen das Übermaßverbot, da sie nicht erforderlich ist. So stünde dem Gesetzgeber in dem zuvor beschriebenen "Ladenschlußmodell" ein ebenso wirksames, aber milderes Mittel (kein repressives Verbot mit Erlaubnisvorbehalt) zur Verfügung.

Eine Maßnahme verstößt dann gegen die Verhältnismäßigkeit im engeren Sinne (Angemessenheit), wenn sie unabhängig von ihrer Geeignetheit und Erforderlichkeit außer Verhältnis zu dem angestrebten Erfolgt steht, wenn also die Maßnahme die Freiheit stärker beschränkt, als der Zweck es rechtfertigt (vgl. BVerfGE 44, S. 378). Zudem darf sie keinen unangemessenen Zweck verfolgen (vgl. BVerfGE 44, S. 373; BVerfGE 50, S. 290 ff.; Besprechung des BVerfG-Urteils vom 9. März 1994 - 2 BvL 43/92 u.a. -, in: NJW 1994, S. 1577 ff.; Windthorst 1994, S. 252 f.)

Fraglich ist daher, ob überhaupt vernünftige Erwägungen des Allgemeinwohls vorliegen (vgl. Grabitz, in: AöR 1973, S. 575), die eine Einschränkung der Berufsausübung erfordern. Die kontinuierliche Herabsetzung der wöchentlichen Arbeitszeit durch tarifvertragliche Vereinbarungen bei einer gleichbleibenden Ladenöffnungszeit zeigt bereits, daß der ursprüngliche Gedanke des Arbeitszeitschutzes hinfällig geworden ist. Lediglich die Lage der Arbeitszeit könnte einen Eingriff erfordern. Allein ökonomische Überlegungen (Rentabilitätserwartungen) und die Bereitschaft der Arbeitnehmer sowie die Nachfrage der Verbraucher setzt der Arbeitszeit Grenzen. Zudem stehen tarifvertragliche Vereinbarungen und Regelungen des Betriebsverfassungsgesetzes willkürlichen Verlagerungen der Arbeitszeit durch Unternehmen entgegen. Die durch das Ladenschlußgesetz bewirkten Zeitrestriktionen verkehren das ursprüngliche Ziel der Wettbewerbsneutralität in das Gegenteil. Indem bei vorherrschender Zeitknappheit sogenannte "One-stop-shops" (Breitsortimenter; vor allem Warenhäuser) bevorteilt werden, wird die Konzentration im Einzelhandel eher gefördert und die klein- und mittelständischen Unternehmen werden ihrer besseren Anpassungsfähigkeit hinsichtlich der Verbraucherwünsche beraubt. Durch Ausnahmeregelungen für Tankstellenshops und die Nichteinbeziehung von Großmärkten werden zudem Wettbewerbsverzerrungen geschaffen. Durch die Schaffung von zeitlichen Restriktionen der Einkaufszeit kommt es zu einer Einschränkung der Markttransparenz und in der Folge zu steigenden Einkaufskosten. Mit der Begrenzung der Verkaufszeiten steigen auch die Belastungen des Verkaufspersonals, da sich die Kundenströme auf einen eng begrenzten Zeitraum konzentrieren. Letztlich widerspricht dies dem Ziel des Gesundheitsschutzes, das der Staat zu schützen hat.

Zusammenfassend läßt sich daher sagen, daß die vernünftigen Erwägungen des Allgemeinwohls im ursprünglichen Sinne nicht mehr gegeben sind. Allein dies würde einen verfassungswidriger Eingriff in das Recht auf freie Berufsausübung nach sich ziehen. Aber selbst wenn man den Ausführungen des Bundesverfassungsgerichts aus dem Jahre 1961 folgt und die Sicherung des freien Abends des Verkaufspersonals und Wahrung der Wettbewerbsneutralität bezogen auf die heutige Situation als vernünftige Erwägungen des Allgemeinwohls anerkennen würde, ist die Schwere der Nachteile des Ladenschlußgesetzes gegenüber dessen Eignung zur Förderung des mit ihm verbundenen Zwecks abzuwägen (vgl. BVerfGE 30, S. 292, 316; BVerfGE 44, S. 378). Für das Ladenschlußgesetz spricht, daß durch die Festlegung allgemeiner Ladenschlußzeiten die im Einzelhandel beschäftigten Arbeitnehmer über zumutbare Arbeitszeiten (mit ausreichender Nacht- und Wochenendruhe) verfügen. Auch wird subjektiv gesehen die Kontrolle der Einhaltung der bestehenden allgemeinen Arbeitszeitbestimmungen für die zuständigen Behörden erleichtert. Schließlich spricht ein geschlossener Laden dafür, daß dort keine Arbeitnehmer mehr tätig sind. Eine weitergehende Kontrolle kann damit entfallen. Insoweit scheinen die Ladenschlußregelungen zumindestens in bezug auf die arbeitsrechtliche Zielsetzung seinen Zweck zu erfüllen. Allerdings beschränkt das Ladenschlußgesetz die Freiheit einzelner Gruppen stärker, als es der Zweck rechtfertigt. Gegen das Ladenschlußgesetz sprechen die aus ihm resultierenden Nachteile, deren Eingriffsintensität höher einzuschätzen ist als die Maßnahme selbst. Entgegen dem urspünglichen Ziel des Gesetzgebers ist das Ladenschlußgesetz nicht als wettbewerbsneutral anzusehen. Mit Ausschluß des natürlichen Wettbewerbsparameters der zeitlichen Betriebsbereitschaft werden solche Anbieter benachteiligt, die sich sonst gerade über dieses Marketinginstrument am Markt behaupten könnten. Zudem begründet das Ladenschlußgesetz eine Schutzzone, in der Grenzanbieter unter Ausnutzung eines monopolartigen Preisspielraums ihr Überleben sichern. Dies führt dazu, daß sich nicht - wie es sonst im Wettbewerbsgeschehen üblich ist - die für die Versorgung der Verbraucher effizienteste Handelsform durchsetzen kann. Auf Seiten der Verbraucher führt eine Beschränkung der Einkaufszeit unter Nichtbeachtung der individuellen Situation möglicherweise zu einer Beeinträchtigung der Markttransparenz. Dies kann über fehlende Qualitäts- und Preisvergleichsmöglichkeiten zu steigenden Einkaufskosten führen. Potentiellen Arbeitnehmern verwehrt das Ladenschlußgesetz über die Festschreibung des Arbeitszeitvolumens den Zugang zum Arbeitsmarkt. Während nämlich eine ausreichende Nacht- und Wochenendruhe auch durch allgemeine Arbeitsschutznormen erfüllt wird, konzentriert sich das Schutzbedürfnis des Ladenschlußgesetzes ausschließlich auf bestehende Arbeitsverhältnisse. Gerade die Festschreibung der Öffnungszeiten verwehrt den Teilzeitarbeitsuchenden - über die Begrenzung des Gesamtarbeitsvolumes in diesem Wirtschaftszweig - die Möglichkeit einer Berufstätigkeit. Ein solches Vorgehen erscheint mit Hinblick auf die hohe Zahl an Arbeitslosen und der damit verbundenen volkswirtschaftlichen Belastung dem Interesse des Allgemeinwohls zu widersprechen. Ein weiterer Nachteil des Ladenschlußgesetzes ist in der Zunahme der Belastung des Verkaufspersonals zu sehen. Können sich die Kundenströme nur in einem stark eingegrenzten Zeitrahmen verteilen, entstehen zwangsläufig Andrangspitzen. Diese führen beim Verkaufspersonal zu einer größeren physischen wie auch psychischen Belastung. Dem Staat obliegt die Aufgabe, den Schutz besonders wichtiger Gemeinschaftsgüter zu gewährleisten. Hierzu ist auch die Gesundheit zu zählen. Wägt man die hier skizzierten Nachteile des Ladenschlußgesetzes mit dem von der Norm verfolgten Zweck ab, so stehen die verfolgten Ziele (Wettbewerbsneutralität, Sicherung einer ausreichenden Nacht- und Wochenendruhe) außer Verhältnis zu den verursachten Freiheitsbeschränkungen. Der Schwere der Nachteile - insbesondere in bezug auf die wettbewerbsbeschränkende und arbeitsmarktpolitische Wirkung - ist ein weitaus größeres Gewicht beizumessen als den dem Ladenschlußgesetz zuzuordnenden Vorteilen. Das Ladenschlußgesetz beschränkt letztendlich die Freiheit des einzelnen (Gewerbe-, Konsum-, Vertrags- und Wettbewerbsfreiheit) stärker, als der Zweck es rechtfertigt. Dies ist vom Grundgesetz her nicht zu vertreten (vgl. BVerfGE 30, S. 292, 316; BVerfGE 44, S. 378). Das Ladenschlußgesetz erscheint nicht angemessen.

Insgesamt bleibt festzuhalten, daß die im § 3 LadSchlG verankerte Beschränkung der Ladenschlußzeiten weder erforderlich noch angemessen und so mit Art. 12 Abs. 1 GG nicht vereinbar ist. Der Gesetzgeber ist daher aufgefordert, das verfassungswidrig gewordene Gesetz zu korrigieren, um damit sowohl dem Schutz der Grundrechte des einzelnen als auch den Interessen der Allgemeinheit hinsichtlich einer effizienten Versorgung der Bevölkerung zu entsprechen.

4.3.2 Konformität mit Artikel 14 Grundgesetz (Eigentumsschutz)

Wie auch Art. 12 GG beinhaltet Art. 14 GG ein Hauptgrundrecht auf wirtschaftliche Freiheit (vgl. Jarass/Pieroth 1995, GG, Art. 14 Rdnr. 1 ff.; v. Münch/Kunig 1992, GG, Art. 14 Rdnr. 1 ff.; Wassermann 1989, GG, S. 1046 ff.; Matzat 1992, S. 149 ff.; Stober [c] 1994, S. 143 ff.; Lepa 1990, S. 251 ff.). Im Rahmen einer verfassungsrechtlichen Überprüfung des Ladenschlußgesetzes muß somit auch das Recht auf Eigentum betrachtet werden. Während jedoch Art. 12 GG eher die Willens- und Dispositionsfreiheit des Unternehmens abdeckt, sichert die Eigentumsgarantie des Art. 14 GG den Bestand des Unternehmens als dessen materielle Basis (vgl. Ossenbühl, in: AöR 1990, S. 1 ff.). Fraglich ist also, ob die Regelungen des Ladenschlußgesetzes (§ 3 LadSchlG i.V.m. §§ 1, 20 LadSchlG) verfassungskonform hinsichtlich des Art. 14 GG sind.

Die Festschreibung von allgemeinen Ladenschlußzeiten könnte dabei einen Eingriff in den Schutzbereich des Art. 14 GG darstellen. Der Schutzbereich des Art. 14 Abs. 1 GG umfaßt jedes vermögenswerte Recht, das dem Berechtigten von der Rechtsordnung in der Weise zugeordnet ist, daß er die damit verbundenen Befugnisse nach eigenverantwortlicher Entscheidung zu seinem privaten Nutzen ausüben darf (vgl. BGHZ 6, S. 270; BVerfGE 53, S. 257, 290; BVerfGE 74, S. 129, 148; BVerfGE 83, S. 210; v. Münch/Kunig 1992, GG, Art. 14 Rdnr. 1 ff.; Jarass/Pieroth 1995, GG, Art. 14 Rdnr. 5 ff.; Schunck/De Clerk 1993, S. 208; Böhmer, in: NJW 1988, S. 2561 ff.). Nicht hierzu zählen das Vermögen als solches, sowie Chancen, Hoffnungen und Erwartungen (vgl. BVerfGE 28, S. 119, 142; BVerfGE 45, S. 142, 173; BVerfGE 68, 193, 222; BVerfGE 74, 129, 148; BVerfGE 78, S. 205 ff.; Jarass/Pieroth 1995, GG, Art. 14 Rdnr. 14; v. Münch/Kunig 1992, GG, Art. 14 Rdnr. 11 ff.). So sind Berechtigungen, bei denen es primär um den Erwerb und nicht um das Erworbene geht, nicht Art. 14 Abs. 1 GG, sondern Art. 12 Abs. 1 GG zuzuordnen (vgl. Besprechung des BVerfG-Urteils vom 29. Juli 1992 [1 BvR 868/90], in: NJW 1992, S. 36 ff.).

Im vorliegenden Fall wird durch das Gebot, zu bestimmten Zeiten keinen geschäftlichen Verkehr mit Kunden auszuüben, gegebenenfalls das Recht am eingerichteten und ausgeübten Gewerbebetrieb eingeschränkt (vgl. Jarass/Pieroth 1995, GG, Art. 14 Rdnr. 8; v. Münch/Kunig 1992, GG, Art. 14 Rdnr. 18). Das Bundesverfassungsgericht ließ zuletzt die Frage offen, ob diese Rechtsposition in den Schutzbereich des Art. 14 Abs. 1 GG fällt (vgl. Besprechung des BVerfG-Urteils vom 29. Juli 1992 - 1 BvR 868/90 -, in: NJW 1992, S. 36 ff.; Jarass/Pieroth 1995, GG, Art. 14 Rdnr. 8; v. Münch/Kunig 1992, GG, Art. 14 Rdnr. 18). Es bejahte jedoch den eigentumsrechtlichen Schutz für den Bestand einzelner Rechte und Güter des Unternehmen (vgl. BVerfGE 1, S. 277; BVerfGE 51, S. 191, 221; BVerfGE 68, S. 193, 222 f.). Sowohl der Bundesgerichtshof, das Bundesverwaltungsgericht als auch die herrschende Lehrmeinung gehen jedoch davon aus, daß das Recht am eingerichteten und ausgeübten Gewerbebetrieb zum Schutzbereich des Art. 14 Abs. 1 GG zu zählen ist (vgl. BGHZ 92, S. 34, 37; Maunz/Dürig 1993, GG, Art. 14 Rdnr. 96 ff.; v. Münch/Kunig 1992, GG, Art. 14 Rdnr. 18; Jarass/Pieroth 1995, GG, Art. 14 Rdnr. 8; Ossenbühl, in: AöR 1990, S. 1 ff.; Lepa 1990, S. 251 ff.; Löwisch, in: JuS 1982, S. 237). Im Ansatz ist der Auffassung der h.M. zu folgen. Wenn die Verfasssung die Gewerbefreiheit garantiert, muß sie auch den Gewerbebetrieb vermögensrechtlich in seinem Kernbestand schützen. Hierzu gehört laut der Rechtsprechung alles das, was in der Gesamtheit den wirtschaftlichen Wert des konkreten Betriebes ausmacht (z.B. geschäftliche Verbindungen, Kundenstamm; vgl. BGHZ 23, S. 157, 162; BGHZ 29, S. 65 ff.; BVerfGE 13, S. 229; Maunz/Dürig 1993, GG, Art. 14 GG Rdnr. 96 ff.). Ein Recht am eingerichteten und ausgeübten Gewerbebetrieb kann jedoch nur verletzt sein, wenn der Staat unmittelbar betriebsbezogen in den Gewerbebetrieb eingreift. Es reicht nicht aus, daß sich der Eingriff gegen ein anderes selbständiges Recht oder Rechtsgut richtet. Vielmehr muß er sich gezielt gegen den Gewerbebetrieb selbst wenden (vgl. BVerfGE 13, S. 181 ff.; Leibholz/ Rinck/ Hesselberger 1993, GG, Art. 14 GG Rdnr. 141).

Fraglich ist, ob die Beschränkung der Ladenschlußzeiten für Verkaufsstelleninhaber einen unmittelbaren Eingriff in die Ausübung des Gewerbebetriebs darstellt. Da mit dem Verbot der Betätigung innerhalb gesetzter Grenzen jedoch nicht der Bestand und Umsatz des Unternehmens berührt wird, sondern vielmehr nur die Absatzchancen bzw. Umsatzchancen von dem Eingriff betroffen sind, liegt eine Einschränkung der Ausübung eines Gewerbebetriebes i. S. eines durch Art. 14 Abs. 1 GG geschützten Eingriffs in die Sach- und Rechtsgesamtheit nicht vor. Die Regelungen des Ladenschlußgesetzes sind allenfalls als Bestimmung des Inhalts des Eigentums anzusehen, die nicht dadurch, daß sie eine gewisse Minderung der Rentabilität zur Folge haben, zu einer unzulässigen Enteignung werden (vgl. BVerfGE 13, S. 230). "*Regelungen, die nicht in die Substanz des Betriebes eingreifen, sondern lediglich Auflagen für die Ausübung des Gewerbes machen, sind jedenfalls ähnlich wie Vorschriften, die die Nutzung des Eigentums betreffen, in der Regel nur als Bestimmung von Inhalt und Grenzen des Eigentums im Sinne des Art. 14 Abs. 1 Satz 2 GG zu werten, die grundsätzlich dem Gesetzgeber anheimgegeben sind*" (BVerfGE 13, S. 229). Aus diesem Grund kann kein Eingriff in den Schutzbereich des Art. 14 GG gesehen werden. Das Ladenschlußgesetz ist daher mit dem Grundrecht auf Eigentumsfreiheit vereinbar.

4.3.3 Konformität mit Artikel 3 Absatz 1 Grundgesetz (Gleichbehandlungsgrundsatz)

Das Ladenschlußgesetz stellt eine Besonderheit im Wirtschaftsbereich dar, die einzigartig ist. In keinem anderen Berufszweig wird nämlich in Ergänzung der allgemeinen Arbeitsschutznormen die zeitliche Betriebsbereitschaft unter den Vorbehalt des Gesetzgebers gestellt (vgl. ifo Institut, in: ifo Schnelldienst 1995, S. 23). Insoweit findet hier eine unterschiedliche Behandlung von Wirtschaftszweigen (z.B. Einzelhandel versus Gaststätten, Verkehrs- und Industriebetriebe) statt, die einer verfassungsrechtlichen Rechtfertigung bedarf. Der Gleichheitssatz des Art. 3 GG regelt die formale Rechtsgleichheit. Eine Verletzung dieses Schutzbereiches ist erst dann gegeben, wenn die *"gleiche oder ungleiche Behandlung geregelter Sachverhalte nicht mehr mit einer am Gerechtigkeitsgedanken orientierten Betrachtungsweise vereinbar ist, wo also ein einleuchtender Grund für die Gleichbehandlung oder Ungleichbehandlung fehlt"* (BVerfGE 26, S. 302, 310; vgl. Jarass/Pieroth 1995, GG, Art. 3 Rdnr. 5; v. Münch/Kunig 1992, GG, Art. 3 Rdnr. 1 ff.). Fraglich ist, ob es sachliche Gründe gibt, die eine Sonderbehandlung des Einzelhandels rechtfertigen könnten. Ein vernünftiger, aus der Natur der Sache oder sonstwie sachlich einleuchtender Grund für eine differenzierte Behandlung, der einen Eingriff in den Schutzbereich des Art. 3 Abs. 1 GG rechtfertigt, könnte dann gegeben sein, wenn die im Einzelhandel beschäftigten Arbeitnehmer größeren Gefahren hinsichtlich von Verstößen gegen die allgemeinen Arbeitsschutznormen ausgesetzt wären als dies sonst im Wirtschaftsbereich (z.B. Gaststättengewerbe) der Fall wäre. Ebenso läge ein sachlicher Grund für eine Ungleichbehandlung dann vor, wenn die Wettbewerbsneutralität im Einzelhandelssektor größeren Gefahren ausgesetzt wäre als z.B. im Industriebereich. Nach Ansicht des Bundesverfassungsgerichts (vgl. BVerfGE 13, S. 236) ist jedoch eine Verletzung des Gleichbehandlungsgrundsatzes nicht gegeben, da andere Gewerbezweige sich in erheblichem Maße vom Einzelhandelssektor unterscheiden würden. Insofern entstünde hierdurch keine Verpflichtung, für sie eine dem Ladenschlußgesetz entsprechende Regelung zu schaffen oder eine Regelung des Ladenschlusses zu unterlassen (vgl. BVerfGE 13, S. 236). Entgegen der Auffassung des Bundesverfassungsgerichts lassen sich keine Anhaltspunkte dafür finden, daß sich die Situation der Einzelhandelsbeschäftigten von denen der übrigen unterscheiden würde. So haben z.B. die Arbeitnehmer des Gaststättengewerbes unter weitaus ungünstigeren Arbeitszeiten zu leiden als die Beschäftigten des Einzelhandels, die Umstände der Arbeit als solches unterscheiden sich aber nicht wesentlich (langes Stehen, schlechte Luft, Dienstleistung am Verbraucher). Gleiches gilt für die Wettbewerbskonstellation; auch hier ist z.B. im Gaststättenbereich die Gefahr des unlauteren Wettbewerbs ebenso hoch zu bewerten wie für den Einzelhandelssektor. Das Fehlen eines sachlichen Grundes für die Ungleichbehandlung des Einzelhandelssektors gegenüber anderen Wirtschaftsfeldern begründet einen verfassungswidrigen Eingriff in den Schutzbereich des Art. 3 Abs. 1 GG. Das Ladenschlußgesetz steht somit im Widerspruch zu dem durch Art. 3 Abs. 1 GG garantierten Gleichbehandlungsgrundsatz. Der Gesetzgeber ist somit verpflichtet, entweder für andere Gewerbezweige eine dem Ladenschlußrecht entsprechende Regelung zu schaffen oder eine Regelung des Ladenschlusses zu unterlassen (so auch das Gutachten des ifo Instituts, vgl. ifo Institut, in: ifo Schnelldienst 1995, S. 23).

Eine weitere Ungleichbehandlung begründet das Ladenschlußgesetz in sich: Mit der Bewilligung von Ausnahmen (§§ 4-16, 18-20, 23 Abs. 1 LadSchlG) vom generellen Ladenschluß wird sowohl bestimmten Verkaufsstellen und Waren (§§ 4 ff. LadSchlG) als auch einzelnen Gewerbezweigen und -formen (§§ 18 ff. LadSchlG) ein Vorteil eingeräumt. So steht ihnen eine gegenüber den Mitkonkurrenten längere Ladenöffnungszeit zu. Auch hier stellt sich die Frage, ob dieses Vorgehen im Widerspruch zum Gleichbehandlungsgrundsatz des Art. 3 Abs. 1 GG steht. Im Falle der Ausnahmetatbestände des Ladenschlußgesetzes ist zu prüfen, ob ein vernünftiger, aus der Natur der Sache oder sonstwie sachlich einleuchtender Grund für eine differenzierte Behandlung gegeben ist, der einen Eingriff in den Schutzbereich des Art. 3 Abs. 1 GG rechtfertigt. Als der sachliche Grund für die Ungleichbehandlung bei der privilegierten Abgabe von Waren (Ausnahmetatbestände des LadSchlG) außerhalb der allgemeinen Ladenöffnungszeiten kann das Bedürfnis der Bevölkerung an der Versorgung mit wichtigen Gütern (z.B. Medikamente, Benzin) angesehen werden. In der heutigen Praxis wird dieser Versorgungsspielraum jedoch weit überschritten und damit dem Sinn und Zweck des Ladenschlußgesetzes zuwidergehandelt: So ist nach geltender Rechtsprechung des Bundesverwaltungsgerichts (vgl. BVerwG-Urteil vom 26. Oktober 1993 - 1 C 17/91 -, in: GewArch 1994, S. 117 ff.) z.B. in Tankstellenshops die Abgabe von Reisebedarf erlaubt. Dabei werden nach der Interpretation der Rechtsprechung diesem unbestimmten Rechtsbegriff mit Ausnahme von Tiefkühlkost und alkoholischen Getränken (Duldung durch Verwaltungsbehörden) Lebensmittel und Gebrauchsgüter jeglicher Art zugeordnet. Der Vertrieb derartiger Waren geht somit weit über das ursprüngliche Versorgungsbedürfnis der Kraftfahrer hinaus. Die Einnahmen aus den "ungezügelten" Shops machen heute immerhin ca. 50 % des Tankstellenumsatzes aus (vgl. TS vom 27. Oktober 1993, S. 9). Insoweit erscheint das Argument des Bundesverwaltungsgerichts zur Sonderbehandlung der Tankstellen fragwürdig. Demnach handele es sich nämlich beim Verkauf von Reisebedarf nur um einen geringfügigen Bedarf, der regelmäßig weder vor noch nach den allgemeinen Ladenöffnungszeiten auftrete und im sonstigen Einzelhandel befriedigt werden würde (vgl. Besprechung des Urteils des BVerwG, in: GewArch 1994, S. 117 ff.). Die Praxis zeigt aber, daß sowohl Tankstellen als auch andere Spätverkaufsstellen von einem Teil der Verbraucher regelmäßig zur Deckung des täglichen Verbrauchs außerhalb der allgemeinen Ladenöffnungszeiten aufgesucht werden (vgl. Ergebnis der empirischen Erhebung Kapitel 9.2.3). Letztlich sind so durch die Abgabe von Lebensmitteln an Tankstellen Wettbewerbsverzerrungen zu erwarten, deren Vermeidung gerade Ziel des Ladenschlußgesetzes ist. Da für eine solche Handhabung kein sachlicher Grund gegeben ist, kann man von einer verfassungswidrigen Ungleichbehandlung ausgehen.

Probleme im Hinblick auf den vom Grundgesetz garantierten Gleichbehandlungsgrundsatz bringt auch die Nichterfassung einzelner Handelsformen (z.B. Versandhandel, Warenautomaten, Großhandel) durch das Ladenschlußgesetz mit sich. Fraglich ist auch hier, ob für die Nichterfassung der zeitunabhängigen Gewerbeformen (insbesondere des Großhandels) sachliche Gründe vorliegen, die eine Ungleichbehandlung rechtfertigen können. Nimmt man den Großhandel als Beispiel für den zeitungebundenen Handel, so zeigt sich eine unterschiedliche Ausgangsposition gegenüber dem Einzelhandel. Hier steht die Abgabe von Waren an Wiederverkäufer im Vordergrund. Diese können aufgrund ihrer eigenen Tätigkeit ein Bedürfnis an gesonderten Ladenöffnungszeiten aufweisen. Zur Abgrenzung des Großhandels vom Einzelhandel besteht zudem ein Gebot zur Ausgabe von Einkaufsausweisen nur an Wiederverkäufer und öffentliche Institutionen (vgl. BVerfG-Urteil vom 13. Juli 1992, in: NJW 1993, S. 1969 ff.). Demzufolge liegt ein sachlicher Grund für eine Ungleichbehandlung vor. Durch den heute oftmals zu verzeichnenden Mißbrauch der Vergabe von Zutrittsberechtigungen an private Endverbraucher findet eine Umgehung des Ladenschlußgesetzes statt, die vor dem Hintergrund der dadurch entstehenden Wettbewerbsverzerrungen und des Schutzes des Verkaufspersonals der Großmärkte fragwürdig erscheint. Allerdings handelt es sich dabei um ein rechtswidriges Tun. Dies mag zwar rechtspolitisch relevant sein, gibt aber keinen Anlaß dazu, das Ladenschlußgesetz unter den Aspekten des Gleichbehandlungsgrundsatzes als verfassungswidrig einzustufen.

Weiterer Prüfungspunkt im Rahmen der von Art. 3 Abs. 1 GG geschützten Rechtsgleichheit ist die Gleichbehandlung von kleinen Einzelhandelsunternehmen und Großanbietern durch das Ladenschlußgesetz. Als der sachliche Grund für die Gleichbehandlung von Unternehmen unterschiedlicher Größe ist die Wahrung der Wettbewerbsneutralität zu sehen. Mit der Festschreibung der zeitlichen Betriebsbereitschaft über alle Betriebsgrößen hinweg wollte der Gesetzgeber verhindern, daß einzelnen Anbietern ein Wettbewerbsvorteil entsteht. Hierin ist, unabhängig von den Auswirkungen auf die Wettbewerbsstellung (unter Ausschluß des Parameters Zeit sind Großunternehmen aufgrund der besseren Einkaufspolitik bessergestellt; vgl. näheres Abschnitt 4.3.1 und 6.3), ein sachlicher Grund zu erkennen, der die Gleichbehandlung rechtfertigt.

Fazit der verfassungsrechtlichen Kontrolle der Rechtsgleichheit des Art. 3 Abs. 1 GG ist, daß das Ladenschlußgesetz in einigen Punkten eine Ungleichbehandlung beinhaltet, die verfassungsrechtlich nicht zu rechtfertigen ist.

4.3.4 Konformität mit Artikel 2 Absatz 1 Grundgesetz (Handlungsfreiheit)

Der Schutzbereich des Art. 2 Abs. 1 GG ist die Privatsphäre. Dabei versteht man unter der allgemeinen Handlungsfreiheit die Freiheit des Einzelnen, alles zu tun, was anderen nicht schadet und nicht gegen die verfassungsmäßige Ordnung oder das Sittengesetz verstößt (Schrankentrias; vgl. Jarass/Pieroth 1995, GG, Art. 2 Rdnr. 1 ff.; v. Münch/Kunig 1992, GG, Art. 2 Rdnr. 3 ff.; Wassermann 1989, GG, S. 245 ff.; Schunck/De Clerk 1993, S. 157 ff.). Dadurch wird neben der wirtschaftlichen Betätigung (Unternehmerinitiative, Wettbewerbsfreiheit; vgl. BVerfGE 50, S. 290, 366; BGHZ 23, S. 36, 371), die vom Ladenschlußgesetz durch die Festlegung der Ladenschlußzeiten eingeschränkt wird, auch die Konsum- und Vertragsfreiheit (vgl. BVerfGE 12, S. 347; BVerfGE 18, S. 269; BVerfGE 81, S. 242; Stober [c] 1994, S. 128 f.) erfaßt. Das Ladenschlußgesetz bestimmt die Zeiten, in denen Einzelhändler ihre Verkaufsstellen geöffnet halten können. Insofern könnte ein Eingriff in den Schutzbereich des Art. 2 Abs. 1 GG auf Seiten der Verkaufsstelleninhaber sowie der Verbraucher vorliegen.

Für die *Verkaufsstelleninhaber* steht der Schutz der Wettbewerbsfreiheit, d.h. das Recht, "*sich durch freie Leistungskonkurrenz auf dem Markt gegenüber anderen Unternehmen durchzusetzen*" (Stober [c] 1994, S. 128), im Vordergrund. Ein Eingriff in den Schutzbereich ist nur dann gegeben, wenn durch hoheitliche Maßnahmen die Fähigkeit zur Teilnahme am Wettbewerb so eingeschränkt wird, daß die Möglichkeit, sich als verantwortlicher Unternehmer wirtschaftlich zu betätigen, beeinträchtigt ist (Stober, in: BB 1986, S. 664). Fraglich ist, ob eine solche Einschränkung im vorliegenden Falle gegeben ist. Art. 2 Abs. 1 GG ist als verfassungsmäßiger Prüfungsmaßstab aber nur insoweit heranzuziehen, als nicht bestimmte Lebensbereiche durch besondere Grundrechte geschützt sind (vgl. BVerfGE 9, S. 343; BVerfGE 19, S. 225; BVerfGE 23, S. 50, 55 ff.; Jarass/Pieroth 1995, GG, Art. 2 Rdnr. 2). Im vorliegenden Fall ist mit Art. 12 Abs. 1 GG eine speziellere Regelung durch das Ladenschlußgesetz betroffen, so daß diese der Überprüfung des Art. 2 Abs. 1 GG vorgeht (vgl. Schunck/De Clerk 1993, S 153 ff.; v. Münch/Kunig 1992, GG, Art. 2 Rdnr. 1 ff.; Jarass/Pieroth 1995, GG, Art. 2 Rdnr. 2). Der Schrankenbereich der allgemeinen Handlungsfreiheit des Art. 2 Abs. 1 GG kann daher nur durch die Gesetze beschränkt werden, die mit anderen Normen des Grundgesetzes und mit ungeschriebenen elementaren Verfassungsgrundsätzen im Einklang stehen. Ein (hier nach Art. 12 GG) verfassungswidriges Gesetz (§ 3 LadSchlG) kann dabei keine taugliche Grundrechtsschranke darstellen (vgl. Stein 1993, S. 190 f.). Dies ist im vorliegenden Falle gegeben.

Art. 2 Abs. 1 GG steht als allgemeines Menschen - und Auffanggrundrecht, das den lückenlosen Grundrechtsschutz gewährleisten soll, auch Ausländern zu (vgl. BVerfGE 35, S. 282, 399; BVerfGE 49, S. 168, 180; Jarass/Pieroth 1995, GG, Art. 2 Rdnr. 8 f.; Maunz/Dürig 1990, GG, Art. 12 Rdnr. 116 ff.). Dies ist bedeutungsvoll, weil damit die Grundrechtslücke geschlossen wird, die dadurch entsteht, daß Art. 12

Abs. 1 GG die Berufsfreiheit nur Deutschen gewährt, mag auch der berufliche Schutz des Art. 2 Abs. 1 GG schwächer sein (vgl. BVerfGE 78, S. 179, 197; Lepa 1990, S. 48 ff.). Art. 2 Abs. 1 GG wäre im vorliegenden Falle des Ladenschlußgesetzes lediglich dann anwendbar, wenn ausländische oder staatenlose Verkaufsstelleninhaber sich auf das Freiheitsrecht berufen könnten. Deren Schutzbereich wäre durch das Ladenschlußgesetz dann berührt, wenn durch diese Maßnahme die Fähigkeit zur Teilnahme am Wettbewerb so eingeschränkt wird, daß die Möglichkeit, sich als verantwortlicher Unternehmer wirtschaftlich zu betätigen, beeinträchtigt ist (Stober, in: BB 1986, S. 664). Die zeitliche Betriebsbereitschaft ist aus Sicht des Ökonomen als ein natürliches Marktinstrument anzusehen. Mit der Festschreibung der Ladenschlußzeiten wurde dem Einzelhandelssektor eine Leistungskomponente genommen, die er über Maßnahmen der Standort-, Flächen-, Sortiments- und Investitionspolitik zu kompensieren versuchte. Den klein- und mittelständischen Unternehmen standen diese Möglichkeiten aber nur in einem eingeschränkteren Maße offen. Die in den Wettbewerbsparametern der Werbe-, Preis- und Einkaufspolitik (fehlende Machtposition) ohnehin unterlegenen Kleinunternehmen werden mit der Festschreibung der Öffnungszeiten stärker belastet als Großunternehmen, da ihnen die Möglichkeit zur Abgrenzung hinsichtlich der zeitlichen Kundenbereitschaft und Serviceleistung genommen wird. So profitieren gerade die Großunternehmen von kürzeren Ladenöffnungszeiten, da sie dem Verbraucher unter dem Aspekt der Zeitknappheit mit ihrem umfassenden Sortiment das attraktivere Angebot bieten und somit eine Präferenz zum sogenannten "One-stop-shop" klar nachzuweisen ist (vgl. hierzu die empirischen Untersuchungen in Kapitel 9.2.3). Insofern scheint das Ladenschlußgesetz nicht wettbewerbsneutral zu sein, da es mit der "Beschneidung des natürlichen Wettbewerbsparameters" der zeitlichen Betriebsbereitschaft einzelne Anbieter beeinträchtigt. Leistungsbereiten, kreativen und innovativen Einzelhändlern wird die Möglichkeit genommen, auf die Kundenwünsche einzugehen und sich im Wettbewerb abzugrenzen bzw. zu behaupten. Folglich greift das Ladenschlußgesetz für diese Händlergruppe in den Schutzbereich des Art. 2 Abs. 1 GG ein. Die Fähigkeit zur Teilnahme am Wettbewerb wird so eingeschränkt, daß die Möglichkeit, sich als verantwortlicher Unternehmer wirtschaftlich zu betätigen, beeinträchtigt ist. Darüber hinaus sichert die Unternehmerfreiheit den Grundrechtsträgern einen angemessenen Spielraum zur Entfaltung der Unternehmerinitiative zu (vgl. BVerfGE 50, S. 290, 366; BVerfGE 65, S. 196, 210), der ebenfalls durch die Festschreibung der zeitlichen Betriebsbereitschaft beschnitten ist.

Handelt es sich um einen unmittelbaren Eingriff in den Schutzbereich des Art. 2 Abs. 1 GG, ließe sich dieser nur dadurch rechtfertigen, daß unter Beachtung des Übermaßverbots (Verhältnismäßigkeit) gemeinwohlbezogene öffentliche Belange dies erfordern würden. Solche Belange könnten in der Wahrung der Funktionalität des Wettbewerbs und der Sicherung des freien Abends des Verkaufspersonals zu sehen sein. Ein Eingriff in die Wettbewerbs- und Unternehmerfreiheit erscheint hierzu auch *geeignet*. Fraglich ist, ob die Festschreibung der zeitlichen Betriebsbereitschaft hierzu auch *erforderlich* ist, d.h. dem Gesetzgeber kein milderes aber ebenso wirksames Mittel zur Verfügung steht. Den Ausführungen zur Erforderlichkeit im Zusammenhang mit Art. 12 GG folgend (siehe Seite 35 ff.) ist auch hier zweifelhaft, ob die Maßnahme erforderlich war. *Angemessen* wäre der Eingriff zudem nur, wenn die Handlungsfreiheit nicht übermäßig eingeschränkt würde und die Bedürfnisse der Unternehmen ausreichend befriedigt werden könnten. Dies ist durch die vom Ladenschluß bedingten Wettbewerbsverschiebungen jedoch fragwürdig.

Wägt man die bereits im Rahmen der Prüfung des Art. 12 GG skizzierten Nachteile des Ladenschlußgesetzes mit dem von der Norm verfolgten Zweck ab, so stehen die verfolgten Ziele (Wettbewerbsneutralität, Sicherung einer ausreichenden Nacht- und Wochenendruhe) außer Verhältnis zu den verursachten Freiheitsbeschränkungen. Der Schwere der Nachteile - insbesondere in bezug auf die wettbewerbsbeschränkende (Ausnutzung aller natürlichen Wettbewerbsparameter) und arbeitsmarktpolitische Wirkung (Zugangsbeschränkung des Arbeitsmarktes) - ist ein weitaus größeres Gewicht beizumessen als den dem Ladenschlußgesetz zuzuordnenden Vorteilen. Die Sicherung zumutbarer Arbeitszeiten wird schließlich schon durch allgemeine Arbeitsschutznormen gewährleistet. Das Ladenschlußgesetz beschränkt letztendlich die Freiheit des einzelnen (Gewerbe-, Konsum-, Vertrags- und Wettbewerbsfreiheit) stärker, als der Zweck es rechtfertigt. Dies ist vom Grundgesetz her nicht zu vertreten (vgl. BVerfGE 30, S. 292, 316; BVerfGE 44, S. 378). Das Ladenschlußgesetz erscheint insofern nicht angemessen. Demnach ist der Eingriff in den Schutzbereich des Art. 2 Abs. 1 GG weder erforderlich noch angemessen und damit als verfassungswidrig einzustufen.

Auch für die *Verbraucher* könnte Art. 2 Abs. 1 GG das einschlägige Grundrecht sein. Durch das Ladenschlußgesetz wird das Verhalten der Verbraucher beeinflußt, die ihre Einkäufe nur im Rahmen der allgemeinen Öffnungszeiten tätigen können. Hierdurch könnte der Schutzbereich des Art. 2 Abs. 1 GG in Gestalt der Konsumfreiheit betroffen sein. Dabei umfaßt die Konsumfreiheit "*das Recht zum Erwerb, Gebrauch und Verbrauch wirtschaftlicher Güter nach eigenem Belieben und unabhängig vom objektiven Bedarf*" (Stober, in: BB 1986, S. 663 f.). Das Ladenschlußgesetz untersagt dem Kunden formal den Kontakt zum Verkäufer zu bestimmten Zeiten. In Folge der eingeschränkten Einkaufszeit steigen unter Opportunitätskostengesichtspunkten für die Mehrheit der Verbraucher (Berufstätige, Selbständige) die Kosten des Einkaufes, da bei einer Deckungsgleichheit von individueller Arbeitszeit und Öffnungszeit das entgangene Entgelt während der Arbeitszeit am größten ist. Sind die Haushalte darauf angewiesen, die Einkäufe mit vielen anderen kurz vor Ladenschluß zu tätigen, steigt zudem mit dem Kapazitätsüberhang (Wartezeiten) der Zeitbedarf je Erwerb einer Ware und damit auch die Opportunitätskosten (vgl. Becker, in: EJ 1965, S. 493 ff.; DeSerpa 1988, S. 159 ff.; Stehn 1987, S. 32). Mit der Festschreibung der Öffnungszeiten wird zudem die Markttransparenz der Verbraucher eingeschränkt, was im Hinblick auf die Einkaufskosten nochmals negative Folgen hat.

So werden sich nicht nur die Such- und Informationskosten erhöhen, sondern auch die Gefahren überteuerter Einkäufe zunehmen. Allein das immense Angebot an Waren erfordert zum genauen Preis- und Qualitätsvergleich größere Zeiträume. Folglich vergrößert sich der preispolitische Spielraum der Unternehmen, da bei einer fehlenden Marktübersicht ein detaillierter Preisvergleich des Konsumenten nicht mehr erfolgen kann. Neben überhöhten Preisen kann dies auch Auswirkungen auf die im Einzelhandel vorherrschende Anbieterstruktur haben, da bestimmte Unternehmen trotz eines preisgünstigen Angebots aufgrund fehlender Marktübersicht von Seiten des Verbrauchers keine Berücksichtigung finden (vgl. Aengenendt [b] 1978, S. 29 f.). Eine weitere Folge der eingeschränkten Einkaufszeit kann darin bestehen, daß es hierdurch bei einem Teil der Konsumenten zu einem "Stau der Nachfrage" kommen kann, sofern die Verbraucher aufgrund der begrenzten Zeit nicht alle ihre Bedürfnisse realisieren können. Dies hätte wiederum Auswirkungen auf die vorgelagerten Produktionsstufen des Einzelhandels. So schlägt sich eine eingeschränkte Konsumnachfrage in rückläufigen Aufträgen nieder (vgl. Batzer 1984, S. 23; Piepenbrock [b] 1984, S. 91 ff.; Aengenendt [a] 1971, S. 78). Insoweit ist davon auszugehen, daß es sich beim Ladenschlußgesetz um einen unmittelbaren Eingriff in den Schutzbereich des Art. 2 Abs. 1 GG handelt. Dieser ließe sich nur rechtfertigen, soweit unter Beachtung des Übermaßverbots (Verhältnismäßigkeit) gemeinwohlbezogene öffentliche Belange dies erfordern würden. Solche Belange könnten im Schutz des Wettbewerbes und der Sicherung des freien Abends des Verkaufspersonals zu sehen sein. Ein Eingriff in die Konsumfreiheit erscheint hierzu auch *geeignet*. Fraglich ist aber, ob die Festschreibung der Ladenschlußzeiten auch *erforderlich* ist, d.h. dem Gesetzgeber kein milderes aber ebenso wirksames Mittel zur Verfügung steht. Den Ausführungen zur Erforderlichkeit im Zusammenhang mit Art. 12 GG folgend (siehe Seite 35 ff.) ist auch hier zweifelhaft, ob die Maßnahme erforderlich war. *Angemessen* wäre der Eingriff zudem nur, wenn die Handlungsfreiheit nicht übermäßig eingeschränkt würde und die Bedürfnisse der Verbraucher ausreichend befriedigt werden könnten. Das Bundesverfassungsgericht sah die Schutzrechte nicht in unzumutbarer oder übermäßig belastender Weise betroffen. Nach Ansicht der Richter stand den Verbrauchern trotz vorgeschriebener Ladenschlußzeiten noch ausreichend Zeit zum Einkauf zur Verfügung. Diese Auffassung ist vor dem Hintergrund der Veränderungen der letzten Jahre jedoch fragwürdig. So bedingt die zunehmende Sortimentsbreite und Komplexität der Güter einen größeren Zeitraum für die Informationsbeschaffung und Kaufentscheidung. Ebenso ist die Zahl der Einpersonenhaushalte (mit einem Anteil von immerhin 33,6 % aller Haushalte im Jahre 1991; vgl. StBA [a] 1993, S. 16) und der Personen, die einer Doppelbelastung (Familie und Beruf) ausgesetzt sind, gestiegen. Die Herabsetzung der tariflichen Wochenarbeitszeit wird demzufolge durch eine zunehmende Auslastung mit Sachtätigkeiten (Haushaltsführung, Arztbesuche, Behördengänge, lange Verkehrswege u.ä.) kompensiert. Das Argument einer ausreichenden Einkaufszeit kann insofern nicht mehr gelten.

Unter Abwägung der Interessen der Allgemeinheit (Wettbewerbsschutz, Arbeitnehmerschutz), die in den letzten Jahren durch strukturelle und rechtliche Veränderungen an Gewicht verloren haben, gegenüber denen der Kunden (Gewährleistung einer ausreichenden Markttransparenz, Versorgung zu jeder Zeit, Abwehr von zusätzlichen Kostenbelastungen) kommt letzteren ein größeres Gewicht zu. Insbesondere dann, wenn davon auszugehen ist, daß an eine Kaufkraftsteigerung positive gesamtwirtschaftliche Folgeeffekte (Anstieg des Einkommensniveaus, Zunahme der Zahl der Erwerbstätigen etc.) gekoppelt sind. Eine Besserstellung der Verbraucher könnte somit der Allgemeinheit zugute kommen. Demnach ist der Eingriff in den Schutzbereich des Art. 2 Abs. 1 GG weder erforderlich noch angemessen und damit verfassungswidrig. Zu verkennen ist jedoch nicht, daß aus Art. 2 GG kein unmittelbarer Anspruch auf längere Öffnungszeiten zur besseren Persönlichkeitsentfaltung entnommen werden kann.

4.4 Zulässigkeit tarifvertraglicher Ladenschlußregelungen in bezug auf das Gesetz gegen Wettbewerbsbeschränkungen (GWB)

Wie bereits in Abschnitt 3.3.4 erläutert, werden in zunehmenden Maße Tarifverträge zur Verhinderung von Wettbewerbsverzerrungen (gemäß § 5 Abs. 1 TVG) für allgemeingültig erklärt, die solche Arbeitszeiten im Verkauf festschreiben, die die gesetzlichen Ladenöffnungszeiten nicht ausschöpfen. Zwar wird hierdurch unmittelbar nur die Lage der Arbeitszeit bestimmt, aber der untrennbare Zusammenhang von Arbeitszeit und Ladenöffnungszeit würde unweigerlich zu einer Bestimmung der Ladenschlußzeiten führen. Hierin ist eine Beschränkung des Marktverhaltens zu vermuten, so daß ein Eingriff in die jetzige Ladenschlußpraxis gegeben wäre und gleichzeitig mögliche Bestrebungen zur Aufhebung des Ladenschlußgesetz verhindert würden. Aus diesem Grunde erscheint es fragwürdig, ob derartige Inhaltsbestimmungen mit dem Tarifvertragsrecht und der im Grundgesetz garantierten Tarifautonomie vereinbar sind. Die verfassungsrechtlich garantierte Vertragssetzungsbefugnis der Tarifvertragsparteien (Art. 9 Abs. 3 GG) erstreckt sich ausschließlich auf arbeitsrechtliche Regelungsgegenstände. Das Tarifvertragsgesetz konkretisiert diese Vertragssetzungsbefugnis um solche Normen, die sich mit den Arbeitsverhältnissen, betrieblichen und betriebsverfassungsrechtlichen Fragen und den gemeinsamen Einrichtungen befassen (vgl. §§ 1 Abs. 1, 4 Abs. 2 TVG).

Im vorliegenden Fall ist eine Überschreitung des gesetzlichen Rahmens des § 1 Abs. 1 TVG nicht zu erkennen, solange ausschließlich die Arbeitszeit, nicht aber (über die Festschreibung von Ladenöffnungszeiten) der wirtschaftliche Bestand des Unternehmens berührt wird. Die Ausgestaltung der Tarifautonomie unterliegt jedoch einer Mißbrauchskontrolle, d.h. die Grenzen der Tarifautonomie ergeben sich aus der Verfassung, zwingendem Gesetzesrecht und den guten Sitten. Im Hinblick auf die Festschreibung des Arbeitszeitendes handelt es sich primär um die Regelung von

Arbeitsbedingungen. So wird hierdurch bestimmt, zu welcher Zeit die Arbeit zu leisten ist. Gleichzeitig beinhaltet eine solche Regelung jedoch auch eine Entscheidung hinsichtlich der Öffnungsmöglichkeiten des Händlers (janusköpfiger Tarifvertrag). Dem Händler wird nämlich vorgegeben, bis zu welchem Zeitpunkt ihm die Arbeitskräfte zur Verfügung stehen, die er zum Betrieb seines Geschäftes benötigt. Im Falle dieses Interessenkonfliktes ist eine Abwägung vorzunehmen, um bei der Bewertung des Problems zu einem angemessenen Urteil zu gelangen. Dabei stehen die Interessen des Arbeitnehmers (freier Abend) denen der Arbeitgeber (Gewinnausfall), der Arbeitssuchenden (Einschränkung des Arbeitsplatzangebots), der Verbraucher (Konsum je nach Bedarf, ausreichende Markttransparenz) und der Hersteller von Waren (Absatz) gegenüber. Wägt man die Nachteile einer tarifvertraglichen Regelung mit dem von der Norm verfolgten Zweck ab, so steht das verfolgte Ziel (Sicherung zumutbarer Arbeitszeiten) außer Verhältnis zu den verursachten Freiheitsbeschränkungen. Der Schwere der Nachteile - insbesondere in bezug auf die wettbewerbsbeschränkende (Ausnutzung aller natürlichen Wettbewerbsparameter) und arbeitsmarktpolitische Wirkung (Zugangsbeschränkung des Arbeitsmarktes) - ist ein weitaus größeres Gewicht beizumessen als dem einer tarifvertraglichen Bestimmung des Endes der Arbeitszeit zuzuordnenden Vorteils. Hierin ist ein qualitatives Mißverhältnis zu erkennen, das den Tarifvertrag als mißbräuchlich und damit außerhalb der gesetzmäßigen Tätigkeit liegend erscheinen läßt (vgl. o.V., in: WuW 1989, S. 563; Kulka, in: RdA 1988, S. 342 ff.). Insofern bedarf es zur Beantwortung der Frage der Zulässigkeit derartiger tarifvertraglicher Regelungsgegenstände einer eingehenden Überprüfung hinsichtlich deren Vereinbarkeit mit wettbewerbsrechtlichen Normen (Vorrang von zwingendem Recht vor Tarifvertrag), deren Anwendung insofern keinen Verstoß gegen Art. 9 Abs. 3 GG (Tarifautonomie) darstellen kann.

Im vorliegenden Falle könnte das Gesetz gegen Wettbewerbsbeschränkungen (GWB) Prüfungsmaßstab tarifvertraglicher Elemente sein. Das GWB soll den Bestand des Wettbewerbes gewährleisten, um eine freiheitliche Ordnung der sozialen Beziehungen aller Marktbeteiligten herzustellen. Es ist nur anwendbar, sofern sich die Prüfung auf gütermarktregelnde Tarifverträge bezieht, die selbst und unmittelbar das Verhalten von Arbeitgebern auf Güter- und Dienstleistungsmärkten regeln. Hingegen wäre das Gesetz gegen Wettbewerbsbeschränkungen nicht anzuwenden, wenn der Tarifvertrag arbeitsmarktregelnde Elemente enthielte, die sich nur mittelbar (z.B. über Kosteneffekte) auf die Markttätigkeit der Handelsunternehmen auswirken würden (Tarifautonomie bei Arbeits- und Wirtschaftsbedingungen). Bei der Festsetzung der Ladenöffnungszeiten über die Bestimmung des Endes der Arbeitszeit ist ein elementarer Wettbewerbsparameter der Handelsunternehmen berührt. Mit der freien Wahl der zeitlichen Betriebsbereitschaft kann sich das Unternehmen gegenüber Mitkonkurrenten abgrenzen. Die zeitliche Betriebsbereitschaft ermöglicht somit eine Teilnahme am Marktgeschehen. Ihr kommt daher eine zentrale Bedeutung zu. Schreibt ein Tarifvertrag Arbeitszeiten vor, welche die gesetzlichen Ladenöffnungszeiten nicht ausschöpfen, würde mittelbar auch die zeitliche Betriebsbereitschaft beschränkt. Es läge ein Eingriff in die wettbewerbsrechtliche Handlungsfreiheit vor. Schließlich ist der Verkaufsstelleninhaber auf den Einsatz seiner Arbeitskräfte angewiesen. Als Eingriff in die wettbewerbsrechtlichen Handlungsfreiheiten wird demzufolge eine tarifvertragliche Regelung der Ladenöffnungszeiten der Kontrolle anhand der Wettbewerbsordnung unterstellt (vgl. Kulka, in: RdA 1988, S. 336 f.; Immenga 1989, S. 25 f., 29).

Eine tarifvertragliche Regelung der Ladenöffnungszeiten ist zulässig, soweit hierdurch kein Verstoß gegen das Kartellverbot (§ 1 Abs. 1 Satz 1 GWB) begründet wird. Kartellverträge (unter Beachtung der Art. 85, 86 EWGV) sind *"Verträge, die Unternehmen oder Unternehmensvereinigungen zu einem gemeinsamen Zweck schließen..., soweit sie geeignet sind, die Erzeugung oder die Marktverhältnisse für den Verkehr mit Waren oder gewerblichen Leistungen durch Beschränkung des Wettbewerbs zu beeinflussen"* (§ 1 Abs. 1 Satz 1 GWB). Solche Verträge sind grundsätzlich unwirksam. Fraglich ist, ob tarifvertragliche Regelungen, die die Ladenöffnungszeiten mittelbar festlegen, als Kartellvertrag im Sinne der obigen Tatbestandsvoraussetzungen anzusehen sind und damit eine nicht zu rechtfertigende Wettbewerbsbeschränkung begründen.

Als "*Unternehmen*" ist jede selbständige Betätigung eines Rechtssubjektes im geschäftlichen Verkehr zu verstehen, die sich anbietend oder nachfragend auf die Erzeugung oder marktwirtschaftliche Verwertung von Waren oder gewerblichen Leistungen bezieht (vgl. Besprechung des EuGH-Urteils vom 23. April 1991, in: DB 1991, S. 1013 f.; Kulka, in: RdA 1988, S. 336 ff.). Somit wird jede Organisation erfaßt, die eine wirtschaftliche Tätigkeit ausübt, unabhängig von ihrer Rechtsform und Finanzierung (vgl. Besprechung des EuGH-Urteils vom 23. April 1991, in: DB 1991, S. 1013 f.). Der Arbeitgeberseite als eine der Tarifvertragsparteien ist der Unternehmensbegriff unproblematisch zuzuordnen. So kann man bereits den Zustimmungsbeschluß der Arbeitgeber als Kartellvertrag i.S.d. § 1 Abs. 1 GWB ansehen. Schließlich handelt es sich um einen Beschluß einer Vereinigung von Unternehmen. Eine Wettbewerbsbeschränkung liegt hierbei in der Festlegung von Öffnungszeiten, wodurch die Arbeitgeber ihr eigenes Verhalten in bezug auf diesen Parameter regeln und somit im geschäftlichen Verkehr tätig werden (vgl. Immenga 1989, S. 35 ff.). Demzufolge ist bereits im Zustimmungsbeschluß der Arbeitgeberseite ein Verstoß gegen das Kartellverbot zu sehen, was die Unwirksamkeit des Tarifvertrages nach sich zieht.

Fraglich bleibt weiterhin, ob der Tarifvertrag als solcher einen Verstoß gegen das Kartellverbot begründet. Dabei ist zweifelhaft, ob auch die Gewerkschaften als Unternehmen im Sinne des Wettbewerbsrechts anzusehen sind. Nach ständiger Rechtsprechung genügt für die Annahme des funktional zu bestimmenden Unternehmensbegriffs eine direkte Einflußnahme durch Dritte auf den Einsatz wettbewerbsrechtlicher Aktionsparameter. Es kommt also vorrangig nicht darauf an, ob eine Personenvereinigung generell als Unternehmen anzusehen ist, sondern ob hinsichtlich des Verhaltens die Voraussetzungen des Unternehmensbegriffs erfüllt sind (funktioneller Begriff).

Demgemäß erfüllen "*jedwede Tätigkeiten im geschäftlichen Verkehr*" (Kulka, in: RdA 1988, S. 339) die Voraussetzungen des funktionellen Unternehmensbegriffs. Eine Tätigkeit im geschäftlichen Verkehr kann danach auch dann vorliegen, wenn "... *der Handelne ... auf das unternehmerische Verhalten eines Dritten*" derart Einfluß nimmt, "*daß er diesen vertraglich auf bestimmte unternehmerische Entscheidungen festlegt*" (Kulka, in: RdA 1988, S. 339). Sofern die Gewerkschaften mit Hilfe der ihnen zur Verfügung stehenden Kampfmaßnahmen (z.B. Streikandrohung) eine bestimmte, den gesetzlichen Rahmen unterschreitende Regelung durchzusetzen vermögen, gestalten sie die unternehmerische Entscheidung mit. Insofern begründet im vorliegenden Falle der Abschluß des Tarifvertrages eine unternehmerische Tätigkeit der Gewerkschaften (vgl. Kulka, in: RdA 1988, S. 338 ff.; Immenga 1989, S. 46 ff.).

Nur Verträge, die von Unternehmen zu einem *gemeinsamen Zweck* geschlossen sind, können Kartellverträge sein. Dieses Merkmal erfordert eine eigenständige Auslegung "*unter Berücksichtigung der auf die Freiheit des Wettbewerbs gerichteten Zielsetzung*" (Kulka, in: RdA 1988, S. 339). Es genügt dabei schon die Verfolgung gleichgerichteter Interessen, gleichwohl, ob beide Vertragsparteien oder nur eine in ihrer Wettbewerbsfreiheit beschränkt wird (vgl. Kulka, in: RdA 1988, S. 339 f.). Bei der Festlegung der Öffnungszeiten per Tarifvertrag ist ein gemeinsamer Zweck in der Absicht der Marktregelung hinsichtlich des Ladenschlusses zu sehen und somit zu bejahen. Zum Kartellvertrag wird ein zu einem gemeinsamen Zweck geschlossener Vertrag erst dann, wenn er objektiv geeignet ist, die *Marktverhältnisse* für den Verkehr mit Waren oder Leistungen durch Beschränkung des Wettbewerbes zu *beeinflussen*. Zu den Marktverhältnisse zählen alle Eigenschaften, die einem bestimmten Markt das Gepräge geben. Die Wettbewerbsbeschränkung liegt im vorliegenden Falle darin, daß sich die Beteiligten durch den Vertrag in ihrer wettbewerblichen Handlungsfreiheit beschränken. Zudem wird mit der Festschreibung der Öffnungszeit als eines der wichtigsten Wettbewerbsmittel unmittelbar die Teilnahme am Geschäftsverkehr beeinflußt und über die weitreichende Geltung des Tarifvertrages die Marktverhältnisse nachhaltig verändert.

Unwirksam sind Kartellverträge nicht aus Gründen des Schutzes der beteiligten Parteien, sondern wegen ihrer spürbaren Auswirkungen auf Dritte (tarifungebundene Händler), deren wirtschaftliche Chancen und Betätigungsmöglichkeiten durch die künstliche Verringerung der Alternativen und die Verminderung der Intensität des Wettbewerbs auf dem Markt beeinträchtigt werden. Insofern sind die Voraussetzungen des § 1 Abs. 1 GWB erfüllt. Demgemäß sind Tarifverträge, die solche Arbeitszeiten festschreiben, die den gesetzlichen Rahmen der Öffnungszeiten unterschreiten, als mit wettbewerbsrechtlichen Grundsätzen unvereinbar anzusehen und daher unwirksam (vgl. Kulka, in: RdA 1988, S. 336 ff.; Immenga 1989, S. 25 f.). Die Durchführung kann von Seiten der Behörden untersagt werden und ein Zuwiderhandeln begründet eine Ordnungswidrigkeit, die mit einer Geldbuße geahndet werden kann (vgl. § 38 Abs. 1 Nr. 1, § 39 GWB).

4.5 Das Betriebsverfassungsgesetz (§ 87 Absatz 1 BetrVG) in Kollision mit Artikel 14 Grundgesetz

Es wurde bereits erläutert (vgl. Abschnitt 3.3.3), daß die Regelungen des Betriebsverfassungsgesetzes (§ 87 Abs. 1 Nr. 2 BetrVG i.V.m. § 76 Abs. 5 Satz 3 und § 77 BetrVG) als der wesentliche Hinderungsgrund für eine zukünftige Freigabe der Ladenöffnungszeiten angesehen werden (vgl. Hess/Schlochauer/Glaubitz 1986, BetrVG, § 87 Abs. 1 BetrVG; Stege/Weinspach 1984, BetrVG, § 87 Abs. 1 BetrVG).

Im Einzelhandelssektor ist die Frage von Bedeutung, innerhalb welchen zeitlichen Rahmens ein Austausch zwischen Händlern und Verbrauchern möglich sein soll. § 87 Abs. 1 Nr. 2 BetrVG regelt die Lage der Arbeitszeit - nicht jedoch die Länge der zu leistenden Arbeit. Durch die Festschreibung der Lage der Arbeitszeit wird der zeitliche Umfang des Leistungsangebots bestimmt. Gleichzeitig wird auch die unternehmerische Entscheidung über die zeitliche Erstreckung des Angebots (Öffnungszeiten) beeinflußt. Somit könnte eine derart gestaltete Betriebsvereinbarung geplanten Liberalisierungsbestrebungen entgegenstehen. § 87 Abs. 1 Nr. 2 BetrVG läßt sich eine Aussage zu dem Problem nicht entnehmen, ob Eingriffe erlaubt sind, die letztlich über die Festlegung der Lage der Arbeitszeit auch die Öffnungszeit determinieren. Dem Gesetzestext fehlt hierzu jeglicher Hinweis. Allerdings zielt der Zweck des Betriebsverfassungsgesetzes auf den Schutz der im Betrieb beschäftigten Arbeitnehmer (durch eine wirkungsvolle und rechtlich geschützte Interessenvertretung) ab. Grundsätzlich will das Betriebsverfassungsgesetz dabei nicht in den Bestand des Unternehmens eingreifen (vgl. Martens, in: RdA 1989, S. 164 ff.; Hess/Schlochauer/Glaubitz 1986, BetrVG; Stege/Weinspach 1984, BetrVG). So ging der Regierungsentwurf zum Betriebsverfassungsgesetz ausdrücklich davon aus, daß die eigentliche unternehmerische Entscheidung nicht zur Disposition des Betriebsrates durch Ausübung von Mitbestimmungsrechten stehen sollte (vgl. Immenga 1989, S. 11 ff.; Reuter, in: ZfA 1981, S. 165 ff.). Die Länge der Öffnungszeit ist aber ein wesentlicher Wettbewerbsparameter, der zur Erhaltung der Solvenz des Unternehmens wichtig ist. Insoweit wird der Bereich der unternehmerischen Entscheidung tangiert.

Der Vorbehalt der unternehmerischen Entscheidungsfreiheit kommt auch im Aufbau des Betriebsverfassungsgesetzes zum Ausdruck. Auf der Ebene des Betriebes werden nach dem Grad bzw. der Intensität der Mitbestimmungsmöglichkeiten drei Gebiete unterschieden: soziale, personelle und wirtschaftliche Angelegenheiten. Während dem Betriebsrat in sozialen Angelegenheiten noch umfangreiche Mitbestimmungsrechte eingeräumt werden, ist der Mitbestimmungsgrad für den Bereich der wirtschaftlichen Angelegenheiten als gering zu bezeichnen. Zwar zählt § 87 Abs. 1 Nr. 2 BetrVG zu dem Bereich mit den größten Mitspracherechten, doch strahlt die Bestimmung der Lage der Arbeitszeit im vorliegenden Fall auf die wirtschaftlichen Angelegenheiten des Betriebes aus. Hierdurch kommt der Vorbehalt der unternehmerischen Entscheidungsfreiheit zur Geltung. Solche Mitspracherechte, die in die wirtschaftliche Betätigung eingreifen, sind insofern nicht gedeckt (ebenso vgl. Martens, in: RdA 1989, S. 164 ff.; Löwisch, in: SAE 1983, S. 141 ff.).

Weiterhin darf nicht vergessen werden, daß die Grundsätze der betrieblichen Zusammenarbeit zu beachten sind. § 76 Abs. 5 Satz 3 BetrVG legt fest, daß bei einem Abschluß einer Betriebsvereinbarung die Belange des Betriebes angemessen zu berücksichtigen sind. Im Falle der Festschreibung von Ladenöffnungszeiten liegt gegebenenfalls ein Ermessensfehler im Sinne einer Ermessensunterschreitung vor (vgl. Stober [c] 1994, S. 203 ff.). Sie läge vor, soweit das Ermessen nicht ausgeübt würde, weil es entweder nicht gesehen wurde oder weil sich der Betriebsrat irrig gebunden fühlte. Im vorliegenden Falle der Beschränkung der zeitlichen Betriebsbereitschaft per Betriebsvereinbarung finden die Belange des Betriebes (wirtschaftlicher Fortbestand) nicht ausreichend Berücksichtigung. Es kann daher von einem Ermessensfehler ausgegangen werden. Allein aus Interpretationsgesichtspunkten ist eine Betriebsvereinbarung, die durch eine Arbeitszeitregelung die Ausschöpfung der gesetzlichen Ladenschlußzeiten dadurch unmöglich macht, daß das Ende der täglichen Arbeitszeit für das Verkaufspersonal vor dem nach den Ladenschlußgesetz vorgesehenen Ladenschluß festgelegt wird, damit rechtsunwirksam (vgl. Reuter, in: ZfA 1981, S. 165). Überdies ist das Mitbestimmungsrecht in Angelegenheiten, in denen die unternehmerische Entscheidungsfreiheit berührt wird, grundrechtskonform und damit restriktiv anzuwenden (vgl. Hess/ Schlochauer/Glaubitz 1986, BetrVG, § 87 BetrVG Rdnr. 154). Auch kollektiv-rechtliche Bestimmungen haben sich, soweit sie einen Eingriff in den Schutzbereich eines Grundrechts begründen, an verfassungsrechtlichen Maßstäben messen zu lassen. Dies bedeutet, daß eine kollektiv-rechtliche Bestimmung, die in den wirtschaftlichen Entscheidungsbereich eingreift (eventuelle Kollision mit Art. 14 GG), nur dann rechtswirksam ist, soweit sie mit verfassungsrechtlichen Normen im Einklang steht. Inwieweit Betriebsvereinbarungen über Ladenschlußzeiten einen möglichen Eingriff in den Schutzbereich des Art. 14 GG begründen, ist nachfolgend näher zu beleuchten.

Anders als das Urteil des Bundesarbeitsgerichts und der Beschluß des Dreier-Ausschusses des Bundesverfassungsgerichts (vgl. Besprechung des Beschlusses des BVerfG, in: NJW 1986, S. 1601) hält das Schrifttum (so z.B. Reuter, in: ZfA 1981, S. 165 ff.; Dietz/Richardi 1981, BetrVG, § 87 BetrVG Rdnr. 226; Scholz, in: NJW 1986, S. 1587 ff.; Ossenbühl, in: AöR 1990, S. 26; Löwisch, in: SAE 1983, S. 141 ff.; Martens, in: RdA 1989, S. 164 ff.) einen mittelbaren Eingriff in die unternehmerische Entscheidungsfreiheit (Art. 14 Abs. 1 GG) durch das Mitbestimmungsrecht des § 87 Abs. 1 Nr. 2 BetrVG für sehr bedenklich. Es erkennt darin eine verdeckte Abkehr vom Grundsatzurteil zum Mitbestimmungsrecht (vgl. BVerfGE 50, S. 290 ff.). Nach der Auffassung des Gerichts (vgl. Besprechung des Beschlusses des BVerfG, in: NJW 1986, S. 1601) sind durch die Festlegung von Öffnungszeiten nur die Umsatz- und

Gewinnchancen des Unternehmens berührt und ist somit kein Eingriff in den Schutzbereich des Art. 14 Abs. 1 GG zu erkennen. Die h.M. geht abweichend davon aus (vgl. Reuter, in: ZfA 1981, S. 165 ff.; Dietz/Richardi 1981, BetrVG, § 87 BetrVG Rdnr. 226; Scholz, in: NJW 1986, S. 1587 ff.; Ossenbühl, in: AöR 1990, S. 26; Löwisch, in: SAE 1983, S. 141 ff.; Martens, in: RdA 1989, S. 164 ff.), daß durch eine Regulierung der Öffnungszeiten per Betriebsvereinbarung (über die Festschreibung des Arbeitszeitendes) mittelbar die Betätigungsfreiheit des Unternehmens tangiert werde. Es könne somit seiner gesellschaftlichen Funktion (Versorgung der Bevölkerung mit Gütern des Ge- und Verbrauchs) nur eingeschränkt nachkommen. Aber *"gerade auf der Grundlage ihrer gesellschaftlich-ökonomischen Funktion sichert die Eigentumsgarantie im wirtschaftlichen Bereich die eigenverantwortliche und ökonomisch autonome Betätigung nach den Prinzipien der Privatnützigkeit und der grundsätzlich freien Versorgungsbefugnis (auch) über das Recht am Unternehmen in seiner grundsätzlich freien Nutzung nach den Regeln von wirtschaftlicher Rentabilität sowie persönlichen Erfolgs und Risikos"* (Scholz, in: NJW 1986, S. 1589). Damit sind auch dem Mitbestimmungsrecht Grenzen gesetzt, die sich an der Funktionsfähigkeit des Unternehmens in seiner wirtschaftlichen Betätigung ausrichten.

Fraglich ist demzufolge, ob das Unternehmen durch eine mitbestimmungsrechtliche Determinierung der Ladenschlußzeiten in seiner Funktionsfähigkeit übermäßig beeinträchtigt würde. Eine Mitbestimmungsregelung, die sich thematisch mit der Arbeitszeit befaßt, wirkungsmäßig aber eine Ausschöpfung der zulässigen Ladenöffnungszeit vereitelt, ist mit Hinblick auf eine Beeinflussung der Rentabilität als wettbewerbsbeeinflussend anzusehen. Da hierdurch unmittelbar die Existenz des Unternehmens und gleichzeitig auch der Fortbestand der Arbeitsplätze tangiert wird, ist eine Auslegung des § 87 Abs. 1 Nr. 2 BetrVG dann als verfassungsbedenklich anzusehen, wenn hierdurch ein Eingriff in die unternehmerische Freiheit statuiert wird (vgl. Scholz, in: NJW 1986, S. 1590 f.). Somit läßt sich festhalten, daß die Regelung des § 87 Abs. 1 Nr. 2 BetrVG zwar grundsätzlich nicht verfassungswidrig in bezug auf Art. 14 GG ist, bei ihrer Anwendung jedoch ein hohes Maß an verfassungsrechtlichem Fingerspitzengefühl anzuwenden und das Eigentumsrecht als Prüfungsmaßstab immer mit einzubeziehen ist (vgl. Scholz, in: NJW 1986, S.1590 ff.). Dies bedeutet, daß in jedem Einzelfall eine verfassungsrechtliche Bewertung vorzunehmen sein wird.

5. Liberale Ladenschlußkonzepte im Ausland

Die Ladenschlußregelungen in Deutschland stellen eine der rigidesten Ausgestaltungsformen im internationalen Vergleich dar. Dabei reichen die ausländischen Arten des Ladenschlusses vom Fehlen jeglicher gesetzlicher Bestimmungen (z.B. Frankreich, Luxemburg, Schweden, USA) über Regelungen, die die Ladenöffnungszeiten in die Obhut der kommunalen Verwaltungen gegeben haben (Schweiz, Norwegen) bis hin zu Gesetzen, die den Rahmen für die wöchentliche Öffnungszeit festlegen (Niederlande, Italien, Schweiz) (vgl. BMA [b] 1993; DAG 1990, S. 33 ff.).

Gegenstand der nachfolgenden Betrachtung sollen die beiden Länder mit den wohl liberalsten Bestimmungen sein: Die Vereinigten Staaten von Amerika und Schweden. Zu beachten ist jedoch, daß die ausländischen Erfahrungen und erst recht die Übertragbarkeit dieser Werte auf die Verhältnisse in der Bundesrepublik nur eingeschränkt möglich sind. Kulturelle, ethische, sozialökonomische und strukturelle Besonderheiten der jeweiligen Länder vereiteln eine einfache Übertragbarkeit der gewonnenen Erkenntnisse. Gleichwohl können die mehrjährigen Erfahrungen des Auslandes eine Tendenz für die zu erwartenden Wirkungen einer Aufhebung des deutschen Ladenschlußrechts aufzeigen.

5.1 Der Ladenschluß in den Vereinigten Staaten von Amerika

In den Vereinigten Staaten von Amerika besteht keine bundeseinheitliche Regelung der Ladenschlußzeiten. Dies ist verständlich, wenn man die unterschiedlichen Zeitzonen sowie die kulturellen, sozialen und strukturellen Kontraste in den einzelnen Bundesstaaten bedenkt. Nur in seltenen Fällen sind Ladenschlußzeiten kommunalen Regelungen unterworfen, die sich dann aber durchweg mit den Öffnungszeiten während der Sonntage beschäftigen. Hierbei handelt es sich um die sogenannten "Sunday Blue Laws", die in 30 Bundesstaaten (z.B. Texas, Arkansas; vorwiegend Ostküstenstaaten) gelten und entsprechend der jeweiligen Ausgestaltung, eine mehr oder minder strenge Beschränkung des Sonntagshandels (für bestimmte Produktkategorien und Vertriebsformen) beinhalten. Die Grundlage dieser gesetzlichen Regelung ist dabei ausschließlich religiösen Charakters. Alle anderen Staaten der USA unterliegen keiner Sonntagsgesetzgebung und die Händler können daher die gesamte Woche einen unbeschränkten Handel betreiben (vgl. Schmidt/Kayser 1986, S. 85 ff.; Höger 1972, S. 84; Reichert 1971, S. 113).

Eine Einführung einer Regulierung der Einkaufszeiten wurde zwar zu Zeiten der Energiekrise Mitte der 70er Jahre erwogen, aber aufgrund der erheblichen ökonomischen Auswirkungen strikt abgelehnt. So kam die Federal Energy Administration in einer ökonomischen Studie aus dem Jahre 1974 zu dem Schluß (vgl. Federal Energy

Administration 1974, S. 1 ff.), daß eine Festschreibung der Öffnungszeiten dazu führen würde, daß ein Marktzugang für neue Marktteilnehmer erschwert würde, den Unternehmen ein wesentliches nicht-preisliches Wettbewerbsinstrument entzogen würde und der Versandhandel unberechtigterweise begünstigt werden würde. Insbesondere würden nach Ansicht der Federal Energy Administration auch kleinere Geschäfte von einer staatlichen Beschränkung getroffen, die sich sonst als Nischenanbieter gegenüber den Großanbietern behaupten könnten (vgl. Federal Energy Administration 1974, S. 1 ff.; Schmidt/Kayser 1986, S. 134 ff.). Eine Reglementierung hätte nach den Ergebnissen der Untersuchung zudem zu einem Umsatzrückgang (Annahme einer positiven Korrelation zwischen Öffnungszeit und Umsatz) geführt und die Kapazitätsauslastung der Unternehmen absinken lassen, was in letzter Konsequenz Kostennachteile erwarten ließe (vgl. Federal Energy Administration 1974, S. 1 ff.; Schmidt/Kayser 1986, S. 168 ff.). Hinsichtlich der Auswirkungen auf den Beschäftigtenstand seien außerdem negative Effekte zu erwarten, so daß letztlich die Beschränkung der Geschäftszeiten aus wirtschaftlichen und sozialen Gründen nicht vertretbar wären (vgl. Federal Energy Administration 1974, S. 11 ff.; Schmidt/ Kayser 1986, S. 192 ff.).

So hielt man in den Vereinigten Staaten an der weitgehend freien Gestaltung der Ladenöffnungszeiten fest, was zur Folge hatte, daß sich in den vergangenen Jahrzehnten ein Trend zur Abendöffnung durchgesetzt (dabei wird ca. 60 - 70 % des Gesamtumsatzes zwischen 18.00 und 21.00 Uhr erwirtschaftet) hat, der den Verbrauchern die Möglichkeit geben soll, ihre Einkäufe streßfrei außerhalb ihrer Arbeitszeit tätigen zu können.

Je nach Vertriebsform haben sich dabei folgende Öffnungszeiten herausgebildet:

Supermärkte	9.00 - 21.00 Uhr,
Drugstores	9.00 - 22.00 Uhr,
Warenhäuser	9.00 - 18.00 Uhr, ein bis zweimal die Woche bis 21.00 Uhr,
Lebensmittel	9.00 - 24.00 Uhr; z.T. rund um die Uhr.

Dabei werden vorrangig Shopping Center in der Nähe des Wohnortes solchen Geschäftszentren in der Innenstadt vorgezogen. So schließen die meisten Geschäfte in den Innenstädten um 18.00 Uhr, während die Geschäfte in den Außenbezirken zumeist bis 21.00 Uhr geöffnet halten und z.T. in Spätverkaufsstellen die ganze Nacht geöffnet haben, um so dem Versorgungsbedürfnis der Bevölkerung nachzukommen. Hierbei handelt es sich aber nicht um größere Einkaufszentren, sondern vielmehr um kleinere Center, die die Bequemlichkeit der Kunden befriedigen, so daß von einer starken Konzentration nicht die Rede sein kann (vgl. Gasser 1960, S. 194 ff.; Reichert 1971, S. 113; Höger 1972, S. 84). Die Erfahrungen in den Vereinigten Staaten lassen vermuten, daß liberale Öffnungszeiten - entgegen den Befürchtungen der Gegner einer

Flexibilisierung der Ladenöffnungszeiten (vgl. Schmidt/Kayser 1986, S. 27; HBV 1993, S. 3; Niedersächsisches Ministerium für Wirtschaft, Technologie und Verkehr 1993, S. 3; FfH 1993, S. 89) - keinerlei negative Auswirkungen auf den Mittelstand haben oder gar solche Anbieter mit Standortvorteilen (City-Lage) bevorteilen würden.

Hinsichtlich der Beschäftigtensituation läßt sich festhalten, daß durch die fehlende Gewerkschaftsmacht in den USA zumeist niedrige Stundenlöhne sowie hohe Stundenzahlen vorzufinden sind, die allerdings keinen Anlaß dazu geben, bei einer Liberalisierung des Ladenschlußgesetzes gleiches für die Bundesrepublik anzunehmen, da Arbeitsschutzgesetze und tarifvertragliche Vereinbarungen ein solches "Lohndumping" unterbinden sollten.

5.2 Der Ladenschluß in Schweden

Einen weitaus besseren Einblick in mögliche gesamtwirtschaftliche Wirkungen einer Freigabe der Ladenschlußzeiten bieten die Erfahrungen Schwedens, da hier ein Wandel von einer regulierten hin zu einer freien Bestimmung der Ladenöffnungszeiten erfolgte:

Das "Geschäftsstundengesetz" von 1967 erlaubte den schwedischen Geschäftsinhabern ihre Läden zwischen 8.00 Uhr und 20.00 Uhr (Samstags bis 16.00 Uhr) geöffnet zu halten. An Sonntagen waren die Geschäfte geschlossen zu halten. Ein Erlaubnisvorbehalt durch die Verwaltungsbehörden sowie umfangreiche Ausnahmeregelungen, die sich an bestimmten Gewerbetypen und Warengruppen orientierten, erleichterten zudem die Betätigung der Einzelhändler. Diese rechtliche Ausgestaltung, die in Schweden als rigide galt, ist im erheblichen Umfange liberaler einzuschätzen, als der Regelungsgehalt des deutschen Ladenschlußrechts (vgl. Pettersson 1986, S. 1 ff.; Schmidt/Kayser 1986, S. 58 ff.).

Im Jahre 1971 wurde vor dem Hintergrund der gesellschaftlichen Veränderungen eine Untersuchungskommission beauftragt, die gesetzliche Regelung des Ladenschlusses auf ihren sozialökonomischen Gehalt hin zu untersuchen. Auf der Grundlage des Berichts der Kommission wurde am 1. Januar 1972 das Geschäftszeitengesetz von 1967 aufgehoben, so daß den Geschäften unter Beachtung des Gesetzes zum Arbeitnehmerschutz (postuliert u.a. ein Beschäftigungsverbot des Verkaufspersonals zwischen 24.00 Uhr und 5.00 Uhr) eine unbegrenzte Öffnung ihrer Geschäfte zugestanden wurde. Seither kam es mehrmals zu Diskussionen über den Fortbestand frei wählbarer Geschäftszeiten, die sich aber vor allem auf die Sonntagsöffnung bezogen. Die Untersuchungen, der von der Regierung eingesetzten Geschäftszeitenkommission, sprachen aufgrund der positiven Erfahrungen bisher aber immer gegen eine Wiedereinführung festgelegter Geschäftszeiten (vgl. Pettersson 1986, S. 1 ff.; Schmidt/Kayser 1986, S. 58 ff.).

Seit Freigabe der Geschäftszeiten im Jahre 1972 lassen sich folgende Entwicklungen im Einzelhandel Schwedens festhalten:

Ein allgemeiner Wettbewerbsdruck zu längeren Öffnungszeiten hat sich nicht ergeben. Während im Schwerpunkt Lebensmittelgeschäfte ihre Läden bis 20.00 Uhr und später geöffnet halten, sind die langen Geschäftszeiten bei Warenhäusern und Möbelgeschäften reduziert worden (vgl. ifo Institut, in: ifo Schnelldienst 1995, S. 21). Demgegenüber war ein starker Anstieg der Sonntagsöffnungen zu verzeichnen, die vor allem von Geschäften mit hochwertigen Gütern (größere Beratungsintensität) genutzt werden. Die durchschnittliche wöchentliche Öffnungszeit nahm um 6 bzw. 10 Stunden für Lebensmittelgeschäfte zu (vgl. Statens offentliga utredningar/Civildepartementet 1991, S. 17; Schmidt/Kayser 1986, S. 225 ff.). Derzeit ist eine Tendenz zu einer weiteren Ausweitung der Öffnungszeiten erkennbar (vgl. Bothrop: Stellungnahme der Schwedischen Botschaft vom 23. Februar 1993).

In bezug auf strukturelle Veränderungen waren durch die Liberalisierung der Ladenschlußzeiten keine negativen Effekte zu verzeichnen. Der zeitliche Kapazitätszuwachs, der durch die Freigabe der Geschäftszeiten ermöglicht wurde, brachte einen Rückgang bei der Zahl der neueröffneten großflächigen Einzelhandelsbetriebe (Großmärkte, Warenhäuser und große Lebensmittelketten) mit sich. Die Zahl der kleinen, wohngebietsnahen Lebensmittelläden nahm sogar zu (sog. Nachbarschaftsläden) und der Nettorückgang der Gesamtzahl an Geschäften konnte gestoppt werden (vgl. Statens offentliga utredningar/Civildepartementet 1991, S. 17; Schmidt/Kayser 1986, S. 103 ff.).

Nach dem Urteil der Regierungskommission haben alle Einzelhandelsunternehmen versucht, den Anteil der Einzelkosten an den Gesamtkosten über eine Ausweitung der Verkaufsfläche oder Sortimentserweiterung zu senken. Durch die Verlängerung der Ladenöffnungszeiten wurde eine bessere Kapitalnutzung angestrebt und im Zuge höherer Deckungsbeiträge und den Abbau von Belastungsspitzen ein Preisanstieg verhindert, z.T. sogar Preissenkungen erreicht (vgl. Schmidt/Kayser 1986, S. 144 ff., 196 ff.; Statens offentliga utredningar/Civildepartementet 1991, S. 19; Pettersson 1986, S. 4 ff.; ifo Institut, in: ifo Schnelldienst 1995, S. 22).

Die Einzelhandelsunternehmen hatten bei der Rekrutierung neuer Arbeitnehmer für den Betrieb am Abend oder Sonntags keinerlei Probleme (vgl. ifo Institut, in: ifo Schnelldienst 1995, S. 22). Vor allem Frauen nutzen die Möglichkeit zur Rückkehr in das Berufsleben. Die festangestellten und ganztags beschäftigten Arbeitnehmer hatten nach der Liberalisierung seltener zu unbequemen Zeiten zu arbeiten als zuvor, da hierfür williges Personal eingestellt wurde. Durch deren Einstellung ging auch die Zahl der Überstunden der festangestellten Beschäftigten zurück. Die Zahl der Teilzeitbeschäftigten stieg seit 1973 an: Die Zahl der Teilzeitkräfte, die zwischen 20 und 34 Wochenstunden arbeiten, stieg um 37,2 %. Die Zahl der Teilzeitarbeitnehmer mit weniger als 20 Wochenstunden wuchs um 6,4 %, während der Anstieg bei den Vollzeitkräften nur 1,1 % betrug (vgl. ifo Institut, in: ifo Schnelldienst 1995, S. 22). Insgesamt werden die Beschäftigungseffekte im Zuge der Liberalisierung auf mehr als 1,5 % beziffert (vgl. ifo Institut, in: ifo Schnelldienst 1995, S. 22; Statens offentliga utredningar/Civildepartementet 1991, S. 18; Schmidt/Kayser 1986, S. 182 f., 207 ff.).

Die Effektivität des Sonntagsverkaufs läßt sich durch den Umsatzanteil von durchschnittlich 9 % als unterdurchschnittlich im Hinblick auf die anderen Wochentage darstellen und findet daher in Umfragen bei Verbrauchern und Händlern nur eine geringfügige Mehrheit (vgl. Statens offentliga utredningar/Civildepartementet 1991, S. 18, 19 f.; Schmidt/Kayser 1986, S. 146 f.). Negativ stellt sich dagegen die steigende Zahl an Überfällen und Diebstählen in verkaufsoffenen Geschäften dar. 70-80 Prozent der Überfälle ereignen sich dabei wochentags vor 19.00 Uhr in den Außenbezirken. In der reduzierten Personenstärke am Abend ist somit eine Gefährdung der Angestellten zu erkennen (vgl. Statens offentliga utredningar/Civildepartementet 1991, S. 20 f.).

Die zuvor gemachten Ausführungen bezüglich der ausländischen Erfahrungen mit einer freien Gestaltung der Ladenöffnungszeiten mögen einer erster Hinweis sein, welche Konsequenzen einer Freigabe der Geschäftszeiten folgen könnten. Dabei haben sich viele Länder vorrangig jedoch nicht von dem Gedanken der wirtschaftlichen Effizienz bei einer Abkehr von reglementierten Geschäftszeiten leiten lassen, sondern haben vielmehr im Zuge der Umsetzung des Arbeitsschutzgedankens in besondere arbeitsrechtliche Vorschriften der Gewerbefreiheit wieder ihr Recht zukommen lassen.

Zusammenfassend läßt sich jedoch festhalten, daß die ausländischen Erfahrungen in bezug auf die Anwendung liberaler Ladenöffnungszeiten keine Anhaltspunkte dafür aufweisen, daß derart tiefgreifende wirtschaftliche und soziale Nachteile zu erwarten wären, die Anlaß zu einer grundsätzlichen Ablehnung der Flexibilisierungsbestrebungen geben würden. Sowohl die hier skizzierten Erfahrungen der Vereinigten Staaten und Schwedens als auch der in der Literatur für andere Länder beschriebende "Ladenschlußalltag" (vgl. z.B. Schmidt/Kayser 1986, S. 58 ff.; Höger 1972, S. 84; Reichert 1971, S. 113), lassen die im Zusammenhang mit einer Liberalisierung oftmals prognostizierten negativen Folgewirkungen (z.B. Verschlechterung der Arbeitsbedingungen und der Arbeitsmarktsituation, Gefährdung des Mittelstandes über einen verstärkten Konzentrationsprozeß, Preisauftrieb in Folge von Kostensteigerungen; vgl. Batzer 1984, S. 24; Gartz 1984, S. 209 f.; DAG 1990, S. 30 ff.; HBV 1993, S. 5 f.; Dichtl/Müller 1984, S. 29) eher unwahrscheinlich erscheinen. Im Gegenteil scheinen die Deregulierungserfahrungen des Auslandes zu verdeutlichen, daß mit der Schaffung der Möglichkeit verlängerter Öffnungszeiten nicht gleichzeitig auch deren tatsächlicher Anstieg verbunden ist (vgl. Stehn 1987, S. 7; Schmidt/Kayser 1986, S. 225 ff., 247; ifo Institut, in: ifo Schnelldienst 1995, S. 21). Ebensowenig scheint es zu einer Verschlechterung der Arbeitsbedingungen der Beschäftigten zu kommen (vgl. Stehn 1987, S. 8 ff.). Bei der Beschaffung von qualifiziertem Personal für die verlängerten Geschäftszeiten hatten die betroffenen Unternehmen keine Schwierigkeiten, ihre Nachfrage nach Arbeitskräften zu befriedigen (vgl. Stehn 1987, S. 8 ff.; ifo Institut, in: ifo Schnelldienst 1995, S. 22). Die Übertragbarkeit dieser Ergebnisse auf die Bundesrepublik wird durch die Erfahrungen mit abendlichen Öffnungszeiten im Rahmen des Dienstleistungsabends (vgl. Umfrageergebnisse des Kapitels 9.1 und 9.2.2; ifo Institut, in: ifo Schnelldienst 1995, S. 17 f.) oder der aufgrund einer Ausnahmegenehmigung bewilligten Spätöffnung in der Stuttgarter Klett-Passage belegt (vgl. Steinmann 1984, S. 106; Stehn 1987, S. 11). Hier stellte sich heraus, daß das Angebot an Teilzeitkräften für die Abendstunden die Nachfrage überstieg. Einen Nachweis für eine Korrelation von zeitlicher Betriebsbereitschaft und Marktkonzentration konnten die ausländischen Erfahrungen ebenfalls nicht erbringen (vgl. Stehn 1987, S. 16 ff.; Schmidt/Kayser 1986, S. 103 ff.; ifo Institut, in: ifo Schnelldienst 1995, S. 21). So weisen vergleichbare Volkswirtschaften wie z.B. Frankreich oder Großbritannien ein ebenso hohes oder höheres Konzentrationsniveau auf, obwohl ihre Geschäftszeiten weniger reglementierend gestaltet sind (vgl. Schmidt/Kayser 1986, S. 140 ff.). Zwar wird nach Erkenntnissen des ausländischen Einzelhandelssektors der Wettbewerbsdruck im Falle einer Liberalisierung der Ladenöffnungszeiten (als Folge eines intensiven Selektionsprozesses) kurzfristig zunehmen, langfristig aber zu einer strukturellen Veränderung von einem stagnierenden zu einem wachsenden Wirtschaftsbereich beitragen (vgl. Stehn 1987, S. 14 ff.; Schmidt/Kayser 1986, S. 103 ff., 142). Ein Umsatzvergleich zwischen unterschiedlich ladenschlußreglementierten Staaten weist darauf hin, daß eine Aufhebung rigider Ladenschlußregelungen eher zu Lasten der Versandhäuser, Tankstellen und Warenhäuser gehen wird (vgl. Stehn 1987, S. 16 ff.; Schmidt/Kayser 1986, S. 103 ff., 141 f.). Eventuell entstehende Kostenbelastungen sind aufgrund des hohen Wettbewerbsdrucks nicht ohne weiteres überwälzbar. Ein Preisauftrieb ist insofern unwahrscheinlich (vgl. Stehn 1987, S. 19 ff.; Schmidt/Kayser 1986, S. 144 ff., 196 ff., 206; ifo Institut, in: ifo Schnelldienst 1995, S. 22). Eine gleichmäßigere Auslastung des Kapitals und der Beschäftigten resultierend aus der Schließung der Geschäfte zu umsatzschwachen Zeiten sowie ein breiteres Warensortiment sind dabei Strategien zur Kostendämpfung (vgl. Stehn 1987, S. 19 ff.; Schmidt/Kayser 1986, S. 178 f.). Die ausländischen Erfahrungen bieten zudem Anhaltspunkte dafür, daß selbst bei Kosten- und Preissteigerungen keine wirtschaftlichen Nachteile entstehen. So werden teurere Geschäftstypen (sog. Nachbarschaftsläden) vom Verbraucher aufgrund des gebotenen Service akzeptiert (vgl. Schmidt/Kayser 1986, S. 206; ifo Institut, in: ifo Schnelldienst 1995, S. 21). Beschäftigungspolitisch sind nach den Erkenntnissen des Auslandes von einer Deregulierung der Ladenöffnungszeiten keine Wunder zu erwarten (vgl. Stehn 1987, S. 26 ff.; Schmidt/Kayser 1986, S. 182 ff.). So stehen nicht Niveau- sondern vor allem Beschäftigungsstruktureffekte im Vordergrund möglicher Veränderungen (vgl. Stehn

1987, S. 26 ff.; Schmidt/Kayser 1986, S. 195 f.; ifo Institut, in: ifo Schnelldienst 1995, S. 22). Dies kann aber als Beleg für derzeit bestehende Zugangsbeschränkungen eines Teils des Arbeitsmarktes (Teilzeitarbeitskräfte) gesehen werden (vgl. ifo Institut, in: ifo Schnelldienst 1995, S. 13). Die starke Ausnutzung später Verkaufszeiten durch Berufstätige mag zudem als Hinweis auf die Vorteile einer Volliberalisierung dienen (vgl. Stehn 1987, S. 30).

Offenbar spräche aus ausländischer Erfahrung nichts gegen eine Aufhebung des in Deutschland bestehenden Ladenschlußgesetzes. Inwiefern die hier vorgestellten Beobachtungen potentieller Folgewirkungen einer Flexibilisierung der Ladenöffnungszeiten allerdings auch im Falle einer Liberalisierung des deutschen Ladenschlußgesetzes zu erwarten wären, läßt sich nur schwer ermitteln. Faßt man die Erfahrungen des Auslandes jedoch als einen ersten Anhaltspunkt auf, so kann man zunächst keine Hinderungsgründe für die Umsetzung der Liberalisierungsbestrebungen erkennen. Da die hier skizzierten Ergebnisse allerdings aufgrund der bestehenden Strukturunterschiede nicht ohne Bedenken auf den deutschen Einzelhandelssektor zu übertragen sind, wird sich das nächste Kapitel damit befassen, welche Gründe in der Bundesrepublik für eine Flexibilisierung der Ladenöffnungszeiten sprechen oder diese gar erforderlich machen könnten.

6. Die Erfordernisse zur Flexibilisierung der Ladenöffnungszeiten in der Bundesrepublik Deutschland

Das Ladenschlußgesetz entstand - wie bereits beschrieben - während der Aufbauphase der Bundesrepublik Deutschland. In diesem Zeitraum waren die nachfolgenden wirtschaftlichen, sozialen und gesellschaftlichen Entwicklungen noch nicht abzusehen. Ebenso waren die Schutzrechte der Arbeitnehmer, in den sich erst zu diesem Zeitpunkt herausbildenen Rechtsquellen unterrepräsentiert. Eine Notwendigkeit für ein Ladenschlußgesetz ist demnach aus damaliger Sicht nachvollziehbar. Jedoch haben sich seit der Verabschiedung des Gesetzes über den Ladenschluß im Jahre 1956 erhebliche Veränderungen ergeben, die Anlaß dazu geben, die Ladenschlußregelungen auf den Fortbestand ihrer Notwendigkeit hin zu überprüfen. Haben sich aus dem wirtschaftlichen, sozialen und gesellschaftlichen Wandel Erfordernisse entwickelt, die dem derzeitigen Ladenschlußkonzept entgegenstehen, könnte dies ein Überdenken und in konsequenter Verfolgung wohlfahrtsorientierter Grundüberlegungen eine Abschaffung des antiquierten Rechts erfordern. Der Flexibilisierungsgedanke - in diesem Falle die Flexibilisierung der Ladenöffnungszeiten - trüge diesem Wandel Rechnung, da er als Antwort auf Umweltveränderungen zu verstehen ist und im Gegensatz zum Individualisierungsgedanken äußere Situationswandlungen umsetzt (vgl. Drumm 1989, S. 1 ff.; Gaugler 1984, S. 259 ff.). Insofern stehen solche Erfordernisse, d.h. Umweltveränderungen, die eine Flexibilisierung des Ladenschlußrechts erfordern könnten, im Mittelpunkt der nachfolgenden Betrachtungen.

6.1 Ordnungspolitische und verfassungsrechtliche Aspekte

Die soziale Marktwirtschaft zielt in ihrer wirtschaftspolitischen Konzeption auf die Gewährleistung von Freiheitsrechten des Einzelnen sowie der sozialen Sicherheit und Gerechtigkeit ab. Durch die Teilnahme des Einzelnen am Wirtschaftswachstum durch die wirtschaftliche Leistungsfähigkeit der wettbewerbsorientierten Marktwirtschaft, soll ein "Wohlstand für alle" ermöglicht werden (vgl. Stober [b] 1989, S. 80 ff.; Stober [c] 1994, S. 42 ff.). Bei der Abwägung der marktwirtschaftlichen Grundsätze gegenüber der sozialen Komponente erfahren die Freiheitsrechte nur dort ihre Grenzen, wo die Rechte Dritter, die verfassungsmäßige Ordnung oder das Sittengesetz (entsprechend Art. 2 GG) verletzt werden. Staatliche Eingriffe (z.B. durch Regulierung) sind demnach nur dann zulässig, wenn schutzwürdige Personengruppen (z.B. Arbeitnehmer) durch das freie Spiel der Kräfte unberechtigterweise benachteiligt würden (Ausdruck des Subsidiaritätsprinzips; vgl. Stober [c] 1994, S. 96). Wirtschafts- und sozialpolitische Maßnahmen müssen sich demzufolge an ihrer Marktkonformität messen lassen, d.h. sie dürfen das Marktgeschehen nicht beeinträchtigen (vgl. Czada/Tolksdorf/Yenal 1992, S. 14 ff.; Degenhart 1994, S. 134).

Folgt man dem, so ist bei der Ausgestaltung der Wettbewerbsordnung den sozialpolitischen Belangen Rechnung zu tragen und ein tragfähiger Kompromiß zwischen den Freiheitsrechten des Einzelnen und der sozialen Verantwortung des Staates zu finden. An diesem Maßstab ist auch das Ladenschlußgesetz zu messen. Das Ladenschlußgesetz zielt auf den Schutz der bereits im Einzelhandel Beschäftigten und der Wettbewerbssicherung ab und trägt somit zur sozialen Verantwortung des Staates im Sinne des Arbeitnehmer- und des Wettbewerbsschutzes bei. Das Gesetz vernachlässigt aber gleichzeitig die Interessen des Verbrauchers an uneingeschränkten Einkaufszeiten und der damit verbundenen Markttransparenz. Unberücksichtigt bleibt ebenfalls das zunehmend an Bedeutung gewinnende Interesse Arbeitssuchender nach Beschäftigungsspielräumen sowie der unternehmerischen Wettbewerbsgestaltung. Nach dem Subsidiaritätsprinzip (vgl. Stober [c] 1994, S. 96; Degenhart 1994, S. 134) sind - wie bereits erwähnt - staatliche Eingriffe im Sinne einer Regulierung nur dann zulässig, wenn schutzwürdige Personengruppen (hier Arbeitnehmer- und Unternehmensinteressen) durch das freie Spiel der Kräfte unberechtigterweise benachteiligt würden, d.h. im Falle einer Aufhebung des jetzigen Ladenschlußrechts Nachteile zu erwarten hätten, die dem Allgemeininteresse entgegenstünden. In bezug auf den Arbeitsschutz ist darauf zu verweisen, daß dieser zwischenzeitlich durch allgemeine arbeitsrechtliche Normen (z.B. AZO) und tarif- bzw. betriebsvertragliche Regelungen besser gewährleistet wird als es das Ladenschlußgesetz erfüllen kann. So kam bereits das Bundesverfassungsgericht im Jahre 1961 zum dem Schluß, daß anstelle des primären Ziels des Arbeitsschutzes *"der Gedanke der Wettbewerbsneutralität stärker in den Vordergrund" trat, "der von Anfang an zur Einbeziehung auch der ohne Personal arbeitenden Ladeninhaber in das Ladenschlußgesetz geführt hat"* (BVerfGE 13, S. 240). Die Argumentationskette zur wettbewerbspolitischen Funktion des Ladenschlußgesetzes hat sich allerdings in den letzten Jahren ebenfalls wesentlich gewandelt: Standen bei den Gesetzesberatungen im Bundestag vor allem die Überlegungen eines ausreichenden Schutzes von Einzelhandelsbetrieben mit Angestellten (Kauf- und Warenhäuser) gegenüber den (kleineren) Familienbetrieben im Vordergrund (vgl. Stehn 1987, S. 12), so wird in der heutigen Diskussion die mittelstandspolitische Bedeutung des Ladenschlußgesetzes hervorgehoben (vgl. Stehn 1987, S. 12 ff.; Batzer 1984, S. 21 ff.; Gartz 1984, S. 210; HBV 1993, S. 9 ff.). Der so verstandene "Wettbewerbsschutz" geht allerdings über den ursprünglichen Schutzzweck des Gesetzgebers hinaus (vgl. Batzer 1984, S. 21; Triesch 1984, S. 157 f.; nähere Ausführungen zu den wettbewerbspolitischen Aspekten in Abschnitt 6.3.). Gelangt man zu dem Schluß, daß aufgrund der gesellschaftlichen, sozialen und wirtschaftlichen Entwicklungen der originäre Schutzzweck des Ladenschlußgesetzes hinfällig geworden ist bzw. durch weniger reglementierende Maßnahmen (z.B. AZO, GewO) ebenso zu gewährleisten ist, stellt sich die Frage nach der ordnungspolitischen Notwendigkeit einer Flexibilisierung des bestehenden Ladenschlußmodells. Wägt man nämlich die Freiheitsrechte des Einzelnen (z.B. Verbraucherfreiheit, Gewerbefreiheit, Vertragsfreiheit etc.) und das Interesse der Allgemeinheit (Wettbewerbsfreiheit, mögliche Arbeitsplatzsicherung, Verstetigung des Konzentrationsprozesses) auf der einen Seite und die verbliebende sozialpolitische Verantwortung des Staates (Sicherung eines zusammenhängenden freien Wochenendes für Einzelhandelsbeschäftigte sowie zumutbare Arbeitszeiten, Sicherung des Mittelstandes) auf der anderen Seite gegeneinander ab, so scheint es nicht nachvollziehbar, daß der sozialpolitischen Funktion trotz des gewandelten Umfeldes weiterhin ein größeres Gewicht zugebilligt wird. Dieses Ungleichgewicht gegenüber dem in den letzten Jahren an Bedeutung gewonnenen Allgemeininteresse (insbesondere das Interesse Arbeitssuchender an uneingeschränkten Beschäftigungsspielräumen) wirft mehrere ordnungspolitische und verfassungsrechtliche Probleme auf (vgl. Neumann 1984, S. 46):

So könnte man bei einer kritischen Betrachtung in der Festschreibung der Ladenschlußzeiten eine Beeinträchtigung der *Konsumentensouveränität* sehen. Dem Verbraucher wird durch das Ladenschlußgesetz nicht nur vorgeschrieben, in welchem Zeitraum es für ihn am besten ist, seine Einkäufe zu tätigen, sondern zugleich auch die Zeit beschränkt, die er zu einer möglichst vollständigen Marktübersicht (sog. Markttransparenz) benötigt. Dabei ist zu bedenken, daß sich im Verlaufe der letzten Jahrzehnte die Sortimentstiefe und -breite sowie die Komplexität der Produkte in erheblichem Maße vergrößert hat. Eine sachgerechte Preis- und Qualitätswahl wird durch eine zusätzliche Einschränkung der zur Verfügung stehenden Zeit noch weiter beschränkt. Folglich vergrößert sich der preispolitische Spielraum der Unternehmen, da bei einer fehlenden Marktübersicht ein detaillierter Preisvergleich des Konsumenten nicht mehr erfolgen kann. Neben überhöhten Preisen kann dies aber auch Auswirkungen auf die im Einzelhandel vorherrschende Anbieterstruktur haben, da bestimmte Unternehmen trotz eines preisgünstigen Angebots aufgrund fehlender Marktübersicht von Seiten des Verbrauchers keine Berücksichtigung finden (vgl. Aengenendt [b] 1978, S. 29 f.). Eine weitere Folge der eingeschränkten Einkaufszeit kann darin bestehen, daß es hierdurch bei einem Teil der Konsumenten zu einem "Stau der Nachfrage" kommen kann, sofern die Verbraucher aufgrund der begrenzten Zeit nicht alle ihre Bedürfnisse realisieren können. Dies hätte wiederum Auswirkungen auf die vorgelagerten Produktionsstufen des Einzelhandels, da sich hier eine eingeschränkte Konsumnachfrage in rückläufigen Aufträgen niederschlägt (vgl. Batzer 1984, S. 23; Piepenbrock [b] 1984, S. 91 ff.; Aengenendt [a] 1971, S. 78).

Der Verbraucherfreiheit kommt in einem marktwirtschaftlich ausgerichteten System eine große Bedeutung zu, da sich die Wirtschaft vorrangig an den Wünschen und Bedürfnissen der Nachfrage ausrichtet und nicht etwa an den Interessen des Produzenten. Dies hielt bereits Adam Smith in seinem Werk "The Wealth of Nations" fest, als er schrieb: "*Consumption is the sole end and purpose of all production; and the interest of the producer ought to be attended to, only as far as it may be necessary for promoting that of the consumer. The maxim is perfectly self-evident that it would be absurd to attemp to prove it.*" (Smith 1976, S. 660). Insofern ließe sich ein Eingriff in die Verbraucherfreiheit - wie es das Ladenschlußgesetz beinhaltet - nur rechtfertigen, wenn schwerwiegende Gründe des Allgemeinwohls dies erforderlich erscheinen lassen würden. Aufgrund des Bedeutungswandels des Arbeitsschutzzwecks sowie der Veränderung der wettbewerbspoltischen Funktion des Ladenschlußgesetzes sind die ursprünglichen Gründe des Allgemeinwohls entfallen und einzig das Ziel zumutbarer Arbeitszeiten für die im Einzelhandel Beschäftigten geblieben. Unverständlich dabei ist, warum der Einzelhandelssektor im Gegensatz zu anderen Wirtschaftszweigen einer Sonderbehandlung bedarf. Zur Umsetzung zumutbarer Arbeitszeiten als eine sozialpolitische Verantwortlichkeit stehen dem Gesetzgeber mildere, aber ebenso wirksame Mittel (z.B. Normen der AZO) zur Verfügung.

Neben der Verbraucherfreiheit hat es den Anschein, daß auch die *Gewerbefreiheit* im Rahmen der Festschreibung der zeitlichen Betriebsbereitschaft Beschränkungen unterliegt: So wird mit der Festsetzung der Ladenschlußzeiten die zeitliche Betriebsbereitschaft als Wettbewerbsinstrument des Handels ausgeschlossen. Dabei muß der Wettbewerbsparameter "zeitliche Betriebsbereitschaft" als ein Instrument der Marktpolitik und somit als natürlicher Wettbewerbsvorteil angesehen werden (vgl. Stehn 1987, S. 14). Das Subsidiaritätsprinzip (vgl. Stober [c] 1994, S. 96; Degenhart 1994, S. 134) schreibt vor, daß staatliche Eingriffe des Staates wie im Falle der Ladenschlußgesetzgebung nur zulässig sind, wenn ansonsten schutzwürdige Personengruppen (z.B. Arbeitnehmer) durch das freie Spiel der Kräfte unberechtigterweise benachteiligt würden. Unabhängig von der Bewertung der Frage, ob im Falle einer Aufhebung des Ladenschlußgesetzes schutzwürdige Personengruppen wie z.B. Einzelhandelsbeschäftige oder mittelständische Unternehmen vom freien Spiel der Kräfte in unberechtigterweise benachteiligt würden und dies der Anlaß dazu ist, den Fortbestand der Regulierung zu fordern, müssen sich aus ordnungspolitischer Sicht wirtschafts- und sozialpolitische Maßnahmen an ihrer Marktkonformität messen lassen, d.h. sie dürfen das Marktgeschehen nicht beeinträchtigen (vgl. Czada/Tolksdorf/Yenal 1992, S. 14 ff.; Degenhart 1994, S. 134). Im Falle des Ladenschlußgesetzes wird kleineren und mittelständischen Einzelhandelsunternehmen, die aufgrund ihrer höheren Flexibilität gegenüber den Großanbietern eher in der Lage wären, die Öffnungszeiten zu variieren, die Möglichkeit genommen neben dem Qualitätswettbewerb auch die zeitliche Betriebsbereitschaft als marktpolitisches Instrument einzusetzen und damit einen Gegenpol zum Preiswettbewerb zu schaffen, in dem die Großunternehmen aufgrund ihrer einkaufspolitischen Position (Machtstellung gegenüber Lieferanten) grundsätzlich Vorteile haben (vgl. Stehn 1987, S. 12 ff.). Insofern scheint das Ladenschlußgesetz nicht wettbewerbsneutral zu sein, da es mit der "Beschneidung des natürlichen Wettbewerbsparameters" der zeitlichen Betriebsbereitschaft einzelne Anbieter beeinträchtigt. Zudem steht eine staatliche Reglementierung der Öffnungszeit betriebswirtschaftlichen Überlegungen entgegen, wonach die zeitliche Betriebsbereitschaft sich ausschließlich an den Wünschen der Verbraucher und somit der Rentabilität zu orientieren hat und auch die Möglichkeit zu einer Abendöffnung beinhalten würde (vgl. Piepenbrock [b] 1984, S. 91 ff.). Leistungsbereiten, kreativen und innovativen Einzelhändlern wird die Möglichkeit genommen, auf die Kundenwünsche einzugehen und sich im Wettbewerb abzugrenzen bzw. zu behaupten. Dies kann vor dem Hintergrund des zunehmenden Konzentrationsprozesses im Einzelhandelssektor nicht Ziel und Zweck des Gesetzgebers sein.

Eine weitere wesentliche Einschränkung kann in der Begrenzung der *Vertragsfreiheit* gesehen werden. Durch die Festlegung der Ladenschlußzeiten wird zugleich der Zeitraum bestimmt, in dem im Einzelhandel im direkten Kundenverkehr gearbeitet werden kann. Den Arbeitssuchenden und derzeit Beschäftigten, die aufgrund ihrer individuellen Lebensweise gerne Abends arbeiten würden, wird auf diese Weise eine Beschäftigungsmöglichkeit genommen. In Zeiten hoher Arbeitslosigkeit scheint es fraglich, ob eine Beschränkung des Zugangs zum Arbeitsmarkt sozialpolitisch vertretbar ist.

Aus den zuvor benannten Gründen hat es den Anschein, daß das bestehende Ladenschlußgesetz ordnungspolitisch überholt (so auch das ifo-Gutachten; vgl. ifo Institut, in: ifo Schnelldienst 1995, S. 13) und aufgrund seiner fehlenden Marktkonformität änderungsbedürftig ist. Mit einer Deregulierung ließe sich die individuelle Freiheit, selbstverantwortliche und innovative Handelsformen und die marktwirtschaftliche Dynamik verbessern.

6.2 Wandel der Handelslandschaft

Im Einzelhandel sind rund 2,4 Millionen Erwerbstätige beschäftigt, womit es sich um einen der größten Wirtschaftsbereiche handelt (vgl. GdE 1993, S. 6). Mit einem Umsatz von knapp 870 Mrd. DM (im Jahr 1993; vgl. GdE 1993, S. 5), was etwa der Hälfte des gesamten privaten Verbrauchs entspricht, zeigt sich, daß diese Branche das zentrale Bindeglied zwischen dem warenproduzierenden Gewerbe und dem Endverbraucher ist. Das Ladenschlußgesetz hat mit der Festschreibung des Wettbewerbsparameters der zeitlichen Betriebsbereitschaft unmittelbare Auswirkungen auf diesen Wirtschaftssektor, so daß es einleuchtend erscheint, im Hinblick auf den Fortbestand des Gesetzes, den in der Handelslandschaft stattfindenden Wertewandel im folgenden als Bewertungsmaßstab heranzuziehen.

Im Zuge der Ökonomisierung des Handelsbereichs kam es in den letzten Jahrzehnten zu einer Verringerung der Zahl der Unternehmen und der Beschäftigten. Hiervon waren insbesondere kleinere und mittlere Handelsgeschäfte betroffen, die sich gegenüber den Großbetrieben (mit ihren besseren Einkaufsbedingungen und ihrer Macht gegenüber den Lieferanten) vor allem aufgrund der eingeschränkten Wahl der Wettbewerbsinstrumente (u.a. der zeitlichen Betriebsbereitschaft) nicht hinreichend abgrenzen konnten (vgl. hierzu auch Abschnitt 6.3). Allein die zu beobachtende Entwicklung der vergangenen Jahre widerlegt somit das Argument der Gegner einer Flexibilisierung der Ladenöffnungszeit, wonach im Zuge einer Liberalisierung der zeitlichen Betriebsbereitschaft mit einer Verschiebung der Handelstruktur zugunsten der Großunternehmen zu rechnen sei (vgl. Batzer 1984, S. 21 ff.; Gartz 1984, S. 210; HBV 1993, S. 9 ff.). Von der derzeitigen Ladenschlußgestaltung scheinen eher die Großanbieter zu profitieren, die dem Verbraucher unter Zeitmangel das größte Warenangebot zur Auswahl stellen können (vgl. näheres hierzu Abschnitt 6.3). Dies belegen auch Umsatzvergleichsrechnungen zwischen unterschiedlich ladenschlußreglementierten Staaten, wonach eine Aufhebung rigider Ladenschlußregelungen eher zu Lasten der Versandhäuser, Tankstellen und Warenhäuser geht (vgl. Stehn 1987, S. 16 ff.; Schmidt/Kayser 1986, S. 103 ff., 141 f.). Ebenso führt das bestehende Ladenschlußkonzept dazu, daß stationäre Nahversorger bisher auf Verkaufszeiten angewiesen sind, in denen die Wohngebiete weitgehend "entvölkert" sind und sie somit nicht mehr rentabel wirtschaften können, was oftmals die Schließung dieser Geschäfte zur Folge hat. Insofern scheint die Beschränkung der zeitlichen Betriebsbereitschaft den sich fortsetzenden Konzentrationsprozeß zu unterstützen. Eine Liberalisierung der Ladenöffnungszeiten könnte in diesem Sinne einen Beitrag zur Verlangsammung des Konzentrationsprozesses darstellen. Von diesen Überlegungen ging auch die Deregulierungskommission in ihrem zweiten Bericht aus dem Jahre 1991 aus, in welchem sie zu dem Schluß gelangte, daß eine Liberalisierung des Ladenschlußgesetzes sich positiv auf die Handelsstruktur auswirken könnte (vgl. Hoffmann, in: GewArch 1991, S. 298).

Mit der Ausrichtung der Unternehmen an einer rein preis- und sortimentsorientierten Marketingpolitik war in der Vergangenheit gleichzeitig ein Anstieg der Verkaufsflächen zu verzeichnen, was bei einem begrenzten Raumangebot in den städtischen Ballungszentren zum Entstehen von Einkaufszentren auf der "grünen Wiese" führte (vgl. Redwitz 1990, S. 1 ff.). Insofern scheinen die Befürchtungen der Gegner einer Flexibilisierung der Ladenöffnungszeiten bezüglich einer Ausweitung der Handelsanbieter auf der "grünen Wiese" (vgl. Schmidt/Kayser 1986, S. 27; HBV 1993, S. 3; Niedersächsisches Ministerium für Wirtschaft, Technologie und Verkehr 1993, S. 3; FfH 1993, S. 89) begründet zu sein. Allerdings ist nicht zu verkennen, daß es sich bei diesem Prozeß, der durch den fehlenden und zu teuren Verkaufsraum im Citybereich angetrieben wird, um eine vom Fortbestand oder der Liberalisierung des Ladenschlußgesetzes unabhängige Entwicklung handelt.

Durch die Zunahme der Selbstbedienungsfähigkeit der Produkte und einer Übertragung der arbeitsteiligen Denkweise aus dem industriellen Sektor auf den Handelsbereich, wurde neben dem Fachgeschäft, Warenhaus und Verbrauchermarkt eine neue Betriebsform geschaffen - der Fachmarkt. Dieser versucht die Kompetenz des Fachhandels mit dem Sortiment des Warenhauses zu verbinden (vgl. Redwitz 1990, S. 5 f.). Seit Mitte der 80er Jahre zeichnet sich zudem ein Wandel in der Handelslandschaft ab, der mit einer veränderten Kaufstruktur einhergeht: Die mit steigendem Einkommen (verfügbarem Einkommen) zunehmende Kaufkraft führte dazu, daß das Qualitätsbewußtsein der Verbraucher stieg und in dem Maße, in dem ihre Lebensqualität anstieg, sie ihr Kaufverhalten änderten. So werden heute höhere Preise akzeptiert, sofern das Angebot bzw. die Auswahl großzügig bemessen ist und der Service der Unternehmen als gut bewertet wird. Heute werden daher entweder qualitativ hochwertige oder billige Produkte gekauft, die "goldenen Mitte" verliert an Bedeutung (vgl. Redwitz 1990, S. 8 ff.).

In den letzten Jahren machte sich die wirtschaftliche Rezession auch im Einzelhandelsbereich mit einem verhaltenen Geschäftsverlauf bemerkbar. So konnte der Einzelhandelssektor im Jahr 1992 nur ein leichtes Umsatzplus (+ 1,4 %) verzeichnen, wobei die neuen Bundesländer eine günstigere Entwicklung (+ 3,3 %) aufwiesen als das frühere Bundesgebiet (+ 1,2 %; vgl. StBA [a] 1993, S. 38). Der Anteil des Handels an den Konsumausgaben wird auch in Zukunft nicht steigen, wenn nicht völlig neue Konzepte entwickelt werden, um die Standorte attraktiver zu machen und die einzelhandelsrelevante Nachfrage zu erhöhen. Daher ist zu vermuten, daß sich ein neues, zielgruppenorientiertes und bedarfsgerechtes Denken im Handel durchsetzen wird und somit auch einen Wandel der Ladenschlußzeiten, als eine den Bedürfnissen einiger Verbrauchergruppen widersprechende Gegebenheit, erforderlich machen wird.

Zudem bewegt sich die Handelslandschaft in Richtung neuer Perspektiven: So zeichnet sich bereits heute ab, daß die Konsumgegebenheiten sich entscheidend ändern werden und zukünftig eine Erlebnisorientierung beim Einkaufen im Vordergrund stehen wird. Dies könnte langfristig dazu führen, daß die Stadtplanung in bezug auf Einkaufsstätten in Innenstädten sich mehr zu einer kommunalen Marketingplanungsaufgabe (Regionalmarketing) wandeln wird und privat finanzierte Einkaufszentren nach amerikanischen Vorbild (multifunktional ausgerichtet) entstehen werden, die eine möglichst vielseitige und für den Konsumenten attraktive Mischung von kleineren bis mittleren Einzelhändlern mit kulturellen Anlaufpunkten (Restaurants, Kulturstätten, Flanier- und Kommunikationsmöglichkeiten) verbinden wird (vgl. Redwitz 1990, S. 10 ff.; hierzu auch Kapitel 8.5.2). In einem solch erlebnisorientierten Umfeld stellen Öffnungszeiten neben baulichen und strukturellen Überlegungen ein zentrales Thema dar: Ein früher Ladenschluß ist dabei erlebnisfremd. Im Hinblick auf die sich abzeichnenden Veränderungen der Handelslandschaft wäre es daher erforderlich, möglichst frühzeitig die Dispositionsfreiheit der Unternehmen wiederherzustellen und mit einer Liberalisierung der Ladenschlußzeiten gleichzeitig den anstehenden Wandel als Herausforderung an die Kreativität und Innovation der Betriebe anzunehmen.

6.3 Wettbewerbspolitische Aspekte

Im Marktmodell kommt dem Wettbewerb die größte Bedeutung zu, da nur im Zuge eines "funktionsfähigen Wettbewerbs" die Wirtschäftspläne der Marktteilnehmer (Unternehmen, Verbraucher und Beschäftigte) optimal aufeinander abgestimmt werden können und somit eine vorteilhafte Versorgung aus gesamtwirtschaftlicher Sicht gewährleistet werden kann (vgl. ifo Institut, in: ifo Schnelldienst 1995, S. 13). Demzufolge steht der Schutz des Wettbewerbs an erster Stelle jeglicher wirtschaftspolitischer Aktivität. Dabei richtet sich der Wettbewerbsbegriff nicht an der Zahl der Anbieter und Nachfrager aus, sondern an dessen Funktionsfähigkeit, d.h. an einem befriedigenden Marktergebnis (vgl. Gutowski [b] 1986, S. 26). Insofern sind nur dann Eingriffe des Staates erforderlich und wirtschaftlich zu vertreten, wenn die Funktionsfähigkeit des Marktes durch ein Marktversagen oder ruinöse Konkurrenz bedroht ist. Der Schutz vor Wettbewerb ist damit aber keinesfalls verbunden, da mit einem innovativen Wettbewerb zugleich auch immer ein - wie ihn Schumpeter bezeichnete - "Zerstörungsprozeß" verbunden ist, so daß unrentabel agierende Grenzanbieter vom Markt verdrängt werden (vgl. Busch/Soltwedel/Groß/Laaser 1986, S. 2 ff.). Aus ordnungspolitischer Sicht haben staatliche Maßnahmen insofern dem Anspruch der Wettbewerbsneutralität zu genügen (vgl. Stehn 1987, S. 12 ff.). Die durch den staatlichen Eingriff zu befürchtenden Wettbewerbsverzerrungen sind somit von vornherein zu vermeiden. Staatliche Maßnahmen können dann als wettbewerbsneutral angesehen werden, wenn die Wettbewerbschancen aller Marktteilnehmer (Anbieter und Nachfrager) unverändert bleiben (Typ 1) oder die Maßnahme darauf abzielt, gleiche Wettbewerbschancen für alle Marktteilnehmer (Typ 2) herzustellen (vgl. Gschwendtner u.a. 1976, S. 11 f.).

Vor diesem Hintergrund ist zu prüfen, ob das Ladenschlußgesetz als wettbewerbsneutrale Maßnahme angesehen werden kann. Im Falle der Regulierung der Ladenöffnungszeiten werden nicht nur zeitgebundene Nachfrager (Berufstätige, Selbständige und Unternehmer) gegenüber zeitungebundenen Verbrauchern (Rentner, Arbeitslose, Hausfrauen, Studenten) benachteiligt, sondern auf Anbieterseite dem zeitungebundenen Handel (z.B. Versandhandel, Tankstellen, Warenautomaten, Großhandel, Geschäfte in Nähe von Verkehrsknotenpunkten) mit der Nichteinbeziehung in das Ladenschlußgesetz besondere Wettbewerbschancen zugestanden. In welchem Umfang infolgedessen z.B. der Versandhandel über einen Substitutionswettbewerb von seiner gesetzlichen Sonderstellung profitiert, wird daran deutlich, daß sein Anteil am Einzelhandelsumsatz in der Bundesrepublik höher ausfällt als in Staaten, in denen keine Beschränkungen der Ladenöffnungszeiten bestehen (z.B. Schweden und Vereinigte Staaten von Amerika; vgl. Stehn 1987, S. 13). Folglich ist die Wettbewerbsneutralität des Typs 1 in bezug auf das Ladenschlußgesetz keinesfalls gegeben.

Sowohl dem Urteil des Bundesverfassungsgerichts (vgl. BVerfGE 13, S. 235) als auch der Regierungsbegründung zum Ladenschlußgesetz (vgl. BT-Drs. 310/54, in: DAG 1990, S. 24) kann man jedoch entnehmen, daß das Gesetz die gleichen Wettbewerbschancen für alle schaffen sollte, indem es von vornherein auch Verkaufsstellen ohne Angestellte einbezog, um eine Selbstausbeutung der allein tätigen Einzelhändler und eine Wettbewerbsverzerrung zugunsten der Kleinanbieter (Schutz der Großanbieter) zu verhindern. Infolgedessen wäre das Ladenschlußgesetz als wettbewerbsneutral vom Typ 2 anzusehen, wenn nachgewiesen werden könnte, daß hierbei keine "natürlichen" Wettbewerbsvorteile einzelner Anbieter beeinträchtigt würden. Die zeitliche Betriebsbereitschaft ist allerdings aus Sicht des Ökonomen als ein natürliches Marktinstrument anzusehen. Mit der Festschreibung der Ladenschlußzeiten wurde dem Einzelhandelssektor eine Leistungskomponente genommen, die er über Maßnahmen der Standorts-, Flächen-, Sortiments- und Investitionspolitik zu kompensieren versuchte. Den klein- und mittelständischen Unternehmen standen diese Möglichkeiten aber nur in einem eingeschränkteren Maße offen. Die in den Wettbewerbsparametern der Werbe-, Preis- und Einkaufspolitik (fehlende Machtposition) ohnehin unterlegenen Kleinunternehmen werden mit der Festschreibung der Öffnungszeiten stärker belastet als Großunternehmen, da ihnen die Möglichkeit zur Abgrenzung hinsichtlich der zeitlichen Kundenbereitschaft und Serviceleistung genommen wird. So profitieren gerade die Großunternehmen von kürzeren Ladenöffnungszeiten, da sie dem Verbraucher unter dem Aspekt der Zeitknappheit mit ihrem umfassenden Sortiment das attraktivere Angebot bieten und somit eine Präferenz zum sogenannten "One-stop-shop" klar nachzuweisen ist (vgl. hierzu die empirischen Untersuchungen in Kapitel 9.2.3). Weiterer Anhaltspunkt für die Vermutung, daß eine restriktive Ladenschlußgesetzgebung die Entwicklung einer Nachfragverlagerung der Kunden zu Gunsten der Großanbieter verstärkt, bietet der internationale Vergleich. Demnach weisen Staaten mit deregulierten Öffnungszeiten ein weitaus höheres Wachstum des realen Facheinzelhandelsumsatzes auf als es im Vergleichsfalle für die Bundesrepublik errechnet wurde (vgl. Stehn 1987, S. 14 ff.). Es liegt somit die Vermutung nahe, daß eine Liberalisierung der Ladenschlußzeiten ein Wachstumspotential für den deutschen Facheinzelhandel beinhaltet und Breitsortimenter (Kauf- und Warenhäuser) und Verbrauchermärkte nicht die alleinigen Nutznießer einer Freigabe darstellen würde, wie es sonst vielfach behauptet wird (vgl. Batzer 1984, S. 21 ff.; Gartz 1984, S. 210; HBV 1993, S. 9 ff.). Deshalb ist es auch nicht verwunderlich, daß gerade Kaufhäuser auf dem bestehenden Ladenschlußgesetz beharren bzw. nur eine Erweiterung um einen dauerhaften langen Sonnabend fordern (vgl. Gespräch mit Hertie Waren- und Kaufhaus GmbH vom 18. Januar 1994). Die zuvor genannten Argumente weisen daraufhin, daß mit Ausschluß des "natürlichen" Wettbewerbsvorteils der zeitlichen Betriebsbereitschaft einzelne Anbieter beeinträchtigt werden, so daß das Ladenschlußgesetz auch nicht als wettbewerbsneutral im Sinne des Typs 2 anzusehen ist. Die im Zuge der Anbieterbeeinträchtigung entstehenden Wettbewerbsverzerrungen führen zu erheblichen Verschiebungen der Nachfragestruktur und einer Bevorteilung der Großanbieter. Langfristig kann hierdurch über eine Verstärkung des Konzentrationsprozesses die Funktionsfähigkeit des Marktes im bedeutenden Maße beeinträchtigt werden. Mit der Aufhebung des Ladenschlußgesetzes könnte hingegen gerade die Situation der klein- und mittelständischen Unternehmen verbessert werden. Entgegen der Meinung der Gegner einer Freigabe der Ladenöffnungszeiten (vgl. Batzer 1984, S. 21 ff.; Gartz 1984, S. 210; HBV 1993, S. 9 ff.), könnten diese Unternehmen aufgrund ihrer größeren Kundennähe, besseren Anpassungsfähigkeit (Warenhäuser müßten aufgrund der räumlichen Gegebenheiten auch unrentable Abteilungen geöffnet lassen) und Kreativität ihren natürlichen Wettbewerbsvorteil gegenüber den Großanbietern ausnutzen und somit der zunehmenden Konzentration im Einzelhandel entgegenwirken (vgl. hierzu auch Punkt 8.5).

Festzuhalten bleibt auch, daß die Schaffung gleicher Wettbewerbschancen, wie sie das Ladenschlußgesetz nach Auffassung des Bundesverfassungsgerichts bezweckte, nur dann möglich ist, wenn "natürliche" Wettbewerbsvorteile einzelner Anbieter nicht beeinträchtigt würden. Eine Gleichschaltung der Chancen ist aber allein aufgrund der unterschiedlichen Ausgangssituation der Unternehmen wie Größe, Standort und Beschäftigtenzahl nur schwer zu erreichen. In einem wettbewerbsorientierten Marktsystem ist schließlich die Ausschöpfung aller marketingpolitischen Instrumente gefordert.

Neben der aus ordnungspolitischer Sicht unzureichenden Wettbewerbsneutralität ist an dieser Stelle die ursprünglich dem Gesetz zugrunde liegende Intention des Gesetzgebers zu betrachten. So hat sich die Argumentationskette im Zeitablauf grundlegend gewandelt, was heute oft Anlaß zu Diskussionen gibt: Standen bei den Gesetzesberatungen im Bundestag vor allem noch Überlegungen eines ausreichenden Schutzes von Einzelhandelsbetrieben mit Angestellten (Kauf- und Warenhäuser) vor den (kleineren) Familienbetrieben im Vordergrund (vgl. BT-Drs. 310/54, in: DAG 1990, S. 24; Stehn 1987, S. 12), so wird dagegen in der heutigen Diskussion die mittelstandspolitische Bedeutung des Ladenschlußgesetzes hervorgehoben (vgl. Stehn 1987, S. 12 ff.; Batzer 1984, S. 21 ff.; Gartz 1984, S. 210; HBV 1993, S. 9 ff.). Man erhofft sich demnach von einer Regulierung der täglichen Betriebsbereitschaft einen Schutz der kleinen und mittelständischen Unternehmen vor der Konkurrenz der Großbetriebe. Dieser Wunsch ist vor dem Hintergrund des von der Monopolkommission zuletzt als "besorgniserregend" bezeichneten Konzentrationsprozesses (vgl. TS vom 19. Februar 1994, S. 19) im deutschen Einzelhandel auch verständlich. Allerdings konnte das bestehende Ladenschlußgesetz die hochgesteckten Hoffnungen des "Mittelstandsschutzes" nicht erfüllen, d.h. die zunehmende Konzentrationstendenz nicht verhindern. Mit dem Zusammenschluß von der Karstadt AG mit der Hertie Waren- und Kaufhaus GmbH sowie der Kaufhof Holding AG mit der Horten-Gruppe ist für den Absatzweg der Warenhäuser bereits heute eine oligopolartige Situation entstanden. Dies kann nicht förderlich für den Handelssektor oder die Verbraucher sein. Darüber hinaus führen die Zusammenschlüsse von Großunternehmen oftmals zu einer Reduzierung der Filialen, wodurch gleichfalls immer eine große Zahl von Beschäftigten ihren Arbeitsplatz verliert. Fraglich ist, ob eine Regulierung der Ladenöffnungszeiten überhaupt dem Anspruch gerecht werden kann, den Konzentrationsprozeß zu verhindern oder einzudämmen. Einen Nachweis für eine Korrelation von zeitlicher Betriebsbereitschaft und Marktkonzentration konnten z.B. die ausländischen Erfahrungen nicht erbringen (vgl. Stehn 1987, S. 16 ff.; Schmidt/Kayser 1986, S. 103 ff.; ifo Institut, in: ifo Schnelldienst 1995, S. 13).

Prinzipiell ist zu fragen, ob der staatliche Schutz des Mittelstandes, also auch solche Maßnahmen, die über die Sicherung der Funktionsfähigkeit des Wettbewerbes hinausgehen, wirtschaftspolitisch zu vertreten ist. Mit dem Schutz vor Wettbewerb - im Falle des Ladenschlußgesetzes der Schutz mittelständischer Unternehmen vor Großanbietern - würde die Bildung eines künstlichen "Verkäufermarktes" verbunden sein. Ein gesunder Mittelstand ist zwar unverkennbar wichtig für ein marktwirtschaftliches System, jedoch ist dessen Überlebensfähigkeit nicht ausschließlich durch sozialpolitische Schutzgesetze zu erreichen. Die Begründung einer künstlichen "Schutzzone" führt letztlich dazu, daß das Ausscheiden der unrentabel agierenden Grenzanbieter vereitelt wird und somit der "Wirtschaftsdarwinismus" nicht zum Tragen kommt, d.h. sich die leistungsfähigen Wirtschaftsformen nicht durchsetzen können (vgl. Busch/Soltwedel/Groß/Laaser 1986, S. 2 ff.). Eine solche Vorgehensweise stellt aufgrund der damit verbundenen Beeinflussung der Funktionsfähigkeit des Marktes, der ihr zugrundeliegenden Ineffizienz und Innovationsfeindlichkeit über die Hemmung der strukturellen Veränderungen in der Handelslandschaft (vgl. hierzu auch Punkt 6.2), eher eine Belastung der Wirtschaft dar. Eine sinnvolle Mittelstandspolitik orientiert sich daher vielmehr an einer Verbesserung der Situation für Existenzgründungen bzw. an der Schaffung solcher Voraussetzungen, die es den mittelständischen Unternehmen ermöglicht, sich aus eigener Kraft zu behaupten (z.B. steuerliche Investitionsbegünstigungen für klein- und mittelständische Unternehmen des Einzelhandels; vgl. Neumann 1984, S. 50 f.).

Das Ladenschlußgesetz muß vor dem Hintergrund der wirtschaftlichen Entwicklung als eine die Funktionsfähigkeit des Wettbewerbs störende staatliche Maßnahme angesehen werden.

6.4 Sozialökonomische Aspekte

Unbestritten ist, daß die im Einzelhandel vorherrschenden Arbeitsbedingungen als unattraktiv anzusehen sind. Dies schreckt viele ab eine Tätigkeit in diesem Wirtschaftsbereich aufzunehmen. Sowohl die unterdurchschnittlich schlechte Entlohnung (das Durchschnittseinkommen im Einzelhandel dürfte nach Berechnungen bei 2.500 DM gegenüber 3.588 DM bei allen Arbeitnehmerhaushalten liegen; Berechnungen des DIW, in: Czada/Tolksdorf/Yenal 1992, S. 49; Durchschnittswerte des GdE, in: GdE 1993, S. 17) als auch die geringen Weiterentwicklungsmöglichkeiten (eingeschränkte Karrierechancen) des Personals prägen die ablehnende Einstellung potentieller Arbeitnehmer zum Einzelhandel. Den Arbeitszeiten und somit der Bedeutung des Ladenschlußgesetzes kommt hingegen nur eine untergeordnete Rolle zu (vgl. FAZ vom 12. März 1994, S. 45; ifo Institut, in: ifo Schnelldienst 1995, S. 18).

Die eingeschränkte Ladenöffnung bringt es vielmehr mit sich, daß es zu erheblichen Belastungsspitzen für das Verkaufspersonal kommt, da sich die Kundenströme nach den Beobachtungen des Einzelhandels auf die Mittagszeit und den Zeitraum kurz vor Ladenschluß konzentrieren (vgl. BAG e.V. 1992, S. 11). Die hierdurch bedingte Erhöhung der psychischen (Streß) sowie auch physischen Belastungen (langes Stehen und Tragen von schweren Lasten) schlägt sich oftmals in einer erhöhten Fehlzeitenquote nieder. Durch die Deckungsgleichheit der Arbeitszeit des Verkaufspersonals mit der betrieblichen Öffnungszeit sind die Beschäftigten zudem gezwungen, die Einkäufe, die sie als Verbraucher tätigen, auf die Mittagspause zu verlegen oder sie gar während der Arbeitszeit zu erledigen. Nach Schätzungen kostet dieses Verhalten die Wirtschaft jährlich rund eine halbe Mrd. DM (vgl. Aengenendt [a] 1971, S. 66). Auch die freien Tage werden z.T. ausschließlich zu diesem Zweck genutzt. Dies ist weder sozialverträglich noch betriebswirtschaftlich sinnvoll, da der den Pausen sowie der Freizeit zugeschriebene Erholungseffekt vorrangig dem Erhalt der Arbeitskraft dienen soll. Insofern kann die derzeit vorherrschende Beschränkung der zeitlichen Betriebsbereitschaft als ein weiterer Grund für die schlechten Arbeitsbedingungen im Einzelhandel angesehen werden. Eine Flexibilisierung der Ladenöffnungszeiten könnte, entgegen der Auffassung der Gegner einer Liberalisierung (vgl. z.B. Dichtl/Müller 1984, S. 29; Gartz 1984, S. 209; DAG 1990, S. 30; HBV 1993, S. 6), durch die Verstetigung der Kundenströme und eine den individuellen Wünschen der Arbeitnehmer angepaßte Arbeitszeitverteilung diesen Mißstand beheben.

Neben den negativen Umgebungseinflüssen (schlechte Luft, Licht, einseitige körperliche Belastung durch Stehen) führen überdies Nebenarbeiten (Vor- und Abschlußarbeiten wie Kassenabrechnung, Wareninventur u.ä.) zu langen Anwesenheitszeiten der Arbeitnehmer. Nach Angaben des Instituts für Arbeitsmarkt- und Berufsforschung der Bundesanstalt für Arbeit entsprechen die im Einzelhandel geleisteten Überstunden rechnerisch allein 110.000 Vollzeitarbeitsplätzen (vgl. Müller 1987, S. 40; Zahlen beruhen auf Schätzungen). Mehrarbeit, die erst ab der 40. Stunde mit einem Lohnaufschlag (z.Z. 55 %; vgl. HBV [a] [Gesetzessammlungen] 1992, S. 15) vergütet wird, ist somit an der Tagesordnung.

Mit der Durchsetzung der 38,5-Stundenwoche im Einzelhandel, kommt es zu einer Ausweitung der Lücke zwischen gesetzlich garantierter Öffnungszeit (maximal 68,5 Stunden) und tarifvertraglich festgelegter Arbeitszeit. Die daraus resultierende Entkoppelung der persönlichen Arbeitszeit und der Betriebszeit führte in der Vergangenheit neben dem "Überstundenberg" zum Einsatz flexibler Arbeitszeiten. Damit gehört der Einzelhandel zu einem der fortschrittlichsten Wirtschaftsbereiche auf dem Gebiet der Verwendung flexibler Arbeitszeitmodelle. Dabei steht insbesondere der Einsatz von verschiedenen Formen der Teilzeitarbeit im Vordergrund, die im Einzelhandel immerhin einen Anteil von 38,3 % an den Beschäftigungsverhältnissen aufweisen kann und damit über dem Durchschnitt der Industrie (15,5 %) liegt (vgl. HBV 1993, S. 14). Die Zunahme der Zahl der Teilzeitbeschäftigten wird durch den Einsatz neuer Informations- und Kommunikationstechnologien verstärkt, mit deren Hilfe eine bessere Planbarkeit des Personaleinsatzes ermöglicht wird (vgl. ifo Institut, in: ifo Schnelldienst 1995, S. 13). Überdies wird mit der Einstellung geringfügig Beschäftigter (unterhalb der 15-Stundengrenze) versucht, den Zeitraum zwischen individueller Arbeitszeit und den Betriebszeiten zu schließen, was aufgrund der geringen Schutzrechte dieser Arbeitnehmergruppe aber bedenklich erscheint, da hierdurch die für diese Gruppe anzutreffenden Mißstände noch gefördert werden (vgl. DAG [c] 1991, S. 8 ff.).

Zentrale Arbeitszeitmodelle die im Bereich der Teilzeitarbeit zum Einsatz gelangen, sind das "Zwei-Gruppen-Modell", bei dem zwei Beschäftigtengruppen je von Montag bis Freitag bzw. von Dienstag bis Sonnabend arbeiten und sich hierbei in einem 14-tägigen Turnus abwechseln, der Schichtdienst sowie "KAPOVAZ", welches mit variablen Arbeitszeiten eine Anpassung an saisonale oder im Wochenverlauf auftretende Schwankungen des Umsatzes bzw. der Kundenströme vorzunehmen versucht (vgl. Bosch 1988, S. 180 ff.). Für den Bereich der Vollzeitkräfte hat sich das "Rolliersystem" als Standard herausgebildet, welches die individuelle Arbeitszeit trotz einer sechstägigen Ladenöffnung auf fünf Tage begrenzt und den Arbeitnehmern umschichtig (d.h. jede Woche um einen Werktag versetzt) einen freien Tag in der Woche gewährt (vgl. Müller 1987, S. 41; BBE-Unternehmensberatung GmbH [b], S. 6 f., DAG [b] 1992, S. 23).

Aus der Schilderung der Arbeitsbedingungen wird ersichtlich, daß die beharrlichen Forderungen der Gewerkschaft, die für die Arbeitnehmer des Einzelhandels ungünstigen Arbeitszeiten zu verbessern, den Druck zunehmender Arbeitsintensivierungen abzumildern und den Gestaltungsspielraum für familien- und freizeitfreundlichere Arbeitszeitstrukturen zu erweitern, berechtigt erscheinen. Eine Liberalisierung der Ladenschlußzeiten steht aber zu diesen Zielen in keinem Widerspruch: Durch eine mit einer Aufhebung des Ladenschlußgesetzes einhergehende Flexibilisierung der Arbeitszeit könnten die Arbeitsbedingungen des Einzelhandels verbessert und die Attraktivität für potentielle Nachwuchskräfte wieder zurückgewonnen werden. So kann eine Aufhebung des Ladenschlußgesetzes im Zuge einer Ausweitung der gesamtwöchentlichen Öffnungszeit zu einer Entzerrung der Kundenströme beitragen, da dem Verbraucher hierdurch mehr Zeit zur Verfügung stehen würde und so die Belastung vom Verkaufspersonal genommen werden könnte (vgl. Schmidt/Kayser 1986, S. 55).

Eine Ausweitung der Ladenöffnungszeiten und damit auch des Gesamtarbeitszeitvolumens kann aufgrund der geltenden Rechtsnormen sowie den abgeschlossenen Tarifverträgen und Betriebsvereinbarungen, die die tägliche Arbeitszeit auf acht Stunden festlegen, nicht zu einer Zunahme des Arbeitsvolumens der derzeit Beschäftigten führen. Die Gefahr eines Mißbrauchs der geltenden Rechtsnormen von Seiten der Unternehmen, wie sie anscheinend von den Gegnern einer Flexibilisierung der zeitlichen Betriebsbereitschaft befürchtet wird, indem mit der Freigabe der Ladenöffnungszeit eine zunehmende Belastung der Arbeitnehmer und eine Verschlechterung deren Arbeitsbedingungen verbunden wird (vgl. z.B. Dichtl/Müller 1984, S. 29; Gartz 1984, S. 209; DAG 1990, S. 30; HBV 1993, S. 6), ist ebenso groß wie beim Fortbestand des jetzigen Ladenschlußmodells. So kann die Zahl der im Einzelhandel geleisteten Überstunden als Indiz für eine vom Unternehmen bewußt gesteuerte "Ausbeutung" der Arbeitskräfte gesehen werden. In Zeiten hoher Arbeitslosigkeit und damit stetig steigender Beschäftigungsunsicherheit steht dem Arbeitgeber ein größerer Spielraum bei der Suche nach Freiwilligen für Überstunden zur Verfügung. Insofern sind andere Mittel als eine Regulierung der Ladenöffnungszeiten zur Unterbindung dieser Gefahren zu finden (z.B. tarifvertraglicher Bestandsschutz, Erhöhung des Überstundenzuschlags; vgl. nähere Ausführungen hierzu in Kapitel 7.2.2.2).

Geht man davon aus, daß im Zuge einer Liberalisierung der Ladenöffnungszeiten und der sie begleitenden Maßnahmen, das derzeit bestehende Arbeitszeitvolumen der im Einzelhandel Beschäftigten festzuschreiben wäre und die Geschäfte dennoch an einer Erweiterung der Öffnungszeiten interessiert sind, könnte dies zunächst den geringfügig Beschäftigten zugutekommen, indem sie in Teilzeitverhältnisse übernommen werden. Darüber hinaus ist die Schaffung weiterer Arbeitsplätze möglich (so auch die Tengelmann-Gruppe; vgl. Baumeister 1984, S. 65). Dem stünde auch nicht eine fehlende Nachfrage oder das fehlende Qualifikationsniveau entgegen (vgl. Schmidt/Kayser, S. 36 ff.). So zeigten sich zuletzt in einer Umfrage rund 300.000 Arbeitslose bereit, einen Teilzeitarbeitsplatz übernehmen zu wollen. Aufgrund des in den letzten Jahren stattfindenen Beschäftigungsabbaus im Einzelhandel sind hierunter auch genügend Fachkräfte zu finden (vgl. HB vom 9. Juni 1994, S. 3). Anreiz zu einer Beschäftigungsaufnahme würde zudem die verbesserte Abstimmungsmöglichkeit beruflicher und privater Belange bieten (vgl. BBE-Unternehmensberatung [a] 1993, S. 11). Insofern sind die Zweifel derer, die einer Liberalisierung der Ladenöffnungszeiten aufgrund des ihrer Meinung nach fehlenden Arbeitskräfteangebots skeptisch gegenüberstehen (vgl. DAG 1990, S. 31; HBV 1993, S. 14), unbegründet. Ferner ist das zusätzliche Angebot von Teilzeitarbeitsplätzen der Reintegration von Frauen in das Berufsleben förderlich, die im Einzelhandel heute bereits einen Anteil von knapp 70 % aufweisen (vgl. Bosch 1988, S. 179). Mit der Förderung flexibler Strukturen, in denen individuelle Arbeitszeitwünsche eher Berücksichtigung finden als in angestammten Arbeitszeitmodellen, sind Gefahren für das Familienleben (welches derzeit sowieso einem Wandel unterzogen wird) oder das Freizeitverhalten nicht zu erkennen.

Mit der Einbindung neuer Arbeitskräfte können Überstunden und die hierdurch bedingten Fehlzeiten reduziert werden und somit ein positiver Beitrag zum Unternehmenswachstum geleistet werden. Eine Liberalisierung der Ladenöffnungszeiten scheint somit für Unternehmen und Arbeitnehmer gleichermaßen erstrebenswert und aus Sicht des Einzelhandels auch erforderlich zu sein. Ein zusätzlicher "Rationalisierungseffekt" käme durch eine gleichzeitige Einführung der 35-Stundenwoche hinzu (vgl. Czada/Tolksdorf/Yenal 1992, S. 394), da hierdurch eine weitergehende Entkoppelung der persönlichen Arbeitszeit von der Ladenöffnungszeit erfolgen würde. Gleichzeitig ließe sich der Arbeitsumfang potentieller Arbeitnehmer erhöhen. In Zeiten hoher Arbeitslosigkeit erscheint eine Beschränkung der Wahl der Beschäftigungsaufnahme im Hinblick auf die Lage der Arbeitszeit wohlfahrtstheoretisch nicht erstrebenswert (so auch das Gutachten des ifo Instituts; vgl. ifo Institut, in: ifo Schnelldienst 1995, S. 13).

6.5 Verbraucherpolitische Aspekte

Die Wünsche und Bedürfnisse des Verbrauchers sind die elementaren Orientierungspunkte handelspolitischer Maßnahmen, da nur bei der Erfüllung des Kundeninteresses ökonomisch sinnvoll gewirtschaftet werden kann. Kommt der Einzelhandel den Verbraucheransprüchen nicht nach, so erleidet er Effizienzeinbußen, die sich vor allem in geringeren Umsätzen widerspiegeln.

Zu bedenken ist, daß es sich bei der Käuferschaft nicht um eine homogene Gruppe von Individuen handelt; es bestehen vielmehr unterschiedliche Bedürfnisse und Ansprüche, denen im Falle des Ladenschlußgesetzes aber einheitliche Öffnungszeiten gegenüberstehen, so daß nicht alle Verbraucher zu einer optimalen Versorgung gelangen werden (vgl. Aengenendt [a] 1971, S. 98 ff.). Trotzdem wird von Seiten der Gegner einer Liberalisierung des Ladenschlußkonzepts bezweifelt, daß beim Verbraucher ein Bedarf nach längeren Öffnungszeiten besteht (vgl. Batzer 1984, S. 19; Dichtl/Müller 1984, S. 25; Gartz 1984, S. 209; DAG 1990, S. 30; HBV 1993, S. 7; Niedersächsisches Ministerium für Wirtschaft, Technologie und Verkehr 1993, S. 3). Jedoch belegen gerade die Erfahrungen in Spätverkaufsstellen und Tankstellen, die sich ausschließlich auf den Abendverkauf spezialisiert haben, daß ein reges Interesse beim Kunden besteht. Daß nicht alle Bevölkerungsschichten diesen Bedarf haben, ist aufgrund der Erwerbstätigenstruktur verständlich. So werden Rentner, Arbeitslose, Hausfrauen und Studenten auch während der allgemeinen Öffnungszeiten ihre Einkäufe in ausreichendem Maße tätigen können. Hingegen sind die Berufstätigen stärker von einer Einschränkung der Öffnungsmöglichkeiten der Einzelhändler betroffen, da durch eine große Deckungsgleichheit von Arbeitszeit und Verkaufszeit die Einkaufszeit geschmälert wird. In diesem Zusammenhang wird immer wieder betont, daß aufgrund der Arbeitszeitverkürzungen der letzten Jahre genügend Zeit zu Einkäufen zur Verfügung stünde (vgl. Batzer 1984, S. 19; Dichtl/Müller 1984, S. 25;

Gartz 1984, S. 209; DAG 1990, S. 30; HBV 1993, S. 7; Niedersächsisches Ministerium für Wirtschaft, Technologie und Verkehr 1993, S. 3). Dem Verbraucher wird somit gesagt, welche Einkaufszeit die richtige sei. Zudem wird bei dieser vereinfachenden Betrachtung des Sachverhalts nicht berücksichtigt, daß der "Zeitgewinn" der im Zuge der Arbeitszeitverkürzung auf Seiten des Verbrauchers unbestritten entstanden sein mag, durch gesellschaftspolitische Entwicklungen wieder kompensiert wurde. So führte die in den letzten Jahren zu verzeichnende stetige Zunahme der Zahl der Einzelhaushalte in der Bundesrepublik (vgl. StBA [a] 1993, S. 16 ff.) dazu, daß die alltäglichen Verpflichtungen (Behördengänge, Arztbesuche, Haushaltsführung) einen immer größeren Anteil an der dem Verbraucher frei zur Verfügung stehenden Zeit einnehmen. Ebenso hat die Zunahme der Zahl der Autos und damit auch des Verkehrs zu einem Anstieg der Anfahrtszeiten (zur und von der Arbeit) geführt, die von der potentiellen Einkaufszeit ebenfalls abzurechnen sind. Letztlich bedingen sowohl geänderte Siedlungsstrukturen (Stadtrandsiedelungen) als auch die im Zuge eines angespannten Arbeitsmarktes erforderliche Mobilität längere Wegstrecken. Dies trägt mit zu einer realen Verkürzung der zur Verfügung stehenden Zeit der Arbeitnehmer bei. Darüber hinaus haben andere Formen der Freizeitgestaltung (Kultur, Sport, Reisen) in den letzten Jahren an Gewicht gewonnen, was den Anteil der für den Einkauf zur Verfügung stehenden Zeit ebenfalls schmälert und sich als "Substitutionswettbewerb" auf die Umsätze des Einzelhandels auswirkt. Solchen gravierenden Veränderungen der Zeitressourcen stehen weiterhin unverändert starre Ladenöffnungszeiten gegenüber (vgl. Niedersächsisches Ministerium für Wirtschaft, Technologie und Verkehr 1993, S. 5; Schmidt/Kayser 1986, S. 40 ff., Piepenbrock [b] 1984, S. 89 f.; Höger 1972, S. 36 ff.). Bei der Betrachtung der Zeitressourcen darf man ebenfalls nicht außer acht lassen, daß eine Vielzahl der Erwerbstätigen in freien Berufen, im Dienstleistungssektor (der immerhin den größten Beschäftigtenanteil aufweist) oder als Selbständige weit mehr als 40 Stunden in der Woche arbeiten müssen und nicht an den Arbeitszeitverkürzungen partizipierten (vgl. StBA [b] 1993, S. 116). Eine im Rahmen dieser Arbeit durchgeführte Befragung von 500 Verbrauchern ergab demzufolge, daß die Mehrzahl der Konsumenten nach ihrem subjektiven Empfinden kaum oder gar keine Zeit für Einkäufe haben (vgl. hierzu Kapitel 9.2.3) und das derzeitige Ladenschlußkonzept ihren eigentlichen Bedürfnissen nicht entgegenkommt.

Dem Einkauf sind ferner unter zeitallokationstheoretischen Gesichtspunkten (Theorie nach Becker) Kosten zuzurechnen, die bei der Bewertung der derzeitigen Ladenschlußregelungen einbezogen werden müssen. So stehen der Zeit, die der Verbraucher für seine Einkäufe aufbringen muß, Opportunitätskosten gegenüber, die neben den direkten Kosten des Kaufs einer Ware (Preis) die Nutzenüberlegungen des Konsumenten nachhaltig beeinflussen und sich in Einheiten der entgangenen Freizeit (mit zunehmender Bedeutung) bzw. Einkommensverlusten (forgone income) widerspiegeln (vgl. Becker, in: EJ 1965, S. 493 ff.; DeSerpa 1988, S. 155 ff.). Geht man z.B. von einem Streben des Verbrauchers nach einem *full income* aus, d.h. dem Verdienst, den er erreichen würde, wenn er seine gesamte Zeit zur Erzielung von Einkommen einsetzen würde, so ist die Zeit, die vom Arbeitnehmer für Einkäufe verwendet wird als entgangenes Entgelt (Alternativkosten) anzusehen. Für die Mehrheit der Verbraucher sind die Kosten des Einkaufes während der Geschäftszeiten damit am größten, da bei einer Deckungsgleichheit von individueller Arbeitszeit und Öffnungszeit das entgangene Entgelt am größten ist. Sind die Haushalte darauf angewiesen, die Einkäufe mit vielen anderen kurz vor Ladenschluß zu tätigen, steigt zudem mit dem Kapazitätsüberhang (Wartezeiten) der Zeitbedarf je Erwerb einer Ware und damit auch die Opportunitätskosten (vgl. Becker, in: EJ 1965, S. 493 ff.; DeSerpa 1988, S. 159 ff.; Stehn 1987, S. 32). Insofern würden Ladenöffnungszeiten, die nicht deckungsgleich mit der jeweils individuellen Arbeitszeit sind, für den Verbraucher weniger Kosten verursachen.

Zu verkennen ist auch nicht, daß sich die Einkommen seit der Schaffung des Ladenschlußrechts erhöht haben (das Bruttoeinkommen stieg von nominal 594,- DM im Jahre 1960 auf nominal 3.474,- DM im Jahre 1983; vgl. Piepenbrock [b] 1984, S. 89), was zu einschneidenen Änderungen in der Nachfragestruktur (Einkommensverwendung) geführt hat. So werden vor allem hochwertige Güter nachgefragt, die aufgrund ihrer Komplexität einen erhöhten Zeitbedarf (Informations- und Suchzeit) beim Einkauf benötigen, sofern der Verbraucher den Kauf dieser Produkte nicht ohne vorherige Informationen tätigt oder sich die Informationen außerhalb des Einzelhandels (z.B. in der Fachpresse und Produktbroschüren) besorgt. Ist die Zeit hierfür zu gering, wird es zu einer Aufschiebung des Kaufs kommen - die Nachfrage wird "aufgestaut" und kann nicht am Markt geltend gemacht werden (vgl. Aengenendt [a] 1971, S. 80 ff.). Dies bedingt wiederum Umsatzeinbußen im Einzelhandel

Mit der Festschreibung der Öffnungszeiten wird zudem die Markttransparenz der Verbraucher eingeschränkt, was im Hinblick auf die Einkaufskosten negative Folgen hat, da sich nicht nur die Such- und Informationskosten erhöhen, sondern auch die Gefahr überteuerter Einkäufe zu einer Erhöhung der Einkaufskosten führt. Allein das immense Angebot an Waren erfordert zum genauen Preis- und Qualitätsvergleich größere Zeiträume. Daß im Zuge der Aufhebung der Ladenöffnungszeiten befürchtete Öffnungszeitenwirrwar (vgl. HBV 1993, S. 9) ist bereits heute anzutreffen, wenn man die Vielzahl der Ausnahmeregelungen und Sonderverkäufe zu Rate zieht.

Aus den zuvor genannten Gründen stufte die Gewerkschaft IG-Metall das Ladenschlußgesetz als verbraucher- und familienfeindliche Regelung ein (vgl. Martensson 1984, S. 77; Dichtl/Müller 1984, S. 29). Eine Liberalisierung der Öffnungszeiten kann zu einer besseren Versorgung der Bevölkerung, zu den von ihnen gewünschten und somit vom Markt regulierten Öffnungszeiten beitragen und damit den geänderten Lebensverhältnissen berufstätiger Frauen und alleinstehender Arbeitnehmer entgegenkommen. Außerdem können strukturelle Unterschiede, insbesondere die noch fehlende Infrastruktur in den neuen Bundesländern, besser berücksichtigt werden.

6.6 Gesamtwirtschaftliche Aspekte

Vor dem Hintergrund der nach der schweren wirtschaftlichen Rezession nur langsam wieder in Schwung kommenden Wirtschaft und der immer weiter steigenden Staatsverschuldung, die die deutsche Wirtschaft in Zukunft durch die mit ihr verbundenen Folgewirkungen im zunehmenden Maße lähmen wird, muß es ein vorrangiges Ziel der Volkswirtschaft sein, den öffentlichen Haushalt zu entlasten und die Wirtschaft wieder in Schwung zu bringen. Neben der Verwendung finanzpolitischer Instrumentarien (Zinspolitik) kommt der Wirtschaftspolitik mit der Steuerung der Nachfrage eine entscheidene Bedeutung zur Beeinflussung von Volkseinkommen und Beschäftigung zu. Dabei ist nicht einzig und allein auf eine Stärkung der öffentlichen Nachfrage abzuzielen, sondern mit der Ausschöpfung von Deregulierungspotentialen auch die private Nachfrage einzubinden. So rechnet das Institut für angewandte Wirtschaftsforschung unter konjunkturpolitischen Aspekten damit, daß es bei einer Liberalisierung der Ladenschlußzeiten zumindestens kurzfristig zu einem Anstieg der Konsumausgaben kommen wird (vgl. Niedersächsisches Ministerium für Wirtschaft, Technologie und Verkehr 1993, S. 5), der sich gleichzeitig belebend auf die gesamtwirtschaftliche Entwicklung auswirken wird. Zudem könnten mit der Aufhebung des Ladenschlußgesetzes die Kosten für die Kontrolle der Einhaltung der Ladenschlußbestimmungen, die Bearbeitung von Ausnahmegenehmigungen und kommunalen Planerstellungen für Sonderverkäufe (z.B. zusätzliche Sonnabende im Rahmen von Messegroßveranstaltungen) sowie touristischen Gebietseinstufungen eingespart werden und somit zusätzlich ein Beitrag zur Entlastung des öffentlichen Haushalts geleistet werden.

Weiterhin könnte durch mögliche Beschäftigungseffekte (vgl. hierzu Kapitel 8.4) der hohe Stand der Arbeitslosen bekämpft werden und zugleich die Ausgaben für die Arbeitslosenhilfe abgebaut werden. Zu verkennen ist nämlich nicht, daß Arbeitslosigkeit nicht nur für den einzelnen in Form von psychosomatischen Folgen, sozialer Ausgrenzung und dem Absinken der Lebensqualität eine Belastung darstellt, sondern vor allem den "Staat mehr kostet als es ihn kostet". Betrachtet man die Kosten, mit denen ein Arbeitsloser die staatlichen Kassen belastet, so wird dieses Paradoxon erklärlich. Neben den sichtbaren Ausgaben an Arbeitslosengeld, Renten- und Krankenversicherungsbeiträgen sowie die in Einzelfällen nötige Sozialhilfe (nach Schätzungen der Bundesanstalt für Arbeit im letzten Jahr allein 42,6 Milliarden DM; vgl. FAZ vom 11. Januar 1994, S. 11), sind zu diesen Kosten auch noch die entgangenen Steuer- und Sozialabgabenzahlungen hinzuzurechnen. Diese dem Staat entgangenen Mehreinnahmen (im Jahre 1989 rund 31,4 Mrd. DM) fallen nach Schätzungen der Bundesanstalt für Arbeit höher aus als die direkten Zahlungen (nach Schätzungen im Jahre 1989 rund 27,3 Mrd. DM; vgl. Czada/Tolksdorf/Yenal 1992, S. 335). Die gesamtfiskalischen Kosten der Arbeitslosigkeit stiegen nach Schätzungen der Bundesanstalt für

Arbeit im Jahre 1993 auf 116,3 Mrd. DM (vgl. Bach/Spitznagel, in: IAB Kurzbericht Nr. 6, 1994, S. 3). Zusammen - so hat es daß Institut für Arbeitsmarkt- und Berufsforschung errechnet - ergibt sich für 1993 ein aus den Schätzungen ermittelter Durchschnittspreis von 34.019 DM für jeden Arbeitslosen mit einem Anspruch auf Arbeitslosengeld (vgl. Bach/Spitznagel, in: IAB Kurzbericht Nr. 6, 1994, S. 6). Anzumerken ist, daß diese Berechnungen aufgrund der dabei auftretenden Operationalisierungsprobleme nicht unkritisch zu betrachten sind. Dennoch ist es unbestritten, daß aus wirtschaftlicher Sicht der Fortbestand einer hohen Arbeitslosenquote mit einer höchst unproduktiven Verwendung öffentlicher Mittel verbunden ist. Die Kosten der Arbeitslosigkeit verstärken zudem die Schwierigkeiten, den öffentlichen Haushalt im Gleichgewicht zu halten. Zum Ausgleich von Finanzdefiziten werden oft höhere Abgaben erzwungen, was über steigende Lohnzusatzkosten einen negativen Einfluß auf die Beschäftigung ausüben kann, d.h. den Stand der Arbeitslosigkeit eher noch verschlechtert (vgl. Bach/Spitznagel, in: IAB Kurzbericht Nr. 6, 1994, S. 4). Sofern man zu dem Ergebnis gelangt, daß eine Liberalisierung der Ladenschlußzeiten Beschäftigungseffekte erzielen kann, ist eine Deregulierung dieses Bereichs aus gesamtwirtschaftlicher Sicht von Vorteil. Dabei kommt es nicht ausschließlich auf die finanzpolitische Tragweite einer Entlastung des Arbeitsmarktes an. Jeder Arbeitsplatz - und sei es nur einer - der heute neu geschaffen wird und einen Erwerbslosen wieder in das Berufsleben zurückführt, ist nämlich als ein Beitrag für die Gemeinschaft anzusehen. Insofern sollte man Flexibilisierungsmöglichkeiten nicht von vornherein wegen einer nur geringfügigen arbeitsmarktentlastenden Wirkung scheitern lassen; solange es zu positiven Beschäftigungseffekten kommt, kann eine Liberalisierung von Vorteil sein.

Mit dem dauerhaften Wegfall verwaltungstechnischer Kosten und der Zunahme der Steuereinnahmen über eine Steigerung des Einkommensniveaus sowie einer Belebung der Nachfrage ist auch langfristig eine Entspannung des öffentlichen Haushalts zu erwarten.

7. Das Grundkonzept liberaler Ladenöffnungszeiten

Die Ergebnisse des vorangegangenen Kapitels lassen erkennen, daß man selbst bei einer kritischen Auseinandersetzung mit den wirtschaftlichen, sozialen und gesellschaftlichen Veränderungen der letzten Jahren und im Hinblick auf noch zu erwartende Entwicklungen zum Schluß gelangen muß, daß ein Wandel des bestehenden Ladenschlußgesetzes anzustreben ist. Gelangt man zu der Erkenntnis, daß ein konkreter Handlungsbedarf für eine Änderung des Gesetzes besteht, stellt sich die Frage, welche Veränderungen vorzunehmen sind, um das als bewährten Kompromiß (vgl. z.B. Volkmar 1984, S. 217 ff.) geltende Ladenschlußgesetz abzulösen, ohne dabei die derzeit bestehende Situation zu verschlechtern. Eine Änderung der Ladenschlußgesetzgebung ist nur dann zu akzeptieren, wenn sie den Bedürfnissen der Unternehmen, der Beschäftigten und ihrer Interessenvertreter (Gewerkschaften), der Verbraucher und potentieller Arbeitnehmer gerecht wird. So muß es ein Ziel einer neuen Ladenschlußordnung sein, kreativen und innovativen Unternehmen ihre Gestaltungs- und Wettbewerbsfreiheit zurückzugeben; klein- und mittelständische Unternehmen aber gleichzeitig so zu fördern (nicht zu schützen), daß sie sich im Markt behaupten können. Den Forderungen der Beschäftigten und der Gewerkschaften folgend muß ein verändertes Ladenschlußmodell zugleich eine Verschlechterung der derzeit bestehenden Arbeitsbedingungen (Arbeitszeitvolumen und -lage) ausschließen können als auch bestrebt sein, den jetzigen Zustand zu verbessern. Dem Verbraucher muß je nach seinen individuellen Bedürfnissen und Zeiterfordernissen die Möglichkeit gewährt werden, zu den von ihm am besten empfundenen Zeiten Einkaufen zu können, wodurch sich ebenfalls die Aussicht auf eine verbesserte Markttransparenz erreichen ließe. Ein zeitgerechtes und den Erfordernissen angepaßtes Ladenschlußkonzept muß zumindestens die Chance auf die Schaffung neuer Arbeitsplätze bzw. die Absicherung der bestehenden Arbeitsverhältnisse bieten.

7.1 Alternativen zum heutigen Ladenschlußmodell

Ist man bestrebt, das Ladenschlußrecht den veränderten Umweltgegebenheiten anzupassen und somit der Erweiterung individueller Entscheidungs- und Entfaltungsfreiheiten einen höheren Stellenwert einzuräumen, so stehen mehrere Alternativen zur Auswahl, die von einer Teilliberalisierung bis zu einer vollständigen Aufhebung des Ladenschlußgesetzes reichen. Fraglich ist jedoch, inwieweit diese Vorschläge die skizzierten Ziele verwirklichen können. Nachfolgend werden daher einige der zuletzt im Zusammenhang mit der Ladenschlußproblematik diskutierten Alternativen vorgestellt und auf ihre "Tauglichkeit" hin untersucht.

Im Rahmen einer möglichen Teilliberalisierung wurde zuletzt eine *Gesetzesinitiative des Landes Berlin* (vgl. BR-Drs. 608/93) im Bundesrat beraten, die eine Flexibilisierung des Ladenschlußrechts für solche Verkaufsstellen vorsieht, in denen während der allgemeinen Ladenschlußzeiten keine Arbeitnehmer beschäftigt werden, d.h. nur Selbständige, Familienangehörige oder freie Mitarbeiter sie nutzen. Dieser Vorschlag würde kleinen Betrieben, insbesondere den Früh- und Spätverkaufsstellen in den neuen Bundesländern, eine Möglichkeit bieten, ihr Überleben zu sichern, da sich durch eine differenzierte Marktbearbeitung (Nischenbildung) eine bessere Abgrenzungsmöglichkeit gegenüber den Großsortimentern ergeben könnte und die Unternehmen besser auf die individuellen Kundenwünsche eingehen könnten. Allerdings ließe sich die damit verbundene Bevorzugung von Kleinunternehmen gegenüber Großanbietern unter wettbewerbs- und ordnungspolitischen Gesichtspunkten nur schwer rechtfertigen (vgl. näheres hierzu in Kapitel 6.3), da ein sachlicher Grund für die Zuteilung besonderer Wettbewerbsrechte nicht zu erkennen ist. Das mit einer Sonderbehandlung von selbstständig geführten Verkaufsstellen angestrebte Ziel des Schutzes von Kleinbetrieben beinhaltet ebenso wie das jetzige Ladenschlußgesetz einen "fehlverstandenen Schutzzweck", denn nicht der Schutz vor Wettbewerb, sondern der Erhalt der Funktionsfähigkeit des Marktes, ist Aufgabe der staatlichen Wettbewerbspolitik (vgl. Gutowski [b] 1986, S. 26; Busch/Soltwedel/Groß/Laaser 1986, S. 2 ff.). Zudem würde eine rein auf Eigentümerbetriebe gerichtete Flexibilisierung der Ladenöffnungszeiten nichts an den schlechten Arbeitsbedingungen der Angestellten im Einzelhandel ändern sowie aufgrund der Kostensituation dieser Unternehmen auch zu keinen Beschäftigungseffekten beitragen. Im Gegenteil sind eher die Befürchtungen der Gegner zu teilen, wonach die hier vorgeschlagene Teilliberalisierung zu einer größeren Beanspruchung der Ladeninhaber führen dürfte (vgl. HBV 1993, S. 11). Zudem sprechen die mit einer solchen Regelung verbundenen Abgrenzungsprobleme, die zu erwartende Rechtsunsicherheit und erhöhten Kontrollkosten gegen eine solche Ausgestaltung. Des weiteren könnten andere Unternehmen durch "Scheinselbständigkeit" und den verstärkten Einsatz von freien Mitarbeitern versuchen, ebenso von einer solchen Regelung zu profitieren. Die Einhaltung der Ladenöffnungszeiten wäre letztlich kaum noch zu kontrollieren. Insofern wäre diese beabsichtigte Ausnahmeregelung kein Fortschritt zur Überwindung der Ladenschlußproblematik (vgl. DAG [a] 1993, S. 2).

Als eine weitere teilliberalisierende Alternative stünde eine quantitative *Differenzierung nach der Betriebsgröße* zur Verfügung. Aber auch in einem solchen Fall, bei dem Betrieben, die nicht unter die betriebsrechtlichen Mitbestimmungsregelungen fielen (weniger als vier Arbeitnehmer; vgl. § 1 BetrVG), ein erweitertes Öffnungsrecht zugestanden würde, hätte dies unabhängig der damit verbundenen verfassungsrechtlichen Bedenken struktur- und wettbewerbsverzerrende Auswirkungen. Zudem würde die Beschränkung des Geltungsbereichs des Ladenschlußgesetzes auf mitbestimmungspflichtige Unternehmen dazu führen, daß diese Unternehmen über Personalfreisetzungen bzw. Betriebsaufspaltungen versuchen würden, unter die vom Betriebsverfassungsgesetz vorgeschriebene Beschäftigungsgrenze zu kommen. Die durch die in diesem Falle zu erwartenden Personalfreisetzungen entstehenden zusätzlichen Belastungen des Arbeitsmarktes lassen auch diese Alternative als wenig sinnvoll erscheinen (vgl. Niedersächsisches Ministerium für Wirtschaft, Technologie und Verkehr 1993, S. 9 f.).

Vorstellbar wäre auch eine *branchenmäßige Differenzierung*, wie sie in Grundzügen bereits in den Ausnahmetatbeständen des Ladenschlußgesetzes ausformuliert ist. Die damit einhergehenden Abgrenzungsprobleme sprechen jedoch gegen ein solches Modell. Zudem kann der Markt besser bestimmen, für welche Branche verlängerte Ladenöffnungszeiten sinnvoll wären. Darüber hinaus würde eine solche Ausgestaltung nur eine Fortführung des bisherigen Ladenschlußrechts übertragen auf einzelne Branchen sein und wiederum zu einer Gleichschaltung des Wettbewerbs führen, so daß den kreativen und innovativen Unternehmen der Raum für Gestaltungsfreiheiten genommen würde (vgl. Hufen, in: NJW 1986, S. 1301).

Denkbar im Sinne eine Teilliberalisierung wäre auch eine *örtliche Differenzierung*, die vor allem Stadtzentren als auch wohnbereichsnahe Unterzentren vom Geltungsbereich des Ladenschlußgesetzes ausnehmen könnte (so z.B. der Vorschlag des Bundesumweltministers Töpfer, CDU, der laut Äußerungen in den Medien den Handel auf der "grünen Wiese" von einer zukünftigen Liberalisierung ausschließen will). Eine solche Regelung könnte zwar zur Belebung der Innenstädte beitragen und der im Zusammenhang mit der Handelslandschaft zunehmend an Bedeutung gewinnenden Stadtplanung Vorschub leisten. Jedoch ist auch hier nicht zu verkennen, daß der mit der Planung und Ausweisung der "Ausnahmezonen" verbundene bürokratische Aufwand und die Kontrollkosten - neben den verfassungsrechtlichen Bedenken einer Ungleichbehandlung aufgrund lokaler Gegebenheiten - eine Verwirklichung unwahrscheinlich erscheinen lassen. Zudem würden sich hierbei nur finanzstarke Unternehmen, die sich die hohen Mieten in den Citybereichen leisten könnten, gegenüber weniger finanzstarken Betrieben durchsetzen, was letztendlich zu erheblichen Strukturveränderungen des Einzelhandels führen dürfte (vgl. Hufen, in: NJW 1986, S. 1301).

Ein *Kernzeitenmodell*, das dem Handel einen Zeitkorridor vorgibt, in dem er seine zeitliche Betriebsbereitschaft eigenständig bestimmen kann, könnte sich auch in der Übergangsphase zu einer Auflösung des Ladenschlußgesetzes bewähren. In einem solchen Zwischenmodell, würde den Unternehmen unter Berücksichtigung der wöchentlichen Gesamtöffnungszeit von z.B. 68,5 Stunden die freie Wahl gelassen, ihre Geschäfte z.B. zwischen 6 Uhr und 22 Uhr geöffnet zu lassen. Zwar würden hierdurch die Rechte der Unternehmen und Verbraucher gestärkt werden, jedoch wären die Kontrollen weitaus schwerer. Ebenso wäre weiterhin ein Ausnahmekatalog erforderlich (z.B. für Tankstellen, Bahnhöfe etc.). Die von der Gewerkschaft angeprangerten schlechten Arbeitsbedingungen (insbesondere durch Spitzenbelastungen) ließen sich durch dieses Modell ebenfalls nicht verbessern, da sich gegenüber der ursprünglichen Situation kaum etwas verändern würde. Insbesondere würde beim Fortbestand der Gesamtöffnungszeit kein Bedarf an Neueinstellungen bestehen und der veränderte Arbeitseinsatz der "Altbeschäftigten" eher dazu führen, daß sich deren Arbeitszeiten verschlechtern würden. Insofern ist dieses Modell nur unzureichend geeignet, den Erfordernissen der heutigen Zeit Rechnung zu tragen (vgl. BMWi [a] 1993, S. 8; Niedersächsisches Ministerium für Wirtschaft, Technologie und Verkehr 1993, S. 10 f.; DIHT 1993, S. 1 f.). Allerdings ist in einem Kernzeitenmodell das sinnvollste und gegenüber der derzeitigen Regelung zudem auch verhältnismäßigere Lösungsmodell bei einem Festhalten an den derzeit bestehenden Gesamtöffnungszeiten zu sehen.

Danach läßt sich ableiten, daß sogenannte Teilliberalisierungsmodelle, die vor allem an der derzeitigen wöchentlichen Gesamtöffnungszeit von maximal 68,5 Stunden festhalten, nicht zu einer durchgreifenden Verbesserung der Situation der Unternehmen, Verbraucher und Arbeitnehmer beitragen können. So bleiben vor allem aufgrund der Konstanz des Arbeitszeitvolumens die Arbeitsbedingungen der im Einzelhandel Beschäftigten unverändert bzw. besteht vor dem Hintergrund eventueller Verlagerungen der Arbeitszeit die Gefahr, daß sich die Arbeitssituation noch verschlechtern könnte. Darüber hinaus besteht beim Fortbestand der jetzigen Gesamtöffnungszeit kein zusätzlicher Personalbedarf, so daß Teilliberalisierungsmodelle keine beschäftigungspolitischen Wirkungen erwarten lassen. Sie weisen vielmehr die gleichen Mängel auf wie das derzeit bestehende Ladenschlußgesetz. Darüber hinaus schaffen sie aufgrund ihrer strukturlenkenden Wirkung neue Probleme (vgl. BMWi [a] 1993, S. 8; Niedersächsisches Ministerium für Wirtschaft, Technologie und Verkehr 1993, S. 10 ff.). Insofern bleibt die Frage zu klären, ob nicht durch eine vollständige Aufhebung des Ladenschlußgesetzes den gesellschaftlichen, sozialen und wirtschaftlichen Erfordernissen Rechnung getragen werden kann und sich dabei die interessenorientierten Zielvorgaben erfüllen ließen.

Viele Deregulierungsgegner fürchten, daß die Aufhebung des Ladenschlußgesetzes zu einer erheblichen Ausweitung der Gesamtöffnungszeit führen könnte und so zu einer weiteren Verschlechterung der Arbeitsbedingungen der Angestellten des Einzelhandels beitragen würde (vgl. Dichtl/Müller 1984, S.29; Gartz 1984, S. 209; DAG 1990, S. 30; HBV 1993, S. 6). Ebenso wird eine zunehmende Konzentration im Einzelhandel mit einhergehenden Personalfreisetzungen erwartet (vgl. Batzer 1984, S. 21 ff.; Gartz 1984, S. 210; DAG 1990, S. 32; HBV 1993, S. 5, 9 ff.). Diese Überlegungen gehen bereits einen Schritt zu weit, da hier solche Entwicklungen berücksichtigt werden, die sich aus dem heutigen Wissensstand nicht ableiten lassen und nur in einem Testversuch zu belegen wären. Zunächst ist zu erwägen, welche unmittelbaren Konsequenzen der Wegfall des Ladenschlußgesetzes ohne begleitende Maßnahmen hat. Sofern überhaupt ein Bedarf für längere Öffnungszeiten beim Verbraucher besteht und zusätzliche Betriebszeiten unter Rentabilitätsgesichtspunkten überhaupt vom Unternehmen erwogen werden, ist eine Ausweitung der Gesamtöffnungszeit im

Zuge einer Freigabe der Ladenöffnungszeiten entgegen den Befürchtungen der Liberalisierungsgegner nicht unbegrenzt möglich. Nur das freie Spiel zwischen Angebot und Nachfrage kann besser als ein Gesetz die Obergrenzen der zeitlichen Betriebsbereitschaft festlegen, bei der die Nachfrage und die wirtschaftlichen Gegebenheiten jedes einzelnen Unternehmens das Maß einer Ausweitung des Gesamtöffnungsvolumens bestimmen werden. Fehlt es an einer dieser Voraussetzungen, wird eine Aufhebung des Ladenschlußgesetzes unmittelbar keine Folgen haben. Geht man jedoch sowohl aufgrund der internationalen Erfahrungen (insbesondere Schwedens) als auch der im Rahmen dieser Arbeit erhobenen Umfrageergebnisse (vgl. näheres hierzu Kapitel 9) von einem bestehenden Bedarf an verlängerten Öffnungszeiten aus, so sind Ausweitungen der Gesamtöffnungszeit der Einzelhandelsbetriebe nicht auszuschließen. Eine Erweiterung der wöchentlichen Öffnungszeit dürfte in der Folge nicht zu einer zusätzlichen Belastung der Arbeitnehmer führen, da diese im Rahmen der fortgeltenden allgemeinen Arbeitsschutznormen (Arbeitszeitordnung, Gewerbeordnung etc.) weiterhin nur eine gesetzlich fixierte Arbeitszeit dem Unternehmen zur Verfügung stehen. Das Ladenschlußgesetz regelt schließlich nicht unmittelbar die Arbeitszeiten und Arbeitsbedingungen der Beschäftigten, so daß der Wegfall des Gesetzes an diesen Tatbeständen auch nichts verändern kann. Eine weitere Absicherung der Beschäftigtenverhältnisse wird durch Vertretungsrechte des Betriebsrates erreicht. Ist der Unternehmer unter Berücksichtigung dieser Gegebenheiten dennoch an einer erweiterten Ladenöffnung interessiert, wird dies unter Ausnutzung flexibler Arbeitszeitmodelle zumindestens zusätzliche Teilzeitarbeitsplätze schaffen (so u.a. die Tengelmann-Gruppe; vgl. Baumeister 1984, S. 65) und insgesamt durch eine bessere Verteilung der Kundenströme zu einer Entlastung der Beschäftigten sowie zu einer Verbesserung der Arbeitsbedingungen beitragen. Die vollständige Entkoppelung von Betriebszeit (Öffnungszeit) und Arbeitszeit wird zudem zu einer effizienteren Nutzung des im Einzelhandelssektor gebundenen Kapitals führen. Dem Argument, daß eine Aufhebung des Ladenschlußgesetzes mittelstandsfeindlich sei (vgl. Batzer 1984, S. 21 ff.; Gartz 1984, S. 210; HBV 1993, S. 9 ff.), kann man ebenfalls entgegenhalten, daß bei einer Ausweitung der Öffnungszeiten dem Verbraucher mehr Zeit für seine Einkäufe zur Verfügung stünde, so daß es vermutlich zu einer Verschiebung des Umsatzes von den sogenannten "One-stop-shops" (vorwiegend Kauf- und Warenhäuser) zu den Fachgeschäften kommen wird, da diesen eine größere Beratungskompetenz zugeschrieben wird (vgl. Kapitel 9.2.3). Ebenso böte sich kleineren Unternehmen durch die freie Wahl der Öffnungszeit die Möglichkeit, sich gegenüber Großunternehmen durch die Nutzung von Marktnischen abzugrenzen (z.B. Nachtöffnung) und damit konkurrenzfähig zu bleiben, da sie eine größere Anpassungsfähigkeit gegenüber Großanbietern aufweisen (vgl. hierzu auch Kapitel 8.5.1).

Inwieweit eine Aufhebung solch positive ökonomische Folgewirkungen nach sich zu ziehen vermag, hängt vor allem davon ab, ob die gesetzlichen Vorgaben (Arbeitszeitvorgabe etc.) von Seiten der beteiligten Gruppen eingehalten werden, so daß der Staat zu keinen begleitenden Maßnahmen gezwungen ist. Es wäre jedoch blauäugig zu glauben, daß eine Freigabe der Ladenschlußzeiten keine Gefahren dahingehend mit sich brächte, daß durch Ausübung unternehmerischer Macht gegenüber den Arbeitnehmer, die Arbeitsbedingungen (z.B. über Mehrarbeit) sich entgegen den rechtlichen Vorschriften doch verschlechtern könnten. Um diesem Mißbrauch vorzubeugen und auch den Interessen der Verbraucher, Unternehmen und Arbeitssuchenden gerecht werden zu können, sind vom Staat bzw. von den beteiligten Tarifvertragsparteien (Einzelhandelsunternehmen und HBV) abstützende Maßnahmen zu schaffen, welche die Erfordernisse an den gesellschaftlichen, wirtschaftlichen und sozialen Wandel erfüllen können, ohne dabei eine Gruppe zu benachteiligen. Wie diese aussehen könnten, wird im nächsten Abschnitt dargestellt.

7.2 Darstellung des Modells eines sozial- und wettbewerbsorientierten Ladenschlusses

7.2.1 Zielsetzungen

Ein Ladenschlußmodell, welches allen Anforderungen der Gegner und Befürworter einer Liberalisierung gerecht werden will, muß folgende Kriterien vereinbaren: Den Unternehmern muß es selbst überlassen sein, die für sie wirtschaftlich rentabelsten Öffnungszeiten zu wählen, ohne daß sie hierbei erhöhten Kostenbelastungen ausgesetzt werden. Unter Beachtung der Bedeutung des Klein- und Mittelstandes ist diesem nicht Schutz, sondern Förderung zu gewähren. Die Beschäftigten des Einzelhandels sind vor Mißbrauch und Ausbeutung über den gesetzlichen Rahmen hinaus zu schützen, um so die jetzigen Arbeitsbedingungen zu sichern. Langfristig ist eine Verbesserung der Arbeitsbedingungen dahingehend anzustreben, daß den individuellen Bedürfnissen der Arbeitnehmer mehr Beachtung zukommt. Gleichzeitig sind solche Voraussetzungen zu schaffen, die die Wiedereingliederungs- und Beschäftigungschancen von Arbeitssuchenden im Zuge der Ausweitung der Ladenöffnungszeiten erhöhen. Dem Verbraucher ist der Zugang zu Einzelhandelsleistungen in dem von ihm gewünschten Rahmen zu ermöglichen. Unter Berücksichtigung dieser Zielvorstellungen würden nicht nur die Interessen der Befürworter und Gegner einer Liberalisierung des Ladenschlußrechts Beachtung finden, sondern den Erfordernissen an ein modernes Ladenschlußkonzept Rechnung getragen, so daß man ein derartiges Modell als sozial- und wettbewerbsorientiert bezeichnen kann.

7.2.2 Rahmenbedingungen

Diese, mit einer Flexibilisierung der Ladenöffnungszeiten verbundenen grundsätzlichen Ziele sind nicht allein durch den Wegfall des Gesetzes zu erreichen. Vielmehr müssen spezielle Rahmenbedingungen geschaffen werden, die der Wahrung der jeweiligen Interessen dienen. Anders als das jetzige Gesetz würde die Ausgestaltung solcher begleitenden Maßnahmen nicht regulierend wirken, sondern vielmehr den Förderungs- und Schutzgedanken ohne direkte staatliche Restriktionen ermöglichen. Unter Beachtung dieser Vorgaben könnte ein "sozial- und wettbewerbsorientiertes Ladenschlußmodell" wie folgt gestaltet werden:

7.2.2.1 Gesetzliche Rahmenbedingungen

Zunächst ist das *Gesetz über den Ladenschluß aufzuheben* und der vierte Titel der Gewerbeordnung um die Ausnahmetatbestände der Öffnungszeiten zu bereinigen. Langfristig gesehen sind zudem die gesetzlichen Bestimmungen der Gewerbe- und Arbeitszeitordnung dahingehend zu ändern, daß den Händlern über den werktäglichen Verkauf hinaus auch die Möglichkeit zum Warenabsatz an Sonntagen ermöglicht wird, sofern ein Bedarf hierfür besteht. Somit wird das Volumen der wöchentlichen Öffnungszeit allein in das Ermessen des Händlers gestellt. Unter Berücksichtigung der individuellen und örtlich stark differierenden Nachfrage werden sich solche Öffnungszeiten herausbilden, die sich an Rentabilitätsüberlegungen der Händler ausrichten. Somit sind Befürchtungen hinsichtlich überlanger Öffnungszeiten unbegründet. So zeigen die ausländischen Erfahrungen (z.B. in Schweden; vgl. Stehn 1987, S. 9), daß sich die Nachfragezeiten maximal auf 75 Wochenstunden ausdehnen dürften und es zudem nicht immer im Interesse der Unternehmen liegt, den Laden geöffnet zu lassen. Ein Händler wird seinen Laden nur dann geöffnet halten, wenn sich dies wirtschaftlich auszahlt. Bei einer Nichtausweitung der Öffnungszeiten gegenüber den Mitkonkurrenten sind mit Hinblick auf die Erfahrungen des Dienstleistungsabends (vgl. hierzu Kapitel 9.1) auch keine Wettbewerbsnachteile bzw. Umsatzeinbußen zu erwarten. Insofern wären unabhängig von der eine Freigabe der Ladenöffnungszeiten begleitenden Rahmenbedingungen die Ziele erfüllt, den Unternehmen durch das Zugeständnis einer optimalen Zeitausschöpfung eine bessere Kapazitätsauslastung zu ermöglichen, kreativen und innovativen Betrieben die Möglichkeit einzuräumen sich durch Ausnutzung der zeitlichen Betriebsbereitschaft gegenüber Konkurrenten abzugrenzen und die verfügbare Einkaufszeit den Bedürfnissen des Vebrauchers anzupassen.

Befürchtungen hinsichtlich eines Öffnungszeitenwirrwars im Zuge einer Liberalisierung (vgl. HBV 1993, S. 9) erscheinen unbegründet, da bereits heute durch die Vielzahl an Ausnahmeregelungen keine Einheitlichkeit besteht und dies die Kunden in ihrem Kaufverhalten nicht weiter beeinflußt hat. Obendrein besteht die Aussicht, daß sich über eine Marktregelung wie sie die Aufhebung des Ladenschlußgesetzes impliziert, je nach Einkaufslage und Branche relativ einheitliche Ladenschlußzeiten herausbilden werden und nur eine Minderheit (sogenannte Nischenbearbeiter) eine weitergehende Öffnungszeit ausschöpfen werden. Begleitend sollte jedoch eine *Verpflichtung zur Bekanntmachung der individuellen Öffnungszeit* im Eingangsbereich der Geschäfte erlassen werden (z.B. durch Einfügung in die Gewerbeordnung), um dem Kunden die Übersicht zu erleichtern.

7.2.2.2 Tarifvertragliche Rahmenbedingungen

Kommt es durch die Freigabe der Öffnungszeiten dazu, daß ein Teil der Verbraucher seine vormals "aufgestaute Nachfrage" (vgl. hierzu Kapitel 8.1) nunmehr umsetzen kann und sich im Laufe der daraus resultierenden Anpassung der zeitlichen Betriebsbereitschaft an den Bedarf, das Gesamtvolumen der Öffnungszeit ausdehnt, kommt dies dem Verbraucherinteresse nach besseren Einkaufszeiten sowie der Verbesserung der Markttransparenz zugute. Gleichzeitig kann die Ausdehnung der Angebotszeit des Einzelhandels jedoch dazu führen, daß zur Sicherung der Wettbewerbsstellung Unternehmen Mißbrauch mit dem Arbeitsschutz betreiben, was es von vornherein auszuschließen gilt. Daher sind neben der Aufhebung des Ladenschlußgesetzes folgende begleitende Maßnahmen bzw. Rahmenbedingungen zu schaffen:

Im Zuge der Liberalisierung der Ladenöffnungszeiten sollte von Seiten der Gewerkschaften auf die weitere *Festschreibung von Ladenschlußzeiten in Tarifverträgen verzichtet werden*, um die Dispositionsfreiheit der Unternehmen zu stärken und gleichzeitig einer möglichen beschäftigungspolitischen Offensive den Weg zu ebenen. Dieser Verzicht hat dabei keine negativen Auswirkungen auf die Situation der Beschäftigten, wenn man sich vor Augen hält, daß sich allein durch die Aufhebung des Ladenschlußgesetzes zunächst nichts an den Arbeitszeiten ändert. Vielmehr werden bei einer Ausweitung der Öffnungszeiten und dem Einsatz neuer Arbeitskräfte die Spitzenbelastungen durch eine Entzerrung der Kundenströme für das Personal abgebaut, so daß sich die Arbeitsbedingungen im Gegensatz zu der Auffassung der Gegner einer Liberalisierung insoweit eher verbessern werden. Mit Hinblick auf die geltenden Arbeitsschutznormen (Arbeitszeitordnung, Mutterschutzgesetz, Jugendarbeitsschutzgesetz etc.) kann die Arbeitszeit der Angestellten des Einzelhandels im Zuge einer Ausweitung der Gesamtöffnungszeiten nicht beliebig ausgedehnt werden. Jedoch darf nicht vergessen werden, daß wirtschaftliche Interessen auch in der Vergangenheit immer wieder dazu geführt haben, daß über Ausnutzung von Macht Arbeitnehmer gezwungen waren, sich den unternehmerischen Wünschen widerwillig anzupassen und Mehrarbeit zu akzeptieren. Insbesondere in Zeiten hoher Arbeitslosigkeit und zunehmender Beschäftigungsunsicherheit wächst das Druckmittel der Arbeitsgeber zur Durchsetzung ihrer Interessen. Deshalb sind im Interesse der Gewerkschaften sowie der betroffenen Arbeitnehmer Bedingungen zu schaffen, die eine Fehlentwicklung verhindern können.

Denkbar in diesem Zusammenhang ist eine *betriebs- oder tarifvertragliche Bestandssicherung* des Volumens und der Lage der Arbeitszeit der "Altbeschäftigten" (für Voll- und Teilzeitkräfte gleichermaßen). Zur Vermeidung von Wettbewerbsverzerrungen sollte die Vereinbarung durch den Bundeswirtschaftsministers für allgemeinverbindlich erklärt werden. Gleichzeitig ist der Abmachung eine Öffnungsklausel hinzuzufügen, die es bisher am Tage Beschäftigten ermöglicht, eine andere Arbeitszeit als die jetzige zu wählen und so ihren individuellen Bedürfnissen Rechnung getragen wird sowie den Teilzeitarbeitskräften die Möglichkeit eröffnet, ihr Arbeitszeitvolumen an die geänderten Bedingungen anzupassen. Anders als bei einer prinzipiellen vertraglichen Festschreibung der Ladenschlußzeiten, die rechtlich sehr bedenklich ist (vgl. Kapitel 4.4 und 4.5), würde mit einer Festschreibung der bestehenden Arbeitsverhältnisse nicht nur die Dispositionsfreiheit der Unternehmen gewahrt bleiben, sondern gleichzeitig den Interessen der Arbeitnehmer entsprochen werden, indem Mehrarbeit von vornherein eingeschränkt wird. Die Kontrolle der Einhaltung des Bestandsschutzes kann in größeren Unternehmen vom Betriebsrat übernommen werden, wodurch dessen Rechte gestärkt würden.

Durch diese Rahmenbedingung können generell die Beschäftigungsverhältnisse abgesichert werden. Die mit einer möglichen Ausweitung der Öffnungszeiten einhergehende Diskrepanz von Betriebs- und Arbeitszeit läßt sich bei der Ausschöpfung des Bestandsschutzes dann nur noch durch Neueinstellungen bewerkstelligen. Sofern also ein wirtschaftliches Interesse an einer Ausweitung der zeitlichen Betriebsbereitschaft von Seiten des Unternehmens besteht und die Lücke, die sich mit der Verlängerung der zeitlichen Betriebsbereitschaft ergibt, nicht durch änderungswillige "Altbeschäftigte" und die damit verbundene Ausnutzung von flexiblen Arbeitszeitmodellen abzudecken ist, sind Beschäftigungseffekte zwangsläufig zu erwarten. Dies böte vielen Arbeitslosen eine Chance, in das Berufsleben zurückzukehren. Darüber hinaus kann sich die Situation der bisher in geringfügiger Beschäftigung (d.h. weniger als 15 Wochenstunden) befindlichen Arbeitnehmer dahingehend verbessern, als daß sich ihnen nun die Möglichkeit bietet, ihr Arbeitszeitvolumen auszudehnen und somit in ein Teilzeitbeschäftigungsverhältnis "überzuwechseln", in dem sie rechtlich weitaus bessere Schutzrechte hätten als zuvor. Auf Grund dessen kommt der betriebs- oder tarifrechtlichen Bestandssicherung eine weitaus größere soziale Bedeutung zu, als dies auf den ersten Anblick möglich scheint.

Zur Unterstützung des Ziels einer Chancenverbesserung Arbeitssuchender kann die Einführung der von den Gewerkschaften langfristig angestrebten *35-Stunden-Woche* angesehen werden, da sich hierdurch die Lücke zwischen Betriebszeit und Arbeitszeit der "Altbeschäftigten" des Einzelhandels noch vergrößern ließe und gleichzeitig auch das Arbeitszeitvolumen potentieller Mitarbeiter erhöht wird. So war bereits in der Vergangenheit festzustellen, daß sowohl die Verkürzung als auch die Flexibilisierung der Arbeitszeit den Arbeitsmarkt entlasten kann, wobei lediglich die Quantität jeder derartigen Veränderung fraglich ist (vgl. Babl 1988, S. 10 ff.). Geht man z.B. von einer 35-Stunden-Woche und einer sich herausbildenen siebzigstündigen Öffnungszeit aus, so würde unter Berücksichtigung der Personaleinsatzplanung und Ausnutzung verschiedener Arbeitszeitmodelle fast jeder zweite Arbeitsplatz doppelt zu besetzen sein. Insofern könnte eine Arbeitszeitverkürzung auch unmittelbar mit einer Liberalisierung der Ladenöffnungszeiten verknüpft werden. Nicht alle Unternehmen, insbesondere kleinere und mittelständische Betriebe dürften jedoch in der Lage sein, die Kosten für Neueinstellungen selbständig aufzubringen. Dies hätte zur Folge, daß sich gerade finanzstarke Großanbieter oder weniger personalintensive Anbieter (z.B. Selbstbedienungswarenhäuser) an längeren Öffnungszeiten beteiligen würden und so möglicherweise über einen Substitutionswettbewerb Vorteile erlangen könnten. Diese Befürchtungen, wie sie gerade auch von Seiten der Deregulierungsgegner vorgetragen werden, (vgl. Batzer 1984, S. 21 ff.; HBV 1993, S. 9 ff.) sind ernst zu nehmen, aber keinesfalls ein Grund die Flexibilisierungsbestrebungen von vornherein abzulehnen. Vielmehr müssen zum Schutz der Funktionsfähigkeit des Wettbewerbs sowie im Rahmen einer staatlichen Beschäftigungsförderung, solche Bedingungen geschaffen werden, die auch finanzschwachen Unternehmen in einer Übergangsphase (bis die Umsatzzuwächse die steigenden Lohnkosten kompensieren) die Einstellung Arbeitssuchender ermöglicht.

7.2.2.3 Wirtschaftspolitische Rahmenbedingungen

Den Unternehmen sollten Anreize geboten werden, Neueinstellungen vorzunehmen. Dies kann in Form einer Subventionierung erfolgen, um so zum Erhalt oder Schaffung von Arbeitsplätzen beizutragen, die ansonsten nicht geschaffen würden oder verloren gingen. So kann z.B. im Beschäftigungs- bzw. Arbeitsförderungsgesetz eine staatliche Prämie geschaffen werden, die im Rahmen einer *Lohnsubventionierung* für einen begrenzten Zeitraum gewährt wird, sofern ein Unternehmen einen Arbeitslosen in einem unbefristeten Arbeitsverhältnis (Vollzeit, ansonsten anteilige Prämien) beschäftigt. Da größere Unternehmen aufgrund ihrer wirtschaftlichen Grundvoraussetzungen eher in der Lage sein werden, die Mittel für Neueinstellungen aufzubringen, sollte die Prämie nach der Betriebsgröße differenziert werden. So wäre es denkbar, daß Kaufhausfilialen im Falle von Neueinstellungen nur 60 % dessen bekommen, was ein Einmannunternehmen bekäme. Diese Vorgehensweise ist aus verfassungsrechtlicher Sicht auch unbedenklich, da ein sachlicher Grund für eine Ungleichbehandlung gegeben wäre. Die Subventionierung der Wiedereingliederung von Arbeitslosen sollte allerdings nur zeitlich befristet erfolgen (z.B. für zwei Jahre), um Gewöhnungseffekte, bei denen die gewährten Leistungen als Besitzstand empfunden werden, sowie Mitnahmeeffekte, bei denen die Lohnsubventionierung auch für solche Personalbeschaffungsvorhaben in Anspruch genommen werden, die auch ohne die Förderung realisiert worden wären, zu verhindern (vgl. Czada/Tolksdorf/Yenal 1992, S. 160 ff.).

Bei der Bemessung der Höhe des staatlichen Zuschusses ist zu beachten, daß unabhängig von der Qualifikation nur solche Arbeitslose eine Beschäftigung aufnehmen werden, die durch die Möglichkeit der Erwerbstätigkeit einen potentiellen oder tatsächlichen Einkommenszuwachs erwarten können. Das heißt, daß nur solche Arbeitslose, deren Nettoeinkommen durch die Einkünfte aus der Tätigkeit in einem Einzelhandelsunternehmen über den zuvor bezogenen Leistungen der Arbeitslosenunterstützung (Arbeitslosengeld oder -hilfe) bzw. Sozialhilfe liegen wird, sich zu einer Beschäftigungsaufnahme bereiterklären werden. Geht man dabei von einem durchschnittlich verfügbaren monatlichen Einkommen eines Arbeitslosen von 1.367 DM (errechnet aus den Angaben des Deutschen Bundestages; vgl. Deutscher Bundestag [c], vom 27. Januar 1995) aus, so muß das Nettogrenzeinkommen, d.h. das Einkommen, welches den Arbeitslosen dazu bewegen wird, in das Berufsleben zurückzukehren, mindestens diese Bezüge um den im Falle des Arbeitslosengeldes angesetzten Abschlag von 32-37 % des gewöhnlichen Nettoentgelts (analog § 111 Abs. 1 Nr. 1 und 2 AFG) übersteigen. Insofern liegt das durchschnittliche Grenzeinkommen bei rund 1.839 DM. Die Eckgehälter des Einzelhandels hingegen betragen im Durchschnitt 3.019 DM für Verkaufstätigkeiten (sogenannte K 2-Tätigkeitsgruppe, Wert in West-Berlin; vgl. telefonische Anfrage beim GdE, vom 4. April 1995; näheres zum Begriff der K 2-Gruppe in HBV [d] 1993, S. 4), so daß sich unter Berücksichtigung der Einkommensteuergrundtabelle (vgl. EStG Anlage 2, S. 222 ff.) und der vom Arbeitnehmer zu leistenden allgemeinen Beitragssätze für die Arbeitslosen- (3,25 % des Bruttoverdienstes), Renten- (9,3 % des Bruttoverdienstes), Kranken- (6,05 % des Bruttoverdienstes) und Pflegeversicherung (0,5 % des Bruttoverdienstes; vgl. telefonische Auskunft der Techniker Krankenkasse Berlin, vom 4. April 1995) ein Nettoverdienst von 1.858 DM errechnen läßt. Da der durchschnittlich zu erzielende Nettoverdienst im Einzelhandel (für die Tätigkeitsgruppe K2) über dem fiktiven Grenzeinkommen liegt, kann man theoretisch davon ausgehen, daß sich ein bisher Arbeitssuchender unter diesen Voraussetzungen zu einer Tätigkeitsaufnahme entschließen wird. Erfolgt die Lohnsubventionierung des Staates im Falle der Unterstützung von Kleinunternehmen (Höchstsatz) in Höhe des durchschnittlich verfügbaren Monatseinkommens eines Arbeitslosen, so kann der Unternehmer um fast die Hälfte (45,3 %) des von ihm zu entrichtenden Bruttoverdienstes entlastet werden. Eine so gestaltete Subventionierung kann zum einen die Unternehmen stärken und sie von erheblichen Kostensteigerungen befreien und andererseits eine praktische Hilfe zur Wiedereingliederung von Arbeitslosen leisten. Diese wirtschaftliche Fördermaßnahme ließe sich durch eine Umverteilung der Leistungen der Bundesanstalt für Arbeit finanzieren. Die

Mittel, die vormals im Zuge der Gewährung von Arbeitslosengeld oder -hilfe bereitgestellt wurden, würden nunmehr zur Subventionierung von Arbeitsplätzen eingesetzt. Da der Staat in diesem Falle nicht mehr die indirekten Kosten der Arbeitslosigkeit (entgangene Mehreinnahmen von Renten-, Kranken- und Arbeitslosenversicherungsbeiträgen, Lohnsteuer und Umsatz- und Verbrauchsteuern) zu tragen hätte, stünden jährlichen Kosten von 15.288 DM im Rahmen der Lohnsubventionierung "Einsparungen" in Höhe von 13.501 DM pro Person gegenüber (bei 28.789 DM als vormalige jährliche Kosten je Person im Jahre 1989; vgl. Czada/Tolksdorf/Yenal 1992, S. 335), so daß die öffentlichen Haushalte durch eine Lohnsubventionierung letztlich sogar entlastet würde.

Zur weiteren Begrenzung der Personalkosten für die Unternehmer im Rahmen einer Liberalisierung der Ladenöffnungszeiten sollte auch auf die *Festschreibung eines Zuschlages aus Anlaß einer Abendöffnung im Tarifvertrag verzichtet werden*. Bisher betrug dieser "Nachtzuschlag" im Rahmen des Dienstleistungsabends 55 % und war eigentlich in Form von Freizeit zu gewähren und nur in Ausnahmefällen abzugelten (vgl. HBV [a] 1992, S. 15). In Zeiten hoher Arbeitslosigkeit erscheint es jedoch unverständlich, Arbeitsleistungen nur aufgrund der unterschiedlichen Lage der Arbeitszeit anders zu behandeln, da dies die Personalkosten erheblich beeinflußt und das Interesse des Arbeitgebers an Neueinstellungen schmälert. Ohne die Einflußnahme der Tarifvertragsparteien würden Lohnzuschläge als Anreiz nur dann erforderlich werden, wenn das Arbeitsangebot, d.h. die Zahl der Arbeitnehmer geringer wäre als die Arbeitsnachfrage der Unternehmen. Insofern sollten die Gewerkschaften zum Wohle der potentiellen Arbeitnehmer auf "Nachtarbeitszuschläge" verzichten. Zudem ist davon auszugehen, daß der Verhandlungsspielraum der Gewerkschaften für Lohnzuschläge ohnehin begrenzt ist. Hierfür sorgt die Wettbewerbsintensivierung zwischen "Altbeschäftigten" und einsatzwilligen (nicht tarifgebundenen) potentiellen Arbeitnehmern (vgl. ifo Institut, in: ifo Schnelldienst 1995, S. 19). Zur Abwendung von zusätzlicher Mehrarbeit im Zuge der Ausweitung der Ladenöffnungszeiten ist es neben der betriebs- oder tarifvertraglichen Bestandssicherung angebracht, den *Mehrarbeitszuschlag zu erhöhen*, um somit den Unternehmern den Anreiz zur Ausnutzung dieses Arbeitszeitmittels zu nehmen und gleichzeitig die Einstellung neuer Mitarbeiter aus Personalkostensicht attraktiver zu machen.

Hinsichtlich der Wettbewerbssituation im Einzelhandel läßt sich bei einer Aufhebung des Ladenschlußgesetzes nicht ausschließen, daß diejenigen Grenzanbieter, die sich bisher nur aufgrund der Ausnutzung preispolitischer Spielräume im Zuge der eingeschränkten Markttransparenz des Verbrauchers (vgl. Kapitel 6.5) behaupten konnten, mit dem Wegfall der "künstlichen Schutzzone" vom Markt verschwinden. Dies kann aber nur als Ausdruck eines gesunden Wettbewerbs angesehen werden, in dem sich letztlich nur rentable Handelsformen durchsetzen werden und sich infolgedessen die Effizienz des Einzelhandel insgesamt steigern wird. Zudem wird die Wettbewerbssituation des Mittelstandes, der in seinen Betrieben (79 % aller Einzelhandelsbetriebe haben nur bis zu neun Beschäftigte) immerhin 39 % aller im Einzelhandel tätigen Arbeitnehmer (vgl. Niedersächsisches Ministerium für Wirtschaft, Technologie und Verkehr 1993, S. 9) beschäftigt, im zunehmenden Maße durch die Mietkosten bestimmt. Sie sind immer öfter der Grund für die zunehmende Zahl der Geschäftsaufgaben und die hohe Leerstandsquote (von rund 20 % in Berlin im Jahre 1993; vgl. GdE [b] 1993, S. 41). Ebenso werden viele Innenstadtanbieter aufgrund der hohen Mietpreise von bis zu 400 DM pro Quadratmeter (vgl. GdE [b] 1993, S. 40 ff.) gezwungen, sich neben den großen Warencentern ebenfalls auf der "grünen Wiese" anzusiedeln, was der Attraktivität der Innenstädte als auch der Versorgung der Bevölkerung abträglich ist. Der Einfluß der Mieten auf die Kostensituation gewinnt somit gegenüber den eigentlichen Personalkosten immer mehr an Bedeutung. Insofern könnte zur Förderung des Mittelstandes (nicht zum Schutz) sowie als Beitrag zur Bezahlbarkeit von Ladenflächen eine *zeitlich befristete Regulierung auf dem Sektor der Gewerbemieten* angestrebt werden (seit Jahren kontrovers diskutiert), wobei die Mieten durch einen Mietspiegel begrenzt bzw. zumindestens ein weiterer Mietanstieg vermieden werden könnte. Eine solche befristete Maßnahme erscheint ein geeigneteres Instrument zur Sicherung des Überlebens zahlreicher kleiner und mittelständischer Unternehmen zu sein, als es das bisherige Ladenschlußgesetz zu leisten vermochte, da es die Dispositionsfreiheit aller Unternehmen stärken könnte, ohne gleichzeitig zu Wettbewerbsverzerrungen zu führen. Zwar würden mit einer Festschreibung der Gewerbemieten in einem Mietpreisspiegel die Eigentumsrechte der Vermieter berührt, ein Eingriff wäre aber aufgrund des Allgemeininteresses (Versorgungsbedürfnis der Verbraucher, Funktionalität des freien Wettbewerbs) als verhältnismäßig und somit rechtskonform einzustufen. Dies würde zugleich eine Fortführung der in der Vergangenheit von den Einzelhandelsverbänden durchgesetzten Gewerbemietinitiativen hinsichtlich der Verlängerung der Kündigungsfristen von drei auf sechs Monate (vgl. GdE [a] 1992, S. 49) darstellen. Eine Regulierung der Gewerbemieten läßt sich allerdings nur dann rechtfertigen, wenn die ohne einen staatlichen Eingriff zu erwartenden Transaktionskosten (eventuelle Kosten des Leerstandes, Umzugskosten etc.) größer sind als die Kosten der staatlichen Allokation. Hierbei kommt es immer auf die Betrachtung des Einzelfalles an, die aber im Rahmen einer Festlegung eines allgemeingültigen Mietspiegels entfallen würde. Eine weitaus bessere Lösung zur Förderung des Mittelstandes stellt daher aufgrund der weniger restriktiven Wirkung und dem Ausschluß riskanter Nebenwirkungen, die eine Gewerbemietinitiative auch nur als befristet angelegte Maßnahme geeignet erscheinen läßt (vgl. GdE [a] 1992, S. 49), die *steuerliche Begünstigung von Investitionen* klein- und mittelständischer Unternehmen dar. Hierdurch kann diesen Unternehmen die vielleicht entscheidene Unterstützung bei der Sicherung der Wettbewerbsstellung gegeben werden. Neben einer steuerlichen Sonderbehandlung der mittelständischen Betriebe kann auch die Fortschreibung der in den Tarifverträgen des Einzelhandels vorzufindende *Mittelstandsklausel* als eine sinnvolle fördernde Maßnahme angesehen werden, die es Unternehmen mit weniger als 15 Beschäftigten (ohne Auszubildende) erlaubt, die Tarifentgelte um bis zu sechs Prozent zu unterschreiten (vgl. GdE [b] 1993, S. 17).

Wird die Aufhebung des Ladenschlußgesetzes durch die zuvor beschriebenen Rahmenbedingungen begleitet, finden nicht nur die Befürchtungen der Gegner hinsichtlich einer Verschlechterung der Arbeitsbedingungen, einer zunehmenden Gefährdung des Mittelstandes und anderer negativen Auswirkungen, sondern auch die Interessen all derer, die mit einer Deregulierung wirtschaftliche und soziale Vorteile erwarten, Berücksichtigung. Selbst wenn die von Seiten der Deregulierungsbefürworter erwartete Nachfragebelebung im Zuge der Einführung des neuen Ladenschlußkonzepts ausbleibt, sind keine negative Folgen zu erwarten, da sich durch die Liberalisierung unter den zuvor dargestellten Rahmenbedingungen zum Ursprungszustand keinerlei Veränderungen ergeben würden, die dafür einen Anlaß geben würden. Insofern steht unter den zuvor benannten Bedingungen den Flexibilisierungsbestrebungen nichts mehr im Weg.

7.3 Funktionsweise des Modells

Nachfolgend wird zunächst die Funktionsweise des im letzten Abschnitt skizzierten "sozial- und wettbewerbsorientierten Ladenschlußmodells" (Bezeichnung des Autors) dargestellt und dabei vorab (detaillierte Ausführungen zu den Konsequenzen sind Kapitel 8 zu entnehmen) die zu erwartenden Entwicklungen aufgezeigt, bevor die dieser Sichtweise zugrundeliegenden Annahmen ausgeführt werden.

Kommt es zu einer Freigabe der Ladenöffnungszeiten unter den zuvor genannten Rahmenbedingungen, spricht manches dafür, daß die Verbraucher ihre Nachfrage ausweiten werden. Die Gründe hierfür sind in drei Faktoren zu sehen: Zum einen wird ein Teil der Konsumenten das Angebot längerer Öffnungszeiten aus Neugier (zum Schaufensterbummel) bzw. zu Informationszwecken nutzen, wobei aufgrund der Erfahrungen der Konsumentenforschung sogenannte Impulskäufe (durch den sog. Verführungseffekt; vgl. Kroeber-Riel 1990, S. 386 ff., 376 ff., 169, 235, 257; Weinberg/Gottwald, in: JBR 1982, S. 43 ff.; Höger 1972, S. 73) zu erwarten sind, d.h. es zu ungeplanten Einkäufen kommen wird. Eine weitere Komponente einer Nachfragebelebung ist darin zu sehen, daß diejenigen Verbraucher, die ihre Einkaufszeit aus individuell unterschiedlichen Gründen (z.B. Berufstätigkeit, Präferenz der Freizeitnutzung, etc.) bisher als nicht ausreichend ansahen und im Zuge dieser empfundenen "Rationierung" ihre Konsumausgaben einschränkten oder verschoben, nunmehr ihren ursprünglich geplanten Bedarf auch tatsächlich realisieren können. Ebenso ist zu erwarten, daß jene Ausgaben, die bisher aufgrund des begrenzten Zeitrahmens zugunsten anderer Lebensbereiche verwendet wurden (z.B. Gastronomie, Kultur, Freizeit), bei einer Aufhebung des restriktiven Ladenschlusses wieder durch reine Konsumausgaben substituiert werden, d.h. es zu einer Umverteilung der Haushaltsausgaben zugunsten des Einzelhandelssektors kommen wird. Unabhängig von Stärke, der hierdurch induzierten Belebung der Binnennachfrage ("primärer Nachfrageeffekt"), ist in der Verlängerung der Ladenöffnungszeiten und der damit verbundenen freien Abstimmung zwischen Angebot und Nachfrage ein wohlfahrtstheoretischer Gewinn zu sehen, da der Verbraucher den Einkauf nun als Erlebnis wahrnehmen kann.

Kurzfristig wird der "primäre Nachfrageeffekt" insofern zu einer Erhöhung der Konsumausgaben beitragen ohne daß diesem Prozeß ein Einkommensanstieg vorausgegangen wäre. Weiterhin werden die vom Einzelhandel zu erwartenden Umsatzzuwächse im Zuge der Nachfragebelebung die Tendenz zu verlängerten Öffnungszeiten dahingehend verstärken, daß die zeitliche Betriebsbereitschaft den Kundenbedürfnissen angepaßt wird. Finden die zuvor skizzierten Rahmenbedingungen des tarifvertraglichen Bestandsschutzes und der Erhöhung des Mehrarbeitszuschlags Anwendung, so wird zwangsläufig eine Personalbedarfslücke entstehen, die nur durch die Aufstockung des Arbeitszeitvolumens der geringfügig Beschäftigten bzw. Teilzeitarbeitnehmer oder durch Neueinstellungen zu schließen ist. Betrachtet man in diesem Zusammenhang die Kostensituation der Unternehmen in der Übergangsphase zu einem neuen Ladenschlußkonzept, so ist nicht auszuschließen, daß die entstehenden zusätzlichen Personalkosten die Umsatzzuwächse zunächst übersteigen werden und daher aus Rentabilitätsgesichtspunkten verlängerte Öffnungszeiten dem ersten Anschein nach von den Unternehmen abzulehnen wären. Allerdings ist nicht zu verkennen, daß die Mehrkosten im Anfangsstadium neuer Öffnungszeiten als eine Art Vorfinanzierung bzw. Investition in zukünftige Umsatzerwartungen und Absatzchancen zu sehen ist, so daß ein Verzicht der Händler auf einen Teil ihrer Gewinnspanne zur Kompensation der Kosten durchaus denkbar ist. Darüber hinaus sieht das zuvor entwickelte Modell zur Abdämpfung der betrieblichen Kostenbelastung sowie zur Arbeitsmarktförderung neben einer Lohnsubventionierung auch steuerliche Investitionserleichterungen vor, so daß hierdurch zusätzlich ein Anreiz für Neueinstellungen auf Seiten der Unternehmen geschaffen wird.

Kommt es im Zuge der Ausweitung der zeitlichen Betriebsbereitschaft des Einzelhandels zu einer Zunahme der Zahl der Erwerbstätigen, so wird der Beschäftigungseffekt einen Zuwachs der individuellen Einkommen mit sich bringen und insgesamt zu einem Anstieg des Einkommensniveaus beitragen (zu vgl. an Keynes 1964, S. 27 f.). Dies wird folglich zu einer über den "primären Nachfrageeffekt" hinausgehenden Belebung der Binnennachfrage führen. So haben Untersuchungen gezeigt, daß mit zunehmenden verfügbaren Einkommen auch die Ausgaben für Konsumgüter ansteigen (vgl. Kuznets, in: AERPP 1952, S. 507 ff.; Hall/Mishkin, in: Econometrica 1982, S. 461 ff.). Dabei ist zu beachten, daß eine Steigerung der Nachfrage um einen bestimmten Betrag, eine Steigerung des Volkseinkommens um ein Vielfaches des Betrages mit sich bringt (sog. Multiplikatoreffekt; vgl. Keynes 1964, S. 113 ff.; Allen 1975, S. 25 ff.; Branson 1989, S. 35 ff.; Rose 1975, S. 203 ff; Siebke/Thieme 1984, S. 99 ff.). Die zusätzlichen Einkünfte führen nämlich zu neuen Ausgaben im Einkommenskreislauf, sofern sie nicht gespart oder zur Schuldentilgung verwendet werden. Das gestiegene Arbeitseinkommen schafft zusätzliche Nachfrage. Mit einer Belebung der Gesamtwirtschaft steigen die Steuereinnahmen, was auch die öffentliche Haushalte veranlaßt, mehr Güter nachzufragen. Dies erhöht die Gesamtnachfrage weiter und im gleichen Maße steigt das Sozialprodukt. Bei diesem sogenannten Multiplikatorprozeß handelt es sich um einen kurzfristigen Einkommenseffekt des verstärkten Konsums der sich in der Folge über eine Belebung der Binnennachfrage wiederum positiv auf Sozialprodukt und Beschäftigung niederschlägt (vgl. Keynes 1964, S. 27 f., 113 ff.). Die Ausmaße des Einkommenseffektes sind um so größer, je kleiner die Grenzsparneigung der Haushalte ist, d.h. in welchem Maße sie gewillt sind ihr zusätzliches Einkommen zu sparen (vgl. Keynes 1964, S. 113 ff., 125; Allen 1975, S. 25 ff.; Branson 1989, S. 35 ff.; Rose 1975, S. 203 ff; Siebke/Thieme 1984, S. 99 ff.). Im vorliegenden Fall werden zunächst die Bezieher unterer Einkommensklassen vom Einkommenseffekt profitieren, wenn man davon ausgeht, daß die neuen Arbeitnehmer vormals ohne Beschäftigung waren und ihr Verdienst aus der Arbeitslosenunterstützung bestand. Unumstritten in der Konsumtheorie ist der Sachverhalt, daß sich die Grenzneigung zum Konsum zwischen den Beziehern unterer und höherer Einkommensklassen dahingehend unterscheidet, daß Haushalte mit geringerem Einkommen im Verhältnis zu Besserverdienenden relativ gesehen mehr für Konsumzwecke ausgeben (vgl. z.B. Ando/Modigliani, in: AER 1963, S. 73; Keynes 1964, S. 97; Mayer 1972, S. 19 f.). Folglich wird sich der im Zuge der beschäftigungspolitischen Effekte zu erwartende Einkommenszuwachs zu einem großen Anteil in einer weiteren Nachfragebelebung niederschlagen. Dabei ist jedoch auch das Beharrungsvermögen des Konsum zu berücksichtigen, wonach sich die Haushalte bei ihren Konsumplanungen immer auch am Einkommen der Vorperiode (t-1) ausrichten und sich so Einkommensänderungen immer erst mit einer zeitlichen Verzögerung (sog. Robertson-lag) auf die Ausgabenseite niederschlagen werden (vgl. Allen 1975, S. 17). Die Neueinstellungen werden sich daher in Form eines einkommensinduzierten "sekundären Nachfrageeffektes" erst in einem bestimmten Zeitintervall für die Unternehmen rentieren, in dem dann den zusätzlichen Lohnkosten, adäquate Umsatzsteigerungen gegenüberstehen werden. Schlagen sich die beschäftigungsinduzierten Einkommenszuwächse im Zeitpunkt t_1 in Ausgabenerhöhungen nieder (sekundärer Nachfrageeffekt), so wird das bisher nur über Impulskäufe und durch die Befriedigung des "Nachfragestaus" erhöhte Konsumniveau langfristig weiteransteigen, da mit dem dauerhaften Anstieg des Einkommensniveaus sich auch die Nachfrage auf einem höheren Niveau verfestigen wird. Der mit einem Einkommenszuwachs verbundene Anstieg des Lebensstandards trägt mit dazu bei, daß das Niveau des Konsums auf einer höheren Stufe verweilen wird, da die Konsumenten nur schwer ein bereits erreichtes Konsumniveau wieder aufgeben werden (vgl. Modigliani 1975, S. 2 ff.; Mayer 1972, S. 19 f.; Duesenberry 1967, S. 111 ff.; Allen 1975, S. 20). Verstärken wird sich der "sekundäre Nachfrageimpuls" zudem dadurch, daß im Zeitablauf auch die anderen Lohnbezieher von dem expansiven Prozeß mit Einkommenserhöhungen (Anpassungen des Lohns an gesamtwirtschaftliche Entwicklung) profitieren und damit ebenfalls zu einem Zuwachs der Konsumausgaben beitragen werden, der für die Bezieher höherer Einkommen allerdings relativ geringer ausfallen wird, da sie wie bereits festgestellt einen geringeren Anteil des Einkommens zu Konsumzwecken verwenden (vgl. z.B. Ando/Modigliani, in: AER 1963, S. 73; Keynes 1964, S. 97; Mayer 1972, S. 19 f.). Langfristig ist davon auszugehen, daß über weitere Umsatzsteigerungen die mit den Neueinstellungen verbundenen zusätzlichen Lohnkosten zu decken sein werden und eventuelle Preissteigerungen, die vielleicht noch in der Übergangsphase zu einem liberalen Ladenschlußmodell zur Kompensation der personalbedingten Kostensteigerungen notwendig waren, hinfällig werden. Zudem verstärkt sich in einem solchen Falle die Notwendigkeit längerer Öffnungszeiten, da sich durch die Verteilung der gesamtwirtschaftlichen Arbeitszeiten auf einen erheblich größeren Zeitraum als bisher, sich auch die Nachfrage auf die unterschiedlichen Tageszeiten verteilen wird und so erweiterte Öffnungszeiten zur Befriedigung der Kundenwünsche erforderlich werden (Synchronisationsprozeß).

Primärer als auch sekundärer Nachfrageeffekt bedingen wie gezeigt eine gesteigerte Binnennachfrage. Ist die Nachfrage dabei größer als von den Unternehmen antizipiert, wird die Konsumgüterindustrie kurzfristig ihre Läger abbauen. Sofern die Nachfrageerhöhung von Seiten der Unternehmen nicht nur als kurzfristig und von vorübergehender Natur angesehen wird, ergibt sich für sie ein Anreiz mehr zu produzieren und somit langfristig die Produktionsauslastung den veränderten Bedürfnissen anzupassen (vgl. Keynes 1964, S. 27 ff.; Branson 1989, S. 37 f.). Hierbei wird es unter der Annahme, daß nicht alle Produktionsfaktoren ausgelastet sind, zu einem Abbau von Kurzarbeit, zur Überstundenausweitung und zu einem Bedarf an zusätzlichen Arbeitskräften kommen. Insofern bleiben die Folgen einer Aufhebung des Ladenschlußgesetzes nicht allein auf den Einzelhandelssektor beschränkt, sondern übertragen sich auch auf die ihm vorgelagerten Bereiche (sog. Akzelerator-Effekt). Dabei wird eine liberalisierungsbedingte Belebung der Nachfrage nicht nur den Bedarf nach Gütern der Konsumgüterindustrie verändern, sondern auch eine steigende Nachfrage nach Investitionsgütern (abgeleitete Nachfrage) hervorrufen, um der Produktionsausweitung im Konsumgütersektor Rechnung zu tragen. Die auf diese Weise induzierte Zunahme der Investitionen (indirekte Investitionen) kann dabei ein Vielfaches der originären Konsumsteigerung betragen. Die Stärke der "Beschleunigung der abgeleiteten Nachfrage" (sog. Akzelerator) ist von der Größe des Kapitalkoeffizienten (Kapital-Output-Verhältnis) abhängig (vgl. Allen 1975, S. 70 ff., S. 201 ff.; Branson/Litvack 1981, S. 222 ff.). Das Akzeleratorprinzip enthält dabei in bezug auf das Verhalten der Unternehmen die Hypothese, daß diese ihre Kapazitäten (als Bestandsgröße) stets der Konsumnachfrage (als Stromgröße) anpassen. Die Kapazitäten steigen in jedem Fall auf ein Niveau, welches dazu ausreicht, den Output in Höhe der neuen Konsumnachfrage zu produzieren (vgl. Allen 1975, S. 70 ff., S. 201 ff.; Branson/Litvack 1981, S. 222 ff.). Anders als beim Multiplikatorprozeß wird beim Akzelerator-Theorem der Kapazitätskoeffizient einer Investition berücksichtigt. Jede im Verlaufe des Akzeleratorprozesses induzierte Erhöhung der Nettoinvestition setzt wiederum einen Multiplikatorprozeß in Gang, der zu einer weiteren Belebung der Binnennachfrage führt und damit weitere Investitionen induziert. Demnach fällt der im Falle einer Flexibilisierung der Ladenöffnungszeiten zu erwartende kombinierte Multiplikator-Akzeleratorprozeß weitaus expansiver aus als jeder der Prozesse allein. Dieser "Anstoßeffekt" ist allerdings nur kurzfristiger bzw. einmaliger Natur.

Mit einer Erhöhung des jeweiligen Auslastungsgrades der Betriebe der Konsum- und Investitionsgüterindustrie sind in Abhängigkeit der gegebenen Arbeitsproduktivität auch für diese Wirtschaftsbereiche Beschäftigungseffekte zu erwarten. Allerdings wird der Gesamteffekt in diesen Wirtschaftszweigen aufgrund des hohen Technisierungsgrads geringer ausfallen als für den Bereich des Einzelhandels. Die entstehenden Einkommenszuwächse im Industriesektor werden jedoch über eine weitere Nachfragebelebung den Multiplikatorprozeß weiter verstärken und dazu beitragen, daß sich die Öffnungszeiten aufgrund der weiteren Belebung der Nachfrage tendenziell noch weiter ausdehnen werden und sich *langfristig* neben einem höheren Volkseinkommen auch ein höheres Konsumniveau einstellen wird. Letztlich wird das Ergebnis des Gesamtprozesses eine Entlastung des Arbeitsmarktes und eine nachfrageinduzierte Belebung der gesamten Volkswirtschaft sein, was in Zeiten einer sich nur langsam aus einer Rezession erholenden Wirtschaft besonders erstrebenswert ist. Demzufolge sind Veränderungen im Bereich des Einzelhandels - wie es die Aufhebung des Ladenschlußgesetzes darstellt - nicht wie es oftmals geschieht isoliert zu betrachten, sondern in einen Gesamtzusammenhang einzuordnen, der letztlich zu einer ganz anderen Beurteilung des ökonomischen Potentials einer Liberalisierung der Ladenöffnungszeiten führen kann.

7.4 Grundannahmen des Modells

Dem hier vorangestellten Szenario sowie dem sozial- und wettbewerbsorientierten Grundmodell liegen dabei spezifische volkswirtschaftstheoretische Annahmen und psychologische Verhaltensweisen zugrunde, die sich wie folgt darstellen:

7.4.1 Bedarf verlängerter Öffnungszeiten

Wesentlicher Ausgangpunkt für die mit einer Aufhebung des Ladenschlußgesetzes verbundenen positiven ökonomischen Folgewirkungen ist die Annahme, daß in der Übergangsphase zu einem neuen Ladenschlußmodell überhaupt genügend Bedarf nach verlängerten Öffnungszeiten beim Verbraucher besteht. Dabei geht das hier vorgestellte Modell davon aus, daß es durch die zeitliche Begrenzung der Einkaufszeit eines Teils der Bevölkerung (vor allem Berufstätiger und Selbständiger) dazu gekommen ist, daß diese Gruppe ihre notionale (geplante) Nachfrage nicht verwirklichen konnte und daher ihre Konsumausgaben einschränkte (so auch das ifo Institut in seinem Gutachten zum Ladenschlußgesetz; vgl. ifo Institut, in: ifo Schnelldienst 1995, S. 16), was letztlich zu einem verminderten Absatz auf Seiten des Einzelhandels beitrug und gleichzeitig dessen Umsatz schmälerte. Infolgedessen gilt: Wenn sie mehr

Zeit hätten, würden sie auch mehr ausgeben, so daß bei einem Teil der Bevölkerung der Wunsch nach einer Ausweitung der Ladenöffnungszeiten besteht. Daß diese Annahme nicht aus der Luft gegriffen ist, belegt die im Rahmen dieser Arbeit durchgeführte Verbraucherbefragung (näheres hierzu vgl. Kapitel 9.3), wonach nicht nur 69,8 Prozent aller befragten Personen eine Flexibilisierung der Ladenöffnungszeiten befürworten würden, sondern bereits heute 7,2 Prozent der Befragten Spätverkaufsstellen regelmäßig bzw. häufig nutzen, was als Indiz für einen vorhandenen Bedarf an verlängerten Öffnungszeiten gewertet werden kann. Einen weitaus besseren Eindruck hinsichtlich des tatsächlichen Bedarfs nach verlängerten Öffnungszeiten, vermitteln jedoch die Ergebnisse auf die Frage nach den zu erwartenden Ausgabenerhöhungen im Zuge einer Liberalisierung, wonach immerhin 53 Prozent der befragten Konsumenten sich vorstellen konnten, ihre Konsumausgaben zu erhöhen. Betrachtet man diese Gruppe näher, so stellt man fest, daß es sich hierbei vorwiegend um Berufstätige und Selbständige handelt, deren zur Verfügung stehende Einkaufszeit nicht ausreichend ist und die sich daher durch die derzeitigen Ladenschlußzeiten benachteiligt fühlen (vgl. näheres hierzu Kapitel 9.3). Insofern kann auch zunächst ohne eine Steigerung des volkswirtschaftlichen Einkommensniveaus von einer Erhöhung der Konsumausgaben ausgegangen werden, da die benachteiligte Konsumentengruppe versuchen wird, ihren "Nachfragestau" zu befriedigen. Zudem sind nach den Ergebnissen der angewandten Konsumentenforschung im verstärkten Maße Impulskäufe zu erwarten (vgl. Kroeber-Riel 1990, S. 386 ff., 376 ff., 169, 235, 257; Weinberg/Gottwald, in: JBR 1982, S. 43 ff.; Höger 1972, S. 73), die durch einen Schaufensterbummel (Verführungseffekt) ausgelöst werden und ebenso zur Nachfragebelebung beitragen werden. In einem solchen Falle werden sich auch die Öffnungszeiten ausweiten, um der gesteigerte Nachfrage gerecht zu werden.

7.4.2 Umsatzerwartungen

Eine weitere wesentliche Grundannahme besteht darin, daß Umsatzsteigerungen nicht von vornherein auszuschließen sind. Das "Stützel-Paradoxon", das auch bei einer Veränderung der Ladenöffnungszeiten gleichbleibende Umsätze postuliert (vgl. Batzer 1984, S. 20; HBV 1993, S. 4; Niedersächsisches Ministerium für Wirtschaft, Technologie und Verkehr 1993, S. 3), ist nicht als allgemeingültige Verhaltensannahme zu verstehen, da es einkommensinduzierte Konsumerhöhungen sowie das Phänomen der Impulskäufe unberücksichtigt läßt. Mit dieser "Ceteris-paribus-Behandlung" ist in der Realität nicht zu rechnen, so daß Umsatzveränderungen nicht ausgeschlossen werden können (so auch Schmidt/Kayser 1986, S. 36). Ebenso ist wohl davon auszugehen, daß die Preise im Zuge der Aufhebung des Ladenschlußgesetzes konstant bleiben, da auf allen Stufen des Produktionsprozesses freie Kapazitäten vorhanden sind und die Produzenten und Anbieter insofern auf Nachfrageänderungen mit Mengen- und nicht mit Preisanpassungen reagieren. Diese Annahme scheint sich auch durch die Erfahrungen des Auslandes zu bestätigen (vgl. Schmidt/Kayser 1986, S. 196 ff.).

7.4.3 Zusammenhang von Arbeitsschutz und Ladenöffnungszeiten

Eine weitere Annahme des Modells besteht darin, daß es keinen Zusammenhang von Öffnungszeiten und Arbeitsschutz gibt, wie es dem Entwurf des Ladenschlußgesetzes noch zugrunde gelegt wurde. Stellt man die tatsächliche Arbeitszeit den üblichen Öffnungszeiten gegenüber, so zeigt sich in der Entkoppelung, daß dieser Zusammenhang keinesfalls gegeben ist und Verschlechterungen im Hinblick auf den Arbeitnehmerschutz im Falle einer Freigabe der Ladenöffnungszeiten prinzipiell nicht zu erwarten sind. Dies schon aus dem Grunde, als daß bestehende Arbeitsschutznormen (z.B. AZO, BetrVG, GewO) bereits in der Vergangenheit die Arbeitszeit der im Einzelhandel beschäftigten Arbeitnehmer regelten.

7.4.4 Das Arbeitskräftepotential

Darüber hinaus ist davon auszugehen, daß dem im Zuge einer Ausweitung der Ladenöffnungszeiten auftretenden Arbeitskräftebedarf auf Seiten des ungesättigten Arbeitsmarktes auch ein adäquates Angebot gegenübersteht. Hinsichtlich der Lage der Arbeitszeit hat sich bereits im Fall der Einführung des Dienstleistungsabends gezeigt, daß es nicht schwierig war, williges Personal - sei es innerhalb des Betriebes als auch extern - für den Abendeinsatz zu bekommen (vgl. Kapitel 9.1). Des weiteren spricht gerade der ungesättigte Arbeitsmarkt für ein ausreichendes Potential an Arbeitskräften, wovon allein 300.000 Arbeitslose auf der Suche nach einer Teilzeittätigkeit sind, deren Einsatz sich bei einer Erweiterung der zeitlichen Betriebsbereitschaft geradezu anbieten würde (vgl. HB vom 9. Juni 1994, S. 3). Im internationalen Vergleich (z.B. zu Holland mit 34,3 %) ist die Quote der Teilzeitbeschäftigten mit nur 15,5 % relativ niedrig, wobei in der Bundesrepublik nach Schätzungen noch rund 60 Prozent der Arbeitsplätze rentabel zu teilen wären und allein mit einer Verdopplung der jetzigen Teilzeitquote ca. zwei Millionen neue Arbeitsplätze geschaffen werden könnten (vgl. FAZ vom 29. Januar 1994, S. 12; FAZ vom 9. Juni 1994, S. 17). Insbesondere in den neuen Bundesländern, wo nach Angaben des Statistischen Bundesamtes im Jahre 1994 nur eine halbe Million Arbeitnehmer in Teilzeitbeschäftigungsverhältnissen tätig waren, während Westdeutschland immerhin 4,4 Millionen Teilzeitbeschäftigte aufweisen konnte (vgl. telefonische Anfrage beim StBA, vom 9. August 1994), ist ein erhebliches Potential zur Durchsetzung flexibler Arbeitszeiten gegeben, welches einen beträchtlichen Beitrag zur Senkung der hohen Arbeitslosigkeit im Osten der Republik leisten könnte. Im Hinblick auf das von Seiten der Kritiker einer Liberalisierung der Ladenschlußgesetzgebung angezweifelte Qualifikationsniveau im Reservoir der Arbeitslosen, ist darauf zu verweisen, daß der Beschäftigungsabbau im Einzelhandel (vgl. GdE [b] 1993, S. 7 f.) der letzten Jahre viele gelernte Verkaufskräfte in die Erwerbslosigkeit führte, so daß ein ausreichendes Potential an qualifizierten Fachkräften als gegeben angesehen werden kann. Einer Aufhebung des Ladenschlußgesetzes stünde somit aus personalpolitischer Sicht nichts im Wege.

7.4.5 Das Kaufkraftargument

Die oben beschriebende Kausalkette (vgl. Seite 98 ff.), die für die Analyse der Effekte einer Flexibilisierung der Ladenöffnungszeiten die Grundlage bietet, beinhaltet eine Annahme von größter Bedeutung: Demnach hängt die Wirkung des Multiplikatoreffektes einzig und allein davon ab, ob die nominale Veränderung der Einkommenswerte sich auch in einer höheren Konsumkaufkraft (reale Veränderung) niederschlägt (vgl. Vajna 1982, S. 16 ff.). Eine Erhöhung der Kaufkraft (sog. Kaufkraftargument) ist nur dann zu erwarten, wenn das höhere Einkommensniveau nicht durch staatliche Abgabenlasten (Steuern) und eine Steigerung des Preisniveaus kompensiert wird (vgl. Vajna 1982, S. 17 f.). Mit Rückgriff auf die ausländischen Erfahrungen und vielfachen Modellrechnungen ist davon auszugehen, daß zumindestens langfristig das Preisniveau sich nicht erhöhen wird (vgl. Schmidt/Kayser 1986, S. 196 ff.; ifo Institut, in: ifo Schnelldienst 1995, S. 22) und sich somit der kritische Übergang von einer nominalen Veränderung zu einer einer realen Veränderung vollziehen kann. Sorgen bereitet allerdings die in der Bundesrepublik in den letzten Jahren drastisch gestiegende hohe Abgabenlast, die eher konsumdämpfende Wirkung hat. Insbesondere der kürzlich eingeführte Solidaritätszuschlag, der in einigen Einkommensgruppen zu erheblichen Einschnitten führte und die Kaufkraft über Realeinkommensverluste eher schwächte, ist in diesem Zusammenhang kritisch zu bewerten. Für den ökonomischen Erfolg einer Freigabe der Ladenöffnungszeiten ist letztlich der Staat in Form einer gemäßigten und nachfragefreundlichen Steuerpolitik mitverantwortlich.

7.4.6 Exkurs: Die Konsumtheorie

Mit entscheidend für die Entwicklung der Konsumnachfrage im Zuge einer Freigabe der Ladenöffnungszeiten ist neben der steuerpolitischen Tragweite vor allem auch die Frage, wie sich die Konsumenten bei einer Änderung ihrer Einkommenswerte verhalten werden. Das heißt im Vordergrund der Betrachtung steht die Problematik, welche Faktoren das Konsumverhalten bestimmen und wie der Verbraucher den Konsum im einzelnen plant und sich Einkommensänderungen hierauf auswirken werden. Theoretisch gesehen handelt es sich dabei um die Ausgestaltung der Konsumfunktion. Im Rahmen der Volkswirtschaftstheorie gibt es hierzu unterschiedliche Erklärungsansätze, die sich unterschiedlich auf das Ergebnis der zuvor skizzierten Steigerung des Konsumniveaus auswirken würden. Zum besseren Verständnis der letztendlich im Rahmen dieser Arbeit unterstellten Konsumfunktion, ist es in diesem Zusammenhang unabdingbar, zunächst die wesentlichen Ansätze der Konsumtheorie kurz darzustellen und im einzelnen zu diskutieren:

7.4.6.1 Die Keynesianische Konsumfunktion

Die von Keynes 1936 in der 'General Theory' veröffentlichte Konsumfunktion ist der Grundbestandteil seiner auf der Relation von Einkommen zu Ausgaben basierenden Analyse der Bestimmung des Volkseinkommens. Sie ist trotz oder gerade wegen ihrer vereinfachenden Annahmen der in der Lehre am häufigsten anzutreffende Erklärungsansatz für die Bestimmung des Konsums. Dabei ist die von Keynes entwickelte Konsumtheorie im Gegensatz zu späteren Ansätzen (z.B. von Friedman, Modigliani) eher konsum- anstatt sparorientiert, d.h. Keynes betrachtet das Sparen als ein Nebenprodukt des Konsums und sieht keinen weiteren Erklärungsbedarf der Motive und des mehrperiodig ausgerichteten Sparverhaltens der Individuen (vgl. Keynes 1964, S. 61 ff.; Mayer 1972, S. 18). Insofern beschränkt sich Keynes Konsumansatz im Gegensatz zu den später entwickelten Theorien (z.B. Brumberg-Modigliani-Ando, Friedman etc.) auf eine relativ kurze Periode (vgl. Mayer 1972, S. 18).

Nach Auffassung von Keynes wird der Konsum sowohl von objektiven Umständen wie Lohnänderungen, dem Nettoeinkommen, Wohlfahrtseffekten, der Steuerpolitik und den Lohnerwartungen (vgl. Keynes 1964, S. 89 ff.), als auch von subjektiven Einflußfaktoren (Lebensalter, Erwartungen etc.; vgl. Keynes 1964, S. 107 ff.) beeinflußt. Allerdings mißt er diesen Faktoren nur eine geringe Bedeutung für den Einfluß auf die Konsumneigung der Individuen zu. So erklärt er z.B. in Hinblick auf den Einfluß des Zinses, daß ein Anstieg desselben den Verbraucher zwar dazu bewegen mag, mehr zu sparen (sofern das Einkommen unverändert bleibt), allerdings die Höhe der Zinsen auch das Investitionsverhalten beeinflußt, so daß das Einkommen eben nicht unverändert bleiben wird und daher letztlich der Einfluß des Zinses auf den Konsum als gering anzusehen ist (vgl. Keynes 1964, S. 110 ff.). Unter der vereinfachenden Annahme, daß den objektiven und subjektiven Faktoren bei der Bemessung der Summe des Konsums nur eine geringe Bedeutung zukommt, unterstellt Keynes im weiteren, daß die Konsumfunktion vor allem durch das verfügbare Einkommen (mikroökonomische Ebene) bzw. das Volkseinkommen (makroökonomische Ebene; vgl. Keynes 1964, S. 52 ff., 96 ff., 114 ff.) der Haushalte determiniert wird.

Als Konsumfunktion ergibt sich somit folgende Gleichung (vgl. Allen 1975, S. 20):

$$C = C_a + \alpha y^v \qquad \text{mit } 0 < \alpha < 1,$$

C_a: autonomer Konsum
α: Grenzkonsumneigung
y^v: verfügbares Einkommen
C: Konsum

Die Funktion spiegelt die Beobachtungen wider, daß Individuen mit zunehmenden Einkommen dazu neigen, einen geringeren Anteil ihres zur Verfügung stehenden Einkommens auf den Konsum zu verwenden und damit verbunden bei einem gegebenen Konsumniveau Personen höherer Einkommensgruppen relativ mehr sparen als Individuen niedriger Einkommensklassen (sog. fundamentales psychologisches Gesetz nach Keynes; vgl. Keynes 1964, S. 96 f.).

Keynes unterstellt dabei, daß die Konsumfunktion eine linear wachsende Funktion des Realeinkommens ist und sich sowohl aus einem autonomen Teil (C_a) in Höhe des vom Individuum veranschlagten Existenzminimums und einem variablen Bereich, der von der Grenzkonsumneigung abhängt, zusammensetzt (vgl. Allen 1975, S. 20). Dabei nimmt er an, daß bei kleinen Einkommen der Verbrauch den Wert des Einkommens übersteigt, was nur möglich ist, wenn früher angesammelte Ersparnisse aufgelöst oder Schulden gemacht werden. Es handelt sich dabei um den sogenannten autonomen Konsum (C_a), der von der Höhe des Einkommens unabhängig und als Ausdruck des Lebensstandards anzusehen ist (vgl. Allen 1975, S. 20). C_a hat daher die Tendenz bei steigendem Lebensstandard größer zu werden. Eine weitere Hypothese, welche die von Keynes entwickelte Konsumfunktion beinhaltet, ist, daß der Konsum mit steigendem Einkommen zunimmt, dieser Anstieg aber im geringeren Maße als die Zunahme des Einkommens erfolgt ($\Delta C < \Delta Y$; vgl. Keynes 1964, S. 96 f., 114 ff.). Die Grenzneigung des Konsums (marginale Konsumquote), als der Quotient aus zusätzlichem Konsum und Einkommenszuwachs ($\alpha = dC/dy^v$), bestimmt die Steigung der Konsumfunktion (vgl. Keynes 1964, S. 115; Allen 1975, S. 19 f.). Keynes geht davon aus, daß die marginale Konsumquote mit steigendem Einkommen abnimmt (vgl. Keynes 1964, S. 97). Implizit wird hierdurch die Einkommensverteilung als weitere Bestimmungsgröße des Konsums herangezogen ohne dies jedoch näher zu erläutern (vgl. Klein 1962, S. 277 ff.). Zur besseren Analyse wird α jedoch meist konstant gesetzt, d.h. über alle Einkommensgruppen hinweg als gleich angesehen (vgl. Allen 1975, S. 20). Die Grenzkonsumneigung kann sich aber auch dann auf Grund der konjunkturellen Erwartungen verändern. Im Aufschwung steigt sie, in der Rezession geht sie zurück. Die marginale Konsumquote ist von der durchschnittlichen Konsumquote (Durchschnittsneigung zum Konsum als c/y) abzugrenzen, welche den Anteil des Verbrauchs am Volkseinkommen beschreibt. Sie wird nach Keynes Konzept mit steigendem Einkommen abnehmen, obwohl die absoluten Ausgaben ansteigen und die Grenzkonsumneigung konstant ist (generelles psychologisches Gesetz), da mit wachsendem Einkommen ein immer größerer Teil des Einkommens gespart wird (vgl. Keynes 1964, S. 96 f., 114 ff.).

Die Art des Vorgehens bei der Bestimmung der Determinanten des Konsums, wonach Keynes alle anderen konsumbestimmenden Faktoren neben dem verfügbaren Einkommen konstant setzt, dient letztlich der Vereinfachung und Wahrung einer besseren Übersichtlichkeit, wie es im Rahmen eines Modells immer verfolgt wird. In der Realität ist allerdings nicht mit ihrer Konstanz zu rechnen. Zu Analysezwecken ist dieses Vorgehen aber unumgänglich, da eine alle (mit eventuell gegenseitigen Abhängigkeiten) Faktoren umschließende Konsumfunktion letztlich viel zu unhandlich wäre. Zwar gehen neben dem verfügbaren Einkommen weder subjektive noch objektive Einflußfaktoren direkt in die keynesianische Konsumfunktion ein, werden aber insofern nicht vernachlässigt, als daß sie für Überlegungen in bezug auf eine mögliche Verschiebung der Kurve von großer Bedeutung sind. Die Nichtberücksichtigung einer Veränderung der als konstant angesehenden exogenen Faktoren in Form einer Verschiebung der Konsumfunktion kann allerdings zu wesentlichen Fehleinschätzungen im Hinblick auf die zukünftige Konsumentwicklung führen (vgl. Modigliani 1975, S. 2 ff.; Modigliani, in: AER 1986, S. 298 f.). Um Änderungen der anderen Faktoren berücksichtigen zu können, muß streng zwischen einer Bewegung auf der Kurve und der Verschiebung der Kurve unterschieden werden. Zum besseren Verständnis, inwieweit einzelne Faktoren die Konsumfunktion beeinflussen können, wird an dieser Stelle kurz deren Einfluß dargestellt. So erbringt z.B. ein Zuwachs an *Vermögensanteilen* einen um so geringeren Grenznutzen, je größer der vorhandene Bestand bereits ist, so daß zu unterstellen ist, daß mit zunehmendem Geldvermögen das Sparen sinkt und der Konsum zunimmt (vgl. Keynes 1964, S. 107 ff.). Entsprechend wird sich die Konsumkurve nach oben verschieben. Die Nichtberücksichtigung dieser Zusammenhänge war ausschlaggebend für die Fehlprognosen des Nachkriegskonsums in den USA, was auch Kritik an der Theorie Keynes hervorrief, auf dessen Grundlage man von einer schwachen Konsumnachfrage ausgegangen war. Die Prognose, die aufgrund der im Zuge des Kriegsendes erwarteten Einkommenszunahme vorausgesagt worden war, widersprach den tatsächlichen Gegebenheiten insoweit, als daß das angesammelte Kriegsvermögen sich überproportional stark auf die Konsumausgaben auswirkte. Bei der *Einkommensverteilung* hingegen ist zu unterstellen, daß die Grenzneigung zum Konsum der Besserverdiendenden kleiner ist als die der Bezieher geringer Einkommen, so daß Maßnahmen zur Einkommensumverteilung eine Erhöhung der marginalen und damit auch durchschnittlichen Konsumquote zur Folge haben werden (vgl. Keynes 1964, S. 91 f.). *Preis- und Einkommenserwartungen* werden ebenfalls Einfluß haben (vgl. Keynes 1964, S. 95). In Erwartung steigender Preise wird der Konsum ausgeweitet. Folge ist eine Verschiebung der Konsumfunktion nach oben und ein gleichzeitiger Anstieg der durchschnittlichen Konsumquote. Änderungen der Einkommenserwartungen werden dagegen weniger die durchschnittliche als die marginale Konsumquote beeinflussen. Hinzu kommen eine Vielzahl anderer Einflußfaktoren, die es in der Praxis zu berücksichtigen gilt, so daß es nicht erstaunlich ist, daß die von Keynes unterstellte Stabilität der Konsumfunktion (vgl. Keynes 1964, S. 96) durch empirische Erhebungen langfristig nicht bestätigt werden konnte.

Als Grundaussage der keynesianischen Konsumtheorie bleibt festzuhalten, daß zum einen die Grenzneigung des Konsums geringer als die Durchschnittsneigung zum Konsum ausfällt, da die Haushalte grundsätzlich bestrebt sind ihr Konsumniveau aufrechtzuerhalten, so daß Einkommensänderungen die Konsumausgaben nicht proportional beeinflussen werden. Folglich ist mit steigendem Einkommen eine abnehmende durchschnittliche Konsumquote verbunden (vgl. Keynes 1964, S. 113 ff.; Modigliani, in: AER 1986, S. 297 f.).

Zunächst schienen sich die Implikationen der keynesianische Konsumfunktion in empirischen Erhebungen bestätigen zu lassen, da Schätzungen für diese einfache Konsumfunktion im Zeitraum von 1929 bis 1941 in den Vereinigten Staaten von Amerika die Annahme einer fallenden durchschnittlichen Konsumquote bei steigenden Einkommensniveaus belegten (vgl. Klein 1962, S. 289 f.; Modigliani 1975, S. 2 ff.; Friedman 1964, S. 3 ff.). Allerdings brachten weitere Untersuchungen nach Ende des Zweiten Weltkrieges entgegenstehende Ergebnisse hervor (vgl. Klein 1962, S. 290; Modigliani 1975, S. 2 ff.; Modigliani, in: AER 1986, S. 298 f.). Ein weiterer Beleg, der die von Keynes postulierte langfristig geltende inverse Funktion von Konsum-Einkommensentwicklung in Frage stellte, war die von Simon Kuznets über einen langen Zeitraum hinweg, auf Basis von Querschnittsdaten, angefertigten Untersuchungen über die Proportionalität von Konsum und Einkommen (vgl. Kuznets 1946, S. 3 ff.; Kuznets, in: AERPP 1952, S. 507 ff.; Modigliani, in: AER 1986, S. 298 f.; Friedman 1964, S. 3 ff.). Ergebnis dieser umfassenden Analyse war die Erkenntnis, daß sich die Durchschnittsneigung zum Konsum über einen langen Zeitraum hinweg als stabil erwies, d.h. Konsum und Einkommen im gleichen Maße zunahmen. So ergab sich für die Jahre 1869 bis 1898 und 1884 bis 1915 eine Durchschnittsneigung zum Konsum von je 0,867 und für den Zeitraum von 1904 bis 1933 von 0,879 (vgl. Kuznets 1946, S. 3 ff.; Kuznets, in: AERPP 1952, S. 507 ff.). Langfristig sind somit Grenzkonsumneigung und Durchschnittsneigung zum Konsum gleichzusetzen; kurzfristig hingegen ist die marginale Konsumquote kleiner als die durchschnittliche Konsumneigung ($dC/dy^v < c/y$).

Der Grund für die Abweichung der Untersuchungsergebnisse Kuznets von den Aussagen und empirischen Belegen Keynes ist darin zu sehen, daß in der Nachkriegsgeschichte Faktoren wie die Einkommensverteilung, Wohlstand und individuelle Erwartungen an Einfluß auf das Konsumverhalten gewannen, so daß letztlich nicht mehr von einer linearen Beziehung von Einkommen und Konsum - wie Keynes es unterstellte - auszugehen ist (vgl. Klein 1962, S. 290). Diese Erkenntnis führte schließlich dazu, daß die der keynesianischen Theorie nachfolgenden Konsumforschungsansätze von einem umfassenderen Einkommensmaßstab als dem verfügbaren laufenden Einkommen ausgehen und dabei versuchen das Phänomen zu erklären, daß sich zwar kurzfristig die durchschnittliche Konsumquote verringern kann, langfristig aber konstant bleibt. Gleichzeitig gehen die neueren Ansätze zur Bestimmung der Determinanten des Konsum- und Sparverhaltens eher von langfristigen Erwartungen über die Konsummöglichkeiten auf Seiten der Wirtschaftssubjekte aus (sog. intertemporaler Optimierungsansatz Fisher's; vgl. Fisher 1930, insbesondere Kapitel 4 - 7; DeSerpa 1988, S. 129 ff.), wobei sich der Konsum diesen langfristig ausgerichteten Überlegungen schließlich anpaßt. Durch den Einbezug eines mehrperiodigen Zeithorizonts soll vor allem der Einfluß des laufenden Einkommens auf das Konsumverhalten relativiert werden. Im besonderen stellen diese Ansätze auf das durchschnittliche Einkommen ab, wodurch die Konsumausgaben relativ konstant bleiben. Der Unterschied der verschiedenen Theorien liegt lediglich in der verschiedenartigen Sichtweise des Begriffs des durchschnittlichen Einkommens.

7.4.6.2 Die Lebenszyklushypothese

Die *Lebenszyklushypothese*, die zunächst von Modigliani und Brumberg konzipiert und nach dem frühen Tod Brumbergs von Modigliani und Ando weiterentwickelt wurde, befaßt sich in ihren zentralen Aussagen mit der Konsumplanung eines Individuums über seine gesamte Lebenszeit gesehen und entwickelt aufgrund der gewonnenen Erkenntnisse daraus eine makroökonomische Theorie des Konsums und Sparens (vgl. Modigliani 1975, S. 2 ff.; Modigliani/Brumberg 1962, S. 388 ff.; Ando/Modigliani, in: AER 1963, S. 55 ff.; Modigliani, in: AER 1986, S. 297 ff.; Modigliani, in: SR 1966, S. 160 ff.; Mayer 1972, S. 17 ff., 26 ff.). Hierzu wird auf Grundlage des intertemporalen Maximierungsansatzes Fisher's (vgl. Fisher 1930, insbesondere Kapitel 4 - 7) der zukünftige Konsum der Haushalte in die Nutzenfunktion einbezogen und die jetzigen Ressourcen, als auch die abgezinsten zukünftigen Einkünfte über die Lebenszeit gesehen, maximiert (vgl. Modigliani/ Brumberg [a] 1962, S. 390 ff.; Modigliani, in: SR 1966, S. 160 ff.). Folglich stellt sich im Rahmen der Lebenszyklushypothese die gegenwärtige Konsumfunktion als eine Funktion der Ressourcen und der Rate des Kapitalrückflusses in Abhängigkeit des Alters dar (vgl. Ando/Modigliani, in: AER 1963, S. 56; Mayer 1972, S. 26 ff.).

Nach der Lebenszyklushypothese planen die Wirtschaftssubjekte ihren Konsum und ihre Ersparnisse über lange Perioden mit dem Ziel, den Konsum optimal (in einer gleichmäßigen Rate) auf die Lebenszeit zu verteilen. Folglich sind die Konsumausgaben vom erwarteten Lebenseinkommen abhängig (vgl. Modigliani/Brumberg 1962, S. 393 ff.; Modigliani 1975, S. 5 ff.). Gespart wird, um das gewünschte Konsumniveau auch dann realisieren zu können, wenn das aktuelle Einkommen niedriger ist, als die hierfür notwendige Konsumsumme (Konsum im Alter; vgl. Modigliani/

Brumberg 1962, S. 394 ff.; Modigliani, in: SR 1966, S. 163 ff.; Modigliani 1975, S. 5 ff.). Die laufenden Konsumausgaben hängen dabei vom Bestand an realem Vermögen und dem erwarteten realen Arbeitseinkommen ab, wobei dem Arbeitseinkommen aber ein größeres Gewicht zugemessen wird, indem unterstellt wird, daß die Konsumneigung aus den Arbeitseinkünften größer ist als die Konsumneigung aus Vermögen (vgl. Modigliani/Brumberg 1962, S. 395 ff.). Unter Berücksichtigung dieser Überlegungen kann die Konsumfunktion wie folgt gestaltet sein (in Anlehnung an die Ausführungen von Modigliani/Brumberg 1962, S. 397 ff.; Ando/Modigliani, in: AER 1963, S. 57 f.; Modigliani, in: AER 1986, S. 299 ff.):

$$C = \alpha_1 a + \alpha_2 y^l \qquad \alpha_1 = \frac{1}{NL - T} \qquad \alpha_2 = \frac{WL - T}{NL - T}, \text{ mit } WL > T$$

mit

C : Konsum
α_1 : Grenzneigung des Konsums aus Vermögen
a : Realvermögen
α_2 : Grenzneigung des Konsums aus Arbeitseinkommen
y^l : Arbeitseinkommen
T : Zeitpunkt im Leben eines Wirtschaftssubjekts (Arbeitsaufnahme)
NL : Lebenserwartung
WL : Arbeitsjahre

Zum besseren Verständnis der Implikationen der Lebenszeit-Einkommenshypothese wird zunächst unterstellt, daß jede Unsicherheit über die Lebenserwartung oder den Zeitraum des Arbeitslebens ausgeschlossen wird, kein Anfangsvermögen besteht (Ausschluß von Geschenken und Erbschaften) und für die Ersparnisse keine Zinsen bezahlt werden, so daß die laufenden Ersparnisse mit den zukünftigen Konsummöglichkeiten gleichzusetzen sind (Modigliani/Brumberg 1962, S. 394 ff.; Modigliani, in: SR 1966, S. 160 ff.). Des weiteren ist davon auszugehen, daß die Planung des Konsums eines Individuums erst mit Aufnahme einer Beschäftigung beginnt und dabei eine gleichmäßige Verteilung des Konsums über die gesamte Lebenszeit angestrebt wird, d.h. der Konsum sich am Lebenszeit- und nicht am laufenden Einkommen orientiert (vgl. Ando/Modigliani, in: AER 1963, S. 56 ff.). Der Konsum über die Lebenszeit eines Wirtschaftssubjekts kann nicht das Lebenszeiteinkommen übersteigen, sofern es nicht mit Vermögen geboren wurde, was zuvor aber explizit ausgeschlossen wurde. Folglich entspricht das Lebenszeiteinkommen dem Lebenszeitkonsum (vgl. Modigliani/Brumberg 1962, S. 397 ff.). Das Lebenszeiteinkommen entspricht dem Produkt der Arbeitsjahre (WL) und des Arbeitseinkommens pro Jahr (y^l).

Es gilt also: $C * NL = y^l * WL$ mit NL: Lebenserwartung

Insofern ergibt sich für den geplanten Konsum je Periode folgende Beziehung:

$$C = \frac{WL}{NL} * y^l \qquad \text{mit} \quad \frac{WL}{NL} = k$$

Das Verhältnis WL/NL stellt einen Proportionalitätsfaktor (k) dar, der aussagt, daß in jedem Jahr des Arbeitslebens ein Teil des Arbeitseinkommens konsumiert wird, wobei dieser Teil gleich dem Anteil des Arbeitslebens am Gesamtleben ist (vgl. Modigliani/Brumberg 1962, S. 395 ff.; Modigliani 1975, S. 5 ff.). Über den gesamten Zeitraum der Lebenszeit konsumiert ein Individuum also eine gleichmäßige Konsumrate von C, was letztlich mit dem Lebenszeitkonsum (Produkt aus Konsum je Periode und Lebenserwartung) gleichzusetzen ist. Die Konsumausgaben während des Arbeitslebens des Wirtschaftssubjekts werden dabei aus dem laufenden Einkommen gedeckt. Während des Ruhestandes (Rentenzeit) wird der Konsum hingegen durch die Ersparnisse finanziert, die während des Arbeitslebens angesammelt wurden. Unter Annahme des Ausschlusses einer Vererbung von Vermögen an eventuelle Nachkommen sind die Finanzanlagen am Lebensende aufgebraucht (vgl. Modigliani, in: SR 1966, S. 160 ff.).

Eine wichtige Komponente der Lebenszyklushypothese besagt, daß die Konsumpläne mit dem Ziel erstellt werden, ein gleichmäßiges Konsumniveau durch Sparen während Perioden hohen Einkommens (Arbeitsphase) und Entsparens während Perioden niedrigen Einkommens (Rentenzeit) zu erreichen (vgl. Modigliani 1975, S. 7 ff.; Modigliani, in: AER 1986, S. 299 ff.; Modigliani/Brumberg 1962, S. 390 ff.). Im Unterschied zu den Aussagen Keynes, beeinflußt bei der von Modigliani-Brumberg-Ando entwickelten Konsumtheorie zusätzlich zum laufenden Einkommen das gesamte zukünftig erwartete Einkommen den Lebenszeitkonsum. Dabei übernehmen Finanzanlagen die Funktion, den notwendigen Puffer zu schaffen, den das Individuum für den Konsum während des Ruhestandes benötigt.

Grundaussage der Lebenszyklushypothese für den Konsum und das Sparen ist, daß Individuen im Verlaufe ihres Lebens nicht genau zu der Zeit, in der ihnen Einkommen zukommt, dieses in derselben Höhe konsumieren wollen (Modigliani 1975, S. 7 ff.). Deshalb sparen und entsparen sie, um ihr Lebenszeiteinkommen nach ihren langfristig orientierten Bedürfnissen für den Konsum auszugeben. Im Rahmen des Ansatzes von Modigliani-Brumberg-Ando wird dabei argumentiert, daß es charakteristisch für das Verhalten der Individuen sei, während des Arbeitslebens zu sparen und diese Ersparnisse dazu genutzt werden, die Konsumausgaben in den Rentenjahren zu tragen (vgl. Modigliani, in: AER 1986, S. 300). Die Lebenszyklustheorie des Sparens geht daher davon aus, daß Haushalte viel sparen, wenn ihr Einkommen im Vergleich zum durchschnittlichen Lebenszeiteinkommen hoch ist, und entsparen werden, wenn es im Vergleich zum durchschnittlichen Lebenszeiteinkommen gering ausfällt (vgl. Modigliani, in: SR 1966, S. 160 ff.). Empirische Studien widerlegen jedoch diese Ansicht: Die Motive des Sparens sind demnach eher im Wunsch der Individuen zu sehen, den Angehörigen etwas zu hinterlassen (vgl. Kotlikoff/Summers, in: JPE 1981, S. 706 ff.). Darüber hinaus haben Untersuchungen gezeigt, daß der Anteil des Sparens am Einkommen bei älteren Menschen größer ist als bei jüngeren Personen (vgl. Ross/Danzinger/Smolensky, in: IRP Discussion Paper 1985, S. 6 ff.). Gründe hierfür könnten die Angst vor dem Alleinsein oder Krankheit sein. Insofern sind die Aussagen der Lebenszyklustheorie in Zweifel zu ziehen und kritisch zu betrachten (vgl. Mayer 1972, S. 350 f.).

Erweitert man das Modell nun dahingehend, daß man Anfangsvermögen, das durch Schenkung oder Erbschaft im frühen Lebensstadium des Individuums entstanden ist, in die Betrachtungen mit einbezieht, so ergeben sich folgende Implikationen (vgl. Modigliani, in: SR 1966, S. 162 ff.; Modigliani 1975, S. 6 f.; Modigliani/Brumberg 1962, S. 392 f.): Das Wirtschaftssubjekt verwendet alle verfügbaren Ressourcen dazu, einen möglichst gleichmäßigen Lebenszeitkonsum zu erreichen. Insofern wird ein Individuum, das im Besitz von Finanzanlagen ist, diese dazu verwenden, sein Lebenszeitkonsum zu erhöhen. Unter Berücksichtigung des Vermögens in der Konsumfunktion steigen die Lebenszeitkonsummöglichkeiten. Folglich ist es verständlich, daß das Konsumniveau höher ausfällt als ohne Berücksichtigung des Vermögens, da das Vermögen zum Zeitpunkt T in jedem Falle größer ist, als wenn das Gesamtvermögen ausschließlich durch Ersparnisse des Arbeitseinkommens gebildet wird. Zu beachten ist jedoch, daß entsprechend der Annahmen der zuvor dargestellten Konsumfunktion, die Grenzneigung aus Vermögen sowie aus Arbeitseinkommen von der Position des Haushalts im Lebenszyklus abhängt. So wird die Grenzneigung des Konsums aus Vermögen nach den Aussagen Brumberg-Modigliani-Andos desto höher sein, je näher ein Individuum sich dem Ende seiner Lebenszeit nähert (vgl. Modigliani, in: SR 1966, S. 162 f.).

Zusammenfassend lassen sich die Aussagen der Lebenszyklushypothese wie folgt festhalten: Der Konsum ist über die Lebenszeit eines Indiviuums konstant. Die Konsumausgaben werden durch das Lebenszeiteinkommen und durch das Anfangsvermögen bestimmt. Dabei wird jedes Jahr ein Anteil 1/(NL - T) des Vermögens zu Konsumzwecken verwendet. Die laufenden Konsumausgaben hängen vom laufenden Vermögen und Lebenszeiteinkommen ab (vgl. Modigliani/Brumberg 1962, S. 388 ff.; Ando/Modigliani, in: AER 1963, S. 55 ff.; Modigliani, in: AER 1986, S. 297 ff.; Modigliani, in: SR 1966, S. 160 ff.; Mayer 1972, S. 17 ff., 26 ff.).

Die Lebenszyklushypothese in dieser einfachen Form trifft stark vereinfachende Annahmen (z.B. sichere Erwartungen über das zukünftige Einkommen, Unabhängigkeit des Konsums vom Einkommensniveau usw.; vgl. Modigliani/Brumberg 1962, S. 390 ff.), die sich wie z.B. die Untersuchungen zum Sparverhalten älterer Menschen (vgl. Ross/Danzinger/Smolensky, in: IRP Discussion Paper 1985, S. 6 ff.) zeigen, in der Realität nicht bestätigen lassen. Brumberg-Ando-Modigliani heben allerdings hervor, daß die Annahmen nicht essentiell für die Implikationen des Lebenszykluskonzeptes seien, so daß sich selbst bei ihrer Aufhebung nichts am Grundresultat der Lebenszyklushypothese verändern würde (vgl. Modigliani/Ando 1960, S. 76; Modigliani/Brumberg 1962, S. 428 f.; Mayer 1972, S. 26 ff.). So würde nach Ansicht der Verfasser der Lebenszyklushypothese die Analyse wenig beeinflußt, wenn man den Ersparnissen Zinsen hinzurechnete, Unsicherheit über die Länge der Lebenszeit zuließe oder bei den Individuen der Wunsch bestünde, den Erben etwas zu hinterlassen. Im letzteren Fall würde z.B. lediglich die Entscheidung fallen, nicht alle Ressourcen in der Lebenszeit zu konsumieren.

Entgegen der ursprünglichen Meinung Brumberg-Modigliani-Andos (vgl. Modigliani 1975, S. 6 f.; Modigliani/Ando 1960, S. 76; Modigliani/Brumberg 1962, S. 428 f.; Mayer 1972, S. 26 ff.) wird die *Berücksichtigung von Unsicherheit* über das von Seiten der Haushalte zu erwartende Lebenszeiteinkommen nicht ohne Folgen auf die Grundaussagen des Konzeptes bleiben. In der Praxis wird es nie möglich sein, genau vorauszusagen wie hoch das Lebenszeiteinkommen letztlich sein wird. Vielmehr wird man hierbei und bei der Voraussage des Lebenszeitkonsums auf Prognosen des zukünftigen Arbeitseinkommens angewiesen sein. Unabhängig von den Aussagen, die die permanenten Einkommenstheorie zu diesem Punkt macht, kann man jedoch davon ausgehen, daß das erwartete Lebenszeiteinkommen sich letztlich doch mehr auf das laufende verfügbare Arbeitseinkommen beziehen wird, was in der Konsequenz eher als ein Indiz für eine keynesianische Konsumfunktion gewertet werden kann, die zusätzliche Variablen enthält.

Die bisher dargestellte Theorie bezog sich strenggenommen nur auf die mikroökonomische Ebene, d.h. stellt zunächst nur eine Theorie über den Konsum und Sparen des einzelnen Wirtschaftssubjekts dar. Überträgt man den Ansatz auf die makroökonomische Ebene, so ergeben sich folgende Schlußfolgerungen: Jedes einzelne Individuum einer Volkswirtschaft unterliegt dem zuvor skizzierten Lebenszyklus. Allerdings befinden sich die Wirtschaftssubjekte nicht alle im gleichen Zeitpunkt dieses Zyklus'. Mit entscheidend für den aggregierten Konsum ist folglich die Altersstruktur der Bevölkerung: Gibt es mehr jüngere Menschen als ältere Personen und somit mehr Ersparnis als Entsparnis, gäbe es eine Nettoersparnis in der Volkswirtschaft. Allerdings sind auch andere Faktoren wie das Durchschnittsalter der Rentner und die Existenz oder Nichtexistenz eines Sozialversicherungssystems zu berücksichtigen (vgl. Modigliani 1975, S. 9 ff.; Modigliani, in: SR 1966, S. 160 ff., 171 ff.).

Um die Tragweite des Einflusses des Vermögens bei der Lebenszyklushypothese herauszustellen und das von Kuznets beobachtete Paradoxon des kurzfristigen Absinkens der Durchschnittsneigung zum Konsum in Folge eines Einkommenszuwaches, bei einer gleichzeitig langfristigen Konstanz der Durchschnittsneigung zum Konsum zu verstehen, ist die Konsumfunktion mit dem verfügbaren Einkommen in Beziehung zu bringen (in Anlehnung an die Ausführungen von Modigliani, in: SR 1966, S. 160 ff.):

$$\frac{C}{y^v} = \alpha_1 \frac{a}{y^v} + \alpha_2 \frac{y^l}{y^v}$$ mit y^v: verfügbares Einkommen

Sofern nun der Anteil des Vermögens am verfügbaren Einkommen und der Anteil des verfügbaren Arbeitseinkommen am gesamten verfügbaren Einkommen gleich bleiben, dann wird nach der obigen Gleichung auch der Anteil des Konsums am verfügbaren Einkommen gleich bleiben. Verändert sich jedoch der Anteil des Vermögens am verfügbaren Einkommen, wird sich die Durchschnittsneigung des Konsums verändern (vgl. Modigliani, in: SR 1966, S. 160 ff., 171 ff.; Mayer 1972, S. 32). Insofern ist nach der Lebenszyklushypothese die Erklärung des Paradoxon von Kuznets darin zu sehen, daß das Verhältnis des Vermögens zum verfügbaren Einkommen zwar langfristig konstant ist, aber kurzfristig starken Schwankungen unterworfen wird, da die Individuen selbst bei Schwankungen des Lebenszeiteinkommens bestrebt sind, ein gleichmäßiges Konsumniveau aufrechtzuerhalten.

Unabhängig von der Kritik im Hinblick auf die Aussagen der Lebenszyklushypothese zu den Motiven des Sparens (vgl. Kotlikoff/Summers, in: JPE 1981, S. 706 ff.; Mayer 1972, S. 350 f.) und des Sparverhaltens älterer Menschen (vgl. Ross/Danzinger/Smolensky, in: IRP Discussion Paper 1985, S. 6 ff.) als auch der unsicheren Erwartungen in bezug auf die zukünftigen Einkünfte der Haushalte (insbesondere vor dem Hintergrund der mit der Arbeitslosigkeit verbundenen Beschäftigungsunsicherheit), gilt das Modell Brumberg-Ando-Modiglianis als attraktiver Ansatz zur Bestimmung der Determinanten des Konsums. Dies vor allem deswegen, weil der Lebenszyklusansatz nicht nur die von Kuznets beobachteten Phänomene des Konsums erklären kann, sondern explizit Vermögenswerte als eine bestimmende Variable der Konsumfunktion berücksichtigt und damit den Beobachtungen der Nachkriegszeit in bezug auf den Einfluß von Finanzanlagen auf das Konsumniveau Rechnung trägt (vgl. Branson 1989, S. 238). Darüber hinaus orientiert sich das Modell stark an den ursprünglichen Formulierungen des intertemporalen Optimierungsansatz Fisher´s, wonach die Haushalte ihre Planungen auf mehrere Perioden beziehen und sich somit nicht am laufenden Einkommen orientieren (vgl. Fisher 1930, insbesondere Kapitel 4 -7). Desweiteren wird auf makroökonomischer Ebene die Wichtigkeit des Einflusses demographischer Aspekte (z.B. Bevölkerungs- und Altersstruktur, Lebenserwartung etc.) auf den Trend des aggregierten Konsumverhaltens betont (vgl. Branson 1989, S. 238). Allerdings wird entgegen den Aussagen der Grundkonzeption des Lebenszyklusansatzes dem laufenden Einkommen ein zu großes Gewicht im Hinblick auf den Einfluß auf den gegenwärtigen Konsum beigemessen: Die Annahme über die Relation des gegenwärtigen Konsums und Lebenszeiteinkommens suggeriert nämlich, daß eine (transitorische, d.h. kurzfristige) Veränderung des laufenden Einkommens, ohne gleichzeitig von einem dauerhaften Zuwachs des Einkommens der zukünftigen Perioden begleitet zu werden, prinzipiell nur einen relativ geringen Einfluß auf das gegenwärtige Konsumniveau haben sollte. Indem Ando-Brumberg-Modigliani aber gleichzeitig die Annahme aufstellen, daß das Durchschnittseinkommen vom gegenwärtigen Arbeitseinkommen abhänge, wird die zuvor aufgestellte Annahme über die Relation des laufenden Konsums und des Lebenszeiteinkommens einfach fallen gelassen und somit der Einfluß des laufenden Einkommens auf den gegenwärtigen Konsum stark erhöht. Insofern kann man von einer Überbetonung der durch die Lebenszyklushypothese implizierten Auswirkungen einer Erhöhung des verfügbaren Einkommens auf den Konsum ausgehen. Unter Berücksichtigung der Unsicherheit der Individuen über das zukünftige Einkommen kann man demzufolge fast von dem Fortbestand der absoluten Einkommenshypothese Keynes ausgehen (vgl. Branson 1989, S. 238).

7.4.6.3 Die permanente Einkommenshypothese

Ebenso wie der Ansatz Brumberg-Modigliani-Andos, geht auch die *permanente Einkommenshypothese* Friedman's davon aus, daß die Haushalte ihr Konsumverhalten an ihren langfristigen (permanenten) Konsummöglichkeiten und nicht am laufenden Einkommensniveau ausrichten. Dabei wird unterstellt, daß von den Individuen ein gleichmäßiger Konsumstrom (sog. permanenter Konsum) angestrebt wird. Insofern mißt auch Friedman dem durchschnittlichen Einkommen eine zentrale Bedeutung in seinem Ansatz zu (Friedman 1964, S. 7 ff.; Mayer 1972, S. 34 ff.).

Der Konsum wird nach der permanenten Einkommenshypothese in Relation zum Einkommen über eine längere Periode (5 bis 10 Jahre) geplant (vgl. Friedman 1964, S. 7 ff.). Fraglich ist in diesem Zusammenhang, wie sich das Verhältnis des laufenden Einkommens zum permanenten Einkommen darstellt und wie letzteres gemessen werden kann. In der einfachsten Form der permanenten Einkommenshypothese wird folgende Beziehung von Konsum und dem langfristig durchschnittlichen Einkommen angenommen (vgl. Friedman 1964, S. 7 ff., 25 ff.; Mayer 1972, S. 38):

$C^p = k\, y^p$ mit k: individuelles Verhältnis von permanenten Konsum zu permanenten Einkommen
y^p: permanentes Einkommen
C^p: permanenter Konsum

Man erkennt aus der Gleichung, daß Friedman davon ausgeht, daß sich der Konsum proportional zum permanenten Einkommen verhält, d.h. bei einer Variation des permanenten Einkommens sich der Konsum im gleichen Maße verändern wird (vgl. Friedman 1964, S. 13 f.). Diese Verhaltensannahme ist gleichzeitig eine Erklärung für die langfristig beobachtete Konstanz der Durchschnittsneigung zum Konsum (vgl. Friedman 1964, S. 119 ff.). Das individuelle Verhältnis von permanenten Konsum zu permanenten Einkommen (k) hängt nach Aussagen Friedman's vorrangig vom Zinssatz, den individuellen Präferenzen und der Variabilität des erwarteten Einkommens ab (vgl. Friedman 1964, S. 14 ff., 25 ff.; Mayer 1972, S. 34 ff.). Einen Einfluß des Einkommensniveaus schließt Friedman hingegen aus (vgl. Friedman 1964, S. 25 ff.), so daß davon auszugehen ist, daß k über alle Einkommensklassen der Bevölkerung hinweg als gleich anzusehen ist (vgl. Friedman 1964, S. 14, 119 ff.).

Obwohl den Ausführungen Friedman's eine Standarddefinition für den Begriff des permanenten Einkommens nicht zu entnehmen ist (vgl. Friedman 1964, S. 21 ff.), kann man das permanente Einkommen als gleichmäßige Konsumrate ansehen, die ein Individuum für den Rest seines Lebens beibehalten könnte, sofern das gegenwärtige Vermögensniveau, das laufende Einkommen und das zukünftige Einkommen gegeben sind (vgl. Mayer 1972, S. 34 ff.). Bei der Bemessung des permanenten Einkommens ist davon auszugehen, daß ein Individuum ein bestimmtes gegenwärtiges Einkommen aufweist, anhand dessen sich die Konsumplanungen für das restliche Leben zunächst ausrichten werden. Erhöht sich nunmehr das Einkommen, hat das Individuum zu entscheiden, ob es sich dabei um eine permanente (dauerhafte) Erhöhung handelt oder aber die Veränderung nur vorübergehend (transitorisch) erfolgt (vgl. Friedman 1964, S. 21 ff.; Mayer 1972, S. 37).

Mit der Unterscheidung in permanente (dauerhafte) und transitorische (vorübergehende) Bestandteile ergibt sich folglich, daß sich das Gesamteinkommen einer Periode aus einer permanenten Einkommenskomponente (y^p) und einem transitorischen Bestandteil (y^t) zusammensetzt, der die Abweichung des laufenden Einkommens vom permanenten Einkommen darstellt (vgl. Friedman 1964, S. 21 f.).

Es gilt also:

$Y = y^p + y^t$ mit Y: Einkommen
y^p: permanentes Einkommen
y^t: transitorisches Einkommen

Gleiches gilt für den Gesamtkonsum einer Periode, der nach Auffassung Friedman's ebenfalls in eine permanente (c^p) und eine transitorische Komponente (c^t) zu zerlegen ist (vgl. Friedman 1964, S. 22 f.):

$C = c^p + c^t$ mit C: Konsum
c^p: permanenter Konsum
c^t: transitorischer Konsum, d.h. unvorhergesehende Ausgaben

Es könnte zwar sein, daß das Wirtschaftssubjekt weiß, ob es sich bei einer Einkommensänderung um eine permanente oder vorübergehende Veränderung handelt, in der Praxis wird allerdings eine gewiße Unsicherheit darüber bestehen, ob die Einkommensveränderung dauerhaft oder nur vorübergehend erfolgt. Friedman geht in seinem Ansatz davon aus, daß den vorübergehenden Veränderungen keine wesentliche Bedeutung im Zusammenhang mit der Bestimmung des Konsums beizumessen ist (vgl. Friedman 1964, S. 26 ff.). Mit anderen Worten heißt dies, daß ein unerwarteter Zuwachs des Einkommens aufgrund einer kurzfristigen (transitorischen) Schwankung sich nicht sofort in einem erhöhten Konsum niederschlagen wird, d.h. eine kurzfristige Starrheit (Elastizität von Null) der Einkommenselastizität der Nachfrage (vgl. Friedman 1964, S. 26 ff.) unterstellt wird. Zur Abschätzung des Anteils des Einkommensanstiegs, der als permanent anzusehen ist, bezieht sich Friedman sowohl auf das laufende, als auch auf das vergangene Einkommen (vgl. Friedman 1964, S. 31 ff.). Das permanente Einkommen errechnet sich demnach wie folgt (in Anlehnung an die Ausführungen von Dornbusch/Fischer 1989, S. 261 ff.):

$y^p = \theta y + (1 - \theta) y_{-1}$ mit θ : Anteil
y : laufendes Einkommen
y_{-1}: letztjähriges Einkommen

Die obige Gleichung beschreibt das permanente Einkommen als gewichteten Durchschnitt des laufenden und vergangenen Einkommens. Ob das permanente Einkommen dabei näher zum jetzigen oder beim letztjährigen Einkommen liegt, wird vom Gewicht θ bestimmt. Ist im Extremfall $\theta = 1$, ist das permanente Einkommen gleich dem laufenden Einkommen. Wenn das jetzige Einkommen mit dem letztjährigen übereinstimmt, es also keine Einkommensänderungen gab, entspricht somit das permanente Einkommen dem Wert des laufenden Einkommen. Dadurch wird garantiert, daß ein Wirtschaftssubjekt, welches gleichbleibende Einkommensströme aufweist, erwartet, dieses Einkommen auch in der Zukunft zur Verfügung zu haben. Gleichzeitig impliziert die Gleichung für das permanente Einkommen, daß sich bei einer Einkommenserhöhung gegenüber der Vorperiode, das permanente Einkommen um einen geringeren Betrag als das laufende Einkommen erhöht. Grund hierfür ist, daß das Individuum nicht weiß, ob der Anstieg dauerhafter oder vorübergehender Natur ist. Wenn das Wirtschaftssubjekt nämlich nicht weiß, ob die Einkommensänderung dauerhaft ist, erhöht es nicht unmittelbar das erwartete oder permanente Einkommen in dem Ausmaß, in dem sich das laufende Einkommen verändert hat (vgl. Dornbusch/ Fischer 1989, S. 264 ff.).

Die Bildung eines Schätzwerts für das permanente Einkommen, in den nur das laufende Einkommen und das Einkommen der Vorperiode eingingen, würde eine sehr stark vereinfachende Vorgehensweise darstellen. Insofern bezog Friedman bei der Auswahl eines geeigneten Schätzers die Einkommen vieler vorhergehender Perioden neben dem des laufenden Einkommens ein, wobei er den aktuelleren Beträgen eine höhere Gewichtung als den weiter entfernteren Einkommensbeträgen zumaß. Wenn sich demnach Einkommensveränderungen in der Realität charakteristischerweise als permanente Änderungen darstellen, wird ein Verbraucher, der eine Einkommensveränderung bei sich feststellt, davon ausgehen, daß sie permanent ist. Er wird ein großes θ aufweisen. Ist hingegen das Konsumenteneinkommen gewöhnlich eher variabel, wird den laufenden Einkommensveränderungen nur wenig Bedeutung zukommen und sich das permanente Einkommen dadurch nicht ändern. Ein derartiges Individuum wird einen niedrigen θ-Wert aufweisen. Folglich weisen Individuen mit sehr instabilen Einkommen einen geringeren θ-Wert auf, als solche Personen mit stabilem Einkommen. Dies bedeutet, unter Zuhilfenahme der nachfolgenden Gleichung, daß die kurzfristige marginale Konsumneigung eines Individuums, dessen Einkommen instabil ist, relativ gering sein wird, da die kurzfristige Konsumneigung gleich $k\,\theta$ ist (vgl. Dornbusch/Fischer 1989, S. 264 ff.).

Bezieht man die Dynamik des Konsums in die Betrachtungen der Konsumfunktion mit ein, so kann man diese wie folgt schreiben:

$$C = k\,y^p = k\,\theta\,y + c\,(1 - \theta)\,y_{-1} \qquad \text{mit } k\,\theta < k$$

Die Grenzneigung des Konsums aus dem laufenden Einkommen ist demnach gleich $k\,\theta$, was kleiner als die langfristige Durchschnittneigung zum Konsum k ist. Folglich impliziert die permanente Einkommenshypothese, daß es einen Unterschied zwischen der kurzfristigen und langfristigen Grenzneigung (die gleich der durchschnittlichen Grenzneigung zum Konsum ist) gibt (vgl. Friedman 1964, S. 31 ff., 220 ff.; Mayer 1972, S. 41). Der Grund hierfür besteht darin, daß beim Individuum eine Unsicherheit darüber besteht, ob der Einkommensanstieg über die längere Periode, auf die er seine Konsumplanungen bezieht, aufrecht erhalten bleibt. Demzufolge paßt der betroffene Haushalt seine Konsumausgaben nicht völlig dem Niveau an, daß er bei der sicheren Erwartung permanenter Einkommensänderungen anstreben würde. Stellt sich der Anstieg im Verlaufe der nächsten Periode jedoch als dauerhaft heraus, wird das Individuum seine Konsumausgaben vollständig dem höheren Einkommensniveau anpassen. Zu beachten ist allerdings, daß die Anpassungsgeschwindigkeit je nach dem zugrunde gelegten Erwartungsbildungsprozeß variieren wird. Als langfristige Konsumfunktion ergibt sich in der Konsequenz eine Gerade durch den Ursprung mit der Steigung k, was der konstanten durchschnittlichen und marginalen Konsumneigung aus dem permanenten Einkommen entspricht. Kurzfristig gesehen bedingt ein Einkommenszuwachs jedoch eine Abnahme der durchschnittlichen Konsumneigung, da die Haushalte nicht antiziperien, daß der Einkommensanstieg dauerhaft ist (vgl. Friedman 1964, S. 31 ff., 220 ff.; Mayer 1972, S. 39 ff.; Branson 1989, S. 261 ff.).

Die Lebenszyklushypothese und die permanente Einkommenshypothese Friedman's sind sich in ihren fundamentalen Grundaussagen sehr ähnlich, wenn nicht sogar deckungsgleich (vgl. Modigliani 1975, S. 6; Mayer 1972, S. 19). Während die Lebenszyklushypothese sich aber sorgfältig mit der Rolle des Vermögens als auch der Motive des Sparens befaßt (vgl. Modigliani/Brumberg 1962, S. 390 ff.), konzentriert sich die permanente Einkommenshypothese eher auf die Prognose des Lebenszeiteinkommens (vgl. Friedman 1964, S. 7 ff.). Allerdings ist Friedman's Modell nicht so zufriedenstellend wie der Ansatz Brumberg-Modigliani-Andos, da es Finanzanlagen nicht explizit als einen Einflußfaktor auf das permanente Einkommen berücksichtigt (vgl. Friedman 1964, S. 14, 16 f., 25 ff.). Darüber hinaus sind die von Friedman verwendeten Einkommenskomponenten (permanentes und transitorisches Einkommen) in der Praxis nicht so eindeutig zu beobachten, wie die von Brumberg-Modigliani-Ando verwendeten Komponenten des Arbeitseinkommens und Vermögens (vgl. Mayer 1972, S. 36; Branson 1989, S. 264). Des weiteren scheint die Bildung eines Erwartungswertes über das permanente Einkommen, d.h. die abgezinsten zukünftig erwarteten Einkünfte, vor dem Hintergrund der Unsicherheit der steuerpolitischen Belastungen als auch der mit der Arbeitslosigkeit verbundenen Beschäftigungs- und damit Einkommensunsicherheit, in der Praxis des Konsumentenverhaltens eher unrealistisch. Demzufolge ist es nicht verwunderlich, daß sich in neueren Untersuchungen eine starke Sensitivität des Konsums gegenüber dem laufenden Einkommen herausstellt (vgl. Hall, in: JPE 1978, S. 971 ff.; Flavin, in: JPE 1981, S. 974 ff.; Nelson, in: JPE 1987, S. 641 ff.; Hayashi, in: JPE 1982, S. 895 ff.; Hansen/Singleton, in: Econometrica 1982, S. 1269 ff.; Blinder/Deaton, in: BPEA 1985, S. 465 ff.). Weiterhin ist die von Friedman unterstellte Proportionalitätshypothese, wonach der Konsum sich proportional zum Einkommen verhält (vgl. Friedman 1964, S. 13 f.), in der Realität nur schwer oder garnicht nachweisbar (vgl. Mayer 1972, S. 347 ff.). Gleiches gilt für die Annahme der kurzfristigen Starrheit (Elastizität von Null) des transitorischen Einkommens (vgl. Friedman 1964, S. 26 ff.), wonach dieses keinen oder nur einen geringen Einfluß auf den Konsum ausübe (vgl. Mayer 1972, S. 347 ff.).

Allen zuvor dargestellten und von der keynesianischen Konzeption abweichenden Ansätzen ist gemeinsam, daß temporäre Veränderungen des Einkommens nur wenig Einfluß auf den Konsum ausüben, permanente Änderungen hingegen stärkere Wirkung zeigen. Die Ansätze der Konsumtheorie, die bisher diskutiert wurden, basieren dabei im wesentlichen auf dem intertemporalen Optimierungsmodell Fisher's (vgl. Fisher 1930, insbesondere Kapitel 4 - 7), wonach es ohne weiteres möglich ist Ressourcen von Periode zu Periode zu übertragen. Die Annahmen des Modells sind allerdings weiterhin fragwürdig und ihre Gültigkeit empirisch nicht eindeutig belegt (vgl. Branson 1989, S. 268). Daher werden nachfolgend die zum intertemporalen Maximierungsansatz alternativen Konsumtheorien beleuchtet.

7.4.6.4 Die relative Einkommenshypothese

Abweichend von den bisher dargestellten Forschungsansätzen, geht Duesenberry in der von ihm entwickelten *relativen Einkommenshypothese* davon aus, daß die zugrunde liegende Nutzenfunktion nicht völlig unabhängig vom Konsum anderer Wirtschaftssubjekte ist (vgl. Duesenberry 1967, S. 19 ff.). Vielmehr vertritt Duesenberry die Meinung, daß die Konsumentscheidungen jedes einzelnen interdependent zu denen anderer sind und der Verbrauch nicht von der absoluten Höhe des Einkommens wie es Keynes vorsieht, sondern von der Stellung in der Einkommenspyramide - dem relativen Einkommen - abhängt (vgl. Duesenberry 1967, S. 32 ff.). Insofern nimmt der Nutzen eines Individuums nur dann zu, wenn sein Konsum im Verhältnis zu allen anderen Wirtschaftssubjekten steigt. Nach Auffassung Duesenberry's orientiert sich der Konsument bei der Bestimmung seines Verbrauchs dabei nicht nur an den eigenen Möglichkeiten, sondern versucht den eigenen Verbrauch an den Konsumstandard höherer Einkommensbezieher anzupassen (sog. Nachahmungseffekt), die für ihn ein Vorbild darstellen (vgl. Duesenberry 1967, S. 22 ff.). Der Nachahmungseffekt führt schließlich dazu, daß Individuen geringerer Einkommensbezieher eine höhere Konsumneigung aufweisen, als Personen höherer Einkommensgruppen. Dies liegt daran, daß ein Bezieher geringeren Einkommens bestrebt ist, seinen individuellen Konsum dem Durchschnittskonsum anzupassen und dabei einen Großteil seiner Einkünfte dafür einsetzt, dieses Ziel zu erreichen, während Besserverdienende mit ihrem überdurchschnittlichen Einkommen einen geringeren Anteil ihrer Einkünfte für den Kauf von Konsumgütern einsetzen werden (vgl. Duesenberry 1967, S. 19 ff., S. 22 ff., S. 34 ff.; Modigliani 1975, S. 2 ff.). Insofern besteht kein Grund für die Annahme, daß die durchschnittliche Konsumneigung mit steigendem Einkommen fallen wird (vgl. Duesenberry 1967, S. 37 ff.; Mayer 1972, S. 19 f.). Eine Erhöhung des Lebensstandards kann bei gegebenen Einkommen letztlich nur über eine Reduktion des Sparens erfolgen (vgl. Duesenberry 1967, S. 22 ff.)

Eine weitere Hypothese Duesenberry's relativer Einkommenshypothese besagt, daß nicht nur die absolute Höhe des Gegenwartseinkommens, sondern auch das in der Vergangenheit erreichte Konsumniveau (als Indikator des Lebensstandards) die laufenden Konsumausgaben bestimmen. Dabei geht Duesenberry davon aus, daß es für einen Haushalt schwerer ist, ein bereits erreichtes Konsumniveau wieder aufzugeben, als den Anteil der Ersparnisse am Einkommen zu reduzieren. Folglich läßt sich der Anteil der Konsumausgaben am laufenden Einkommen als Verhältnis zwischen gegenwärtigem Einkommen und dem in der Vergangenheit erzielten Höchsteinkommen, darstellen (vgl. Duesenberry 1967, S. 69 ff., 111 ff.; Modigliani 1975, S. 2 ff.; Mayer 1972, S. 19 f.).

Die Konsumfunktion der relativen Einkommenshypothese Duesenberry's kann folglich in der nachstehenden Gleichung dargestellt werden (in Anlehnung an die Ausführungen Duesenberry's und Branson; vgl. Duesenberry 1967, S. 76 ff.; Branson 1989, S. 270 ff.):

$$\frac{c}{y^v} = (1 - a_0) - a_1 \frac{y^v}{y^*}$$

mit y^v: verfügbares Einkommen
y^*: Höchsteinkommen der Vorperioden

Aufgrund der obigen Gleichung wird deutlich, daß sofern das Einkommen beständig ansteigt, das Vorjahreseinkommen immer das Höchsteinkommen der Vorperioden darstellt, so daß y^v/y^* > als $1 + g_y$ ist, wobei g_y die Wachstumsrate des realen Einkommens verkörpert. Nimmt das verfügbare Einkommen z.B. mit 4 % entlang einem Trend zu, so wird y^v/y^* um 1,04 steigen und c/y^v konstant bleiben, wie es auch die langfristigen Untersuchungen Kuznets belegen. Schwankt das Einkommen hingegen um sein Trendniveau, variiert c/y^v invers zum Einkommen, aufgrund des negativen Koeffizienten in y^v/y^* (vgl. Duesenberry 1967, S. 76 ff., 93 ff., 114 ff.; Branson 1989, S. 271 ff.).

Festzuhalten bleibt: Hängt die durchschnittliche Konsumquote langfristig allein vom relativen Einkommen, nicht aber vom absoluten Einkommen ab, wird die durchschnittliche Konsumquote unverändert bleiben, sofern die einzelnen Einkommen sich in der Position der Einkommensskala nicht verändern. Wenn demnach die konjunkturellen Erscheinungen ihren Einfluß auf den Verbrauch verloren haben, das bisherige Höchsteinkommen also überschritten ist, wird sich der Konsum proportional zum Einkommen erhöhen, vorausgesetzt, daß sich die Einkommensverteilung nicht entscheidend ändert (vgl. Duesenberry 1967, S. 37, 76 ff., 93 ff., 114 ff.; Branson 1989, S. 271 ff.). Langfristig ist die durchschnittliche Konsumquote bei steigendem Einkommen konstant, weil sich die relative Einkommensposition nicht ändert und die Haushalte ihren Konsum gleichmäßig erhöhen, so daß das Verhältnis von individuellem Konsumniveau und Durchschnittswert Bestand behält. Kurzfristig hingegen steigt c/y^v, wenn in einer Rezession das laufende Einkommen sinkt und sich damit die relative Einkommensposition verschlechtert. Um ihr Konsumniveau aufrecht zu erhalten, reduzieren die Haushalte kurzfristig den Anteil des Sparens am laufenden Einkommen, also die Sparquote (vgl. Duesenberry 1967, S. 76 ff., 93 ff., 114 ff.; Branson 1989, S. 271 ff.). Die relative Einkommenshypothese Duesenberry's impliziert eine Art Sperrklinkeneffekt, wonach bei einer Einkommensabnahme der Konsum um weniger fällt, als dies im langfristigen Trend der Fall wäre (vgl. Duesenberry 1967, S. 104 ff, 114 ff.). Verzögerungen der Konsumanpassung erklären somit den Unterschied zwischen kurz- und langfristigen Konsum- und Sparverhalten.

Die relative Einkommenshypothese Duesenberry's vertritt ebenso wie die permanente Einkommenstheorie Friedman's die Auffassung, daß sich Bezieher niederer Einkommen hinsichtlich ihrer Konsumplanung mehr am laufenden Einkommen als am zukünftigen Einkommen orientieren; Angehörige höherer Einkommensgruppen jedoch an der erwarteten zukünftigen Einkünften (Duesenberry 1967, S. 111 ff.). Gleichzeitig ist die relative Einkommenstheorie als eine modifizierte permanente Einkommenshypothese zu verstehen, indem Duesenberry einen Nachahmungseffekt einführt und die Proportionalitätshypothese der permanenten Einkommenstheorie aufhebt (vgl. Mayer 1972, S. 19 f.). Allerdings verzichtet Duesenberry in seinem Ansatz auf den Einbezug von Erwartungen in bezug auf das zukünftige Einkommen. Vielmehr unterstellt er auf Seiten der Konsumenten eine Verhaltensstabilität, die sich in der Praxis allerdings nur schwer nachweisen läßt (vgl. Mayer 1972, S. 19 ff.). Zwar erfaßt die relative Einkommenshypothese mit der Einführung eines Nachahmungseffektes die beim Konsumenten in der Realität vorzufindenen Motive der Konsumplanung, allerdings lassen sich psychologische Einflußfaktoren nur schwer messen, so daß die Umsetzung des Modells in der Wirklichkeit erschwert wird.

7.4.6.5 Ansätze der modernen Konsumtheorie

Neuere Untersuchungen lassen vermehrt Zweifel an den zuvor skizzierten Modellen und ihren Implikationen aufkommen, da sie belegen, daß sich die Konsumenten in der Praxis weitaus stärker am laufenden Einkommen orientieren, als dies die bisher dargestellten Modelle zu vermitteln mögen. Legt man die permanente Einkommenshypothese Friedman's zugrunde, müßte es dem Konsumenten aus Erfahrungsgründen möglich sein (so jedenfalls Hall und Flavin; vgl. Hall, in: JPE 1978, S. 971 ff.; Flavin, in: JPE 1981, S. 974 ff.; Nelson, in: JPE 1987, S. 641 ff.), zu bestimmen, wie die Beziehung zwischen der Änderung des laufenden Einkommens und den Änderungen des permanenten Einkommens ausfallen wird. Nach Untersuchungen reagiert der Konsum aber systematisch zu stark auf Veränderungen des laufenden

Einkommens, d.h. der Konsum erhöht sich im Falle der permanenten Einkommenshypothese über k θ hinaus (vgl. Hayashi, in: JPE 1982, S. 895 ff.; Hansen/Singleton, in: Econometrica 1982, S. 1269 ff.; Blinder/Deaton, in: BPEA 1985, S. 465 ff.). Dieses Ergebnis spricht eher für eine Abhängigkeit der Konsumausgaben vom laufenden Einkommen, wie sie Hall/Mishkin in einer Studie der Auswirkungen einer Änderung des laufenden Einkommens auf Lebensmittelausgaben auch nachweisen konnten (vgl. Hall/Mishkin, in: Econometrica 1982, S. 461 ff.).

Die Forschungsansätze der modernen Konsumtheorie versuchen deshalb die Gründe für die Sensitivität des Konsums im Verhältnis zum Einkommen zu ergründen. Einer der Gründe für die Überreaktion des Konsums auf Veränderungen des laufenden Einkommens könnte im Versagen der rationalen Erwartungshypothese bestehen. Einen weitaus verständlicheren als auch empirisch abgesicherten Ansatzpunkt liefert die Berücksichtigung des Einflusses von Liquiditätsnebenbedingungen (vgl. Blinder, in: AER 1976, S. 87 ff; Hubbard/Judd, in: BPEA 1986, S. 1 ff.). Eine Liquiditätsnebenbedingung liegt vor, wenn sich ein Wirtschaftssubjekt nicht verschulden kann, um den laufenden Konsum bei Erwartung eines höheren zukünftigen Einkommens aufrechtzuerhalten. Die Lebenszyklushypothese unterstellt z.B. einen Konsum des Haushaltes aufgrund seines Lebenseinkommens, was gleichzeitig impliziert, daß in einigen Phasen des Lebens mehr konsumiert wird, als unmittelbar an laufendem Einkommen zur Verfügung steht. Der Konsum ist in einem solchen Falle jedoch nur über eine Verschuldung zu erreichen. Im gewissen Maße wird dies auch möglich sein, allerdings wird es in der Realität oftmals nicht ausreichen, um den Konsum auf einem permanenten Niveau zu halten (vgl. Hubbard/Judd, in: BPEA 1986, S. 7 ff.). Folglich wird das Wirtschaftssubjekt in seiner Liquidität eingeschränkt. Erfolgt im Anschluß an diese Beschränkung eine Phase in der das Einkommen steigt, so wird sich auch der Konsum erhöhen. Nach der Lebenszyklustheorie sollte dabei der Konsum nicht so stark ansteigen, wie sich das Einkommen erhöht. Aufgrund der vormals bestehenden Liquiditätsnebenbedingungen wird sich der Konsum aber sehr stark erhöhen, wenn das Einkommen steigt (Nachholbedarf). Dies ist insofern ein Ausdruck dafür, daß der Konsum in der Realität enger an das laufende Einkommen gebunden ist, als die Theorie es wahrhaben will. Anders als es das intertemporale Optimierungsmodell Fisher's (vgl. Fisher 1930, insbesondere Kapitel 4 - 7) impliziert, ist in der Praxis nämlich nicht mit einem vollständigen Kapitalmarkt zu rechnen, so daß ein Teil der Konsumenten Liquiditätsnebenbedingungen unterliegen wird. Folglich ist damit zu rechnen, daß sich einige Haushalte nicht ohne weiteres verschulden können, wenn man berücksichtigt, daß Darlehen nicht auf Grundlage zukünftig unsicherer Einkommen vergeben werden. Insbesondere die in den letzten Jahren verstärkt zunehmende Arbeitslosigkeit und die damit verbundene Beschäftigungsunsicherheit führt in der Realität zu einer Verstärkung des Einflusses von Liquiditätsnebenbedingungen. Insofern wird das Individuum gezwungen sein, sich verstärkt am laufenden und nicht gemäß dem permanenten Einkommen zu orientieren. Der Konsum wird sich letztlich also eher am laufenden Einkommen ausrichten, was einer Überreaktion im Sinne der permanenten Einkommenshypothese gleichkommt, die wegen den bestehenden Liquiditätsnebenbedingungen entsteht.

Es gibt mehrere empirische Belege dafür (vgl. z.B. Hayashi, in: QJE 1985, S. 183 ff.), daß die Liquiditätsnebenbedingungen für die Sensitivität des Konsums im Verhältnis zum Einkommen verantwortlich sind und daß vor allem Haushalte mit niedrigen Einkommen Liquiditätsbeschränkungen unterliegen. Geht man davon aus, daß Liquiditätsnebenbedingungen Einfluß auf die Konsumentscheidungen der Verbraucher haben, wird sich das Konsumverhalten eher analog der einfachen keynesianischen Konsumfunktionsgleichung und nicht nach den zuvor vorgestellten Theorien ausrichten.

7.4.7 Das Konsumverhalten im Modellrahmen

Aufgrund der zuvor gemachten Ausführungen und der empirischen Belege im Hinblick auf die Sensitivität des Konsums zum verfügbaren Einkommen (vgl. Hall, in: JPE 1978, S. 971 ff.; Flavin, in: JPE 1981, S. 974 ff.; Nelson, in: JPE 1987, S. 641 ff.; Hayashi, in: JPE 1982, S. 895 ff.; Hansen/Singleton, in: Econometrica 1982, S. 1269 ff.; Blinder/Deaton, in: BPEA 1985, S. 465 ff.) erscheint es sinnvoll, sich für die Analyse der Konsequenzen einer Flexibilisierung der Ladenöffnungszeiten auf eine leicht modifizierte Form der keynesianischen Konsumfunktion zu beziehen. Dabei soll explizit das Vermögen als Einflußfaktor des Konsums in die Betrachtung einbezogen werden, so daß die abgewandelte Konsumfunktion folgendermaßen aussehen kann:

$$c = c_a + \alpha_1 y^v + \alpha_2 a , \quad \alpha_1 > \alpha_2$$

mit
c_a: autonomer Konsum
α_1: Grenzkonsumneigung aus Einkommen
α_2: Grenzkonsumneigung aus Vermögen (Bestand an realem Vermögen)
y^v: verfügbares Einkommen
c : Konsum
a : Vermögen

Die obige Gleichung versucht die theoretischen Überlegungen der zuvor vorgestellten Konsumtheorien zu erfassen: Grundsätzlich ist davon auszugehen, daß aufgrund bestehender Liquiditätsnebenbedingungen und starker Unsicherheit über das zukünftige Einkommen, die Individuen sich bei ihren Konsumplanungen am verfügbaren (Real-) Einkommen orientieren werden. Der Konsum besteht aus einem autonomen, einem einkommens- sowie vermögensabhängigen Teil. Dabei wird unterstellt, daß der autonome Konsum mit zunehmenden Einkommen größer wird. Dies erscheint auch einleuchtend, wenn man davon ausgeht, daß C_a das Existenzminimum bzw. den Lebensstandard einer bestimmten Einkommensgruppe widerspiegelt und dieses Anspruchsniveau mit steigendem Arbeitseinkommen entsprechend zunehmen wird (vgl. Allen 1975, S. 20). Von einem einmal erreichten Grundniveau wird der Haushalt selbst bei Einkommenseinbußen nur schwer abweichen; eher ist davon auszugehen, daß das Wirtschaftssubjekt das Konsumniveau durch Entsparen aufrechterhält (vgl. Modigliani 1975, S. 2 ff.; Mayer 1972, S. 19 f.; Duesenberry 1967, S. 111 ff.; Allen 1975, S. 20). Die marginale Konsumquote (α_1) ist ebenfalls vom Einkommensniveau abhängig: So werden Bezieher höherer Einkommen eine geringere Grenzkonsumneigung aus dem Arbeitseinkommen aufweisen, als solche Personen, die ein niedriges Einkommen beziehen (vgl. z.B. Ando/Modigliani, in: AER 1963, S. 73; Keynes 1964, S. 97; Mayer 1972, S. 19 f.). Allerdings ist nicht zu verkennen, daß Kaufkraft als auch Konsumausgaben der Besserverdienenden weitaus höher anzusetzen sind, als bei niedrigeren Einkommensbeziehern. In Anlehnung an die Ausführungen Modigliani-Brumberg-Andos (vgl. Modigliani, in: SR 1966, S. 160 ff.) hinsichtlich der Bedeutung des Vermögensbestandes für den Konsum, wird in der obigen Funktion explizit das Vermögen integriert. Für die Grenzneigung des Konsums aus Vermögen gilt, daß der Vermögenseinfluß bei niedrigen Einkommensgruppen gegen Null tendiert, da sie mit Ausnahme von ererbtem Vermögen, den Großteil des verfügbaren Einkommens eher zu Konsumzwecken anstatt zur Vermögensbildung verwenden. Insofern weisen Angehörige höherer Einkommensklassen eine größere Grenzneigung des Konsums aus Vermögen auf als Individuen niedriger Einkommensgruppen. Die Grenzneigung des Konsums aus Arbeitseinkommen hat letztlich aber einen größeren Einfluß als die Grenzneigung aus Vermögen ($\alpha_1 > \alpha_2$), was auch empirisch belegt ist (vgl. Modigliani/Ando, in: AER 1963, S. 73 ff.).

Autonomer Konsum, marginale Konsumquote als auch die Grenzneigung des Vermögens varrieren wie bereits angedeutet je nach der Zugehörigkeit zu bestimmten Einkommensklassen. Insofern sind bei der im folgenden Kapitel vorzunehmenden Analyse der Auswirkungen einer Flexibilisierung, diese Unterschiede besonders zu beachten. Die Differenzierung nach Einkommensklassen führt schließlich dazu, daß die Kurve keinen linearen Verlauf mehr aufweist, sondern eher konkav erscheint.

Auf der Grundlage des in diesem Kapitel skizzierten Modells, mit seinen spezifischen Rahmenbedingungen und den zuletzt aufgestellten Annahmen, werden im nächsten Abschnitt, die zu erwartenden Folgen einer Freigabe der Ladenöffnungszeiten eingehend analysiert.

8. Effekte des Grundmodells (Modellrechnung)

Nachdem im vorherigen Kapitel ein sozial- und wettbewerbsorientiertes Modell und dessen Rahmenbedingungen abgeleitet worden sind, sollen nunmehr unter diesen Gesichtspunkten die möglichen Effekte einer solch gestalteten Liberalisierung näher analysiert werden. Hierzu werden die einzelnen Wirkungsfelder separat dargestellt, um dem Leser einen besseren Überblick zu ermöglichen. In der Realität hingegen werden diese Einzeleffekte eng miteinander verknüpft sein und zum Teil simultan ablaufen. Gesicherte Erkenntnisse, welche Auswirkungen eine vollständige Aufhebung des restriktiven deutschen Ladenschlußrechts mit sich bringen wird, bestehen nicht. Zwar sprechen die im Ausland gesammelten Erfahrungen für eine Liberalisierung des bundesdeutschen Ladenschlußrechts. Um sich jedoch mit hinreichender Sicherheit ein Urteil bilden zu können, welche sozialen und ökonomischen Folgewirkungen ein liberales Ladenschlußgesetz im vorgestellten Sinne bewirken wird, muß man letztlich auf die praktische Umsetzung warten.

Dabei kann eine gesicherte Vorausschau über die Effekte einer Liberalisierung des Ladenschlußrechts auch nach sorgfältiger Auswertung der Erfahrungen des Auslandes, der empirischen Erhebungen in bezug auf die zeitlichen Betriebsbereitschaft und der Erfahrungen des Dienstleistungsabends nicht gegeben werden. Es scheint aber plausibel und zulässig, die ausländischen Überlegungen und Erfahrungen, Daten empirischer Studien und die Aussagen der Konsumtheorie zur Grundlage einer Tendenzaussage zu machen.

8.1 Nachfrageentwicklung

Die Entwicklung der Nachfrage ist als Anstoßeffekt entscheidend für die Durchsetzung und wirtschaftliche Absicherung einer Liberalisierung des Ladenschlußgesetzes (vgl. Seite 102 f.) und bedarf daher einer eingehenden Betrachtung.

Die Nachfrage der Haushalte hängt - wie bereits dargestellt - sowohl von einer Vielzahl von subjektiven bzw. psychologischen Faktoren (wie Verhalten, Ansichten, Bedürfnissen, Gewohnheiten u.ä.) als auch objektiven Einflußfaktoren (Einkommensniveau, Zeitrestriktionen, Ausstattungsgrad der Haushalte, Sparneigung) ab. Diese beeinflussen die Konsummöglichkeiten und damit auch die Konsumquote (vgl. Keynes 1964, S. 89 ff., 107 ff.; Gschwendtner u.a. 1976, S. 71 f.). Im Falle der Analyse einer Flexibilisierung der Ladenöffnungszeiten sind jedoch als wesentliche Bestimmungsgrößen der Nachfrage bzw. des Konsums (als bewertete Gütermenge in einer Periode) die Preise (p), das verfügbare Einkommen (y^v; vgl. Hall, in: JPE 1978, S. 971 ff.; Flavin, in: JPE 1981, S. 974 ff.; Nelson, in: JPE 1987, S. 641 ff.; Hayashi, in: JPE

1982, S. 895 ff.; Hansen/Singleton, in: Econometrica 1982, S. 1269 ff.; Blinder/Deaton, in: BPEA 1985, S. 465 ff.; hierzu auch Ausführungen S. 124 f.) und die dem Haushalt zur Verfügung stehende Zeit (t) hervorzuheben.

Insofern gilt für die Nachfragefunktion folgende Gleichung:

$$N = N\,(y^v, p, t)$$

Welchen Einfluß die einzelnen Faktoren auf die Nachfrage ausüben ist in diesem Zusammenhang zum besseren Verständnis der anschließenden Betrachtungen nochmals kurz zusammenzufassen:

Die *Preise* stellen eine der Restriktionen der Nachfrage der Verbraucher dar, da ein Anstieg des Preisniveaus zu einem Absinken des real verfügbaren Einkommens führt und so unter Berücksichtigung der individuellen Nutzenfunktion den Haushalt zur Verwendung seines Einkommens als auch der Wahl der optimalen Zusammensetzung des Warenkorbes mit dem für ihn höchsten Nutzenniveau beeinflußt.

Die Veränderungen der Nachfrage bzw. der nachgefragten Menge und der relativen Änderung des Preises, durch den die Nachfrageänderung bewirkt worden ist, bezeichnet man als Nachfrageelastizität (oder Preiselastizität der Nachfrage; vgl. Nicholson 1990, S. 122 ff.; Fischer/Dornbusch/Schmalensee 1988, S. 80 ff.; Salvatore 1994, S. 94 ff.; DeSerpa 1988, S. 56 ff.). Dabei weist der Elastizitätskoeffizient ein negatives Vorzeichen auf, was ein Hinweis auf die negative Korrelation ist, d.h. bei einer normalen Reaktion wird ein Preisanstieg ein Nachfragerückgang bewirken (vgl. Nicholson 1990, S. 122 ff.; Fischer/ Dornbusch/ Schmalensee 1988, S. 80 ff.; Salvatore 1994, S. 94 ff., 122 ff.; DeSerpa 1988, S. 56 ff.).

Es gilt

$$e_{xp} = - \frac{dx}{dp} * \frac{p}{x}$$

mit x als Bezeichnung der nachgefragten Menge

Die Nachfrageelastizität ist ein guter Indikator für die Bedeutung von Gütern in deren Einschätzung der Verbraucher bzw. deren Dringlichkeit des Bedarfs. So wird für solche Güter, deren Bedeutung für lebensnotwendig gehalten wird, die Nachfrage unelastisch sein, d.h. kaum auf Preisveränderungen reagieren, während eine elastische Nachfrage ein Zeichen dafür ist, daß bei einer Preissteigerung viele Nachfrager auf das Gut verzichten werden, weil sie dieses für nicht lebensnotwendig erachten (non-essential-goods). Dabei werden Güter, die einmal als nicht lebensnotwendig eingeschätzt wurden (e > 1), mit zunehmenden Realeinkommen zu unverzichtbaren Gütern (e < 1). Im Falle einer Preissteigerung wird die Nachfrageelastizität i.d.R. größer und erreicht den Wert ∞, wenn der Haushalt auf den Kauf verzichtet (vgl. Nicholson 1990, S. 122 ff.; Fischer/Dornbusch/Schmalensee 1988, S. 80 ff.; Salvatore 1994, S. 94 ff., 122 ff.; DeSerpa 1988, S. 56 ff.). Inwieweit im Rahmen einer Liberalisierung Preisveränderungen zu erwarten sind, die somit die Nachfrage negativ beeinflussen könnten, wird gesondert in Abschnitt 8.2.2 dargestellt.

Eine weitere Budgetrestriktion der Haushalte ist das *verfügbare Einkommen* der Haushalte, d.h. das um die Steuern und Abgaben verminderte Einkommen. Eine hohe Steuer- und Abgabenast dämpft den privaten Konsum. Bezieht man die Inflationswirkung ebenfalls in die Betrachtung mit ein so ergibt sich als Gleichung für das verfügbare Einkommen:

$$y^v = \frac{1}{p} * y - R \qquad \text{wobei } R = \mu\, y$$

mit y : laufendes Einkommen (Nominaleinkommen)
1/p : Geldwert
R : Steuer- und Abgabenlast
μ : Steuersatz

Das so dem Haushalt verbleibende verfügbare Einkommen wird zum privaten Verbrauch genutzt, der sich auf Konsumausgaben und Ersparnisbildung verteilt (vgl. Ausführungen zur Konsumtheorie, S. 105 ff.). Somit ließe sich allein durch eine Umverteilung von arm zu reich bei gleichzeitigem Fortbestand des Gesamteinkommensniveaus der Gesamtkonsum erhöhen. Diese Aussage spiegelt sich auch in einer sinkenden Einkommenselastizität der Nachfrage, die die relative Änderung der nachgefragten Menge der relativen Änderung des Einkommens gegenüberstellt, bei steigenden Realeinkommen wider (vgl. Nicholson 1990, S. 131; Fischer/ Dornbusch/ Schmalensee 1988, S. 89 ff.; Salvatore 1994, S. 128 ff.; DeSerpa 1988, S.59 f.).

$$\varepsilon_{xy^v} = \frac{dx}{dy^v} * \frac{y^v}{x} \qquad \text{mit } \varepsilon : \text{Einkommenselastizität}$$

Sie ist damit ebenso wie die Nachfrageelastizität ein Indikator für die Einschätzung der Güter und deren Notwendigkeit aus Sicht der Haushalte. So wird mit steigendem Realeinkommen nicht nur der Wert der Elastizität abnehmen, sondern auch der Anteil der Ausgaben für lebensnotwendige Güter (z.B. Nahrungs- und Genußmittel) sinken (Engel-Schwabsches-Gesetz; vgl. Nicholson 1990, S. 131; Fischer/ Dornbusch/Schmalensee 1988, S. 89 ff.; Salvatore 1994, S. 86 ff., 128 ff.; DeSerpa 1988, S.59 f.). Dies beinhaltet die Aussage, daß die marginale Konsumquote mit steigendem Einkommen abnimmt, obwohl die absoluten Ausgaben ansteigen und die Grenzkonsumneigung konstant ist (fundamentales psychologisches Gesetz von Keynes; vgl. Keynes 1964, S. 96 f., 114 ff.). Dies läßt sich auch in der Praxis beobachten: So ist in der Bundesrepublik in den letzten Jahren bei steigendem Einkommensniveau ein rückläufiger Trend der Konsumquote zu erkennen, die im Jahre 1993 laut Angaben des Statistischen Bundesamtes (vgl. Anfragen beim Statistischen Bundesamt vom 9. August 1994) bei rund 74 % lag und damit von dem als langfristig stabil geltenden Durchschnitt von 85,5 % erheblich abweicht (vgl. Gschwendtner u.a. 1976, S. 71). Im Hinblick auf die Auswirkungen von Veränderungen des verfügbaren Einkommens auf die Nachfrage, wird im Kontext der Ableitung des sekundären Nachfrageeffekts einer Liberalisierung der Ladenöffnungszeiten nochmals eingegangen werden.

Die *Zeit* ist ebenso wie die Preise und das verfügbare Einkommen eine wesentliche Bestimmungsgröße der Nachfrage - wird aber oftmals aus der Betrachtung ausgeschlossen. Die gesamte Zeit, die einem Haushalt zur Verfügung steht, muß dieser unter Beachtung des individuellen Nutzenwertes auf Arbeit (Einkommensquelle), Konsum, Freizeit (mit frei verfügbaren Zeiten für Kultur und Sport sowie vorbestimmten Zeiten für Haushaltsführung, Arzt- und Behördenbesuche sowie die Kindererziehung) und Informationszeit (Preis- und Qualitätsvergleiche; unabhängig von der Einkaufszeit zu sehen; vgl. Aengenendt [a] 1971, S. 28 f.) aufteilen, wobei die Arbeitszeit aufgrund der arbeitsvertraglichen Bindung als fixiert angesehen werden kann. Somit muß die verbleibende Zeit auf Konsum, Freizeit und Informationszeit aufgeteilt werden.

Um den Auswirkungen einer Liberalisierung der zeitlichen Betriebsbereitschaft auf die Nachfrage nachzugehen, muß an dieser Stelle nochmals kurz auf die Wirkung einer Beschränkung der zeitlichen Betriebsbereitschaft eingegangen werden:

Eine Festschreibung der Öffnungszeiten führt dazu, daß sich bei gegebener Arbeitszeit (t_a), einem vorbestimmten Freizeitanteil (t_f) sowie der Notwendigkeit einer Suchzeit t_s (Informations- und Preisvergleiche), die für den Konsum zur Verfügung stehende Zeit derart eingeschränkt wird, daß die Haushalte zu einer Korrektur ihrer Verbraucherpläne gezwungen sind, d.h. ihre geplante notionale Nachfrage tatsächlich nicht realisieren können und somit eine Rationierung des Konsums (sowohl aus Einkommen als auch aus Vermögen) erfolgt.

Es gilt dann: $\alpha_1^{gepl.} > \alpha_1^{tats.}$ und $\alpha_2^{gepl.} > \alpha_2^{tats.}$

mit α_1: Grenzkonsumneigung aus Einkommen
α_2: Grenzkonsumneigung aus Vermögen (Bestand an realem Vermögen)
gepl.: geplanter Wert
tats.: tatsächlich realisierter Wert

Daß hiervon nicht alle Bevölkerungsgruppen betroffen sein werden, ist unter zeitallokationstheoretischen Gesichtspunkten verständlich. So wird insbesondere für Schüler, Studenten, Arbeitslose, Rentner und Hausfrauen die Informations- als auch Einkaufszeit ausreichend sein. Dabei handelt es sich jedoch genau um die Verbrauchergruppe, deren Anteil am Umsatz und an der Kaufkraft gering ausfällt (vgl. Reichert 1971, S. 37 ff.). Dagegen wird die Gruppe der Berufstätigen und Selbständigen durch die arbeitszeitliche Überlappung mit den Ladenöffnungszeiten sowie durch die mit dem erhöhten Verkehrsaufkommen verbundenen längeren Wegzeiten in ihrer Einkaufs- und Suchzeit beschränkt. Bei der nach Abzug dieser Einflüsse verbleibenden Zeit ist zu bedenken, daß zunächst die Einkaufszeit als auch die Suchzeit vorrangig für lebensnotwendige Güter (zeitunelastische Nachfrage) eingesetzt wird, so daß für den Konsum von nicht lebensnotwendigen Produkten (Luxusartikel, die dem Haushalt einen Zusatznutzen stiften) nur unzureichend oder gar keine Zeit mehr verbleibt (vgl. Aengenendt [a] 1971, S. 80). Für die einzelhandelsrelevante Nachfrage hat dies eine große Bedeutung, da es sich bei diesem Teil der Konsumenten um einen mit hoher Kaufkraft ausgestatteten Personenkreis handelt. Insofern sind die Umsatzeinbußen des "Nachfragestaus" nicht als unwesentlich anzusehen.

Der Anteil derer, der von der Überschneidung der eigenen Arbeitszeit mit der Ladenöffnungszeit betroffen ist und sich daher in der Einkaufszeit beschränkt fühlen könnte, läßt sich am Anteil der Erwerbstätigen ermessen, deren normale Wochenarbeitszeit 41 Stunden übersteigt. Dies sind immerhin 15,4 % aller Erwerbstätigen (vgl. StBA [b] 1993, S. 116), die sich einer durchschnittlichen wöchentlichen Gesamtöffnungszeit von 55,3 Stunden (Ergebnis der empirischen Erhebung; vgl. Kapitel 9.2.2) gegenübersehen und in den so verbleibenden rund 14 Stunden nicht nur den täglichen Bedarf zu decken haben, sondern auch Arztbesuche, Behördengänge, Preis- und Qualitätsvergleiche sowie Anfahrtswege erfüllen müssen.

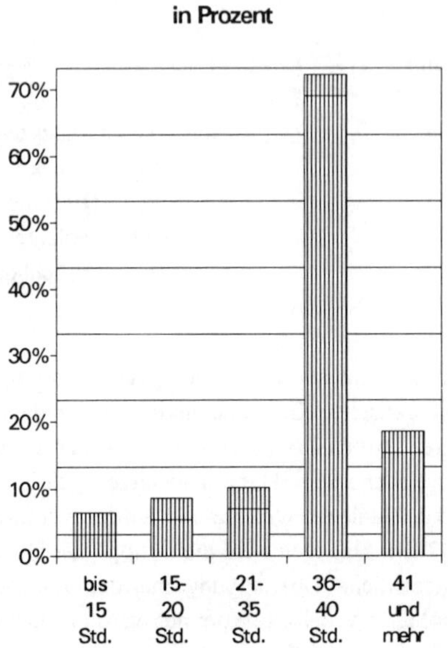

Abb. 1: Durchschnittliche Wochenarbeitszeiten der Erwerbstätigen (April 1991) (Quelle: StBA [b] 1993, S. 116)

Insofern verwundert es nicht, daß bei der im Rahmen dieser Arbeit durchgeführten Verbraucherbefragung vor allem Berufstätige und Selbständige die unzureichende Einkaufszeit bemängelten (vgl. näheres hierzu in Kapitel 9.2.3). Dabei handelt es sich vor allem um kaufkräftige Nachfragegruppen, so daß davon auszugehen ist, daß ihr Kaufkraftanteil, d.h. "*die im Geldeinkommen wirksam werdende Fähigkeit zum Kauf von Gütern*" (Höger 1972, S. 33), größer ist als der quantitative Anteil am Umfrageergebnis (vgl. hierzu auch Aengenendt [b] 1978, S. 30 f.; BAG e.V. [a] 1993, S. 1). Hinzu kommt auch, daß nicht immer eine optimale Flächenversorgung gewährleistet ist (insbesondere auf dem Land), so daß ein zusätzlicher Zeitaufwand für Anfahrtswege entsteht (vgl. Höger 1972, S. 11).

Kommt man also zu dem Ergebnis, daß ein Teil der Nachfrage rationiert wird, ist zu untersuchen wie sich dies auswirkt.

In einer ersten Reaktion werden die rationierten Nachfragegruppen versuchen ihren Konsumbedarf in "Grenzzeiten" (Mittagspausen, kurz vor Ladenschluß, freie Tage, Dienstleistungsabend) zu decken, wobei sie hier auf Preis- und Qualitätsvergleiche verzichten müssen und unter Zeitdruck eher Anbieter mit einem umfassenden Warensortiment ("One-stop-shop") aufsuchen werden, die dadurch einen monopolartigen Preisspielraum ausschöpfen können. Daß diese Annahme nicht nur auf die Theorie bezogen bleibt, zeigen eine Vielzahl von empirischen Erhebungen über Kundenströme (vgl. Aengenendt [b] 1978, S. 30 f.; BAG e.V. 1993; Stehn 1987, S. 14 ff.; vgl. hierzu auch Kapitel 9.2.3).

Kann der Teil der Nachfrage, der auf das zeitliche Angebot elastisch reagiert, seinen Konsum unter Ausschöpfung dieser "Einkaufsstrategien" weiterhin nicht vollständig realisieren, so führt dies dazu, daß auf den Kauf verzichtet wird oder dieser erst zu einem späteren Zeitpunkt erfolgt. Insbesondere bei Gütern des mittel- und langfristigen Bedarfs (z.B. Möbel, Autos etc.), die aufgrund ihres Anschaffungswertes oder der Komplexität von sich aus einen größeren Entscheidungszeitraum in Anspruch nehmen, wird sich dieser umso mehr erhöhen als daß eine zeitliche Einschränkung besteht (vgl. Aengenendt [b] 1978, S. 33 ff.). Zu beachten ist auch, daß die Verweildauer innerhalb der Ladengeschäfte Einfluß auf die Ausgaben hat und Impulskäufe, d.h. ungeplante, einem plötzlichen Entschluß folgende Käufe erst durch die Kaufmöglichkeit (Öffnung der Geschäfte) entstehen können (vgl. Kroeber-Riel 1990, S. 386 ff., 376 ff., 169, 235, 257; Weinberg/Gottwald, in: JBR 1982, S. 43 ff.; Höger 1972, S. 73; Reichert 1971, S. 37 ff.; Piepenbrock [b] 1984, S. 95).

Der hiermit verbundene "Nachfragestau" kann zum einen zu einer Umverteilung der Konsumausgaben zugunsten der nichteinzelhandelsrelvanten Konsumquote (Aufwendungen für Freizeit, Sport und Kultur) oder aber zu vermehrtem Sparen führen (vgl. Aengenendt [b] 1978, S. 30 f.). Die in den letzten Jahren angestiegene Sparquote (1994: 11,5 %; vgl. HB vom 9. Juni 1994, S. 5) bei zuletzt niedrigem Zinsniveau kann als Indiz für die letztere Alternative (neben den bestehenden Zukunftsängsten als Sparmotiv) angesehen werden.

Insofern wird eine Liberalisierung des Ladenschlußgesetzes mit einer Ausweitung der Ladenöffnungszeiten dazu führen, daß die teilweise "Rationierung" der Konsumenten aufgehoben wird und neben einer rein zeitlichen Verlagerung der Einkäufe im Zuge der Angebotsausweitung auch mit zusätzlichen Kaufimpulsen zu rechnen ist. Zumindestens kurzfristig ist ein Nachfragezuwachs und ein Anstieg der einzelhandelsrelevanten Konsumquote (der einzelhandelsrelvante Konsum machte im Jahr 1992 rund 44 % des privaten Verbrauchs aus; ermittelt aufgrund von Zahlen aus: StBA [a] 1993, S. 78) zu erwarten (so auch das Institut für angewandte Wirtschaftsforschung, vgl. Niedersächsisches Ministerium für Wirtschaft, Technologie und Verkehr 1993, S. 5; ebenso geht das ifo Institut in seinem Gutachten zum Ladenschlußgesetz von einem Anstieg der einzelhandelsrelevanten Konsumausgaben von 2 - 3 % innerhalb von zwei bis drei Jahren aus; vgl. ifo Institut, in: ifo Schnelldienst 1995, S. 19; Wichmann 1984, S. 171 f.; Stehn 1987, S. 24). Die Gründe hierfür sind vorrangig in drei Faktoren zu sehen: Zum einen wird ein Teil der Konsumenten das Angebot längerer Öffnungszeiten aus Neugier (zum Schaufensterbummel) bzw. zu Informationszwecken nutzen, wobei aufgrund der Erfahrungen der Konsumentenforschung Impulskäufe (durch den Verführungseffekt; vgl. Kroeber-Riel 1990, S. 386 ff., 376 ff., 169, 235, 257; Weinberg/Gottwald, in: JBR 1982, S. 43 ff.; Höger 1972, S. 73; Aengenendt [a] 1971, S. 81) zu erwarten sind, d.h. es zu ungeplanten Einkäufen kommen wird. Eine weitere Komponente einer Nachfragebelebung ist darin zu sehen, daß diejenigen Verbraucher, die ihre Einkaufszeit aus individuell unterschiedlichen Gründen (z.B. Berufstätigkeit, Präferenz der Freizeitnutzung, etc.) bisher als nicht ausreichend ansahen und im Zuge dieser empfundenen "Rationierung" ihre Konsumausgaben einschränkten oder verschoben, nunmehr ihren ursprünglich geplanten Bedarf auch tatsächlich realisieren können. Ebenso ist zu erwarten, daß jene Ausgaben, die bisher aufgrund des begrenzten Zeitrahmens zugunsten anderer Lebensbereiche verwendet wurden (z.B. Gastronomie, Kultur, Freizeit), bei einer Aufhebung des restriktiven Ladenschlusses wieder durch reine Konsumausgaben substituiert werden, d.h. es zu einer Umverteilung der Haushaltsausgaben zugunsten des Einzelhandelssektors kommen wird (vgl. Martensson 1984, S. 75 f.; Stehn 1987, S. 25). Für eine weitere Belebung wird zumindestens in Touristikzentren wie Berlin die Nachfrage der in- und ausländischen Besucher sorgen, die in verlängerten Öffnungszeiten einen besonderen Erlebniswert sehen. Das Potential der touristischen Nachfrage darf dabei keinesfalls unterschätzt werden. So errechnete das Londoner Institute for Fiscal Studies im Falle einer für Großbritannien angestrebten Sonntagsöffnung des Einzelhandels einen Zuwachs des Einzelhandelsumsatzes von 0,4 Prozentpunkten allein aus zusätzlichen Ausgaben von Touristen (vgl. Auld/Archibald/Airncross 1984, S. 101 ff.).

Insbesondere die Nachfrage nach mittel- und langfristigen Gütern, die unter den restriktiven Ladenöffnungszeiten besonderen Einschränkungen ausgesetzt waren, kann durch einen Anstieg des Zeitvolumens belebt werden und gerade für diese Branchen (z.B. Möbel, Elektrowaren) verlängerte Öffnungszeiten attraktiv werden. Daß diese Erwartung auch auf Seiten der Unternehmen vorzufinden ist, kann man bei einer branchenmäßigen Differenzierung der Haltung gegenüber Flexibilisierungsbestrebungen erkennen. So sind unter den Befürwortern einer Flexibilisierung vor allem Möbelgeschäfte, Autohäuser, der Elektrofachhandel und Lebensmittelgeschäfte zu finden, während gerade die "One-stop-shops" zu den Gegnern bzw. Vertretern einer Kompromißlösung zählen (vgl. Hertie Waren- und Kaufhaus GmbH: Gespräch mit Herrn Preuschoff, Personalleiter der Warenhäuser Berlins, vom 18. Januar 1994; ebenso Umfrageergebnisse in Kapitel 9.2.2).

Dieser primäre Nachfrageeffekt einer Liberalisierung der Ladenöffnungszeiten, der sich hauptsächlich durch die Realisierung aufgestauter Bedürfnisse und durch zusätzlich entstehende Impulskäufe (Verführungseffekt) auszeichnet, auf die der Einzelhandel besonders reflektieren muß, um Umsatzzuwächse zu erreichen (immerhin haben diese einen Anteil von bis zu 50 % des Umsatzes; vgl. Reichert 1971, S. 37 ff.; Kroeber-Riel 1990, S. 386 ff., 376 ff., 169, 235, 257; Weinberg/Gottwald, in: JBR

1982, S. 43 ff.; Höger 1972, S. 73; Aengenendt [a] 1971, S. 81), kann im Hinblick auf zunächst fehlende Einkommenszuwächse nur durch eine Umverteilung von nicht-einzelhandelsrelevanten zu einzelhandelsrelevanten Ausgaben, Entsparen oder Verschulden erfolgen. Letztere Möglichkeit war vor allem im Zuge des deutschen Vereinigungsprozesses zu beobachten. Folge des primären Nachfrageeffekts im Zuge einer Flexibilisierung der Ladenöffnungszeiten wird mit Aufhebung der Rationierung und durch zusätzliche Kaufimpulse eine Ausweitung der marginalen Konsumquote sein. Da zunächst noch keine Einkommensveränderungen erfolgen, wird sich kurzfristig auch die durchschnittliche Konsumquote (c/y) erhöhen.

Wesentlich für den weiteren Verlauf der durch eine Aufhebung in Gang gesetzten Wirkungskette und des Liberalisierungsprozesses selbst, ist die Frage nach dem Potential (quantitativ und qualitativ) dieses primären und somit nur kurzfristig wirksamen Nachfrageeffekts, d.h. welcher Anteil der Konsumenten im Rahmen einer Flexibilisierung auch wirklich seine Konsumquote ausweiten wird.

Eine Quantifizierung ist dabei allerdings nur schwer möglich, da die Öffnungszeiten nur eine von vielen Einflußfaktoren auf die Nachfrage bleibt und die subjektiven Einflußgrößen wie Gewohnheiten, Bedürfnisse, Ansichten und Verhalten nur schwer in ihren Wirkungen zu erforschen oder gar abzuschätzen sind, wobei aber nicht die Anpassungsfähigkeit der Verbraucher unterschätzt werden darf. Dies zeigte auch die Einführung des Dienstleistungsabends, der nach einer Gewöhnungsphase heute zum Alltag vieler Konsumenten zählt und neben dem Sonnabend zu einem der umsatzstärksten Tage geworden ist (vgl. BAG e.V. 1993, S. 10). Zieht man zur Beurteilung des potentiellen Konsumerhöhungsspielraums die Ergebnisse der im Rahmen dieser Arbeit durchgeführten Befragung von 500 Verbrauchern (näheres hierzu vgl. Kapitel 9.2.3) heran und stützt diese, z.T. auf einer hypothetischen Situation (liberalisierte Ladenöffnungszeiten) basierenden Aussagen mit Daten der amtlichen Statistik ab, so kann man den nachfolgend gemachten Schlußfolgerungen einen relativ hohen Wahrscheinlichkeitsgrad zumessen.

Will man das Potential derer ermitteln, die insgesamt einer Liberalisierung positiv gegenüberstehen, so kann man diesen Anteil mit Rückgriff auf die durchgeführte Verbraucherbefragung auf 69,8 % ansetzen. Weitere 21,8 % der befragten Personen sind für eine Teilliberalisierung (Verlagerung der Öffnungszeiten bei gleichbleibender gesamtwöchentlichen Öffnungszeit) und nur 4,2 % lehnen eine Flexibilisierung ab oder waren ohne Meinung. Erstere Gruppe kann man allerdings nur im weitesten Sinne als Potential ansehen, das eventuell die Konsumquote erhöhen dürfte, da der Großteil dieser Konsumenten längere Öffnungszeiten nur dazu nutzen will, mehr Preis- und Qualitätsvergleiche durchzuführen, entferntere Geschäfte aufzusuchen oder Sonderangebote zu nutzen, was letztlich jedoch keinen Einfluß auf die Konsumquote hätte. Schließlich dürften viele dieser Befürworter nicht genau wissen, wann und ob bei ihnen überhaupt ein Zusatzbedarf entsteht. Da der Anteil der Befürworter weit über dem derer liegt, die nach ihrem subjektiven Empfinden kaum oder gar keine Zeit haben (55,4 %) ihre Einkäufe zu erledigen bzw. die mit den derzeit bestehenden Regelungen der Ladenöffnungszeiten nicht zurechtkommen (30,8 %), erscheint dieser Wert unzureichend zur Bewertung des möglichen quantitativen Konsumerhöhungsspielraums zu sein. Allerdings könnte man hierin eine obere Grenze sehen.

Einen weitaus besseren Ansatz zur Beurteilung der tatsächlichen "Konsumquotenerhöher", die beabsichtigen mehr zu konsumieren und weniger zu sparen, bieten die Ergebnisse auf die Frage nach möglichen Ausgabenausweitungen der befragten Verbraucher bei veränderten Öffnungszeiten. Den Anteil der Bevölkerungsgruppe der über 16jährigen, die beabsichtigen im Zuge einer Liberalisierung der Ladenöffnungszeiten mehr auszugeben, kann man auf 17,8 % beziffern. Dabei ist diese Zahl eher zu niedrig angesetzt, wenn man berücksichtigt, daß immerhin 35,2 % der Verbraucher beabsichtigen, ihre Ausgaben im geringen Maße zu erhöhen und zudem noch 25 % sich unentschlossen zeigten, während 22 % eine Ausgabenerhöhung von vornherein ausschlossen. Auffällig ist die enge Verknüpfung zwischen der Absicht einer Konsumquotenerhöhung mit den demographischen Merkmalen des Alters, des Einkommensniveaus und der Berufstätigkeit. So lagen die Werte der 26-40jährigen (22,9 %), der Bezieher hoher Einkommen (32,6 %) sowie der Berufstätigen (20,1 %) weit über dem Wert von 17,8 %. Dagegen waren Ältere (mehr als 51 Jahre mit 4,3 %) und Nichtberufstätige im Feld der möglichen "Konsumquotenerhöher" unterdurchschnittlich vertreten. Dies zeigt wiederum, daß vor allem Berufstätige und Bezieher höherer Einkommen sehr elastisch auf das zeitliche Angebot reagieren. Bei jüngeren hingegen dürfte sich der Konsumerhöhungswunsch aufgrund ihres hohen Anspruchsniveaus und des hohen Ausstattungsgrades ableiten (zu annähernd gleichen Ergebnissen gelangen Aengenendt [b] 1978, S. 13; Gschwendtner u.a. 1976, S. 76 ff., 81 ff.).

Wie die demographische Analyse zeigt, ist der wesentliche Anteil an den möglichen "Konsumquotenerhöhern" der Personengruppe zuzuordnen, die auf das zeitliche Angebot elastisch reagiert, so daß man die 17,8 Prozent als einen realistischen Wert für einen Konsumerhöhungsspielraum ansehen kann. Insofern ließe sich ohne Einfluß der Preise (vgl. hierzu Abschnitt 8.2.2) und des Einkommens (vgl. hierzu Abschnitt 8.4.3) ein kurzfristiger Anstieg der gesamten Konsumquote begründen, wobei hierbei noch keine Aussage darüber getroffen wird, in welchem Ausmaß sich die Konsumquote verändern könnte. Anzumerken ist allerdings, daß der Kaufkraftanteil der "Konsumquotenerhöher" sowie deren Anteil am Umsatz größer einzuschätzen ist als ihr quantitativer Anteil aus dem Befragungsergebnis (große Vermögensbildung bei hohen Einkommensbeziehern).

Das Ausgabenverhalten der Haushalte wird wesentlich durch die Einkommensentwicklung, die konjunkturelle Lage, die Sparneigung und den Verschuldungsgrad beeinflußt (vgl. Gschwendtner u.a. 1976, S. 89). Dennoch sprechen viele Anhaltspunkte für einen qualitativen Konsumerhöhungsspielraum von 5 bis 7 Prozent der Konsumausgaben. So sind zum einen die verfügbaren Einkommen trotz einer durchschnittlichen Inflationsrate von 4 % im Jahre 1992 (vgl. StBA [a] 1993, S. 76 ff., 84 ff.) gestiegen, zum anderen zeigt die Sparquote trotzt rezessiv bedingter Niedrigverzinsung mit 11,5 % einen sehr hohen Stand (vgl. Anfrage beim StBA vom 9. August 1994), so daß ein Entsparen zur Finanzierung der Konsumausgaben ohne weiteres möglich wäre. Konjunkturell gesehen ist der Konsumerhöhungsspielraum in Zeiten einer Rezession sowieso viel höher einzuschätzen als in Zeiten der Hochkonjunktur, da über das Gefühl einer Unsicherheit und möglicher Realeinkommensverluste die Haushalte ihre Sparneigung erhöhen und ihre Nachfrage einschränken, während in Zeiten des Booms unbekümmerter gekauft wird und ein möglicher Erweiterungsspielraum für Konsumausgaben damit schon ausgeschöpft ist (vgl. Aengenendt [a] 1971, S. 82). Daher kommt der Stimulierung der Nachfrage über finanzpolitische Maßnahmen (Zinspolitik) in Zeiten der Rezession auch eine besondere Bedeutung zu. In der derzeitigen wirtschaftlichen Lage, wäre daher eine Stimulierung der Nachfrage durch eine Deregulierung des Ladenschlußgesetzes nicht nur ökonomisch erstrebenswert, sondern aufgrund des rezessiv bedingten größeren Konsumerhöhungsspielraums auch durchführbar.

Setzt man die - trotz jahrelang gegenläufiger Tendenzen (vgl. Batzer [Aufsätze] 1993, S. 8) - als langfristig stabil geltende durchschnittliche Konsumquote (85,5 %; vgl. hierzu auch Aengenendt [b] 1978, S. 35; Gschwendtner u.a. 1976, S. 71) ins Verhältnis zu der Konsumquote des Jahres 1993 (73,8 %; ermittelt aus den Angaben des StBA, Anfrage vom 9. August 1994), würde sich als maximaler Konsumerhöhungsspielraum rein rechnerisch eine mögliche Veränderungsrate von 11,7 % ergeben, was auch annähernd der gültigen Sparquote entspräche. Unter der Annahme, daß die Konsumenten nicht vollständig auf das Sparen verzichten werden, aber hinsichtlich einer Umschichtung des verfügbaren Einkommens flexibel reagieren (vgl. Gschwendtner u.a. 1976, S. 89), ist eine Erhöhung der Konsumausgaben der potentiellen "Konsumquotenerhöher" daher um mindestens 5 Prozent als wahrscheinlich einzustufen, zumal sich hierunter gerade ein größerer Anteil von Personen befindet, der aufgrund seines Einkommensniveaus auch über höhere Vermögens- und Sparguthaben verfügen. Somit würde allein der primäre Nachfrageeffekt, d.h. die rein liberalisierungsbedingte Wirkung verlängerter Öffnungszeiten nicht nur Auswirkungen auf den Umsatz haben (vgl. hierzu Abschnitt 8.3), sondern über einen Anstieg des privaten Verbrauchs das reale Sozialprodukt beeinflussen.

Wäre es zum Beispiel 1992 zu einer Liberalisierung der Ladenöffnungszeiten gekommen und hätte dabei rund jeder fünfte Erwachsene (rund 13,4 Millionen) in der Bundesrepublik seine Konsumquote um 5 Prozent erhöht und der Rest (53,8 Millionen) seine Konsumquote beibehalten, so hätte sich der gesamte private Verbrauch der Volkswirtschaft, der mit einem realen Zuwachs von 1,6 Prozent nur unterdurchschnittlich zum Wachstum des Bruttoinlandsprodukts (realer Anstieg um 2 %; Werte ermittelt aus den Angaben des StBA, in: StBA [a] 1993, S. 88 ff.) beitrug, um rund 21,6 Mrd. DM erhöht und somit über eine höhere Zuwachsrate (zusätzliches Wachstum um 1,3 %) zum Wachstum des Bruttoinlandsprodukts beigetragen.

Zur Berechnung dieser Werte wurde auf folgende Gleichungen zurückgegriffen (Werte wurden aufgrund der amtlichen Statistik errechnet; vgl. StBA [a] 1993, S. 15, 88 ff.):

(1) $PKV * q = \Delta PKV$

(2) $\Delta PKV * KQE = \Delta PV_0 = PV_1 - PV_0$

(3) $w_{pv} = \frac{PV_1 - PV_0}{PV_0/100}$

PKV : durchschnittlicher Pro-Kopf-Verbrauch/Jahr (32190 DM/Jahr)

q : Erhöhungssatz der Konsumquote (q = 0,05)

Δ : absolute Veränderung

PV_0 : privater Verbrauch vor einer Liberalisierung (1708,8 Mrd. DM)

PV_1 : privater Verbrauch nach einer Liberalisierung (1730,4 Mrd. DM)

KQE : Zahl der Konsumquotenerhöher (KQE = 13,4 Mio)

w_{pv} : liberalisierungsinduzierte Wachstumsrate des privaten Verbrauchs (w_{pv} = 1,3 %)

So würde allein der primäre Effekt (gleichzusetzen mit einem kurzfristigen Effekt) zu einer Dämpfung der rezessiven Entwicklung und damit zu einer konjunkturellen Stabilisierung beitragen können. Fraglich bleibt dabei allerdings, ob sich die Konsumausgaben auch langfristig auf einem höheren Niveau stabilisieren werden. In der Literatur wird der sich dem Anschubeffekt möglicherweise anschließende sekundäre Nachfrageeffekt vernachlässigt. Sind nämlich kurzfristig die Konsumausgaben durch eine strukturelle Verschiebung der Nachfrage zugunsten der einzelhandelsrelevanten Konsumquote oder durch Entsparen gestiegen, so hat dies Rückwirkungen auf den Umsatz (vgl. Abschnitt 8.3). Dieser wird sich ebenfalls erhöhen und so zu einer Ausweitung der Ladenöffnungszeiten mit dem Einsatz zusätzlicher Arbeitskräfte (vgl. Abschnitt 8.4) beitragen. Kommt es im Zuge der Ausweitung der zeitlichen Betriebsbereitschaft des Einzelhandels schließlich zu einer Zunahme der Zahl der Erwerbstätigen, so wird der Beschäftigungseffekt einen Zuwachs der individuellen Einkommen mit sich bringen und insgesamt zu einem Anstieg des Einkommensniveaus beitragen (vgl. Keynes 1964, S. 27 f.). Dies wird folglich zu einer über den "primären Nachfrageeffekt" hinausgehenden Belebung der Binnennachfrage führen. So haben Untersuchungen gezeigt, daß mit zunehmenden verfügbaren Einkommen auch die Ausgaben für Konsumgüter ansteigen (vgl. Kuznets, in: AERPP 1952, S. 507 ff.; Hall/Mishkin, in: Econometrica 1982, S. 461 ff.). Die zusätzlichen Einkünfte führen nämlich zu neuen Ausgaben im Einkommenskreislauf, sofern sie nicht gespart oder zur Schuldentilgung verwendet werden. Das gestiegene Arbeitseinkommen schafft zusätzliche Nachfrage. Die Ausmaße des Einkommenseffektes sind dabei um so größer, je kleiner die Grenzsparneigung der Haushalte ist, d.h. in welchem Maße sie gewillt sind ihr zusätzliches Einkommen zu sparen (vgl. Keynes 1964, S. 113 ff., 125; Allen 1975, S. 25 ff.; Branson 1989, S. 35 ff.; Rose 1975, S. 203 ff; Siebke/Thieme 1984, S. 99 ff.). Im vorliegenden Fall werden zunächst die Bezieher unterer Einkommensklassen vom Einkommenseffekt profitieren, wenn man davon ausgeht, daß die neuen Arbeitnehmer vormals ohne Beschäftigung waren und ihr Verdienst aus der Arbeitslosenunterstützung bestand bzw. es sich beim Verkaufspersonal um Bezieher niedriger Einkommen handelt. Unumstritten in der Konsumtheorie ist der Sachverhalt, daß sich die Grenzneigung zum Konsum zwischen den Beziehern unterer und höherer Einkommensklassen dahingehend unterscheidet, daß Haushalte mit geringerem Einkommen im Verhältnis zu Besserverdienenden relativ gesehen mehr für Konsumzwecke ausgeben (vgl. z.B. Ando/Modigliani, in: AER 1963, S. 73; Keynes 1964, S. 97; Mayer 1972, S. 19 f.). Folglich wird sich der im Zuge des Beschäftigungseffektes zu erwartende Einkommenszuwachs zu einem großen Anteil in einer weiteren Nachfragebelebung niederschlagen. Allerdings wird aufgrund des fundamentalen psychologischen Gesetzes von Keynes die Ausweitung der Konsumnachfrage kleiner ausfallen als der ursprüngliche Einkommenszuwachs (vgl. Keynes 1964, S. 96 f., 114 ff.). Ebenso ist das Beharrungsvermögen des Konsum zu berücksichtigen, wonach sich die Haushalte bei ihren Konsumplanungen immer auch am Einkommen der Vorperiode (t-1) ausrichten und sich so Einkommensänderungen immer erst mit einer zeitlichen Verzögerung (Robertson-lag) auf die Ausgabenseite niederschlagen werden (vgl. Allen 1975, S. 17). Die Neueinstellungen werden sich daher in Form eines einkommensinduzierten "sekundären Nachfrageeffektes" erst in einem bestimmten Zeitintervall als Umsatzzuwachs des Einzelhandels bemerkbar machen.

Insgesamt gesehen wird es also neben einer Verschiebung der Zusammensetzung des Warenkorbs (nach dem Engel-Schwabeschen-Gesetz sinkt der Anteil an lebensnotwendigen Gütern wie Lebensmittel und Wohnung bei steigendem Einkommen; vgl. Salvatore 1994, S. 86 ff.) auch zu einem relativ größeren Nachfrageimpuls kommen, als dies bei einkommensstärkeren Gruppen zu erwarten wäre, da die Grenzkonsumquote der Haushalte niedriger Einkommensbezieher größer ist, als einkommensstarker Gruppen. Schlagen sich die beschäftigungsinduzierten Einkommenszuwächse im Zeitpunkt t_1 in Ausgabenerhöhungen nieder (sekundärer Nachfrageeffekt), so wird das bisher nur über Impulskäufe und durch die Befriedigung des "Nachfragestaus" erhöhte Konsumniveau langfristig weiteransteigen, da mit dem dauerhaften Anstieg des Einkommensniveaus sich auch die Nachfrage auf einem höheren Niveau verfestigen wird. Der mit einem Einkommenszuwachs verbundene Anstieg des Lebensstandards trägt mit dazu bei, daß das Niveau des Konsums auf einer höheren Stufe verweilen wird, da die Konsumenten nur schwer ein bereits erreichtes Konsumniveau wieder aufgeben werden (vgl. Modigliani 1975, S. 2 ff.; Mayer 1972, S. 19 f.; Duesenberry 1967, S. 111 ff.; Allen 1975, S. 20). Verstärken wird sich der "sekundäre Nachfrageimpuls" zudem dadurch, daß im Zeitablauf auch die anderen Lohnbezieher von dem expansiven Prozeß mit Einkommenserhöhungen (Anpassungen des Lohns an gesamtwirtschaftliche Entwicklung) profitieren und damit ebenfalls zu einem Zuwachs der Konsumausgaben beitragen werden, der für die Bezieher höherer Einkommen allerdings relativ geringer ausfallen wird, da sie einen geringeren Anteil des Einkommens zu Konsumzwecken verwenden (vgl. z.B. Ando/Modigliani, in: AER 1963, S. 73; Keynes 1964, S. 97; Mayer 1972, S. 19 f.). Mit einer Belebung der Gesamtwirtschaft steigen gleichzeitig die Steuereinnahmen, was auch die öffentliche Haushalte veranlaßt, mehr Güter nachzufragen. Dies erhöht die Gesamtnachfrage weiter und im gleichen Maße steigt das Sozialprodukt.

Primärer als auch sekundärer Nachfrageeffekt bedingen wie gezeigt eine gesteigerte Binnennachfrage. Ist die Nachfrage dabei größer als von den Unternehmen antizipiert, wird die Konsumgüterindustrie kurzfristig ihre Läger abbauen. Sofern die Nachfrageerhöhung von Seiten der Unternehmen nicht nur als kurzfristig und von vorübergehender Natur angesehen wird, ergibt sich für sie ein Anreiz, mehr zu produzieren und somit langfristig die Produktionsauslastung den veränderten Bedürfnissen anzupassen (vgl. Keynes 1964, S. 27 ff.; Branson 1989, S. 37 f.). Hierbei wird es unter der Annahme, daß nicht alle Produktionsfaktoren ausgelastet sind, zu einem Abbau von Kurzarbeit, zur Überstundenausweitung und zu einem Bedarf an zusätzlichen Arbeitskräften kommen. Insofern bleiben die Folgen einer Aufhebung des Ladenschlußgesetzes nicht allein auf den Einzelhandelssektor beschränkt, sondern übertragen sich auch auf die ihm vorgelagerten Bereiche (Akzelerator-Effekt). Dabei wird eine liberalisierungsbedingte Belebung der Nachfrage nicht nur den Bedarf nach Gütern der Konsumgüterindustrie verändern, sondern auch eine steigende Nachfrage nach Investitionsgütern (abgeleitete Nachfrage) hervorrufen, um der Produktionsausweitung im Konsumgütersektor Rechnung zu tragen. Mit einer Erhöhung des jeweiligen Auslastungsgrades der Betriebe der Konsum- und Investitionsgüterindustrie sind in Abhängigkeit der gegebenen Arbeitsproduktivität auch für diese Wirtschaftsbereiche Beschäftigungseffekte zu erwarten. Allerdings wird der Gesamteffekt in diesen Wirtschaftszweigen aufgrund des hohen Technisierungsgrads geringer ausfallen als für den Bereich des Einzelhandelssektors. Die entstehenden Einkommenszuwächse im Industriesektor werden jedoch über eine weitere Nachfragebelebung den Multiplikatorprozeß (vgl. S. 98 ff.) weiter verstärken und dazu beitragen, daß sich die Öffnungszeiten aufgrund der weiteren Belebung der Nachfrage tendenziell noch weiter ausdehnen werden und sich langfristig neben einem höheren Volkseinkommen auch ein höheres Konsumniveau einstellen wird. Letztlich wird das Ergebnis des Gesamtprozesses zwar eine konstante durchschnittliche Konsumquote aufweisen, diese wird sich aber durch den liberalisierungsbedingten Expansionsprozeß auf einem weitaus höheren Nivau bewegen.

Zu berücksichtigten sind jedoch eventuelle Bremseffekte, die den zusätzlichen Nachfrageimpuls vermindern können. Neben den möglichen Einkommensverlusten der "Altbeschäftigten" im Zuge des Abbaus der Überstundenleistungen ist vor allem die dämpfende Wirkung der Steuer- und Abgabenlast (vgl. Abschnitt 8.4.3) ausschlaggebend, denn sie schränkt über "Realeinkommensverluste" ebenso wie Preissteigerungen den zusätzlichen Konsum, der durch Einkommenszuwächse induziert wird, ein. Allerdings unterliegen die Verbraucher zumindestens kurzfristig einer Geldillusion, d.h. sie gehen irrtümlich von konstanten Realeinkommen aus und berücksichtigen eine Veränderung des Geldwertes durch Inflation in ihren Nachfrageplänen nicht (vgl. Baßeler/Heinrich/Koch 1991, S. 266), was die Bremseffekte als solches relativieren würde. Die nachfolgenden Abschnitte werden zudem zeigen, daß Befürchtungen hinsichtlich preisbedingter Bremseffekte nicht notwendig sind, wobei hierbei von einer wirtschaftlich bedachten Steuerpolitik der Bundesregierung ausgegangen wird.

Insofern kann eine Liberalisierung in ihrer Gesamtwirkung zu einer wesentlichen Belebung der volkswirtschaftlichen Gesamtnachfrage führen, da ein Anstieg einzelhandelsrelevanter Konsumausgaben im Rahmen von Investitionstätigkeiten der Unternehmen branchenübergreifend zur Nachfragebelebung beitragen würde und so auch die wirtschaftlich-konjunkturelle Lage beleben könnte, was im Interesse des Abbaus der hohen Arbeitslosigkeit und der Überwindung der derzeitigen wirtschaftlichen Krise erstrebenswert wäre.

8.2 Kosten- und Preiseffekte

An dieser Stelle sei nochmals darauf hingewiesen, daß es sich beim hier diskutierten Liberalisierungsbestreben im Kern um eine ordnungspolitische Frage handelt. Betriebswirtschaftliche Kalküle über Kosten und Rentabilität verlängerter Öffnungszeiten sollten demnach in einem marktwirtschaftlichen orientierten System den Marktteilnehmern überlassen werden.

8.2.1 Kostenentwicklung

Die Kosten üben neben den Umsätzen entscheidenen Einfluß auf die Entscheidung der Unternehmen aus, an erweiterten Öffnungszeiten teilzunehmen. Daher sollen nachfolgend alle denkbaren Kostenentwicklungen und deren Preiseinfluß näher analysiert werden.

8.2.1.1 Personalkosten

Die Personalkosten stellen neben dem Mietzins für die Unternehmen des Einzelhandels den größten Anteil der anfallenden Kosten dar. Dabei differiert dieser Anteil je nach Branche bzw. Handelsform: So beträgt die Personalkostenquote der Discounter, Fachmärkte und Selbstbedienungswarenhäuser rund 10 %, die der mittelständischen Fachhändler 16 % und der Anteil der Personalkosten an den Gesamtkosten der Warenhäuser 20 % (vgl. BAG e.V. [a] 1993, S. 5). Da es sich bei den Personalkosten um öffnungszeitabhängige Kosten handelt, werden also eher personalintensive Betriebsformen bei einer Ausweitung des Volumens der zeitlichen Betriebsbereitschaft von einem eventuellen Kostenanstieg betroffen sein.

Legt man im folgenden die im vorherigen Kapitel abgeleiteten Rahmenbedingungen (tarifvertraglicher Bestandsschutz der "Altbeschäftigten", Verzicht von Lohnzuschlägen für Nachtarbeit, Anhebung des Mehrarbeitszuschlages) eines sozial- und wettbewerbsorientierten liberalen Ladenschlußmodells zugrunde, so ist davon auszugehen, daß die Unternehmen unter Kostengesichtspunkten auf einen Mehreinsatz der "Altbeschäftigten" verzichten werden. So sind mit der Anhebung des Überstundenzuschlags die Lohnkosten der "Altbeschäftigten" höher anzusetzen als die neuer Mitarbeiter. Unter Beachtung des Opportunitätskostenprinzips dürften die Arbeitgeber auf den Mehreinsatz zugunsten von Neueinstellungen verzichten. Insofern werden sich die Kosten der Stammbelegschaft bei einer Liberalisierung nicht verändern oder gar durch den Abbau von Mehrarbeit gesenkt werden können. Allerdings wird dann im Zuge einer Ausweitung des zeitlichen Öffnungsvolumens und der Festschreibung der bestehenden Arbeitsverhältnisse eine Personalbedarfslücke entstehen, die die Arbeitgeber über Neueinstellungen zu decken hätten, sofern sie aus wirtschaftlichen Überlegungen heraus an liberalen Ladenöffnungszeiten teilnehmen wollen. Im Rahmen der Neueinstellungen werden demzufolge für das Unternehmen neben den Friktionskosten bei der Personalbeschaffung auch höhere Verwaltungskosten entstehen, da mit einem Anstieg der Gesamtzahl der Arbeitnehmer auch der Verwaltungsaufwand ansteigt. Bei einem vermehrten Einsatz von Teilzeitkräften (vgl. hierzu Abschnitt 8.4.1) würde der Verwaltungsaufwand zusätzlich gesteigert werden (nach Schätzungen ist insgesamt mit einem ca. 8 %-igen Kostenanstieg zu rechnen; so jedenfalls Höger 1972, S. 69 f.), da die Probleme der Personaleinsatzplanung (möglichst optimale Verteilung nach den Interessen der Arbeitgeber und den Wünschen der Arbeitnehmer) zunehmen würden (vgl. Glaubrecht/Wagner/Zander 1988, S. 240).

Darüber hinaus würde mit der Zunahme der Beschäftigtenzahl auch die gesamte Lohnsumme des Betriebes ansteigen (vermindert um die Einsparungen der Mehrarbeitszuschläge). Allerdings käme es bei dem zu erwartenden Anstieg der Quote der Teilzeitarbeitnehmer, d.h. mit der Verschiebung der Vollzeitarbeitsverhältnisse zugunsten von Teilzeitarbeit, zu einer Kostendegression, da der Einsatz von Teilzeitarbeitnehmern aus Sicht der Unternehmen günstiger ist, da hierbei die Lohn- und Lohnnebenkosten (z.T. geringere Stundenlöhne als Vollzeitarbeitnehmer, weniger bezahlte Pausenzeiten, Arbeitgeberanteil an der Sozialversicherung etc.) geringer anzusetzen sind und zudem ein Mehrarbeitszuschlag erst ab der 40. Stunde anfällt und somit der Spielraum eines kostengünstigen Arbeitseinsatzes bei der Teilzeitarbeit höher ausfällt. Darüber hinaus würde der Einsatz flexibler Arbeitszeitmodelle eine bessere Anpassung an die unterschiedlichen Umsatzspitzen ermöglichen und letztlich über eine erhöhte Arbeitsproduktivität (Reduktion der Leerzeiten, größere Leistungsfähigkeit von Teilzeitbeschäftigten aufgrund der geringeren zeitlichen Anwesenheitszeit) dem Betrieb Kostensenkungspotentiale eröffnen (vgl. Höger 1972, S. 70). Wie die ausländischen Erfahrungen zeigen, ist das mit der Entzerrung der Spitzenbelastung des Personals verbundene Kostensenkungspotential um so größer, je mehr Einzelhändler sich an verlängerten Angebotszeiten beteiligen (vgl. Schmidt/Kayser 1986, S. 144 ff.). Durch eine Ausweitung der zeitlichen Betriebsbereitschaft lassen sich nämlich die Kundenströme verstetigen, so daß die Belastung für das Verkaufspersonal abnehmen würde und dadurch auch die krankheitsbedingten Fehlzeiten zurückgehen werden, was ebenfalls einen eventuellen beschäftigungsinduzierten Personalkostenanstieg kompensieren könnte. Zudem stünde den Verkäufern nunmehr selbst mehr Zeit zum Einkauf zur Verfügung, so daß die einkaufsbedingten Abwesenheitszeiten während der Arbeitszeit bzw. die "Fehlnutzung" der Mittagspausen, die die Wirtschaft nach Schätzungen jährlich mit mehr als ½ Mrd. DM belasten (vgl. Aengenendt [a] 1971, S. 66), entfallen werden.

Insgesamt betrachtet ist zwar davon auszugehen, daß das Volumen der Lohnkosten zunehmen wird, doch aufgrund der Degressions- und Produktivitätseffekte werden sich die Stundenlöhne eher reduzieren. Diese Schlußfolgerung wurde auch durch die ausländischen Erfahrungen nicht widerlegt (vgl. Schmidt/Kayser 1986, S. 144 ff.). Zudem ist zu bedenken, daß der Bedarf an zusätzlichem Arbeitskräften sich immer am Umsatz orientieren wird und im Verhältnis zu dieser Größe unterproportional ansteigen wird (vgl. Hertie Waren- und Kaufhaus GmbH: Gespräch mit Herrn Preuschoff, Personalleiter der Warenhäuser Berlins, vom 18. Januar 1994; Schmidt/ Kayser 1986, S. 183), so daß über steigende Umsätze höhere Deckungsbeiträge zu erwirtschaften wären, die einen Personalkostenanstieg ebenfalls abdecken würden.

Hinsichtlich des mit einer zunehmenden Beschäftigtenzahl eventuell verbundenen Anstiegs der Lohnsumme des Betriebes, kann die im Modell statuierte staatliche Lohnsubventionierung zur Kompensation der Kostenbelastungen beitragen. Immerhin würde bei einer maximalen Bezuschussung des Staates (Vollzeitarbeitsplatz eines Kleinbetriebs; vgl. näheres zur Ausgestaltung der Lohnsubventionierung Kapitel 7.2.2) in Höhe von 1.274 DM rund die Hälfte (47,6 %) des tariflichen Eckgehalts von 2.677 DM getragen werden. Insoweit ließen sich die Kostenbelastungen gerade auch unter Anerkennung der zu erwartenden Produktivitätssteigerungen im Zuge der Nutzung verlängerter Öffnungszeiten (vgl. Abschnitt 8.2.1.2) soweit reduzieren, daß den Unternehmen hiedurch mögliche Nachteile im Zuge der Flexibilsierung ausgeglichen werden können.

8.2.1.2 Betriebskosten

Ebenso wie die Personalkosten, sind *Energie- bzw. Sachkosten* (Heizung, Strom, Wasser) öffnungszeitabhängig. Diese Kostenart macht allerdings nur 1 % des Umsatzes aus (vgl. Gschwendtner u.a. 1976, S. 127). Mit einer Ausweitung der Gesamtöffnungszeit werden diese Kosten steigen. Doch ist darauf hinzuweisen, daß auch unter dem bisherigen Ladenschlußmodell, Abschlußarbeiten zusätzliche Kosten entstehen ließen und oftmals auch in den geschlossenen Geschäftsräumen die Schaufensterbeleuchtung als auch die Klimaanlagen arbeiten. Der aus einer Veränderung der Ladenöffnungszeiten zu erwartende Kosteneffekt dürfte daher nicht so sehr ins Gewicht fallen, wie es zunächst vielleicht den Anschein hat.

Weiteren Einfluß auf die Gesamtkostensituation haben auch die *Kapitalkosten*. Die mit der derzeit bestehenden Zeitrestriktion verbundenen Spitzenbelastungen haben dazu geführt, daß sich der Einzelhandel mit seinen Kapazitäten (z.B. Anzahl der Kassen) an diesen Werten ausrichtete und dann in kundenschwachen Zeiten dieses Kapital brach lag und hohe Leerlaufkosten verursachte. Durch eine Verstetigung der Kundenströme über eine Ausweitung der Öffnungszeiten, lassen sich diese Kosten nunmehr reduzieren und somit insgesamt die Kapitalkosten senken (vgl. Inderst/ Clemenz 1989, S. 20; Aengenendt [a] 1971, S. 108; Piepenbrock [b] 1984, S. 96).

Auch die *Raumkosten* (Miete) sind fixe Kosten, die im Rahmen einer Veränderung der zeitlichen Betriebsbereitschaft durch eine Erhöhung des Auslastungsgrades (bezogen auf eine Zeiteinheit) sinken werden und sich zugleich die Flächenkapazität erhöhen wird. Steigt im Zuge einer Flexibilisierung auch der Absatz der Ware, so werden sich mit Zunahme der Bestellmenge auch die Einkaufsbedingungen (Mengendegression) verbessern lassen. Darüber hinaus könnte eine gesteigerte Warenumschlagshäufigkeit die *Lagerkosten* senken (vgl. BMWi [a] 1993, S. 4). Sofern Unternehmen ihre Geschäftsräume durch eine Wachschutzgesellschaft bewachen lassen, werden sich diese Kosten anteilig um die längeren Öffnungszeiten verringern. Hinsichtlich der Betriebskosten ist somit neben der Erhöhung der Flächenkapazität davon auszugehen, daß sich die Kosten nicht wesentlich verändern werden. Im Gegenteil besteht sogar die Vermutung, daß ein Kostensenkungspotential gegeben ist.

Betrachtet man abschließend die Gesamtkostensituation und unterstellt, daß es trotz der vorhandenen Kostensenkungspotentiale (insbesondere über einen Anstieg der Personalkosten) zu einem Gesamtanstieg der Kosten kommen könnte, ist dabei noch keine Aussage darüber getroffen, ob dieser sich auch in den Preisen widerspiegeln wird. Schließlich sind auch noch die Grenzerträge verlängerter Öffnungszeiten den Grenzkosten einer Ausweitung der zeitlichen Betriebsbereitschaft gegenüberzustellen. Lägen die Grenzerträge über den Grenzkosten, so könnten die Unternehmen sogar höhere Deckungsbeiträge erzielen und einen Preissenkungsspielraum wahrnehmen (vgl. hierzu Abschnitt 8.3). Insofern scheinen betriebswirtschaftliche Kriterien eher geeignet, die effektive Angebotszeit zu begrenzen, als dies die Gesetzgebung erfüllen könnte. Darüber hinaus zeigen die ausländischen Erfahrungen, daß eventuell entstehende Kostenbelastungen aufgrund des hohen Wettbewerbsdrucks nicht ohne weiteres auf die Preise überwälzbar sind (vgl. Stehn 1987, S. 19 ff.; Schmidt/Kayser 1986, S. 144 ff., 196 ff.).

Festzuhalten ist, daß sich Kostensteigerungen durch eine an Rentabilitätsgesichtspunkten orientierte Öffnungszeitpolitik begrenzen lassen. So kann der Händler zu den Zeiten öffnen, die ihm unter betriebswirtschaftlichen Gründen am kostengünstigend erscheinen (z.B. während umsatzschwacher Zeiten am frühen Morgen). Nach den Berechnungen des Londoner Institutes for Fiscal Studies liegt der Break-Even-Point zwischen 10 und 15 Prozent (vgl. Auld/Archibald/Airncross 1984, S. 101 ff.). Das heißt, daß ein Händler unter Gewinnaspekten von der Öffnung seines Geschäfts absehen wird, insoweit er durch die Schließung weniger als 15 % des Gesamtumsatzes verliert (vgl. Auld/Archibald/Airncross 1984, S. 101 ff.; Schmidt/Kayser 1986, S. 144 ff.).

8.2.2 Preistendenzen

Mögliche Veränderungen des Preisniveaus spielen in der Diskussion um eine Liberalisierung des Ladenschlußgesetzes eine wichtige Rolle, da oftmals ein Anstieg der Preise als Folge der Deregulierung der Ladenöffnungszeiten vorausgesagt wird und hierin eine Schlechterstellung der Verbraucher gesehen wird (vgl. Batzer 1984, S. 21 ff.; Gartz 1984, S. 210; HBV 1993, S. 9 ff.). Allerdings dürfen in diesem Zusammenhang auch nicht die begleitenden verbraucherpolitischen Effekte (größere Markttransparenz, größere Flexibilität, Senkung der Einkaufskosten) außer acht gelassen werden (vgl. hierzu auch Abschnitt 8.6).

Wesentlichen Einfluß auf die Höhe des Preises haben die Kosten, die als Handlungskosten (Löhne, Mieten etc.) auf der Grundlage der Gemeinkostenkalkulation, dem vom Einzelhandel an den Zulieferer zu zahlenden Einstandspreis aufgeschlagen werden. Hinzu kommt ein vom jeweiligen Einzelhändler individuell gewählter Gewinnzuschläge, so daß sich zur Berechnung des Listenverkaufspreis folgende Gleichung ergibt:

$$p = p^e + k + g$$

mit p : Listenverkaufspreis
p^e : Einstandspreis
k : Handlungskosten je Ware
g : Gewinnzuschlag

Die Ergebnisse des letzten Abschnitts haben gezeigt, daß es infolge von Neueinstellungen eventuell zu Kostensteigerungen kommen kann; insbesondere dann, wenn die Degressionseffekte diese erst mit einer zeitlichen Verzögerung kompensieren. Hieraus läßt sich aber nicht automatisch ein gleichzeitiger Preisanstieg ableiten, da es fraglich ist, ob diese Kostensteigerungen im Wettbewerbsgeschehen zu überwälzen (vgl. Schmidt/Kayser 1986, S. 196 ff.) sind. So zeigen gerade die ausländischen Erfahrungen, daß ein Preisauftrieb eher unwahrscheinlich ist (vgl. Stehn 1987, S. 19 ff.; Schmidt/Kayser 1986, S. 144 ff., 196 ff., 206). Darüber hinaus sind nicht alle Kostenänderungen auch preiswirksam. So ist gerade in Zeiten der Rezession die wirtschaftliche Kapazität nicht voll ausgeschöpft, so daß eine exogen bedingte Nachfragesteigerung kaum zu Preissteigerungen benutzt werden kann (vgl. Wichmann 1984, S. 173; Gschwendtner u.a. 1976, S. 97 f.).

Weiterhin stünden den Unternehmen betriebswirtschaftliche Maßnahmen (Verbesserung der Kapitalnutzung, Rentabilitätserhöhung, Umstrukturierung des Warensortiments) zur Verfügung, die einem Kostenanstieg entgegenwirken könnten. In letzter Konsequenz wäre es auch denkbar, daß die Unternehmen in Erwartung zukünftiger Absatzsteigerungen während der Übergangsphase zu einem liberalen Ladenschlußmodell eine Schmälerung ihrer Gewinnmargen hinnehmen, wobei sich langfristig über einen Nachfrageanstieg die Einstandskosten reduzieren ließen. Auch ist langfristig eine Verbesserung der Gewinnsituation zu erwarten. Dies resultiert aus einem verstärkten Wettbewerb. Scheiden Unternehmen im Zuge des Selektionsprozesses aus, so teilen sich die am Markt verbliebenen Händler einen größeren Nachfrageanteil, so daß sich hierdurch der Gewinnanteil steigern ließe (vgl. hierzu auch Abschnitt 8.5.1).

Sollte es dennoch zu einem Anstieg des Preisniveaus infolge der Ausweitung der gesamtwöchentlichen Öffnungszeiten kommen, hätte dies u.U. eine dämpfende Wirkung auf den Nachfrageimpuls der Konsumenten (eventueller Bremseffekt). Dabei ist aber unter Berücksichtigung der Nachfrageelastizitäten (vgl. Nicholson 1990, S. 122 ff.; Fischer/Dornbusch/Schmalensee 1988, S. 80 ff.; Salvatore 1994, S. 94 ff.; DeSerpa 1988, S. 56 ff.; ebenso Ausführungen zur Nachfrageentwicklung, S. 128 f.) davon auszugehen, daß Preissteigerungen der vom Verbraucher als lebensnotwendig eingeschätzten Güter (inferiore bzw. Giffen-Güter) keine Veränderungen der Nachfrage hervorrufen werden, in Ausnahmefällen sogar zu einem Nachfrageanstieg (Giffen-Effekt bei einer negativen Preiselastizität) führen könnten (vgl. Nicholson 1990, S. 102; Dwyer/Lindsey, in: AER 1984, S. 188 ff.; Fischer/Dornbusch/Schmalensee 1988, S. 80 ff.; Salvatore 1994, S. 89 ff., 94 ff.; DeSerpa 1988, S. 56 ff.). Nur bei Gütern des "verzichtbaren Bedarfs" (Waren des gehobenen Bedarfs, Luxusgüter) spricht wegen der elastischen Nachfrage einiges dafür, daß bei einem Preisanstieg (im Falle einer Preissteigerung wird die Nachfrageelastizität i.d.R. größer und erreicht den Wert ∞, wenn auf den Kauf verzichtet wird) viele Nachfrager auf das Gut verzichten (normalen Reaktion) und so ein Bremseffekt wirksam werden würde (vgl. Nicholson 1990, S. 122 ff.; Fischer/Dornbusch/Schmalensee 1988, S. 80 ff.; Salvatore 1994, S. 94 ff.; DeSerpa 1988, S. 56 ff.; ebenso Ausführungen zur Nachfrageentwicklung, S. 128 f.). Allerdings gilt auch hier, daß es Verbraucher geben wird, die aufgrund ihrer Bedarfsstruktur gerade bei steigenden Preisen Geltungskäufe vornehmen werden (Snob- und Veblen-Effekte; vgl. Salvatore 1994, S. 120).

Neben dem Anstieg des Preises selbst, den die Konsumenten aufgrund ihrer Geldillusion zumindestens kurzfristig in ihren Wirtschaftsplänen nicht berücksichtigen werden, hängt die Akzeptanz des Verbrauchers gegenüber Preissteigerungen, von der von ihm vorzunehmenden individuellen Abwägung des Anstieges des Preises und des Grenznutzens ab. Sieht der Verbraucher eine Preissteigerung durch die zusätzliche Zeitflexibilität, die besseren Informationsmöglichkeiten, größere Beratungszeit sowie das größere Einkaufsvergnügen (streß- und wartefreies Einkaufen) als gerechtfertigt an, so wird er seine Nachfrage nicht einschränken, da liberale Ladenöffnungszeiten eine zusätzliche Dienstleistungskomponente verkörpern, die ihm einen zusätzlichen Nutzen bringt. Neueste Studien zeigen, daß der Service im Bewußtsein des Kunden eine immer größere Bedeutung einnimmt (vgl. Redwitz 1990, S. 1 ff.). Auch die Erfahrungen in Großbritannien zeigen, daß der Verbraucher das Angebot teurerer Nachbarschaftsläden aus Gründen der Bequemlichkeit höher einschätzt als den Einkauf bei preisgünstigeren, weiter entfernteren Geschäften (vgl. Schmidt/Kayser 1986, S. 206). Auch in Deutschland scheint ein gewisser Toleranzspielraum für Preiserhöhungen im Rahmen einer Ausweitung der zeitlichen Betriebsbereitschaft vorhanden zu sein, wenn man die Ergebnisse, der dieser Arbeit zugrundeliegenden empirischen Erhebung betrachtet. Demnach sind 13,8 % aller befragten Verbraucher uneingeschränkt bereit höhere Preise für längere Öffnungszeiten in Kauf zu nehmen. Immerhin 53,2 % der

Konsumenten würden dies von der Höhe der Preisänderungen abhängig machen und nur 33 % würden Preiserhöhungen im Rahmen einer Liberalisierung des Ladenschlußgesetzes nicht akzeptieren (vgl. Ausführungen in Kapitel 9.2.3).

Aus den zuvor genannten Gründen wird selbst im Falle von Preiserhöhungen davon auszugehen sein, daß der dann zu erwartende preisbedingte Bremseffekt den Nachfrageeffekt nicht vollständig kompensieren wird und letztlich die Verbraucher durch ihre Akzeptanz des Preises bestimmen werden, ob sich eine Verlängerung durchsetzen wird oder nicht. Allerdings scheint es wahrscheinlich (dies zeigen auch die ausländischen Erfahrungen; vgl. Schmidt/Kayser 1986, S. 196 ff.), daß es erst gar nicht zu einem Anstieg des gesamtwirtschaftlichen Preisniveaus kommen wird. Dies mag nicht zuletzt daran liegen, daß die zeitlichen Öffnungsmöglichkeiten nur dann ausgeschöpft werden, wenn es für den Handel rentabel ist und dieser, die durch verlängerte Öffnungszeiten eventuell entstehenden Kostenbelastungen auch auf die Preise abwälzen kann. Insofern sind keine allgemeingültigen Aussagen zu treffen, da einzig und allein die individuellen Rentabilitätsüberlegungen der Unternehmen nach einer Liberalisierung darüber Aufschluß geben werden, ob sich die Gewinnsituation (Umsatzveränderungen; vgl. nächsten Abschnitt) verändert und so liberale Öffnungszeiten lohnend sind.

8.3 Umsatzentwicklung

Mit Hinblick auf die Diskussion um das Ladenschlußgesetz kommt der Entwicklung des Einzelhandelsumsatzes eine besondere Bedeutung zu, da die ablehnende Haltung gegenüber einem Flexibilisierungsbestreben wesentlich damit begründet wird, daß ein Anstieg des Gesamtabsatzes auch bei einer Veränderung der gesamtwöchentlichen Ladenöffnungszeiten nicht zu erwarten sei und höchstens partielle Umsatzgewinne durch Nachfrageverlagerungen denkbar wären (vgl. Gutowski [b] 1986, S. 17; Batzer 1984, S. 20; HBV 1993, S. 4; Niedersächsisches Ministerium für Wirtschaft, Technologie und Verkehr 1993, S. 3). Das "Stützel-Paradoxon" mag zwar für reine Verlagerungen der Ladenöffnungszeiten Gültigkeit behalten (so z.B. bei der Einführung des Dienstleistungsabends), jedoch bei einer Ausweitung des Volumens der zeitlichen Betriebsbereitschaft nicht mehr aufrechtzuerhalten sein. So ist allein über eine längere Verweildauer eine Zunahme der Impulskäufe zu erwarten, die immerhin bis zu 50 Prozent des Umsatzes ausmachen (vgl. Reichert 1971, S. 37 ff.; Kroeber-Riel 1990, S. 386 ff., 376 ff., 169, 235, 257; Weinberg/Gottwald, in: JBR 1982, S. 43 ff.; Höger 1972, S. 73; Piepenbrock [b] 1984, S. 95). Ebenso wird dabei der Fehler gemacht, nicht zu berücksichtigen, daß Zeitrestriktionen zu einer Rationierung der Konsumausgaben führen können. Insoweit könnte nach der Aufhebung dieser Restriktion eine Belebung der Nachfrage ohne weiteres auch den Umsatz verändern (vgl. hierzu auch Abschnitt 8.1). Darüber hinaus schließt das Stützel-Paradoxon mit der Festschreibung des Einzelhandelsumsatzes einkommensinduzierte Konsumzuwächse (vgl. hierzu auch Abschnitt 8.4.3) in seiner Betrachtung völlig aus. Folglich kann seine Allgemeingültigkeit in Zweifel gezogen werden.

Wie die Ausführungen zur Nachfrageentwicklung gezeigt haben, wird es im Rahmen des primären Nachfrageeffekts einer Liberalisierung der Ladenöffnungszeiten zu einem Anstieg des privaten Verbrauchs kommen. Ginge man dabei davon aus, daß sich dieser Ausgabenzuwachs ohne Abschwächung, d.h. zunächst ohne Berücksichtigung des Preiseinflusses und des nichteinzelhandelsrelevanten Verbrauchs, auf den Umsatz niederschlagen würde, hieße dies bei einem geschätzten Anstieg von 21,6 Mrd. DM und einem Einzelhandelsjahresumsatz von 870 Mrd. DM im Jahre 1993 (vgl. GdE 1993, S. 5 f.) eine liberalisierungsbedingte Umsatzsteigerung von rund 2,5 Prozent (so auch das ifo Institut, das mit einem 2 - 3 %igen Umsatzanstieg innerhalb von drei Jahren rechnet; vgl. ifo Institut, in: ifo Schnelldienst 1995, S. 18). Weitere Umsatzzuwächse wären durch den sekundären Nachfrageeffekt (einkommensinduziert) zu erwarten. Insofern ließe sich also über eine Nachfragebelebung auch die Umsatzentwicklung nachhaltig beeinflussen und den Umsatz je Zeiteinheit erhöhen sowie das Kosten-Umsatzverhältnis verbessern, da mit wachsendem Umsatzvolumen ein Degressionseffekt entsteht, weil der Personalbedarf unterproportional zum Umsatzvolumen wächst (Nachfrageelastizität nach Arbeitskräften liegt nach Schätzungen bei 0,8 - 0,9; vgl. Schmidt/Kayser 1986, S. 183;). Ein Umsatzvergleich zwischen unterschiedlich ladenschlußreglementierten Staaten weist folglich darauf hin, daß die Aufhebung des Ladenschlußgesetzes ein Wachstumspotential des Facheinzelhandelsumsatzes beinhaltet, das nicht zu unterschätzen ist (vgl. Stehn 1987, S. 14 ff.; Schmidt/Kayser 1986, S. 103 ff., 141 f.).

Betrachtet man den Umsatz (U) genauer, so sind aber neben der abgesetzten Menge (Nachfrage) auch noch die Preise bei der Prognose einer potentiellen Umsatzentwicklung im Zuge der Flexibilisierung der zeitlichen Betriebsbereitschaft einzubeziehen, da für den Umsatz gilt:

$$U = p * m$$

Dabei hängt es wiederum von der Nachfrageelastizität (vgl. Nicholson 1990, S. 122 ff.; Fischer/Dornbusch/Schmalensee 1988, S. 80 ff.; Salvatore 1994, S. 94 ff.; DeSerpa 1988, S. 56 ff.; ebenso Ausführungen zur Nachfrageentwicklung, S. 128 f.) ab, ob im Falle einer Preisänderung der Umsatz steigen wird, konstant bleibt oder abnimmt. Ist die Nachfrage unelastisch ($e < 1$, d.h. lebensnotwendige Güter) wird der Umsatz ansteigen, wenn der Preis steigt. Gilt dagegen $e > 1$ (elastische Nachfrage bei verzichtbaren Gütern) geht der Umsatz bei steigendem Preis zurück. Die Aussagen des letzten Abschnitts, wonach eine Stabilität des Preisniveaus wahrscheinlich erscheint (vgl. Schmidt/Kayser 1986, S. 196 ff.) und die Verbraucher bei eventuellen Preiserhöhungen eher preisunelastisch reagieren werden, scheinen sich auch in der Realität zu bestätigen. So stagnierte - trotz gestiegener Preise - der Einzelhandelsabsatz im ersten Halbjahr 1994 während sich der Einzelhandelsumsatz im selben Zeitraum noch um ein Prozent erhöhen konnte (vgl. FAZ vom 13. August 1994, S. 11). Insofern würde der mit einer Liberalisierung des Ladenschlußmodells zu erwartende Anstieg der Konsumausgaben zu einer Ausweitung der abgesetzten Menge führen, deren positive Auswirkungen auf den Umsatz auch nicht durch einen (eher unwahrscheinlichen) geringfügigen Preisanstieg überkompensiert werden dürfte. Folglich wird die Flexibilisierung der Ladenschlußzeiten den Gesamtumsatz erhöhen und damit die Voraussetzung zur Durchsetzung verlängerter Öffnungszeiten aus Sicht der Handelsunternehmen schaffen.

Ein Umsatzanstieg bedeutet gleichzeitig, daß der Umsatz je eingesetztem Kapital steigt und die Kapitalnutzungskosten im Verhältnis zum Umsatz sinken werden. Insoweit lassen sich hierdurch zusätzliche Deckungsbeiträge erwirtschaften (vgl. Neumann 1984, S. 48 f.; Niedersächsisches Ministerium für Wirtschaft, Technologie und Verkehr 1993, S. 8). Würden sich insgesamt aus den verlängerten Öffnungszeiten höhere Grenzerlöse als Grenzkosten der zusätzlichen Öffnungszeiten ergeben, so wäre sogar eine Verbesserung der Gewinnsituation der Unternehmen zu erwarten. Dies dürfte allerdings je nach der Branche (unterschiedliche Nachfrageelastizitäten) differieren und aufgrund der verschiedenartigen Wirtschaftlichkeitsüberlegungen auch zu einer unterschiedlichen Ausgestaltung der Ladenöffnungszeiten führen. So zeigen die ausländischen Erfahrungen, daß eine Aufhebung rigider Ladenschlußregelungen eher zu Lasten der Versandhäuser, Tankstellen und Warenhäuser gehen wird (vgl. Stehn 1987, S. 16 ff.; Schmidt/Kayser 1986, S. 103 ff., 141 f.). Es liegt somit die Vermutung nahe, daß eine Liberalisierung der Ladenschlußzeiten ein Wachstumspotential für den deutschen Facheinzelhandel beinhaltet und Breitsortimenter (Kauf- und Warenhäuser) und Verbrauchermärkte nicht unmittelbar die Nutznießer einer Freigabe darstellen würden, wie es sonst vielfach behauptet wird (vgl. Batzer 1984, S. 21 ff.; Gartz 1984, S. 210; HBV 1993, S. 9 ff.).

8.4 Beschäftigungs- und Einkommenseffekte

Die bisherigen Betrachtungen haben gezeigt, daß eine Auflösung des Ladenschlußgesetzes zunächst zu einer primären Konsumausweitung führen wird, was mit einer Nachfrage nach längeren Öffnungszeiten gleichzusetzen ist und damit auch diejenigen Umsatzzuwächse mit sich bringen dürfte, die ein Unternehmen als Anreiz zu einer erweiterten Betriebsbereitschaft als auch der damit verbundenen personalpolitischen Maßnahmen benötigt.

Nachfolgend soll daher betrachtet werden, welche strukturellen Veränderungen eine Liberalisierung mit sich bringen wird und in welchem Ausmaß beschäftigungspolitische Effekte (Beschäftigungsniveau) zu erwarten sind, die sich dann auch auf das Einkommensniveau niederschlagen und infolgedessen die Stärke des sekundären Nachfrageeffektes wesentlich mitbestimmen werden.

8.4.1 Beschäftigungsstruktureffekte

Soweit die Aufhebung des Ladenschlußgesetzes zu einer kurzfristigen Erhöhung der Konsumquote führt (vgl. hierzu Abschnitt 8.1) und sich daraus auch ein Umsatzanstieg ergibt (vgl. Abschnitt 8.3), wird für den Unternehmer ein Anreiz bestehen seine zeitliche Betriebsbereitschaft auszudehnen und zur Personalbedarfsdeckung personalpolitische Maßnahmen einzusetzen.

Entscheidet sich ein Unternehmer aus Rentabilitätserwartungen zu einer Verlängerung der gesamtwöchentlichen Betriebsbereitschaft nach einer Liberalisierung der Ladenöffnungszeiten, so entsteht mit der zusätzlichen Zeit auch eine Personallücke. Diese würde er normalerweise versuchen über den Einsatz von ungesicherten Beschäftigten oder durch Ableistung von weiteren Überstunden zu schließen. Wird aber nun im Rahmen der Einführung eines liberalen, sozial- und wettbewerbsorientierten Ladenschlußmodells nicht nur ein Bestandsschutz der "Altbeschäftigten" (Lage und Länge der Arbeitszeit) garantiert und die Mehrarbeit über eine erhebliche Erhöhung der Zuschlagssätze "verteuert", sondern auch noch mit der Einführung einer 35-Stunden-Woche verknüpft, so läßt sich die mit der Ausweitung der Ladenöffnungszeiten verbundene Personalbedarfslücke vorwiegend nur über Neueinstellungen decken.

Allerdings wird ein Teil des Personalbedarfs für die zusätzlichen Öffnungszeiten von solchen Arbeitnehmern zu decken sein, die aus individuellen Erwägungen von der im Bestandsschutz enthaltenen Öffnungsklausel (vgl. Kapitel 7.2.2.2) Gebrauch machen werden. Jedoch dürfte hierdurch nicht der gesamte Personalbedarf zu decken sein, wenn man berücksichtigt, daß bei einem zu erwartenden Öffnungszeitenvolumen von maximal 75 Stunden (in der Übergangsphase entsprechend weniger Stunden) und einer wöchentlichen Arbeitszeit von 35 Stunden sowie einem nur geringen Teil des Verkaufspersonals, der die Öffnungsklausel auch auszunutzen bereit ist, weiterhin ein Freiraum verbleibt, der von zusätzlichem Bedarf ausgefüllt werden kann.

Die Ableistung von Überstunden (ab der 40. Wochenstunde) kann aus Kostengesichtspunkten für den Arbeitgeber im Hinblick auf die Vollzeitarbeitnehmer ebenfalls nicht in Betracht kommen. Durch einen Anstieg der Zuschlagssätze wären die Grenzkosten zusätzlicher Mehrarbeit nämlich größer als die Grenzkosten für den Einsatz neuer Arbeitskräfte. Insoweit ist mit einem Abbau der derzeit bestehenden Überstunden zu rechnen. Allerdings könnten Teilzeitarbeitnehmer zu verlängerten Arbeitszeiten herangezogen werden, sofern sie dem zustimmen würden und ihren Bestandsschutz aufheben würden, da in ihrem Falle ein erweiterter "zuschlagsfreier Spielraum" vorhanden ist, da ein Mehrarbeitszuschlag erst ab der 40. Wochenstunde anfällt und Teilzeitarbeitnehmer aufgrund ihrer vom Normalarbeitsverhältnis abweichenden Arbeitszeit weiter von diesem Datum entfernt sind als Vollzeitarbeitnehmer (vgl. Babl 1988, S. 58 ff.). Aufgrund der veränderten Einstellung vieler Arbeitnehmer hinsichtlich der Länge der Arbeitszeit bleibt auch hier zu vermuten, daß sich nicht so viele Teilzeitkräfte finden werden, die bereit sind ihre Arbeitszeit auf der Basis von Überstunden weiter auszudehnen. Insbesondere auch deshalb, weil diese Mehrarbeit nicht arbeitsvertraglich abgesichert wäre, d.h. die Teilzeitarbeitnehmer nicht darauf vertrauen könnten, jeden Monat die gleiche Arbeitszeit leisten zu können. Eine Umwandlung der Teilzeit- in Vollzeitarbeitsverhältnisse, die dieser Ungewißheit der Arbeitnehmer entgegenwirken würde und somit in ihrem Interesse läge, werden die Unternehmer aufgrund der damit verbundenen Kosten (höhere Lohn- und Lohnnebenkosten) sowie Produktivitätsüberlegungen (Teilzeitkräfte weisen höhere Arbeitsproduktivität auf) ablehnen (vgl. auch Abschnitt 8.2.1.1). Insgesamt wird sich mit dem kostenbedingten Abbau der Zahl der Überstunden der Personalbedarf sogar noch steigern, ohne daß hierfür die Ausweitung der zeitlichen Betriebsbereitschaft verantwortlich wäre (vgl. hierzu auch Abschnitt 8.4.2).

An der Situation der geringfügig Beschäftigten, d.h. jener Arbeitnehmer, die regelmäßig unter 15 Stunden pro Woche arbeiten und deren Monatsentgelt nicht höher als 480 DM (bzw. 220 DM in den neuen Bundesländern) ist (vgl. DAG [c] 1991, S. 3), wird sich im Zuge einer liberalisierungsbedingten Erhöhung der gesamtwöchentlichen Öffnungszeiten nicht viel verändern, da eine Ausweitung der Arbeitszeit dieser rechtlich ungeschützten Beschäftigtengruppe (sozialversicherungsfreie Beschäftigung) für den Betrieb erhebliche Kostenbelastungen mit sich bringen würde. Eine Umwandlung der geringfügigen Beschäftigung in ein Teilzeitarbeitsverhältnis scheitert zumeist auch an der fehlenden Ausbildung (44 % aller sozialversicherungsfreien Beschäftigten haben keine Ausbildung; vgl. DAG [c] 1991, S. 4), so daß ein potentieller Teilzeitarbeitsplatz wohl eher mit einem qualifizierten Bewerber besetzt werden wird. Der Raum für einen zusätzlichen Einsatz dieser Beschäftigtengruppe, die immerhin einen Anteil von 4,5 % an allen in der Bundesrepublik geleisteten Arbeitsstunden erbringt (vgl. DAG [c] 1991, S. 8), liegt daher eher im Bereich der Nebentätigkeiten (Ein- und Aufräumarbeiten).

Die vorangegangenen Erläuterungen haben gezeigt, daß auch unter Ausnutzung von personalpolitischen Instrumenten, der im Zuge einer Flexibilisierung entstehende Personalbedarf nicht ohne Neueinstellungen zu decken ist. Im Hinblick auf die dabei zu erwartenden Beschäftigungseffekte, wird es daher zu einer Verschiebung der Beschäftigtenstruktur kommen, welcher im Rahmen der Betrachtung der Konsequenzen einer Liberalisierung des Ladenschlußgesetzes in der Literatur ein höherer Stellenwert zugeschrieben wird, als den eigentlichen Niveauveränderungen (vgl. z.B. Stehn 1987, S. 26 ff.; Schmidt/Kayser 1986, S. 182 ff.). Dabei wird vor allem eine Zunahme des Einsatzes von Teilzeitbeschäftigungsverhältnissen prognostiziert, die somit das Verhältnis zu den Vollzeitkräften weiter verschieben wird (vgl. u.a. Inderst/Clemenz 1989, S. 27; Aengenendt [b] 1978, S. 35; ifo Institut, in: ifo Schnelldienst 1995, S. 13). Allerdings ist nach dem dieser Arbeit zugrundeliegenden Modell und dem darin enthaltenen Bestandsschutz der "Altbeschäftigten" eine Verschiebung des Verhältnisses von Vollzeit- zu Teilzeitarbeitskräften nur durch eine externe Personalbeschaffung möglich, während in der Ladenschlußliteratur aufgrund der fehlenden Berücksichtigung sozialer Rahmenbedingungen von einer internen Verschiebung der Beschäftigungsverhältnisse ausgegangen wird.

Die Teilzeitarbeit im Rahmen einer sozialversicherungspflichtigen Beschäftigung (mehr als 15 Stunden pro Woche) wird oftmals als das "kleinere Übel" gegenüber der Arbeitslosigkeit angesehen, ist aber andererseits aufgrund einer Vielzahl von Vorurteilen in der Gesellschaft (niedriger Stundenlohn, geringere soziale Absicherung etc.) mit einem negativen Image belegt (vgl. FAZ vom 29. Januar 1994, S. 12). Insbesondere von Seiten der Gewerkschaften wird in der Zunahme der Teilzeitarbeit ein Machtverlust befürchtet, da Teilzeitarbeitnehmer aufgrund ihrer geringeren Anwesenheitszeit im Betrieb eine weniger stark ausgeprägte Bindung zum Betriebsgeschehen aufweisen als Vollzeitarbeitnehmer und sich daher schlechter organisieren lassen (vgl. Glaubrecht/Wagner/Zander 1988, S. 235; DAG [b] 1992, S. 2). Unberücksichtigt bleibt dabei allerdings nicht nur, welch beschäftigungspolitisches Potential (laut Angaben des Präsidents der Bundesanstalt für Arbeit rund 2 Mio. Arbeitsplätze; vgl. FAZ vom 29. Januar 1994, S. 12) der Einsatz flexibler Arbeitszeitmodelle wie Teilzeit beinhaltet, sondern daß es gerade auch dem Ausdruck gewandelter Lebensplanungen entspricht, mehr Zeit für andere Zwecke als zur Einkommenserzielung zu gewinnen (vgl. Czada/Tolksdorf/Yenal 1992, S. 330; Glaubrecht/Wagner/Zander 1988, S. 226 ff.). So besteht nach Befragungen von Arbeitnehmern bei rund 8 % der Vollzeitbeschäftigten (vgl. Buttler/Kühlewind/Möller 1993, S. 1) der Wunsch kürzer arbeiten zu wollen. Dieses Potential dürfte allerdings in Zeiten der Rezession über die erwarteten Realeinkommensverluste eher geschmälert werden (vgl. Glaubrecht/ Wagner/Zander 1988, S. 229).

Eine ausgeprägte Teilzeitinitiative ließe sich nur über eine Umwandlung von derzeit bestehenden Vollzeitarbeitsplätzen in Teilzeitarbeitsplätze oder durch eine Ausweitung des Arbeitszeitvolumens erreichen. Insofern könnte die Flexibilisierung der Ladenöffnungszeiten, die zudem mit einer Arbeitszeitverkürzung auf eine 35-Stunden-Woche einhergeht, das Gesamtarbeitszeitvolumen im Einzelhandel vergrößern und eine beschäftigungspolitisch sinnvolle Teilzeitoffensive fördern (vgl. auch HB vom 9. Juni 1994, S. 3). Wie bereits beschrieben, wird im Zuge der Expansion der gesamtwöchentlichen Öffnungszeiten die entstehende Personalbedarfslücke vorrangig mit Teilzeitarbeitnehmern gedeckt werden, da sich hierdurch folgende Wirkungen erzielen lassen:

Aus Sicht der Arbeitgeber erbringt der Einsatz von Teilzeitarbeitskräften eine effektive Verlängerung der arbeitsgebundenen Zeit mit sich, da bezahlte Pausen vermieden werden können (nur bei Halbtagskräften) und die Arbeitnehmer aufgrund der geringeren Anwesenheitszeit und geringeren Belastung eine höhere Arbeitsmoral aufweisen und weniger wegen Krankheit ausfallen, wie Untersuchungen gezeigt haben (vgl. Inderst/Clemenz 1989, S. 27 ff.; FAZ vom 9. Juni 1994, S. 17). Insofern läßt sich über den Einsatz von Teilzeitarbeitnehmern die Arbeitsproduktivität steigern. Darüber hinaus beinhaltet der Einsatz von Teilzeitkräften auch den Vorteil niedriger Stundenlöhne und geringerer Sozialabgaben (vgl. FAZ vom 29. Januar 1994, S. 12), so daß sich hierdurch die Personalkosten senken lassen können (vgl. hierzu auch Abschnitt 8.2.1.1). Jedoch verursacht ein mit der Teilzeitbeschäftigung verbundener Anstieg der Gesamtzahl der Arbeitnehmer über die höheren Verwaltungskosten einen geschätzten direkten Kostenanstieg von rund 3 % (vgl. Glaubrecht/Wagner/Zander 1988, S. 238), der im Extremfall die zuvor beschriebenen indirekten Kosteneinsparungen kompensieren kann. Ansonsten kann man den Struktureffekt, der durch den verstärkten Einsatz von Teilzeitarbeitern verursacht werden würde, als personalkostenneutral und produktivitätssteigernd einstufen. Der Zusatznutzen, der hierdurch für die Unternehmen entsteht, läßt diesen Wandel auch als wahrscheinlich erscheinen.

Aus dem Blickwinkel der Arbeitnehmer bietet der Einsatz flexibler Arbeitszeitmodelle (insbesondere der Teilzeitarbeit) eine Chance, die Arbeitszeit den individuellen Bedürfnissen anzupassen und so auch den Frauen, die im Rahmen einer Vollzeittätigkeit einer zu großen Doppelbelastung ausgesetzt wären (sofern sie sich auch um die Familie kümmern müssen), eine adäquate Beschäftigungsmöglichkeit einzuräumen. Insofern können flexible Arbeitszeiten als frauenfreundlich eingestuft werden (vgl. Schlecht 1984, S. 123 f.; Glaubrecht/Wagner/Zander 1988, S. 226 ff.). So gibt es einen großen Anteil von Frauen, die nach der Übernahme der Kinderaufsicht durch den Mann auch bereit wären abends zu arbeiten, um so vor allem in die Gesellschaft integriert zu bleiben (vgl. Ausführungen zur empirischen Erhebung in Abschnitt 9.2.1). Mit der Aufhebung des Nachtarbeitsverbots durch das Bundesverfassungsgericht im Zuge der Gleichstellung von Mann und Frau (vgl. NJW 1992, S. 964 ff.) sprechen auch keine rechtlichen Bedenken mehr gegen eine Tätigkeit von Frauen in den Abendstunden. Ein weiterer Vorteil der Teilzeitarbeit für die Arbeitnehmer ist in der geringeren Streßbelastung und damit verbundenen gesundheitlichen Entlastung zu sehen.

Fraglich ist, ob der Übergang von einem Vollzeit- zu einem Teilzeitbeschäftigungsverhältnis für die Betroffenen mit Nachteilen verbunden ist: Die mit der Teilzeittätigkeit verbundenen Einkommenseinbußen sind nicht so schwerwiegend wie oftmals vermutet wird, da gleichzeitig steuerliche Erleichterungen (progressiver Steuersatz) die Einbußen abmildern (vgl. Glaubrecht/Wagner/Zander 1988, S. 233). Bezogen auf die Umwandlung eines Vollzeitarbeitsverhältnisses in eine Teilzeitbeschäftigung würde sich nach Berechnungen von Sozialexperten auch nur eine geringfügige Rentenminderung ergeben (vgl. Glaubrecht/Wagner/Zander 1988, S. 234).

Im Zuge der Liberalisierung der Ladenöffnungszeiten ist auch mit dem Einsatz weiterer flexibler Arbeitszeitmodelle wie der gleitenden Arbeitszeit, dem gleitenden Ruhestand, der selbstbestimmten täglichen Arbeitszeit und dem Einsatz von Freizeitmodellen zu rechnen (vgl. DAG [b] 1992, S. 22). Dem Arbeitszeitmodell "Arbeitszeit à la carte" dürfte dabei in Zukunft die größte Bedeutung im Einzelhandel zukommen. Dies nicht nur, weil es den Anforderungen flexibler (verlängerter) Öffnungszeiten entgegenkommt, sondern in diesem Modell arbeitnehmerindividuellen und arbeitgeberseitigen Interessen gleichermaßen entsprochen wird. Dabei kann von jedem Mitarbeiter die individuelle Arbeitszeit (Dauer) selbst festgelegt und deren Lage und Verteilung mit der Abteilung abgestimmt werden (dezentrale Personaleinsatzplanung). Durch das mitverantwortliche Handeln kann nicht nur die Verantwortung des Arbeitnehmers gestärkt, sondern auch eine bessere Verteilung der Arbeitskräfte erzielt werden (vgl. BBE-Unternehmensberatung GmbH [b], S. 8 ff.).

Insgesamt kann der aus den Kostenvorteilen der Teilzeitarbeit resultierende Beschäftigungsstruktureffekt, der im Zuge einer Expansion der Ladenöffnungszeiten zu erwarten ist, positiv bewertet werden. Es können hierdurch nicht nur die Entscheidungsspielräume der betroffenen Arbeitnehmer erweitert (Anpassung der Arbeitszeit an die individuellen Bedürfnisse) und neue Beschäftigungsmöglichkeiten geschaffen, sondern auch die Attraktivität der Arbeitsplätze selbst erhöht werden, die gerade im Bereich des Einzelhandels bisher aufgrund der überlangen Arbeitszeiten und schlechten Arbeitsbedingungen von potentiellen Arbeitskräften als unbefriedigend bewertet wurde und so zu einem mangelnden Arbeitsangebot führte (vgl. FAZ vom 12. März 1994, S. 45).

8.4.2 Beschäftigungsniveaueffekte

Wie die Analyse der Nachfrageeffekte (vgl. Abschnitt 8.1) gezeigt hat, ist zumindestens mit einem kurzfristigen Anstieg der Konsumquote und den daraus resultierenden positiven Effekten auf Umsatz und Wirtschaftslage (Bruttosozialprodukt) zu rechnen. Dies wird die Betriebe dazu bewegen, ihre Öffnungszeiten den veränderten Bedürfnissen anzupassen. Inwieweit dies beschäftigungspolitische

Konsequenzen nach sich zieht, soll nachfolgend näher analysiert werden.

Ohne daß es zu Umsatzveränderungen oder gar einer Ausweitung der Ladenöffnungszeiten kommen muß, ist davon auszugehen, daß die Unternehmen ihre Beschäftigtenstruktur verändern werden und dabei auch neue Arbeitsplätze geschaffen werden. Diese Erwartung basiert auf den im Grundmodell eines sozial- und wettbewerbsorientierten Ladenschlußmodells ausgestalteten Rahmenbedingungen, wonach neben dem Bestandsschutz der "Altbeschäftigten" vor allem der Mehrarbeitszuschlag über eine tarifvertragliche Vereinbarung in erheblichem Maße angehoben werden soll. Aus Opportunitätsüberlegungen heraus wäre demnach die Einstellung neuer Arbeitnehmer für das Unternehmen, bezogen auf den Stundenlohn, günstiger ist als die "Altbeschäftigten" weitere Überstunden ableisten zu lassen. Allein durch den Wegfall der im Einzelhandel geleisteten Überstunden ließen sich nach Berechnungen des Instituts für Arbeitsmarkt- und Berufsforschung 110.000 Vollzeitarbeitsplätze schaffen (vgl. Müller 1987, S. 40). Zieht man das derzeitige Verhältnis zwischen Voll- und Teilzeitkräften im Einzelhandel (60:40) zur Grundlage weiterer Überlegungen heran, so würden zunächst durch den Abbau von Mehrarbeit insgesamt 154.000 Arbeitsplätze (dies entspräche einem branchenbezogenen Beschäftigungszuwachs von rund 6,4 %) geschaffen werden, die allein das Arbeitszeitvolumen der derzeitigen Ladenöffnung abdecken würden. Allerdings wird es im Rahmen der zunehmenden Markttransparenz der Verbraucher dazu kommen, daß die bisher in einer Art "Schutzzone" agierenden Grenzanbieter aus dem Markt ausscheiden werden, so daß hierdurch der Beschäftigungszuwachs gedämpft werden wird. Eine Einschätzung dieser Wirkung von 20 % dürfte realistisch erscheinen. Insofern ist der primäre Beschäftigungszuwachs auf geschätzte 123.200 Arbeitsplätze zu beziffern.

Entscheidet sich nun das Unternehmen aus wirtschaftlichen Gründen (Umsatzerwartungen, Wettbewerbsdruck, Kundennachfrage) zu einer Ausweitung seiner zeitlichen Betriebsbereitschaft, so wird sich das Arbeitszeitvolumen entsprechend erhöhen. Dabei wird in der Übergangsphase die Expansion noch geringer ausfallen und erst mit der Wirksamkeit des sekundären Nachfrageeffektes - als eine langfristig anhaltende Konsumausgabenerhöhung - (Konsumausgaben stabilisieren sich auf einem höheren Niveau; vgl. Abschnitt 8.1) weiter ansteigen.

Da mit Rückgriff auf die Erfahrungen des Auslandes sich langfristig ein Volumen von maximal 73 Stunden ergeben dürfte (vgl. Bothrop 1994; Pettersson 1986, S. 1 ff.) und diesem eine derzeitige durchschnittliche Ladenöffnungszeiten von rund 55 Stunden gegenübersteht (Wert aus der Unternehmensbefragung ermittelt; vgl. Kapitel 9.2.2), läßt sich ein zusätzliches Arbeitszeitvolumen von 18 Stunden errechnen. Wird dann im Rahmen eines liberalen Ladenschlußmodells noch die 35-Stunden-Woche eingeführt, stünden individuelle Arbeitszeiten von 35 Stunden einer zeitlichen Betriebsbereitschaft von 73 Stunden gegenüber, so daß auf Seiten der Unternehmen für diese zeitliche Unterdeckung ein zusätzlicher Personalbedarf entstehen würde.

Normalerweise werden die Unternehmen in einer solchen Situation versuchen, die Personalbedarfslücke durch eine Variation der Arbeitszeit und deren Intensität zu decken, doch das hier als Grundlage dienende Modell schränkt diese Möglichkeit im erheblichen Maße ein. So ist ein Einsatz von Mehrarbeit aus Kostengesichtspunkten nur schwer denkbar, außer es werden Teilzeitkräfte hierzu herangezogen. Insofern würde ein Teil der notwendigen Personaldecke über eine Ausweitung des Stundenanteils der Teilzeitbeschäftigten zu kompensieren sein, allerdings steigen bei der Bewegung in Richtung einer Vollzeittätigkeit die Lohnnebenkosten an. Es ist daher fraglich, ob nicht die Neueinstellung von Teilzeitkräften (auch unter Berücksichtigung einer Lohnsubventionierung) das Unternehmen weniger belasten würde. Eine Variation der Arbeitszeit, d.h. der Lage der Arbeitszeit, wird durch den als Rahmenbedingung installierten Bestandsschutz der "Altbeschäftigten" im erheblichen Umfange eingeschränkt. Nur sofern sich ein Teil der "Altbeschäftigten" bereiterklären würde, seine Arbeitszeit auf die Abendstunden oder gar das Wochenende zu verlegen (über sog. Öffnungsklausel), ließe sich die Personalbedarfslücke eventuell kompensieren. Da die Öffnungsklausel allerdings nur den individuellen Entscheidungsspielraum der "Altbeschäftigten" erhöhen soll und keine Zuschläge für die Wahrnehmung dieser "Verlagerungsoption" vorsieht, ist auch in diesem Falle davon auszugehen, daß nur ein geringer Teil der Beschäftigten seine bisherige Arbeitslage verändern wird und so zur Schließung der liberalisierungsbedingten Personallücke beitragen kann.

Gelangt man also zu dem Schluß, daß sich aus der Expansion der Ladenöffnungszeiten ein Personalbedarf ableiten läßt, der nicht durch interne Personalbeschaffungsmaßnahmen zu decken ist, ergibt sich eine zusätzliche Nachfrage nach Arbeitskräften auf dem Arbeitsmarkt. Dies gilt insbesondere für Großbetriebsformen, deren vorhandener Produktivitätsspielraum beim bestehenden Ladenschlußmodell bereits weitgehend ausgeschöpft ist (vgl. ifo Institut, in: ifo Schnelldienst 1995, S. 19). Eine Nachfrage nach Zusatzpersonal schafft allerdings für die Unternehmen zusätzliche Kostenbelastungen (vgl. Abschnitt 8.2.1.1), die u.U. dazu führen, daß ein Betrieb auf eine Ausweitung seiner zeitlichen Betriebsbereitschaft verzichtet. So würden nach den Ergebnissen der im Rahmen dieser Arbeit durchgeführten empirischen Erhebung immerhin 29,3 % der befragten Unternehmen bei einer Aufhebung des Ladenschlußgesetzes ihr Geschäft nicht länger öffnen, wobei die Gründe hierfür vorrangig in den Personalkosten (57,9 %) und dem Personalbeschaffungsproblem (42,4 %) zu sehen sind. Ein Verzicht eines Teils der Geschäfte auf verlängerte Öffnungszeiten, würde daß mit einer Flexibilisierung der Ladenöffnungszeiten verbundene Beschäftigungspotential einschränken. Dabei sind die Befürchtungen eines Mangels qualifizierter Arbeitskräfte unbegründet, wenn man bedenkt, daß viele gelernte Verkaufskräfte in den letzten Jahren in die Arbeitslosigkeit entlassen wurden und mit zu der jetzigen Belastung des Arbeitsmarktes beitragen. Auch die ausländischen Erfahrungen bieten einen Anhaltspunkt dafür, daß die Beschaffung von qualifiziertem Personal für verlängerte Öffnungszeiten keine Schwierigkeiten macht (vgl. Stehn 1987, S. 8 ff.). Die

Übertragbarkeit dieser Ergebnisse auf die Bundesrepublik wird duch die Erfahrungen mit abendlichen Öffnungszeiten im Rahmen des Dienstleistungsabends (vgl. Umfrageergebnisse des Kapitel 9.1 und 9.2.2) oder der aufgrund einer Ausnahmegenehmigung bewilligten Spätöffnung in der Stuttgarter Klett-Passage belegt (vgl. Steinmann 1984, S. 106; Stehn 1987, S. 11).

Hinsichtlich des mit einer zunehmenden Beschäftigtenzahl verbundenen Anstiegs der Lohnsumme des Betriebes, kann die im Modell statuierte staatliche Lohnsubventionierung zur Kompensation der Kostenbelastungen beitragen. Immerhin würde bei einer maximalen Bezuschussung des Staates (Vollzeitarbeitsplatz eines Kleinbetriebs; vgl. näheres zur Ausgestaltung der Lohnsubventionierung Kapitel 7.2.2) in Höhe von 1.367 DM rund die Hälfte (45,3 %) des tariflichen Eckgehalts von 3.019 DM getragen werden, so daß sich die Kostenbelastungen gerade auch unter Anerkennung der zu erwartenden Produktivitätssteigerungen im Zuge der Nutzung verlängerter Öffnungszeiten (vgl. Abschnitt 8.2.1.2) soweit reduzieren lassen müßten, daß der Arbeitgeber hierin einen Anreiz zu Personalbeschaffungsmaßnahmen sieht.

Allerdings orientiert sich die Personalbedarfsplanung immer am Umsatzwert (vgl. Hertie Waren- und Kaufhaus GmbH: Gespräch mit Herrn Preuschoff, Personalleiter der Warenhäuser Berlins, vom 18. Januar 1994). Insofern bezieht sich die Elastizität der Nachfrage nach Arbeitskräften auch immer auf das Verkaufsvolumen. Nach Schätzungen des Londoner Institute for Fiscal Studies (vgl. Auld/Archibald/ Airncross 1984, S. 101 ff.; Schmidt/Kayser 1986, S. 183 ff.) weist die Nachfrageelastizität nach Arbeitskräften einen Wert zwischen 0,8 und 0,9 auf (vgl. Schmidt/ Kayser 1986, S. 183). Das heißt, daß sich die Nachfrage nach Arbeitskräften im Rahmen einer einprozentigen Umsatzsteigerung - bei einer gegebenen Spitzennachfrage nach Waren - zwischen 0,8 und 0,9 Prozent erhöht. Setzt man zur Berechnung des liberalisierungsbedingten Beschäftigungseffekts, den in den vorangegangen Abschnitten prognostizierten (vgl. Abschnitt 8.3) Umsatzzuwachs in Höhe von 2,5 % an, so würde dies einen rund 2,25 %-igen Beschäftigungszuwachs implizieren, der - berücksichtigt man, daß nach Ergebnissen der empirischen Erhebung (vgl. Abschnitt 9.2.2) nur 70,7 % aller Unternehmen beabsichtigen ihre Geschäfte länger zu öffnen - somit 53.449 zusätzliche Arbeitsplätze (38.178 Vollzeitarbeitsplätze) schaffen würde.

Jedoch sind hierbei die Bremswirkungen der Ausweitung der Ladenöffnungszeiten selbst zunächst unberücksichtigt geblieben. Wie bereits erläutert (vgl. Abschnitt 8.2.1) wird es durch die Ausnutzung verlängerter Öffnungszeiten zu einer Verstetigung der Kundenströme kommen, so daß sich der Personalbedarf nicht mehr an den Spitzenbelastungen ausrichten wird und somit die Personalbedarfslücke nicht so groß ist wie ursprünglich erwartet werden könnte. Zudem erbringt der Einsatz arbeitszeitflexibler Modelle (z.B. Teilzeit) eine höhere Arbeitsproduktivität, die sich ebenfalls dämpfend auf den originären Beschäftigungseffekt auswirken wird. Allgemein kann man die Beziehung zwischen der Veränderung der Produktivität und des Beschäftigungseffekts in folgender Weise darstellen:

$$w_B = \frac{w_{Y_r} - w_\pi}{1 + w_\pi}$$

mit w_B : Wachstumsrate der Beschäftigung
w_π : Wachstumsrate der Produktivität
w_{Y_r} : Wachstumsrate des realen Sozialprodukts

Anhand dieser Beziehung läßt sich ableiten, daß der im Zuge einer Verlängerung der Ladenöffnungszeiten zu erwartende Beschäftigungseffekt solange positiv sein wird, d.h. die Zahl der Arbeitnehmer zunehmen wird, wie die durch eine Liberalisierung ausgelöste Zunahme des realen Sozialprodukts (vgl. hierzu auch Kapitel 8.1) größer ausfällt als die infolge liberalisierter Öffnungszeiten steigende Produktivität (bzw. Arbeitsproduktivität). Langfristig dürfte es nach den obigen Überlegungen dazu kommen, daß die Produktivität relativ stärker anwachsen wird, als das reale Sozialprodukt infolge der liberalisierungsbedingten Nachfragebelebung. Insofern ist dieser Bremseffekt mindernd in die Betrachtung einzubeziehen, indem man die Nachfrageelastizität nach Arbeitskräften entsprechend nach unten korrigiert. In diesem Falle scheint es angebracht die Nachfrageelastizität nach Arbeitskräften auf e_B = 0,6 festzusetzen, d.h. im Rahmen des Bremseffektes die Nachfrageelastizität nach Arbeitskräften um ganze 0,3 Punkte (basierend auf Schätzungen der Stärke des Bremseffektes) gegenüber dem ursprünglich vom Londoner Institute for Fiscal Studies geschätzten Wert zu vermindern. Insofern würde der rein öffnungszeitbedingte Beschäftigungseffekt nur einem Zuwachs von 1,5 % entsprechen und somit 35.633 Arbeitsplätze (25.452 Vollzeitarbeitsplätze) umfassen (unter der Annahme das nur 70,7 % aller Einzelhandelsunternehmen sich an verlängerten Öffnungszeiten beteiligen). Insgesamt würde die Einführung des in dieser Arbeit abgeleiteten sozial- und wettbewerbsorientierten Ladenschlußmodells damit 158.833 neue Arbeitsplätze schaffen und somit innerhalb des Einzelhandelssektors zu einem Beschäftigungszuwachs von 6,6 % beitragen.

Dieser nachfrageinduzierte Beschäftigungsniveaueffekt wird oftmals als minimal bezeichnet und in seiner eigentlichen Bedeutung nur unzureichend betont. Zwar könnte ein auf den Einzelhandelssektor bezogener Beschäftigungszuwachs in der hier errechneten Höhe die Zahl der Arbeitslosen (bezogen auf die statistischen Werte des Jahres 1992 mit 2,98 Mio. Arbeitslosen; vgl. StBA [a] 1993, S. 20) nur um 5,3 % reduzieren, jedoch darf nicht unberücksichtigt bleiben, daß die durch eine Flexibilisierung der Ladenöffnungszeiten entstehenden Rentabilitätsverbesserungen dazu beitragen können, auch in Zukunft die Arbeitsplätze zu sichern und dem bis zum Jahr 2000 prognostizierten Beschäftigungsrückgang im Einzelhandel (um bis zu 10 %; vgl. Czada/Tolksdorf/Yenal 1992, S. 222) entgegenzuwirken. Dies stellt auch die eigentliche Arbeitsmarktbedeutung der Liberalisierung dar (vgl. Schmidt/Kayser 1986, S. 195).

Bei der Beurteilung möglicher Beschäftigungswirkungen einer Liberalisierung wird oftmals der primäre Nachfrageeffekt angeführt und die über die beschäftigungspolitischen Wirkungen (Anstieg des gesamtwirtschaftlichen Einkommensniveaus; vgl. nächsten Unterpunkt) induzierten sekundären Nachfrageeffekte außer acht gelassen (so auch das ifo-Gutachten, vgl. ifo Institut, in: ifo Schnelldienst 1995, S. 11 ff.). Darüber hinaus wird in allen bisherigen Studien der Einzelhandel hinsichtlich der Beschäftigungswirkungen als isolierter Bereich betrachtet und eventuelle segmentübergreifende Wirkungen völlig aus der Betrachtung ausgeschlossen.

Kommt es nämlich über den primären und sekundären Nachfrageeffekt (vgl. hierzu Abschnitt 8.1) zu einer Ausweitung der Konsumquote und damit zu einer wirtschaftlichen Belebung, so werden über den Einzelhandel hinaus auch andere Branchen (Konsum- und Investitionsgüterindustrie etc.) einen zusätzlichen Nachfrageimpuls erfahren. So birgt die einzelhandelsrelevante Nachfrageausweitung ein erhöhtes Angebotsvolumen in sich, das sich in dem, den Handelsbereich vorgelagerten Produktionsstufen (Herstellung der Waren, Herstellung der Produktionsmaschinen) ebenfalls über gesteigerte Auftragsbestände auf den Beschäftigtenstand auswirken wird. Allerdings weisen diese Industriezweige durch den hohen Rationalisierungsgrad (Einsatz von Maschinen) einen weitaus höheren Produktivitätsgrad auf. Insoweit wird die Wachstumsrate der Beschäftigung hier weitaus niedriger ausfallen als für den Einzelhandelssektor; sich allerdings aufgrund der im Vergleich zum Einzelhandelssektor geringeren Quote des Einsatzes von Teilzeitarbeitskräften (rund 20 %) ein zusätzliches Teilungspotential ergibt (vgl. HBV 1993, S. 14; FAZ vom 9. Juni 1994, S. 17), das die Gesamtzahl der Arbeitsplätze über einen verstärkten Einsatz an Teilzeitarbeitnehmern vergrößern kann. Geht man unter vorsichtiger Schätzung davon aus, daß eine durch spill-over-Effekte entstehende Nachfragebelebung im produzierenden Gewerbe zu einem 1 %-igen Beschäftigungszuwachs (bei 15,35 Mio. Erwerbstätigen in dem betroffenen Wirtschaftszweig; vgl. StBA [a] 1993, S. 21) führt, würden hierdurch weitere 184.200 (153.500 Vollzeitarbeitsplätze) geschaffen und somit der Arbeitsmarkt um weitere 6,2 % entlastet werden. Darüber hinaus würden die zusätzlichen Beschäftigungseffekte über ein steigendes Einkommensniveau den Multiplikatoreffekt durch ein weitere einzelhandelsrelevante Nachfragebelebung "beleben".

Zusammenfassend läßt sich festhalten, daß sich allein durch die Erhöhung des Mehrarbeitszuschlags und der gleichzeitigen "Unterbindung" von Überstundenleistungen Arbeitsmarktwirkungen erreichen lassen. Wird darüber hinaus die zeitliche Betriebsbereitschaft im Rahmen eines liberalen Ladenschlußmodells ausgedehnt, ergeben sich weitere beschäftigungspolitische Effekte, deren Ausmaß allerdings von der sich gleichzeitig entwickelnden Arbeitsproduktivität abhängig ist. Ihr Einfluß ist daher eher als geringfügig einzustufen. Wirken allerdings beide Effekte zusammen, so kann hierdurch ein wesentlicher Beitrag zur Entlastung des Arbeitsmarktes geleistet werden, zumal die beschäftigungspolitischen Wirkungen nicht allein auf den Einzelhandelssektor beschränkt bleiben werden, sondern über eine Nachfragebelebung der vorgelagerten Produktionsstufen sowie anderer Wirtschaftszweige (Verkehrsbereich etc.; vgl. hierzu auch Abschnitt 8.8) die Arbeitsmarktwirkungen noch verstärken werden. Insofern ist der Effekt einer Liberalisierung in letzter Konsequenz viel höher einzuschätzen als dies eine isolierte Betrachtung vermuten ließe. Allerdings darf man in der Liberalisierung der Ladenöffnungszeiten nicht das einzige Mittel zur Bekämpfung der Massenarbeitslosigkeit sehen (so auch Stehn 1987, S. 26 ff.; Schmidt/Kayser 1986, S. 182 ff.).

8.4.3 Einkommenseffekte

Wie die bisherigen Betrachtungen gezeigt haben, ist im Rahmen einer Flexibilisierung der Ladenöffnungszeiten und der damit verbundenen Beschäftigungseffekte auch ein Anstieg des gesamtwirtschaftlichen Einkommensniveaus zu erwarten. Dies kann zum einen über eine Ausweitung der zuschlagspflichtigen Mehrarbeit geschehen - was allerdings aus dem betriebswirtschaftlichen Kalkül heraus als unwahrscheinlich anzusehen ist - und zum anderen durch eine Verlängerung des Arbeitszeitvolumens der derzeitigen Teilzeitbeschäftigten. Dies ist aber nur dann zu erwarten, sofern diese von ihrer im Bestandsschutz statuierten Öffnungsklausel Gebrauch machen würden oder durch die direkten beschäftigungspolitischen Wirkungen, die sich aus Neueinstellungen ergeben. Im letzteren Falle kann man davon ausgehen, daß unter Opportunitätskostenaspekten nur solche Personen eine Beschäftigung aufnehmen werden, die sich hierdurch auch in ihrer Einkommenssituation verbessern können. Insofern muß das Ausmaß des individuellen Einkommenszuwachses über einen infinitesimalen Zuwachs hinausgehen. Einkommensmindernd würden sich jedoch die Arbeitszeitverkürzungen im Zusammenhang mit einer Einführung der 35-Stunden-Woche auswirken, so daß der Gesamtzuwachs des volkswirtschaftlichen Einkommens geschmälert würde.

Zu beachten ist auch, daß sich nicht der nominale Einkommenszuwachs in einer möglicherweise steigenden Nachfrage niederschlagen wird, sondern es auf den Anstieg des verfügbaren Einkommens ankommt (vgl. Ausführungen zur Konsumtheorie, S. 105 ff.), d.h. die um die Steuern und Abgabelast verminderten Bezüge (bei Steuersätzen zwischen 19 und 53 %) des Haushaltes. Folglich ist die Wirkung des sekundären Nachfrageeffektes (vgl. Abschnitt 8.1), die auf einer sprunghaften und unerwarteten Erhöhung des gesamtwirtschaftlichen Einkommensniveaus basiert, von der zukünftigen Entwicklung der Steuerpolitik abhängig. Eine weitere Zunahme der Steuerlast (z.B. durch die Fortführung der Erhebung des Solidaritätszuschlag) würde den Konsum dämpfen und die Effektivität einer Deregulierung des Ladenschlußrechts kompensieren.

Ist dennoch davon auszugehen, daß sich die verfügbaren Einkommen erhöhen, was auch in den vergangenen Jahren zu beobachten war (über Lohnsteigerungen; vgl. StBA [a] 1993, S. 78 f.), so werden zunächst aufgrund der Schaffung neuer Arbeitsplätze vor allem Bezieher unterer Einkommensklassen von einem Einkommensanstieg profitieren (vgl. auch Abschnitt 8.1). Diese beschäftigungsinduzierte Umverteilung wird letztlich auch zu einer Ausweitung des Konsums führen, da das verfügbare Einkommen bei Lohnbeziehern der unteren Einkommensklassen aufgrund der höheren Grenzkonsumneigung fast vollständig zu Konsumzwecken verwendet wird. Durch den steigenden Konsum kann der sekundäre Nachfrageeffekt getragen werden (vgl. Abschnitt 8.1) und so auch die zu schaffenden Arbeitsplätze langfristig finanziert bzw. abgesichert werden.

Kommt es im Laufe der Zeit zu Produktivitätssteigerungen und einer Verbesserung der Gewinnsituation der Unternehmen, werden die Gewerkschaften bestrebt sein die Lohnentwicklung diesen Entwicklungen anzupassen, wobei die Löhne hierbei den Gewinnen hinterherhinken werden, da die Gewerkschaften die steigenden Gewinne nicht vorhersehen können und zudem die Löhne in Tarifvereinbarungen für einen Zeitraum von mindestens einem Jahr festgelegt werden (Lohn-lag). Werden die Löhne der ökonomischen Entwicklung schließlich angepaßt, werden auch Arbeitnehmer der höheren Einkommensklassen in den Genuß eines dann indirekt liberalisierungsbedingten Einkommenszuwachses kommen. Allerdings werden diese Nachfragegruppen einen geringeren Teil des dann gestiegenen verfügbaren Einkommens zu Konsumzwecken verwenden, da ihre marginale Konsumquote niedriger ist als die kleiner Einkommensbezieher. Allerdings ist nicht zu verkennen, daß die absoluten Ausgaben der "Besserverdienenden" aufgrund der größeren Kaufkraft dennoch zu einer wesentlichen Belebung der Binnennachfrage beitragen können.

Insgesamt werden die beschäftigungsinduzierten Erhöhungen des Einkommensniveaus den expansiven Effekt (vgl. hierzu Kapitel 7.3) antreiben und dadurch nicht nur zur Belebung der gesamtwirtschaftlichen Nachfrage, sondern auch zum Erhalt und zur Schaffung von neuen Arbeitsplätzen beitragen. Langfristig wird sich über alle Einkommensgruppen hinweg ein höheres Einkommensniveau einstellen.

8.5 Struktur des Handels

8.5.1 Wettbewerbsentwicklung

Das bisherige Ladenschlußgesetz konnte nicht verhindern, daß die Konzentrationstendenz im Einzelhandel weiterhin zunahm (vgl. Gutachten der Monopolkommission über den Handel, in: TS vom 19. Februar 1994; Hoffmann, in: GewArch 1991, S. 296 ff). Vielmehr scheinen gerade die Großsortimenter wie z.B. Warenhäuser von den durch das Gesetz rationierten Einkaufszeiten profitieren zu können. So verschaffen sie sich nicht nur aufgrund der häufig zentralen Lage (Arbeitsplatznähe), sondern vor allem durch die Zeitrestriktionen des Kunden mit ihrem breiten Sortiment als sog. "One-stop-shops" Vorteile gegenüber dem Facheinzelhandel (vgl. Stehn 1987, S. 14 ff.; ebenso die Ergebnisse der empirischen Untersuchung in Abschnitt 9.2.3). Beleg für die Entwicklung einer Nachfrageverlagerung der Kunden zu Gunsten der Großanbieter bietet der internationale Vergleich. Demnach weisen Staaten mit liberalen Öffnungszeiten ein weitaus höheres Wachstum des realen Facheinzelhandelsumsatzes auf als es im Vergleichsfalle für die Bundesrepublik errechnet wurde (vgl. Stehn 1987, S. 14 ff.). Es liegt somit die Vermutung nahe, daß eine Liberalisierung der Ladenschlußzeiten gerade für den deutschen Facheinzelhandel ein Wachstumspotential beinhaltet. Insoweit ist es nicht verwunderlich, daß vornehmlich Waren- und Kaufhauskonzerne Aussagen zu einer Flexibilisierung des Ladenschlußgesetzes verweigern (z.B. die Karstadt AG) bzw. eine Liberalisierung nur in dem Sinne unterstützen, als daß die wöchentliche Öffnungszeit nur um einen dauerhaften langen Sonnabend verlängert werden sollte. Ansonsten sollten nach Meinung der Großanbieter branchenübergreifend einheitliche Öffnungszeiten bestehen bleiben (vgl. Gespräch mit Hertie Waren- und Kaufhaus GmbH vom 18. Januar 1994).

Insofern scheint es eher so zu sein, daß Großunternehmen in einer Flexibilisierung der Ladenöffnungszeiten Absatzprobleme im Sinne eines Marktanteilsverlustes sehen und nicht die klein- und mittelständischen Betriebe - wie man vielleicht vermuten könnte. Dabei differiert die Einstellung zur Liberalisierung aber nicht nur zwischen verschiedenen Unternehmensgrößen, sondern auch von Branche zu Branche (vgl. hierzu Ergebnisse der empirischen Untersuchung in Kapitel 9.2.2). Insbesondere der Lebensmitteleinzelhandel sieht in einer erweiterten Öffnungsmöglichkeit eine Chance, die Umsätze allein über die Kaufmöglichkeit auszuweiten und den Kunden über die gesamte Woche (auch Sonntags) mit frischer Ware zu versorgen. Ein erster Schritt in Richtung einer weitergehenden Flexibilisierung der zeitlichen Betriebsbereitschaft ist für die Lebensmittelbranche derzeit in Berlin zu beobachten. Hier werden nämlich erstmals von einer großen Lebensmittelkette (Otto Reichelt AG) am langen Donnerstag die Filialen bis 20.30 Uhr geöffnet. Ebenso stehen Anbieter von mittel- und langfristigen Gebrauchsgütern den Flexibilisierungsbestrebungen positiv gegenüber, da gerade diese Waren längere Einkaufszeiten (intensive Beratung) und eine längere Informationsdauer (Preis- und Qualitätsvergleiche haben hierbei eine große Bedeutung) beanspruchen, was unter den jetzigen Bedingungen nur unzureichend erfüllt werden kann und beim Kunden keinen Anklang findet (vgl. hierzu Ergebnisse der empirischen Erhebung in Abschnitt 9.2.2).

Kommt es nun zu einer Aufhebung des Ladenschlußgesetzes, so werden sicherlich einige Grenzanbieter, die im Zuge der unzureichenden Markttransparenz der Verbraucher einen gewissen monopolistischen Preisspielraum entwickeln konnten, der ihr Überleben sicherte, aus dem Markt ausscheiden. Schließlich fördert eine Zunahme der Markttransparenz beim Konsumenten die Möglichkeit eines eingehenden Qualitäts- und Preisvergleichs (ohne Beachtung persönlicher Präferenzen für einen Anbieter) und erhöht infolgedessen den Konkurrenzdruck (vgl. Gutowski [a] 1985, S. 17). Dies entspricht aber dem natürlichen Selektionsprozeß eines gesunden Wettbewerbs und kann letztlich zu einer effizienteren Handelsstruktur beitragen, die es dann vielleicht besser zu verstehen mag, die Versorgung der Bevölkerung zu gewährleisten und die Verbraucherentscheidungen auf die vorgelagerten Stufen (Konsumgüterindustrie) weiterzuleiten. Diejenigen, die sich im Wettbewerb durchsetzen können, teilen sich durch das Ausscheiden einiger Konkurrenten einen größeren Nachfrageanteil untereinander auf. Dies führt letztlich zu einer Verbesserung der Gewinnsituation. Kurzfristig ist zwar davon auszugehen, daß sich der Konzentrationsprozeß im Einzelhandel durch eine Liberalisierung der Ladenöffnungszeiten weiter verstärken wird. Langfristig hingegen ist durch die Stärkung der Gewinnsituation der verbliebenden Unternehmen mit einem Stopp der Konzentrationstendenz zu rechnen, was vor allem der Situation der Beschäftigten zugute kommen wird. In diesem Zusammenhang ist auch nochmals darauf hinzuweisen, daß es keinen Nachweis für eine direkte Korrelation von zeitlicher Betriebsbereitschaft und Marktkonzentration (vgl. Stehn 1987, S. 16 ff.; Schmidt/Kayser 1986, S. 103 ff.) gibt.

Es ist noch keine Aussage darüber getroffen, ob die klein- und mittelständischen Betriebe unbedingt die "Verlierer" einer Liberalisierung sein werden. Aufgrund der vorangegangenen Ausführungen erscheint es vielmehr denkbar, daß mit einer Ausweitung der Öffnungszeiten und der damit verbundenen steigenden potentiellen Einkaufszeit der Konsumenten, deren Präferenz zu Großsortimentern (außer es besteht eine Präferenz aus Bequemlichkeit) abnehmen wird. So steht den Verbrauchern nun mehr Zeit zur Verfügung, die Waren bei mehreren Facheinzelhändlern zu besorgen, deren Beratungskompetenz wohl höher einzuschätzen ist als die der Kaufhäuser und deren Preise sich nicht allzu stark von Vollsortimentern unterscheiden (vgl. Piepenbrock 1984, S. 96). Insofern werden vor allem bedienungsintensive Produktanbieter Vorteile aus verlängerten Öffnungszeiten schöpfen (vgl. Gutowski [a] 1985, S. 18). Somit bietet sich gerade dem Mittelstand dort, wo eine Differenzierung des Bedarfs es erfordert bzw. die Dienstleistungsfunktion im Mittelpunkt des Kundeninteresses steht, eine Chance, mit innovativen und kreativen Ansätzen die Liberalisierung zum Durchbruch am Markt zu nutzen. Folglich besteht vor allem auch für neue Anbieter die Möglichkeit, die jetzigen Markteintrittsbarrieren zu überwinden und sich mit neuen Handelskonzepten zu etablieren.

Nicht zu verkennen ist im Hinblick auf die möglichen Wettbewerbswirkungen im Zuge einer Flexibilisierung der Ladenöffnungszeiten, daß klein- und mittelständische Unternehmen allein aufgrund ihrer Kostenstruktur flexibler als Großunternehmen einzuschätzen sind (vgl. Schlecht 1984, S. 122). Begrenzt man zudem über einen Gewerbemietspiegel die Kostenbelastungen, so käme dies vor allem dem Mittelstand zugute. Auch aus räumlicher Sicht haben Einzelhändler erhebliche Vorteile gegenüber den großen Warenhäusern, da diese aufgrund ihrer baulichen Gegebenheiten keine nach den abteilungsindividuellen Nachfrageströmen differenzierte Ladenöffnungszeit realisieren können. Sie müssen also bei einer Entscheidung zugunsten zusätzlicher Öffnungszeiten auch unrentable Abteilungen (mit dem entsprechenden Mindestpersonal etc.) geöffnet halten (vgl. Höger 1972, S. 15). Da gerade Großunternehmen in Zeiten rationierter Öffnungszeiten von den Kunden präferiert wurden, waren die gesamten Kapazitäten auf die Spitzenbelastungen ausgerichtet (z.B. Kassenzahl), während die klein- und mittelständischen Unternehmen eher einen geringen Investitionsgrad aufweisen, so daß bei einer Verstetigung der Kundenströme eher die Großunternehmen Kostennachteile erleiden werden.

Eine Ausweitung der Öffnungszeiten ermöglicht dem Verbraucher zudem einen besseren Preis- und Qualitätsvergleich sowie die Wahrnehmung von Sonderangeboten, so daß von einer Liberalisierung vor allem solche Anbieter begünstigt würden, die ein gutes Preis-Leistungsverhältnis, was insbesondere den Fachhandel auszeichnet, aufweisen können (vgl. Piepenbrock 1984, S. 96).

Hinsichtlich der Entwicklung der Betriebsgrößenklassen sind - mit Rückgriff auf die Erfahrungen Schwedens im Zuge der Aufhebung der Öffnungszeitenregulierung im Jahre 1972 (vgl. Schmidt/Kayser 1986, S. 103) - keine Nachteile für die klein- und mittelständischen Unternehmen zu erwarten. Vielmehr werden neue Geschäfte entstehen, wobei hier insbesondere Lebensmittelgeschäfte (Nahversorgung und Sonntagsverkauf) als auch die Selbstbedienungshäuser aufgrund des Kostenvorteils (geringer Personalkostenaufwand) profitieren werden (vgl. ifo Institut, in: ifo Schnelldienst 1995, S. 12). Daneben dürften auch Branchen, die komplexe und beratungsintensive Produkte verkaufen an einer Ausweitung der zeitlichen Betriebsbereitschaft antizipieren.

In bezug auf örtliche Strukturverschiebungen im Zuge einer Liberalisierung der Ladenöffnungszeiten ist damit zu rechnen, daß vor allem wohngebietsnahe Anbieter (sog. Nachbarschaftsläden) aufgrund der besseren Kundennähe und der Präferenz des wohnnahen Einkaufs bei einem entsprechenden Preis-Leistungsverhältnis (Wegfall von Wegekosten) gegenüber Innenstadtanbietern an Boden gewinnen werden. Für die Landbevölkerung gilt ähnliches im Hinblick auf Waren des täglichen Gebrauchs, während sich Anbieter des gehobenen Bedarfs auch weiterhin nicht in ländlichen Gegenden niederlassen werden und für diesen Bereich aufgrund der gestiegenen Einkaufszeit die Fernwirkung noch zunehmen dürfte (vgl. Batzer 1984, S. 23; Wichmann 1984, S. 113; Niedersächsisches Ministerium für Wirtschaft, Technologie und Verkehr 1993, S. 7). Ob eine Aufhebung des Ladenschlußgesetzes nun die Attraktivität der Innenstädte erhöhen wird oder es zu weiteren Ansiedelungen von Betrieben auf der "grünen Wiese" (wegen der Verkaufsflächenknappheit im Stadtkern und der hohen Mieten im Innenstadtbereich) kommen wird, bleibt offen. Jedoch gilt, daß ein attraktiver innerstädtischer Einzelhandel und entsprechende Zusatzangebote

(Gastronomie, Kino etc.) immer Voraussetzung und nicht Folge einer breiten Zustimmung liberaler Öffnungszeiten durch die Bevölkerung ist. Folglich sind die für den Städtebau Verantwortlichen gefragt, die Kernbereiche der Städte unter zukunftsorientierten handelspolitischen Gesichtspunkten zu gestalten und so einen Beitrag zur Belebung der Innenstädte zu leisten. Dies gilt vor allem für die neuen Bundesländer, in denen (z.B. im Land Brandenburg) der Ansiedelung auf der "grünen Wiese" einer Entwicklung eines innerstädtischen Citybereichs ein Vorrang eingeräumt wird. Allerdings ist die Bildung von Unterzentren in Außen- und Randgebieten aus Versorgungsgesichtspunkten kein Anlaß zur Besorgnis und letztlich auch nur eine Folge fehlender Verkaufsflächen im Stadtbereich (Anbieter auf der "grünen Wiese" sind vor allem Möbelhäuser mit großen Verkaufsflächen) und sich regional immer weiter ausbreitender Städte (z.B. Berlin). Solange die bisherigen Randansiedelungen zudem nur monofunktional (d.h. eine Branchenkonzentration aufweisen) ausgerichtet sind, sind weitere Abwanderungen der Betriebe sowie der Kunden nicht zu erwarten.

Festzuhalten bleibt, daß weder die Regulierung des Einzelhandelssektors noch eine Liberalisierung die Konzentrationstendenzen verhindern werden. Die Flexibilisierung der Ladenöffnungszeiten könnte aber den aus handelspolitischer Sicht (vgl. Kapitel 6.2) notwendigen Umstrukturierungsprozeß fördern, neue Handelstypen (Shopping Malls, Nachbarschaftsläden) hervorbringen und zudem den Erlebniswert des Konsumenten steigern. Ob die Vorteile der kleinen oder großen Betriebe letztlich dabei überwiegen, läßt sich nicht ohne weiteres entscheiden. Mit Sicherheit werden jedoch innovative und flexible Unternehmen den zusätzlichen Wettbewerbsspielraum zu nutzen wissen und damit dem Versorgungsbedürfnis der Konsumenten entsprechen.

8.5.2 Verkaufspolitik

Mit Ausschluß der Öffnungszeiten als unternehmerischen Gestaltungsparameter kam es in der Vergangenheit dazu, daß der Wettbewerb verstärkt über eine Ausweitung der Verkaufsfläche und die Sortimentsbreite betrieben wurde. Dies bevorteilte vor allem finanzstarke Betriebe und trug so zum Aufbau von Markteintrittsbarrieren bei (vgl. Redwitz 1990, S. 4). Mit einer Ausweitung der Öffnungszeiten ist zwar davon auszugehen, daß tendenziell das effektive Verkaufsflächenangebot (als Produkt aus Verkaufsfläche und zeitlicher Betriebsbereitschaft) weiter steigt, aber ein weiterer Verkaufsflächenanstieg begrenzt wird und so auch den finanzschwächeren Betrieben ein Markteinstieg ermöglicht werden kann (vgl. Neumann 1984, S. 9).

Aus verkaufspolitischer Sicht wird ein Teil der Unternehmen in einem liberalen Ladenschlußmodell eine Spezialisierung in Erwägung ziehen, d.h. z.B. nur abends geöffnet haben, um einem speziellen Bedürfnis zu entsprechen (Nischenanbieter). Diese zeitliche Differenzierung, d.h. eine Nichtöffnung im Vergleich zu den Wettbewerbern, birgt zudem nicht die Gefahr von Einbußen, wie es oftmals vermutet wird, sondern offenbart bei mangelndem Interesse der Kundschaft einen relativen Preisvorteil gegenüber den länger geöffneten Konkurrenten (vgl. Schmidt/Kayser 1986, S. 44). Dies bestätigen auch die Erfahrungen des Dienstleistungsabends (vgl. Ausführungen in Kapitel 9.1 und 9.2.2), wonach solche Händler, die sich nicht am langen Donnerstag beteiligen, keine oder nur unwesentliche Einbußen zu verzeichnen haben.

Die Kundenzufriedenheit wird sich in Zukunft noch stärker zu einem erfolgsbestimmenden Kriterium herausbilden als dies heute schon der Fall ist. Ebenso dürften die Kunden von den Unternehmen mehr Service und Freundlichkeit abverlangen, so daß ähnlich wie in den USA Einpackarbeiten beim Lebensmittelkauf und ein langes Rückgaberecht an Bedeutung gewinnen dürften und vor allem personalintensive Geschäfte wieder stärker in das Interesse der Kunden rücken werden. Insofern sind längere Öffnungszeiten nur ein Beitrag zur Schaffung von Kundenzufriedenheit. Sieht man sich heute in einem Kaufhaus kurz vor Ladenschluß um, so bemerkt man eine Vielzahl mißgelaunter Verkäufer, die nur auf ihren Feierabend hoffen und jeden Kunden nur widerwillig bedienen. Dies ist nicht unverständlich, wenn man bedenkt, wie lange das Personal am Tag hinter den Verkaufstischen zubringen muß. Eine mit einer Liberalisierung der Ladenöffnungszeiten einhergehende arbeitszeitliche Umstrukturierung (vgl. Abschnitt 8.4.1) kann in diesem Zusammenhang die Leistungsfähigkeit und -bereitschaft steigern. Hierdurch wird über eine freundlichere Kundenbehandlung weitere Kundenzufriedenheit geschaffen, die für zukünftige Besuche des Kunden bedeutsam sind.

Auch die in der Vergangenheit als auch in der Zukunft zu erwartenden Einkommenszuwächse (vgl. Abschnitt 8.4.3) führen über gesteigerte Nachfrage nach hochwertigen und somit beratungsintensiven Gütern zu einer zunehmenden Bedeutung der Beratungsleistung des Einzelhandels, die heute noch vorwiegend vom Facheinzelhandel erbracht wird, aber in Zukunft auch andere Handelsformen zu einer besseren Ausbildung und höherem Personalbestand bewegen wird.

Zur Belebung des Innenstadtlebens wird neben einer Gewerbemietregelung vor allem eine regionalmarketingorientierte Städteplanung notwendig werden. Im Zuge der zunehmenden Einkaufszeit und der steigenden Bedeutung des Erlebniswertes (vgl. Kapitel 6.2) des Einkaufs für den Verbraucher, werden sich alle Verkaufsstrategien des Einzelhandels darauf ausrichten, eine Atmosphäre zu schaffen, die der Bequemlichkeit und Beschaulichkeit des Kunden entgegenkommt und ihn zu einer längeren Verweildauer im Geschäft animiert. Dies wird sich letztlich über zusätzliche Impulskäufe positiv auf die einzelhandelsrelevanten Ausgaben niederschlagen (vgl. Reichert 1971, S. 45). Darüber hinaus werden sich auch verkaufspolitische Modelle durchsetzen, die den Kunden über den Ladenablaufweg zu einer längeren Verweildauer zwingen, da es nur einen Ausgang gibt, den man nur mit Besichtigung des gesamten Geschäftes erreicht (so z.B. das Möbelgeschäft IKEA in Berlin-Waltersdorf).

Insofern werden neue Handelsformen entstehen, die sich diese Gedanken zunutze machen werden und mit einem Randbezirkswachstum im Einklang stehen. So ist zukünftig die Entwicklung und der Bau von sog. Shopping Malls (multifunktionale Einzelhandelskonzentration mit Zusatzangeboten der Freizeitgestaltung) zu erwarten. Dabei übernimmt eine private Betreibergruppe nicht nur die Finanzierung, sondern auch die spätere Verwaltung des Geschäftskomplexes. Aufgabe ist es dabei, nicht nur neueste werbepsychologische Erkenntnisse mit in die Gestaltung des Gebäudes einfließen zu lassen (vgl. Gasser 1960, S. 95, 195), sondern die zur Verfügung stehenden Räume mit einer möglichst großen Sortimentsstreuung und entsprechendem Erlebniswert zu vermarkten. Durch eine solche branchenungleiche räumliche Konzentration mehrerer Einzelhandelsunternehmen läßt sich ein Agglomerationseffekt erzielen, d.h. eine Attraktivitätssteigerung aller Betriebe bewirken. Mit einer durch die Betreibergesellschaft, in Abstimmung mit den Einzelhändlern, getragenen Marketingausrichtung für das gesamte Shopping Center und nicht für jeden Einzelhändler selbst, lassen sich zudem über eine Verteilung des Werbeetats für die Betriebe Kosteneinsparungen erzielen. Ähnlich wie in den USA könnten solch ausgestaltete Shopping Malls der Freizeitgestaltung (Integration von Sportmöglichkeiten etc.) dienen und die fehlenden Freiräume für Jugendliche kompensieren. Diese Art der Handelslandschaft bietet vor allem innovativen und erlebnisorientierten Facheinzelhändlern die Möglichkeit, sich gegenüber den großen Anbietern zu behaupten. Daß auch Großunternehmen mit einzelnen Abteilungen (bessere Handhabung hinsichtlich der Öffnungszeiten) diesen Prozeß unterstützen werden, ist bereits in einigen Städten zu erkennen. So hat die Stadt Kiel eine äußerst moderne Einkaufsgalerie, die allein aufgrund der architektonischen Gestaltung (Glaskomplex) ein Anziehungspunkt ist, in der sich auch einzelne Warenhauskonzerne mit Fachabteilungen engagieren.

Folglich kann auch unter Berücksichtigung des anstehenden handelspolitischen Wandels eine Liberalisierung ihren Beitrag zu einer Fortentwicklung leisten und die Kleinunternehmen in ihrer Verkaufspolitik unterstützen.

8.6 Verbraucherpolitische Wirkungen

Die Einkaufssituation einer Vielzahl der Verbraucher zeichnet sich durch eine begrenzte Einkaufszeit aus. Dies veranlaßt sie oftmals, die notwendigen Besorgungen in der Mittagspause oder kurz vor Ladenschluß zu tätigen. Hetze, Streß und daraus resultierende gesundheitliche Belastungen, die ohnehin in unserer schnellebigen Zeit vorbestimmt sind als auch Fehleinkäufe sind daher keine Seltenheit. Zudem bringt es die Zeitrestriktion mit sich, daß dem Verbraucher die Marktübersicht fehlt und er so keine Preis- und Qualitätsvergleiche vornehmen kann, was letztlich für die Unternehmen einen monopolartigen Preisspielraum schafft und für die Konsumenten durch mögliche "überteuerte Käufe" die Einkaufskosten erhöht. Dem Einkauf sind nämlich unter zeitallokationstheoretischen Gesichtspunkten (Theorie nach Becker, vgl.

Becker, in: EJ 1965, S. 493 ff.) Kosten zuzurechnen, die bei der Bewertung der derzeitigen Ladenschlußregelungen einbezogen werden müssen. So stehen der Zeit, die der Verbraucher für seine Einkäufe aufbringen muß, Opportunitätskosten gegenüber, die neben den direkten Kosten des Kaufs einer Ware (Preis) die Nutzenüberlegungen des Konsumenten nachhaltig beeinflussen und sich in Einheiten der entgangenen Freizeit (mit zunehmender Bedeutung) bzw. Einkommensverlusten (forgone income) widerspiegeln (vgl. Becker, in: EJ 1965, S. 493 ff.; DeSerpa 1988, S. 155 ff.). Geht man z.B. von einem Streben des Verbrauchers nach einem *full income* aus, d.h. dem Verdienst, den er erreichen würde, wenn er seine gesamte Zeit zur Erzielung von Einkommen einsetzen würde, so ist die Zeit, die vom Arbeitnehmer für Einkäufe verwendet wird als entgangenes Entgelt anzusehen. Für die Mehrheit der Verbraucher sind die Kosten des Einkaufes während der Geschäftszeiten damit am größten, da bei einer Deckungsgleichheit von individueller Arbeitszeit und Öffnungszeit das entgangene Entgelt am größten ist. Sind die Haushalte darauf angewiesen, die Einkäufe mit vielen anderen kurz vor Ladenschluß zu tätigen, nimmt zudem mit dem Kapazitätsüberhang (Wartezeiten) der Zeitbedarf je Erwerb einer Ware und damit auch die Opportunitätskosten (vgl. Becker, in: EJ 1965, S. 493 ff.; DeSerpa 1988, S. 159 ff.; Stehn 1987, S. 32) zu. Insofern würden Ladenöffnungszeiten, die nicht deckungsgleich mit der jeweils individuellen Arbeitszeit sind, für den Verbraucher weniger Kosten verursachen.

Eine Aufhebung des Ladenschlußgesetzes wird somit für den Verbraucher zu Wohlfahrtsgewinnen in mehrfacher Hinsicht führen:

Eine Ausweitung der Öffnungszeiten ermöglicht es auch den bisher unter der Regulierung des Einzelhandels benachteiligten Personengruppen (Berufstätige, Selbständige), sich neben der reinen "Einkaufstätigkeit" die Zeit zu nehmen, sich über Preise, Qualität und Sortimentsangebot zu informieren und dadurch die Konsumplanung daran auszurichten. Hierdurch können die direkten Einkaufskosten gesenkt werden, da man preisbewußter kaufen kann. Zudem könnten im Lebensmittelbereich bei einer Sonntagsöffnung auch kurzfristig frische Waren erstanden werden.

Insgesamt ließe sich Arbeit, Freizeit und Einkaufszeit flexibler und reibungsloser aufeinander abstimmen. So war bisher der reine Freizeitraum oftmals auf die Zeiten außerhalb des Ladenschlusses beschränkt, sofern man gleichzeitig noch Einkaufen wollte. Mit dem Wegfall dieser Beschränkung ließe sich dies anders handhaben. Vertritt man die Auffassung, der Verbraucher wolle und könne nicht seine Lebensgewohnheiten ändern und z.B. auf den Fernsehabend verzichten, hieße dies die Anpassungsfähigkeit der Bevölkerung zu unterschätzen. Ein flexibler Zeitrahmen würde die Streßbelastungen mindern und so auch gesundheitspolitische Wirkung entfalten. Setzt sich eine flexible Arbeitszeit in der Gesellschaft durch, d.h. arbeiten Menschen über den ganzen Tag gleichverteilt, so würden sich auch die Kundenfrequenzen entzerren, was wiederum über geringere Warte- und Einkaufszeiten den Zeitspielraum erhöht und indirekte Kostenersparnisse (unter Opportunitätskostengesichtspunkten) erbringt.

Mit einer Umstrukturierung der Handelslandschaft (vgl. Abschnitt 8.5) ginge zudem eine Verbesserung der Versorgung der Bevölkerung einher, insbesondere solcher Käuferschichten, die sich in ihrer Nachfrage (Präferenz zu abendlichen Einkäufen) von anderen unterscheiden.

8.7 Wirkungen auf die öffentlichen Haushalte

Mit dem Wegfall des Ladenschlußgesetzes können unmittelbar diejenigen Verwaltungskosten eingespart werden, die zur Bewilligung von Ausnahmegenehmigungen (Antragsstellungsverfahren), der direkten Kontrolle der Einhaltung der Ladenschlußbestimmungen, der Abhandlung von Beschwerden und Ordnungswidrigkeitsverfahren von den Behörden verausgabt werden müssen. Die genaue Höhe der hieraus entstehenden Kosteneinsparungen läßt sich nicht ermitteln, da sich diese Tätigkeiten oftmals mit allgemeinen Verwaltungsaufgaben vermischen und daher nur unzureichend erfaßt werden können. Jedoch dürfte das "Einsparungspotential" größer sein als die Einnahmen aus den Ordnungswidrigkeitsverfahren (mit Bußgeldern zwischen 1.000 und 5.000 DM), die sich aus Verstößen gegen das Ladenschlußgesetz ergeben, da in der Verwaltungspraxis zu beobachten ist, daß ein handelsbedingtes Fehlverhalten (z.B. Alkoholverkauf an Tankstellen) die Duldung der Behörden findet. Insofern steht die im Zuge der Durchsetzung des Ladenschlußgesetzes entstehende Belastung des öffentlichen Haushalts in keinem Verhältnis zum Nutzen (vgl. Wichmann 1984, S. 169).

Zudem kann mit der Schaffung von neuen Arbeitsplätzen (vgl. Abschnitt 8.4) und der Reintegration von Arbeitslosen in das Erwerbsleben, trotz einer Umverteilung von Mitteln der Bundesanstalt für Arbeit zugunsten einer Lohnsubventionierung, der öffentliche Haushalt entlastet werden. So stünden den direkten Kosten der Subventionierung staatliche Mehreinnahmen von Umsatz- und Verbrauchssteuern, Lohnsteuer, Arbeitslosen-, Kranken- und Sozialversicherungsbeiträgen gegenüber. Diese dürften den Staat bezogen auf einen Arbeitslosen und Jahr nach Schätzungen des Instituts für Arbeitsmarkt- und Berufsforschung um rund 13.501 DM entlasten (vgl. Czada/Tolksdorf/Yenal 1992, S. 335; hierzu auch Kapitel 6.6 und 7.2.1). Geht man von einem durch eine Liberalisierung der Ladenöffnungszeiten bedingten Beschäftigungszuwachs von ca. 158.833 bzw. inklusive des branchenübergreifenden Effektes von rund 343.033 Arbeitsplätzen aus und werden diese mit vormals als arbeitslos gemeldeten Personen besetzt, würde dies den Staatshaushalt rechnerisch um 462,4 Mio. DM entlasten und gleichzeitig die Deckungsfähigkeit der Staatsausgaben erhöhen. Insofern kann die Flexibilisierung der Ladenöffnungszeiten einen kleinen Beitrag zum Abbau des staatlichen Defizits liefern und den Gestaltungsspielraum der Budgetverwendung verbessern.

Über eine Erhöhung der Steuereinnahmen im Zuge der zu erwartenden Beschäftigungseffekte ließe sich zudem die Staatsnachfrage ausweiten und damit der expansive Prozeß weiter belebt werden.

8.8 Externe Effekte

Neben den zuvor benannten z.T. direkten Effekten, gibt es eine Vielzahl weiterer Wirkungen einer Liberalisierung des Ladenschlußgesetzes, die sich allerdings nicht ohne weiteres kategorisieren lassen und daher unter dem Begriff der "externen Effekte" zusammengefaßt werden können, ohne dabei ihre Bedeutung vernachlässigen zu wollen.

Verursachen Arbeitnehmer durch *Ausnutzung der Mittagspause* und dem Wegfall des Erholungseffektes der Wirtschaft damit nach Schätzungen jährlich rund ½ Mrd. DM Kosten (vgl. Aengenendt [a] 1971, S. 66), so kann die Aufhebung des Ladenschlußgesetzes dies möglicherweise über eine Ausweitung der Einkaufsmöglichkeiten unterbinden. Im Zuge eines Abbaus der Spitzenbelastungen des Verkaufspersonals durch eine Verstetigung der Kundenströme, ließen sich zudem *Fehltage*, die sonst durch die hohe psychische und physische Belastung zu beobachten ist, verhindern und sich so Kosten auf Seiten der Unternehmen (für Lohnfortzahlung) einsparen.

Ein weiterer Wohlfahrtsgewinn ist in der *Entzerrung der Verkehrsströme* in den Ballungszentren und der Möglichkeit einer besseren Auslastung der Verkehrsflächen des ruhenden Verkehrs zu sehen (so auch das ifo Institut; vgl. ifo Institut, in: ifo Schnelldienst 1995, S. 21). Dabei müßten allerdings auch die öffentlichen Nahverkehrsbetriebe mit in die Planung einbezogen werden und die Taktzeiten auf längere Geschäftszeiten abgestimmt werden, um einen Umstieg vom Auto attraktiv zu gestalten und einen autolosen Einkauf zu ermöglichen. Eine Verkürzung der Taktzeiten in den Abendstunden ist auch ohne Mehrkosten zu realisieren, wenn man bedenkt, daß viele Beschäftigte der Nahverkehrsbetriebe derzeit in "Dienstbereitschaft" stehen, ohne daß die entsprechenden Busse und Bahnen zum Einsatz kämen. Die in der Entzerrung der Verkehrsströme enthaltene umweltpolitische Komponente erhält vor dem Hintergrund der ansteigenden Luftverschmutzung eine zunehmende Bedeutung für die Allgemeinheit (vgl. Piepenbrock [b] 1984, S. 101; Niedersächsisches Ministerium für Wirtschaft, Technologie und Verkehr 1993, S. 7). Gleichzeitig können attraktiv ausgestaltete *Geschäftszentren belebt werden* und zumindestens in Großstädten die touristische Anziehungskraft erhöht werden. Schließlich beinhalten Nachteinkäufe einen eigenen Erlebniswert, den der Kunde zunehmend sucht.

Ein wesentlicher Hinderungsgrund - jedenfalls nach Ansicht des Verkaufspersonals - ist die Erwartung einer zunehmenden Kriminalität bei längeren Öffnungszeiten.

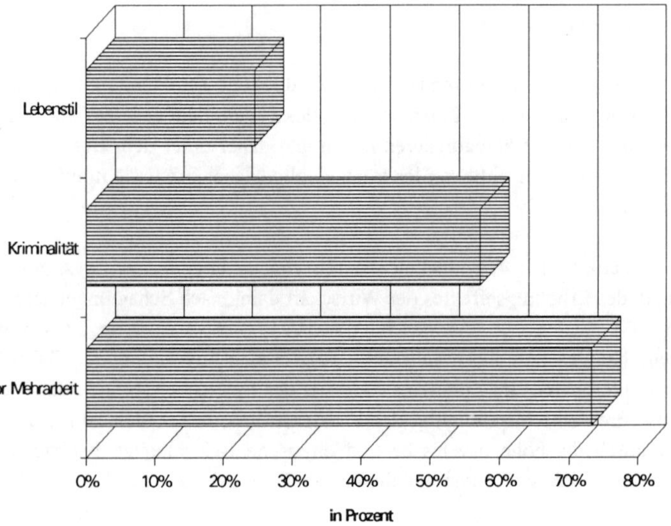

Abb. 2: Hinderungsgründe einer Liberalisierung der Ladenöffnungszeiten aus Sicht des Verkaufspersonals (vgl. Anhang Teil A. Frage 23)

Ob mit einer Ausweitung der Öffnungszeiten auch eine Zunahme der *Kriminalität* verbunden ist, ist nicht einfach zu beantworten. Die bisherigen Erfahrungen lassen nämlich Platz für positive als auch negative Erwartungen. So war in Schweden insgesamt ein Anstieg der Kriminalität zu beobachten gewesen, der sich insbesondere auf die frühen Abendstunden konzentrierte (vgl. Statens offentliga utredningar/ Civildepartementet 1991, S. 20 f.). Hingegen erfolgte die Ausnahmebewilligung in der Klett-Passage in Stuttgart aus den gegenteiligen Gründen, d.h. um die Kriminalität zu senken. Während in der Klett-Passage keine schweren Fälle von Straßenkriminalität zu verzeichnen waren, stieg die Kriminalitätsrate in den anderen Passagen um 14 Prozent an, was als überzeugender Beweis für die Wirksamkeit einer Belebung der Einkaufszentren durch den Abendverkauf im Hinblick auf die Bekämpfung von Straftaten von Seiten der Verantwortlichen angesehen wurde (vgl. Steinmann 1984, S. 103 ff., S. 110). Ob aber nicht doch abendliche Öffnungszeiten gerade dem Ladendiebstahl Vorschub leisten, da von einer geringeren Personaldichte im Abendverkauf auszugehen ist, bleibt also ungewiß.

9. Umsetzbarkeit des Modells

Bei der Untersuchung möglicher Folgen einer Liberalisierung des Ladenschlußgesetzes soll und kann sich die vorliegende Analyse nicht allein auf theoretische Zusammenhänge beschränken, sondern sollte durch empirische Daten abgesichert werden, welche die praktische Umsetzbarkeit der hier abgeleiteten Ergebnisse auch belegen. Zwar liegen zum Thema einer Flexibilisierung der Ladenöffnungszeiten zahlreiche repräsentative Erhebungen unterschiedlicher Interessengruppen und Stichprobenräume vor, doch erschien es sinnvoll eine eigenständige Erhebung durchzuführen, um so einen möglichst hohen Grad an Aktualität der Zahlen und eine bessere Vergleichbarkeit der Ergebnisse untereinander zu erreichen. Da nicht alle abgeleiteten Ergebnisse direkt in der Analyse der Effekte einer Liberalisierung der Ladenöffnungszeiten verarbeitet werden konnten, soll dies nun nachgeholt werden. Im Rahmen der Arbeit ist es allerdings nicht möglich, alle Fragestellungen eingehender zu behandeln, so daß die in den nächsten Unterabschnitten vorgestellten Ergebnisse nur die zentralen Fragestellungen abdecken können. Die vollständigen Daten sind daher im Detail dem Anhang zu entnehmen.

Da von einer möglichen Flexibilisierung der Ladenschlußgesetzgebung nicht nur Verbraucher, sondern auch Unternehmen und das Verkaufspersonal betroffen sein werden, wurde für jede dieser Gruppen im Zeitraum vom 1. Februar bis 1. April 1994 eine mündliche Befragung durchgeführt. Ziel war es, sowohl herauszufinden, wie die jeweiligen Gruppen das derzeit bestehende Ladenschlußgesetzes beurteilen und welche Meinung sie zu den in letzter Zeit propagierten Flexibilisierungsbestrebungen zeigen, als auch welche Verhaltensänderungen sie vornehmen würden, wenn eine Liberalisierung des Ladenschlußgesetzes vollzogen würde. Als Erhebungsraum wurde aus Praktikabilitätsgründen die Großstadt Berlin und deren Umland ausgewählt. Sie kann jedoch als repräsentativ für die Siedlungsstruktur des Bundesgebietes angesehen werden. Mit rund 3,5 Mio. Einwohnern (vgl. Landeszentrale für politische Bildungsarbeit [b] 1993, S. 02.1) bietet die Stadt einen nahezu idealen Ansatzpunkt. Sie verfügt über eine innerstädtische Flaniermeile (Kurfürstendamm) mit Fach- und Spezialgeschäften sowie Waren- und Kaufhäusern. Darüber hinaus gibt es in vielen Bezirken große Subzentren (z.B. Steglitz, Wilmersdorf, Wedding, Neukölln), die den Zuspruch vieler Kunden finden. Ebenso sind viele Wochenmärkte vorzufinden, auf denen Waren des täglichen Bedarfs angeboten werden. Ferner finden sich in den Außenbezirken und im Umland neben Verbrauchermärkten auch eine Vielzahl klein- und mittelständische Geschäfte; im Umland Berlins sind noch viele "Tante Emma-Läden" zu finden, die die Versorgung der "Landbevölkerung" übernehmen. Die einzelnen Stadt- und Außenbezirke sowie die um die Hauptstadt liegenden Vororte sind zudem mit der Innenstadt durch ein leistungsfähiges Nahverkehrsnetz verbunden. Insofern konnte durch eine lokale Streuung der Befragungsorte auch auf die Besonderheiten des Einkaufsverhaltens von ländlichen Gebieten eingegangen werden. So erfolgten die Befragungen neben dem City-Bereich auch in einem Subzentrum (Berlin-Steglitz) sowie in einem Außenbezirk Berlins (Berlin-Marienfelde sowie Kreis Zossen). Die Befragungen wurden anhand eines vorgegebenen (standardisierten) Fragebogens von montags bis sonnabends zwischen 9.00 und 18.30 Uhr (bzw. 20.30 Uhr) durchgeführt, um so einen möglichst repräsentativen Querschnitt der Stichprobenräume zu erhalten. Der Fragebogen entstand auf der Grundlage von Explorationsgesprächen mit Vertretern der betroffenen Gruppen und eines Pretests. Die Auswertung der Befragungsergebnisse wurde mit dem Programmpaket MS-Excel vorgenommen.

9.1 Die Erfahrungen im Rahmen der Einführung des Dienstleistungsabends

Die Erfahrungen des Dienstleistungsabends werden oftmals dazu benutzt, die Erwartungen der Befürworter einer Liberalisierung der Ladenöffnungszeiten zu dämpfen, da sich im Zuge der Einführung des "Kaufabends" nur geringfügige beschäftigungspolitische Effekte ergeben haben und letztlich nur eine Umsatzverschiebung im Wochenverlauf stattfand (vgl. z.B. Wölk 1993, S. 1 ff.). Dabei wird allerdings vergessen, daß die Auswirkungen dieser Teilliberalisierung nicht ohne weiteres auf mögliche Veränderungen im Zuge einer Aufhebung des Ladenschlußgesetzes übertragbar sind. Dies vor allem deshalb, weil bei einer Volliberalisierung ganz andere Grundvoraussetzungen gegeben wären (eventuelle Ausweitung der gesamtwöchentlichen Öffnungszeit) als diese den Dienstleistungsabend auszeichnen. So ist unbestritten, daß bei einem gleichbleibenden Volumen der wöchentlichen Öffnungszeiten sich weder der Beschäftigtenstand noch die Umsatzzahlen ausschlaggebend verändern werden, wie es auch im Fall des Dienstleistungsabends zu beobachten war. Insofern scheint es so, daß man eine Betrachtung der Ergebnisse vernachlässigen könnte, wenn nicht gerade diese tendenziell Aufschluß darüber geben würden, inwieweit die Verbraucher abendliche Öffnungszeiten akzeptieren, was von den Gegner einer Liberalisierung des Ladenschlußgesetzes oftmals angezweifelt wird (vgl. z.B. Batzer 1984, S. 19; Dichtl/Müller 1984, S. 25; Gartz 1984, S. 209; DAG 1990, S. 30; HBV 1993, S. 7). Demzufolge werden nachfolgend die zentralen Ergebnisse der Einführung des Dienstleistungsabends daraufhin untersucht, welche Aufschlüsse sich für eine vollständige Liberalisierung ableiten lassen können. Hierzu werden die im Rahmen der Primärerhebung (vgl. Untersuchungsdesign der jeweiligen Stichprobenräume) zum Thema Dienstleistungsabend gewonnenen Daten mit sekundärstatistischem Material verknüpft.

Aus Sicht der im Rahmen dieser Arbeit befragten Verbraucher (näheres hierzu vgl. Abschnitt 9.2.3) sieht eine Mehrheit (88,2 %) den Dienstleistungsabend als eine gute Einrichtung an, wobei die Gründe hierfür darin zu sehen sind, daß der lange Donnerstag den Konsumenten endlich die erforderliche Einkaufszeit ermöglicht (zu 60,1%), die Flexibilität steigert (zu 30,2 %) und so auch die Spitzenbelastungen mit der damit verbundenen Fülle der Geschäfte vermieden werden kann (4,8 %).

Diejenigen, die in dem Kaufabend eine weniger gute Einrichtung sehen (11,8 %), benennen hierfür als Grund das fehlende Engagement privater Dienstleister und Behörden (zu 79,3 %). Ein weiterer Grund liegt in der Lage der Öffnungszeiten, die sich mit den Lebensplanungen der Befragten überschneiden (37,3 %) (vgl. Anhang Teil C. Fragen 16/17). Immerhin erbrachte die Einführung des Dienstleistungsabends eine Steigerung der Kundenströme von 42,5 %, wobei der Zustrom insbesondere in größeren Städten zu verzeichnen war (HB vom 12. Dezember 1990, S. 19).

Trotz der Kritik scheinen die abendlichen Öffnungszeiten aber auf eine große Akzeptanz zu stoßen, was sich auch in der Verlagerung der Einkäufe auf den langen Donnerstag (39,6 % aller Befragten) ausdrückt. Im Wochenablauf gesehen verlor dabei der Samstag gegenüber dem langen Donnerstag an Umsatz, was darauf hindeutet, daß die Verbraucher lieber die Möglichkeit eines Abendeinkaufs unter der Woche ausnützen, um so das Wochenende ausschließlich zur Freizeitgestaltung zur Verfügung zu haben. Insgesamt war im Rahmen des langen Donnerstags ein Anstieg des Besucherstroms (Besucherzahl je Quadratmeter Verkaufsfläche) von 1,3 auf 1,8 zu verzeichnen (vgl. BAG e.V. 1993, S. 5), wobei sich die Kundenströme dabei insbesondere auf die Zeiträume nach 18.30 Uhr (52%), zwischen 16.30 und 18.30 Uhr (34%) und 14 % zu anderen Stunden verteilten (HB vom 12. Dezember 1990, S. 1). Insofern würde sich im Hinblick auf eine Liberalisierung der Ladenöffnungszeiten der wöchentliche Abendverkauf anbieten (vgl. auch Anhang Teil C. Fragen 18-20).

Aus Sicht des Verkaufspersonals bestätigt sich das Interesse der Kunden an einem verlängerten Einkaufsabend, da immerhin 53,1 % der Beschäftigten im Zuge des Dienstleistungsabends einen großen Kundenandrang verzeichneten und nur 12,5 % kaum etwas zu tun hatten. Die Gründe derer, die am langen Donnerstag zum "Einsatz kommen", liegen in dem, im Zusammenhang mit Arbeit gewährten Freizeitausgleich an einem anderen Tag der Woche (57,3 %), der zusätzlichen Verdienstmöglichkeit (49,6 %) oder erfolgen aus Pflichterfüllung (29,1 %). Hauptgründe seine Arbeitskraft nicht für einen Abendverkauf zur Verfügung zu stellen sind primär nicht in der familiären Situation (41,3 %) zu suchen, sondern beruhen eher auf der fehlenden Motivation (53,2 %) (vgl. Anhang Teil A. Fragen 15-21).

Während nach Erhebungen der BAG e.V. in der Bundesrepublik sich nur rund 10 % aller Einzelhändler am Kaufabend beteiligen (vgl. BAG e.V. [a] 1993, S. 1), wobei dies insbesondere auf die Standortnachteile der klein- und mittelständischen Unternehmen in den Randbezirken und ländlichen Gegenden zurückzuführen ist, beteiligten sich 72,7 aller im Rahmen der empirischen Erhebung befragten Betriebe am Dienstleistungsabend. Die Gründe für eine Teilnahme sind in der entsprechenden Nachfrage (63,5 %), was die Einschätzung der Gegner einer Flexibilisierung widerlegt, daß die Kunden keine abendlichen Öffnungszeiten wünschten (vgl. z.B. Batzer 1984, S. 19; Dichtl/Müller 1984, S. 25; Gartz 1984, S. 209; DAG 1990, S. 30; HBV 1993, S. 7), den Umsatzerwartungen (47,1 %) und dem Wettbewerbsdruck (29,2 %)

zu sehen. Diejenigen, die auf eine Teilnahme am langen Donnerstag verzichten (27,3 %), führen dies auf die Kostenbelastungen (59,1 %), die Standortfrage (49,7 %) und die geringen Umsatzraten (21,5 %) zurück. Jedoch hatten 87 % der Betriebe nicht den Eindruck, durch die Nichtteilnahme am Dienstleistungsabend irgendwelche Nachteile zu erleiden (vgl. Anhang Teil B. Fragen 11-17).

So verzeichneten immerhin 50,5 % der sich am Dienstleistungsabend beteiligenden Betriebe einen Umsatzanstieg. Hierbei handelt es sich vor allem um solche Sortimentsbereiche, die sich durch ihre besondere Zeitintensität auszeichnen. Dies ist ein eindeutiger Hinweis, daß während der allgemeinen Öffnungszeiten dieser Bedarf nur unzureichend zu decken ist und die Nachfrage dementsprechend rationiert wird. Die restlichen Unternehmen (49,5 %) konnten hingegen nur eine im Wochenverlauf begründete Umsatzumverteilung feststellen, wobei hierbei insbesondere Verlagerungen weg vom Freitag (61,1 %) und Sonnabend (20,4 %) zu beobachten waren (vgl. Anhang Teil B. Frage 13).

Die Bereitstellung des Personals, das sich bereiterklärte auch abends zu arbeiten, war bei 8,3 % der Unternehmen nur sehr schwer möglich, bei 27,5 % nur über Zusatzpersonal möglich und bei 64,2 % stieß die Ausweitung der Öffnungszeiten auf ein gutes Verständnis. Im Rahmen der Einführung des langen Donnerstags nahmen 59,1 % der Unternehmen Neueinstellungen vor, wobei es sich hierbei zumeist um Aushilfen (37 %) oder Teilzeitkräfte (39 %) handelte (vgl. Anhang Teil B. Fragen 14/15).

Allgemein läßt sich festhalten, daß der vom Gesetzgeber ursprünglich als Dienstleistungsabend geplante Abend aufgrund der fehlenden Beteiligung privater und öffentlicher Anbieter von Dienstleistungen (z.B. Banken und Behörden) zu einem reinen Kaufabend geworden ist. Dabei steht der Erlebniskauf im Vordergrund, was dazu führte, daß der Verbraucher eher die zentralen Lagen der City mit ihrem reichhaltigen Zusatzangebot sowie die "grünen Wiesen" den übrigen Einzelhandelslagen (klein- und mittelständische Unternehmen in Vororten oder Randbezirken) vorzogen. Allerdings übernehmen auch Subzentren mehr und mehr Ergänzungsfunktion zu der City und werden insbesondere für Besucher des Umlandes interessanter (BAG e.V. 1993, S. 4). Die Voraussetzungen für eine erfolgreiche Teilnahme am Dienstleistungsabend sind in einer branchenungleichen Agglomeration, einem kulturellem Ergänzungsangebot, einer gesteigerten Erlebnisatmosphäre, der guten Erreichbarkeit und einem auf längere Öffnungszeiten ausgerichteten Werbekonzept zu sehen.

9.2 Die Einstellungen zu den Flexibilisierungsbestrebungen

Da die Erfahrungen des Dienstleistungsabends nur einen ersten Hinweis bzw. eine Tendenz aufzeigen können, wie eine mögliche Beteiligung der Verbraucher und Betriebe an liberaleren Ladenöffnungszeiten ausfallen könnte, ist es erforderlich die Einkaufsgewohnheiten und die Meinungen der betroffenen Gruppen gegenüber den Flexibilisierungsbestrebungen selbst empirisch zu erfassen, um hierdurch einen (prognostischen) Eindruck darüber zu gewinnen, inwieweit sich das in dieser Arbeit abgeleitete Grundmodell eines sozial- und wettbewerbsorientierten Ladenschlusses in der Realität umsetzen lassen dürfte. Insofern sollen die folgenden Unterpunkte dazu beitragen, das Umsetzungspotential einschätzen zu können.

9.2.1 Einstellung der Verkäufer

Für den Stichprobenraum des Verkaufspersonals wurden im Zeitraum von Februar bis April 1994 per Zufallsstichprobe 300 Verkäufer(innen) ausgewählt, die aufgrund eines vorgegebenen Fragebogens (vgl. Anhang Teil A) zu ihrer Einstellung zum Thema Flexibilisierung der Ladenöffnungszeiten befragt wurden. Die Interviews wurden dabei über die gesamte Woche verteilt, jeweils von 9.00 bis 18.30 Uhr (bzw. 20.30 Uhr) durchgeführt, um so einen möglichst repräsentativen Querschnitt der im Einzelhandel Beschäftigten (Vollzeit-, Teilzeitarbeitnehmer, Aushilfen) zu erhalten. Mit 67 % überwiegen in der Befragungsstichprobe die Vollzeitarbeitnehmer (Angestelltenverhältnis), 27 % des befragten Verkaufspersonals war in einem Teilzeitarbeitsverhältnis tätig und rund 6 % als Aushilfen beschäftigt. Diese Verteilung kann als repräsentativ für die Branche angesehen werden, die eine Teilzeitquote von gut 33 % aufweist (vgl. HBV 1993, S. 14). Aufgrund der Größe der Stichprobe können die Ergebnisse als Trendwerte angesehen werden.

Der beim Interview vorgegebene Fragebogen wurde aufgrund der folgenden Hypothesen erstellt:

(1) Das Verkaufspersonal befürwortet ein auf die individuellen Wünsche abgestimmtes Arbeitszeitmodell, das ihnen auch als Verbraucher die Möglichkeit eröffnet, streßfrei einzukaufen.

(2) Die Kundenströme konzentrieren sich auf wenige Zeiträume (Mittags, kurz vor Ladenschluß), so daß das Verkaufspersonal erheblichen Spitzenbelastungen ausgesetzt ist.

(3) Ein Teil des Verkaufspersonals lehnt eine Tätigkeit in den Abendstunden nicht ab.

(4) Bleibt die derzeit arbeitsvertraglich festgelegte Arbeitszeit für das Verkaufspersonal im Zuge einer Liberalisierung der Ladenöffnungszeiten konstant, so lehnen die Verkäufer eine Flexibilisierung nicht mehr ab und verzichten auf den möglichen Einkommenszuwachs aus einer Arbeitszeitverlängerung zugunsten von Neueinstellungen.

(5) Das Verkaufspersonal sieht in der Schaffung neuer Arbeitsplätze keine Gefahr für das eigene Arbeitsverhältnis.

Trotz des hohen Anteils der Teilzeitbeschäftigten (27 %) an der Gesamtbeschäftigtenzahl liegt die wöchentliche Arbeitszeit im Durchschnitt bei 34 Stunden (vgl. Anhang Teil A. Frage 3) und damit nur unerheblich unter der tarifvertraglich vereinbarten Arbeitszeit von 38 bzw. 40 Stunden. Dies ist ein Indiz dafür, daß ein Großteil der Beschäftigten aufgrund der Kapazitätsauslastung der Geschäfte gezwungen ist, Überstunden zu leisten und so einen Beitrag dazu leistet, daß die Überstundenleistung im Einzelhandel rund 110.000 Arbeitsplätzen entspricht (vgl. Müller 1987, S. 40).

Hierfür spricht auch die Aussage, daß 11,3 % der Verkäufer mit ihrem derzeitigen Arbeitszeitvolumen unzufrieden sind und sich eine Verkürzung (zu 100 %) wünschen (vgl. Anhang Teil A. Fragen 5/6). Insgesamt hielten es 71 % der Befragten für wünschenswert, daß bei der Lage der Arbeitszeit mehr auf ihre individuellen Bedürfnisse geachtet werden sollte. Bei 19,7 % des Verkaufspersonals wurden die persönlichen Interessen bereits berücksichtigt und ein geringer Anteil der Beschäftigten (9,3 %) hält eine Berücksichtigung der individuellen Arbeitszeitbelange für nicht erforderlich (vgl. Anhang Teil A. Frage 7).

Innerhalb der Arbeitszeit kommt es aufgrund des Kundenaufkommens für das Verkaufspersonal insbesondere in der Mittagszeit, d.h. zwischen 11.00 und 13.00 Uhr (33,4 % des Kundenstromes) und noch einmal zwischen 17.00 und 18.00 Uhr (39,7 % des Kundenstromes) zu einer verstärkten Beanspruchung. Im Wochenablauf konzentrieren sich die Kundenströme vor allem auf den Sonnabend (24,2 % des Kundenstromes), den langen Donnerstag (20,6 % des Kundenstromes) sowie den Freitag (17,1 % des Kundenstromes; vgl. Anhang Teil A. Fragen 1/2). In dem so gesteckten Zeitrahmen ist es für das Verkaufspersonal, das auch selbst Verbraucher ist, schwer die notwendigen Einkäufe zu tätigen. Hierzu werde schwerpunktmäßig sowohl die Mittagspause (zu 43 %) als auch die freien Tage (40 %) verwendet, so daß die eigentlichen Erholungszeiten der Arbeitnehmer durch die begrenzten Einkaufsmöglichkeiten verkürzt werden (vgl. Anhang Teil A. Frage 11).

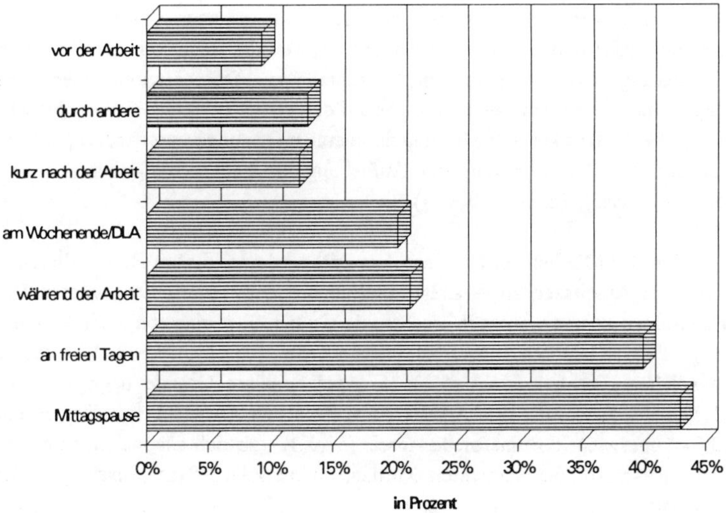

Abb.3: Einkaufsverhalten des Verkaufspersonals

Die Zeit, die dabei dem Verkaufspersonal als Verbrauchern zur Verfügung steht, würden 81,3 % als "wenig" bezeichnen, 9 % kommen "gut" damit zurecht und gar 9,7 % haben "viel Zeit", wobei es sich hierbei vorwiegend (86 %) um Teilzeitarbeitnehmer handelt (vgl. Anhang Teil A. Frage 12).

Insofern ist es nicht verwunderlich, daß eine knappe Mehrheit von 51,3 % die Bestrebungen hinsichtlich einer Flexibilisierung der Ladenöffnungszeiten befürwortet. Die Gründe hierfür bestehen darin, daß in der Liberalisierung eine Möglichkeit gesehen wird, die Frauen besser in das Erwerbsleben zu reintegrieren (53,9 %), die Flexibilität der Verbraucher zu erhöhen (52,7 %) und insgesamt neue Arbeitsplätze geschaffen werden könnten (49,3 %). Ein Anteil von 36,3 % lehnt hingegen eine Aufhebung des Ladenschlußgesetzes strikt ab und beruft sich dabei vorrangig auf den von ihnen erwarteten Anstieg des persönlichen Arbeitszeitvolumens (73,1 %), einer Zunahme der Kriminalität (57,2 %) und den allgemeinen Lebensgewohnheiten (24,6 %) (vgl. Anhang Teil A. Fragen 22/23). Eine weitere Gruppe von 12,4 % der Befragten würde einen Kompromiß bevorzugen.

Nimmt man diese Zahlen als Ansatzpunkt für die Ausgestaltung eines liberalen Ladenschlußmodells, das auch den Interessen dieser negativ eingestellten Gruppe entgegenkäme, und schafft solche Rahmenbedingungen, die eine Veränderung der derzeitigen Arbeitsverhältnisse ausschließt, wie es auch das in dieser Arbeit abgeleitete Grundmodell ermöglichen würde, wären die Bedenken der Gegner einer Flexibilisierung abzumildern und die Akzeptanz zur Durchsetzung einer Liberalisierung weitaus höher anzusetzen als dies auf den ersten Blick der Fall ist. So würden rund 20,3 % der Kritiker ihre Meinung zu liberalen Öffnungszeiten ändern, sofern ihre persönliche Arbeitszeit im Zuge der Aufhebung des Ladenschlußgesetzes unberührt bliebe (vgl. Anhang Teil A. Frage 24).

Von der Möglichkeit bei einer Ausweitung der zeitlichen Betriebsbereitschaft die Lage der Arbeitszeit zu verändern und auch abends zu arbeiten, würden 58,7 % aller Befragten keinen Gebrauch machen, da sie sich über eine steigende Kriminalität dabei größeren Gefahren ausgesetzt sehen würden (63,6 %), keine Motivation für einen solchen Einsatz besteht (52,3 %) oder familiäre Gründe dagegen sprechen (39,1 %). Bei denen, die ihre Arbeitszeit auch in den Abend hineinverlegen würden (41,3 %), überwiegt der finanzielle Anreiz (51,6 %), so daß anzunehmen ist, daß sie auf eine Beschäftigung verzichten würden, sofern keine "Nachtzuschläge" gezahlt würden (vgl. Anhang Teil A. Fragen 8/9). Die damit entstehende Lücke wäre also vorrangig durch externe Arbeitskräfte zu schließen.

Mit der Schaffung neuer Arbeitsplätze hätten auch 80,3 % des Verkaufspersonals keine Schwierigkeiten. Sie würden sogar bei einer Fortschreibung der jetzigen Arbeitsverhältnisse (Bestandsschutz) auf zusätzliche Lohnanteile einer Arbeitszeitverlängerung verzichten (vgl. Anhang Teil A. Fragen 25/26).

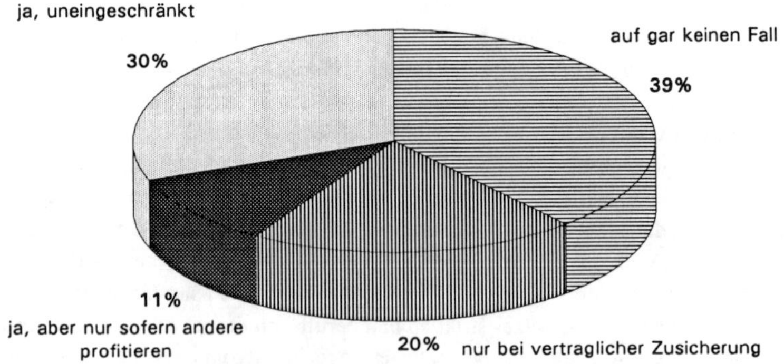

Abb. 4: Meinungsbild des Verkaufspersonals zum Lohnverzicht bei einer Festschreibung des Arbeitsverhältnisse

Würde es zu einer Änderung des Ladenschlußgesetzes kommen, würde sich folgendes, als ein von der Mehrheit des Verkaufspersonals getragenes, Ladenschlußmodell herauskristallisieren: Die Regelung der Öffnungszeiten sollte danach jedem selbst überlassen sein (72,3 % dieser Auffassung) und sich bei verlängerten Öffnungszeiten (so 50,7 % der Befragten) an allen Werktagen (51,7 %) eine zeitliche Betriebsbereitschaft bis 20.00 Uhr (51,7 % dieser Meinung) einstellen (vgl. Anhang Teil A. Fragen 27-30).

9.2.2 Einstellung der Unternehmer

Im Rahmen der Befragung von Einzelhandelsunternehmen wurden per Random-Route-Verfahren 150 Betriebe ausgewählt, deren Geschäftsführer nach einem vorgegebenen Fragebogen interviewt wurden. Mit 70 % überwiegen in der Befragungsstichprobe Einzelhandelsunternehmen; Filialbetriebe (20,7 %) und Warenhäuser (9,3 %) ergänzen die Stichprobe. Diese Verteilung kann als repräsentativ für die Branche angesehen werden. Aufgrund der Größe der Stichprobe sind die Ergebnisse als Trendwerte anzusehen. Der beim Interview vorgegebene Fragebogen wurde aufgrund der folgenden Hypothesen erstellt:

(1) Die Ladenöffnungszeiten werden in der Praxis nicht voll ausgeschöpft, da das Kundeninteresse zu bestimmten Zeiten (früher Morgen) nicht vorhanden ist.

(2) Eine Mehrheit der Großanbieter steht dem derzeit bestehenden Gesetz zum Ladenschluß positiv gegenüber, da die Verbraucher unter Zeitdruck eine Präferenz für Vollsortimenter entwickeln.

(3) Ein Teil der Einzelhändler fühlt sich einer wichtigen Wettbewerbskomponente beraubt und somit gegenüber anderen Branchen benachteiligt.

(4) Unter den Befürwortern einer Liberalisierung der Ladenöffnungszeiten sind vor allem klein- und mittelständische Betriebe zu finden, die hierin aufgrund ihrer größeren Flexibilität gegenüber den Großanbietern eine Chance im Wettbewerb sehen.

(5) Hinderungsgrund für eine Liberalisierung sind aus Sicht der Kleinunternehmen die Personalkosten, aus Sicht der Großbetriebe vielmehr das Betriebsverfassungsgesetz.

(6) Ein Teil der Einzelhändler rechnet bei einer Aufhebung des Ladenschlußgesetzes mit einem Umsatzzuwachs.

(7) Bei einer weiteren Entkoppelung der persönlichen Arbeitszeit von der zeitlichen Betriebsbereitschaft entsteht eine Personallücke, die die Unternehmen nach der Ausnutzung von Arbeitszeitmodellen durch Neueinstellungen schließen werden.

Der Umsatz im Bereich des Einzelhandelssektors hat sich innerhalb des letzten Jahres bei einem Teil der befragten Unternehmen nur gering erhöht (43,3 %). Bei 42,7 Prozent stagnierten die Umsatzzahlen und ein geringer Teil der Betriebe (14 %) hatte einen Umsatzrückgang zu verzeichnen (vgl. Anhang Teil B. Statistik). In diesen Zahlen spiegelt sich der Rückgang der privaten Nachfrage aufgrund der gestiegenen Abgabenlast und des wirtschaftlichen Tiefs wider.

Aus den Umfrageergebnissen kann man entnehmen, daß das derzeit bestehende Ladenschlußgesetz recht unterschiedlich bewertet wird. So sehen 27,3 % der Unternehmen die Rechtsvorschriften als sehr positiv an, wobei hierbei auffällig ist, daß die Einstellung positiv zur Unternehmensgröße korreliert ist, d.h. daß unter den strikten Befürwortern vor allem Kaufhäuser und Filialbetriebe zu finden sind, die über ein sehr breites Warensortiment verfügen und die in der Gunst der Konsumenten aufgrund der Zeitrestriktionen klare Vorteile haben. Bei denen, die das Gesetz von Ausnahmen abgesehen positiv bewerten (36 %) wird vor allem die verbraucherfeindliche Lage der Ladenöffnungszeiten (40,7 %) und die Kürzung des langen Sonnabends im Zuge des Dienstleistungsabends (59,3 %) bemängelt. Weitere 29,3 % sehen in der Ausgestaltung der Ladenöffnungszeiten einen faulen Kompromiß, dem sie negativ gegenüberstehen. Bei 7,4 % der Unternehmen findet das Gesetz anscheinend keine Beachtung, da es ihnen egal ist. Untersucht man diese Einstellungen der Händler näher, so wird deutlich, daß ein Teil derer, die dem Ladenschlußgesetz als solches positiv gegenüberstehen, sich dennoch hierdurch in ihrer Handlungsfreiheit eingeschränkt sehen (36,7 %), wobei auch hierbei der Anteil der kleineren Unternehmen (zu 87,3 %) überwiegt. Die Aspekte die dabei von besonderer Bedeutung sind können der folgenden Grafik entnommen werden:

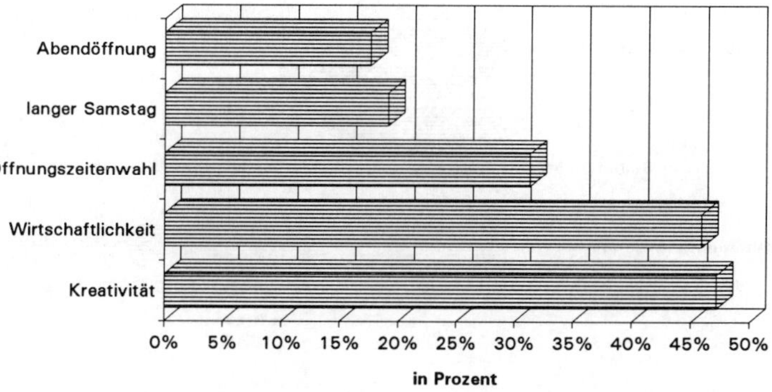

Abb. 5: Beschränkte Handlungsfreiheiten aus Sicht der Unternehmen

Die Zahlen weisen darauf hin, daß die zeitliche Betriebsbereitschaft als eine wichtige Wettbewerbskomponente gesehen wird (so jedenfalls 43,3 % der Händler) und durch den Ausschluß dieses Parameters sich immerhin 36,7 % der Betriebe sowohl gegenüber dem zeitunabhängigen Handel (z.B. Tankstellen) als auch gegenüber den auf Zeitmangel ausgerichteten Warenhäusern benachteiligt fühlen (vgl. Anhang Teil B. Fragen 4/5). Dennoch zeigen die Umfrageergebnisse, daß der Einzelhandel die vom Ladenschlußgesetz garantierten Öffnungszeiten nicht voll ausschöpft. So steht einer möglichen zeitlichen Betriebsbereitschaft von maximal 68,5 Stunden im Durchschnitt eine tatsächliche Öffnungsdauer von 55,3 Stunden in der Woche gegenüber. Hauptursache hierfür ist, daß die Läden erst später öffnen, da das morgendliche Kundeninteresse zu gering ist (so 73,4 % der Befragten).

Weitere Hinderungsgrunde erweiterter Öffnungszeiten sind vor allem die fehlenden qualifizierten Arbeitskräfte oder die Mittel diese zu finanzieren (35,4 %). Insofern wäre es denkbar, daß bei einer staatlichen Lohnsubventionierung mehr Läden länger öffnen werden, da die Kostenbelastung verlängerter Öffnungszeiten durch diese Maßnahme abgedämpft werden könnte (vgl. nähere Erläuterungen zur Lohnsubventionierung in Kapitel 7.2.2.3; Anhang Teil B. Fragen 7/8).

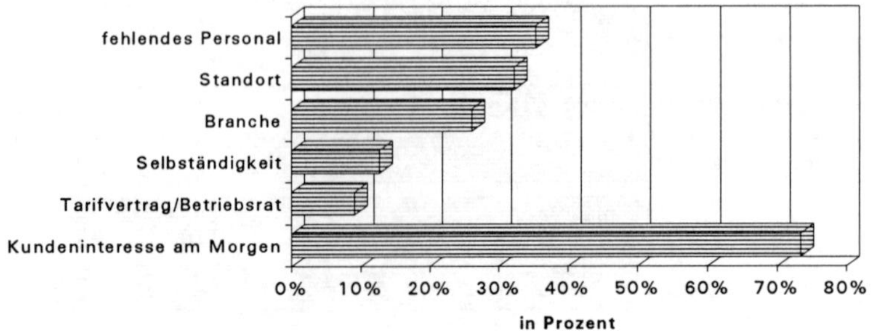

Abb. 6: Gründe einer Nichtausschöpfung der allgemeinen Ladenöffnungszeiten

Nach den Erfahrungen der Einzelhändler konzentrieren sich die Kundenströme im Wochenverlauf vor allem auf den Sonnabend (22,6 %), den langen Donnerstag (22 %) und den Freitag (16 %), während an den anderen Wochentagen die Nachfrage eher niedrig ist (vgl. Anhang Teil B. Frage 9). Dies ist ein Anzeichen dafür, daß viele Verbraucher neben ihrer Berufstätigkeit nur an freien Tagen (Sonnabend) oder beim früheren Arbeitsende (Freitag) sowie zusätzlicher abendlicher Einkaufsmöglichkeiten, die Zeit für ihre Besorgungen finden und ansonsten eher ihre Nachfrage einschränken. Im Tagesverlauf der Kundenströme zeigt sich ebenfalls, daß viele Verbraucher die Zeit der Mittagspause oder kurz nach Arbeitsende zu Einkäufen benutzen.

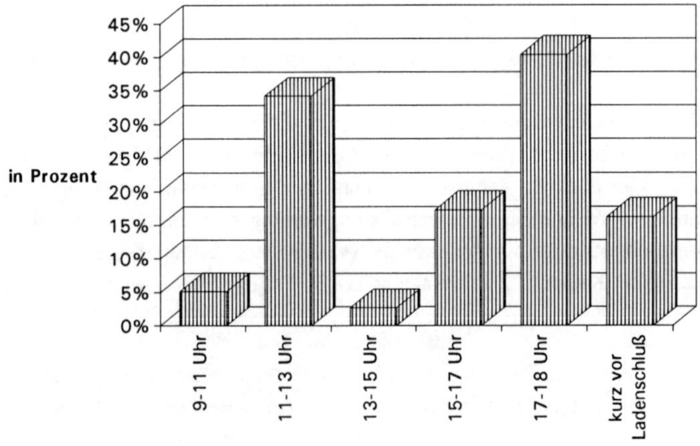

Abb. 7: Kundenstrom im Tagesverlauf

Es erscheint also ein Interesse des Kunden zu sein, daß die Ladenöffnungszeiten ihren Bedürfnissen angepaßt werden (vgl. hierzu Abschnitt 9.2.3). Aus diesem Grunde ist es auch nicht unverständlich, daß 48,7 % der Einzelhändler die Flexibilisierungsbestrebungen befürworten und nur ein geringer Anteil (12 %) strikt dagegen ist, während 39,3 % der Unternehmen einen neuen Kompromiß (weitere Teilliberalisierung mit dauerhaftem langen Sonnabend) anstreben würden (vgl. Anhang Teil B. Frage 18). Die Auffassung der Befürworter basiert auf dem Bestreben den Kundenwünschen entgegenzukommen (31,7 %), die Kundenströme zu entzerren (34,6 %) und dadurch eine bessere Kapazitätsauslastung (41,7 %) zu erreichen. Hingegen lehnen die Gegner einer Flexibilisierung eine Aufhebung des Ladenschlußgesetzes aufgrund ihrer Befürchtungen hinsichtlich steigender Kosten (57,9 %), eines zunehmenden Personalbeschaffungsproblems (42,4 %) und aus Konzentrationsängsten ab (31,3 %) (vgl. Anhang Teil B. Frage 19).

Fast zwei Drittel der Unternehmensvertreter (64,7 %) erwarten im Zuge einer Liberalisierung keinen nachfrageinduzierten Umsatzzuwachs und berufen sich damit auf das "Stützel-Paradoxon". Allerdings würde ein Großteil (62,7 %) diese Meinung nachdrücklich revidieren, wenn es durch Neueinstellungen zu einem Anstieg des gesamtwirtschaftlichen Einkommensniveaus käme, da dann mit einer umsatzsteigernden Nachfragebelebung zu rechnen wäre. Mehr als ein Drittel (35,3 %) sieht eine Nachfragebelebung auch ohne diese Vorbedingung als wahrscheinlich an (vgl. Anhang Teil B. Fragen 20/21). Diese positive Einstellung mag auch der Grund dafür sein, daß 70,7 % der Geschäftsinhaber bei einer Aufhebung des Ladenschlußgesetzes beabsichtigen ihre zeitliche Betriebsbereitschaft auszuweiten, wobei die hierdurch entstehende Personalbedarfslücke (sofern die Arbeitszeit der "Altbeschäftigten" konstant bliebe) von 22 % der Betriebe ausschließlich durch Neueinstellung und zu einer Mehrheit (50,7 %) zunächst durch Ausnutzung von Arbeitszeitmodellen gedeckt werden würde. Ein knappes Drittel (27,3 %) würde lieber auf den Verkauf verzichten anstatt Neueinstellungen vorzunehmen (vgl. Anhang Teil B. Fragen 22/23).

Würde schließlich eine Änderung der Ladenöffnungszeiten durchgesetzt werden, so sollte sich nach den Ansichten der Händler folgendes Modell herausbilden: Die Länge der Öffnungszeiten sollte dem Markt überlassen bleiben (43,3 %) und nicht etwa gesamt- (13,3 %) oder brancheneinheitlich (14,7 %) neu geregelt werden. Der überwiegende Anteil der Händler würde dann längere Öffnungszeiten (64,9 %) konstanten (35,1 %) vorziehen und diese auf mehrere Wochentage (38,7 %) als auch das Wochenende (31,3 %) verteilen. Eine Mehrheit würde dabei an eine tägliche Öffnung bis 20.00 Uhr denken (58,6 %) und tendenziell nur kleinere Unternehmen unbegrenzte Öffnungszeiten vertreten (vgl. Anhang Teil B. Fragen 24-27).

Als Hemmnisse einer Änderung des Ladenschlußgesetzes werden vor allem die bestehenden Tarifverträge (58,2 %) als auch das fehlende Zusatzpersonal (44,6 %) eingeschätzt (vgl. Anhang Teil B. Frage 28).

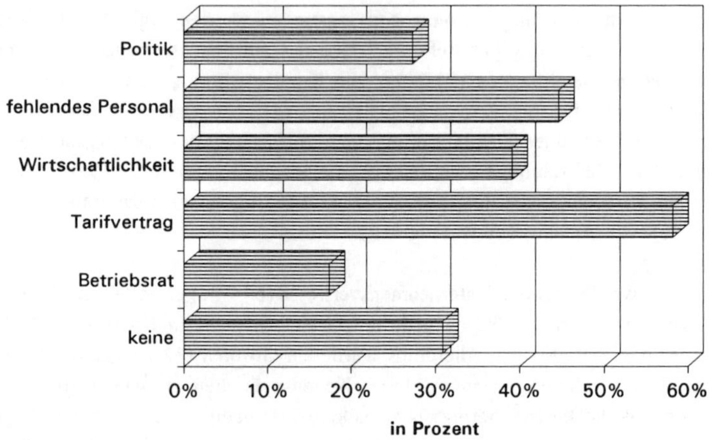

Abb. 8: Hemmnisse einer Liberalisierung der Ladenöffnungszeiten aus Sicht der Unternehmen

9.2.3 Einstellung der Konsumenten

Im Rahmen der Verbraucherbefragung wurden per Zufallsstichprobe 500 Personen ausgewählt, die dann auf Grundlage eines vorgegebenen Fragebogens interviewt wurden. Befragt wurden Personen zwischen 16 und 90 Jahren; das Durchschnittsalter liegt bei 37 Jahren. Gemessen an der Grundgesamtheit (Berliner Bevölkerung) sind die Älteren (> 51 Jahre) in der Stichprobe unterrepräsentiert (vgl. Landeszentrale für politische Bildungsarbeit [b] 1993, S. 02.1 f.). Bei der Erhebung wurde besonders Wert darauf gelegt, ein möglichst breites Meinungsspektrum zu erfassen, so daß die Interviews von Montag bis Sonnabend von 9.00 bis 18.30 Uhr (bzw. 20.30 Uhr) durchgeführt wurden. Insofern sind die jeweiligen Berufsgruppen innerhalb des Befragungsraumes annähernd gleichverteilt (Ausnahme: Anteil der Beamten und Angestellten liegt bei 39 %). Aufgrund der Größe der Stichprobe sind die Ergebnisse als Trendwerte anzusehen. Der beim Interview vorgegebene Fragebogen wurde aufgrund der folgenden Hypothesen erstellt:

(1) Beim Verbraucher besteht ein Bedürfnis nach längeren Öffnungszeiten, das insbesondere bei Berufstätigen vorherrscht.

(2) Das derzeit bestehende Ladenschlußgesetz schränkt die Einkaufszeit vieler Konsumenten in erheblicher Weise ein und führt dazu, daß Preis- und Qualitätsvergleiche nicht mehr vorgenommen werden können und der mit dem Einkauf verbundene Erlebniswert streßbedingt geschmälert wird.

(3) Zur Umgehung des Zeitmangels beim Einkauf werden sowohl Pausen als auch die Arbeitszeit zur Erledigung der notwendigen Besorgungen genutzt.

(4) Die bisherige Ladenöffnungszeit trägt aufgrund ihrer engen zeitlichen Grenzen notgedrungen zu einer Orientierung des Kunden von klein- und mittelständischen Unternehmen hin zu Großunternehmen bei, da diese bei Zeitmangel die beste Güterkonzentration bieten.

(5) Eine mit einer Ausweitung der zeitlichen Betriebsbereitschaft verbundene Preiserhöhung würde vom Verbraucher akzeptiert werden, da sich die Dienstleistung des Einzelhandels damit erhöhen würde.

(6) Bei einer Ausweitung der Ladenöffnungszeiten würde ein Teil der Verbraucher ihre Konsumausgaben erhöhen.

Zwar gaben rund zwei Drittel der Befragten (69,2 %) an, mit der derzeit bestehenden Regelung der Ladenöffnungszeiten auszukommen, gleichwohl bezeichnen rund die Hälfte aller Befragten, die ihnen zur Verfügung stehende Einkaufszeit als "kaum" (50,8 %) oder "gar nicht ausreichend" (4,6 %). Nur 31,4 % der Konsumenten haben nach ihrem subjektiven Empfinden "ausreichend Zeit" zur Verfügung; weiteren 13,2 % steht "viel Zeit" zur Disposition. Dieses Ergebnis zeigt, daß die überwiegende Mehrheit, zu denen vor allem die kaufkraftstarken Gruppen der Angestellten und Beamten (76,3 %), Akademiker (69,8 %) und Selbständige (87,9 %) zu zählen sind, sich nur notgedrungen mit den bestehenden Ladenöffnungszeiten arrangiert haben (vgl. Anhang Teil C. Fragen 1/6).

Mehr als zwei Drittel der Befragten (70,4 %) gaben an, mehrmals in der Woche einzukaufen. Von den Käufern mit einem festen Einkaufstag wurde zumeist der Samstag (88 Nennungen), der lange Donnerstag (66 Nennungen) und der Freitag (27 Nennungen) genannt. Insbesondere die jüngeren (< 40 Jahre) Kunden sind ausgeprägte "Mehrfach-Käufer", worin sich der Wandel widerspiegelt, daß das Einkaufen zunehmend zur Freizeitgestaltung wird. Durchschnittlich verwenden die Befragten 36 Minuten für ihre Einkäufe, wobei bei einer näheren Analyse der Untersuchungsergebnisse der Schwerpunkt (44 %) zwischen 1 bis 1,5 Stunden liegt. Hierbei und bei längeren Einkaufszeiten sind vor allem Hausfrauen und Rentner überdurchschnittlich stark vertreten (vgl. Anhang Teil C. Fragen 3/11).

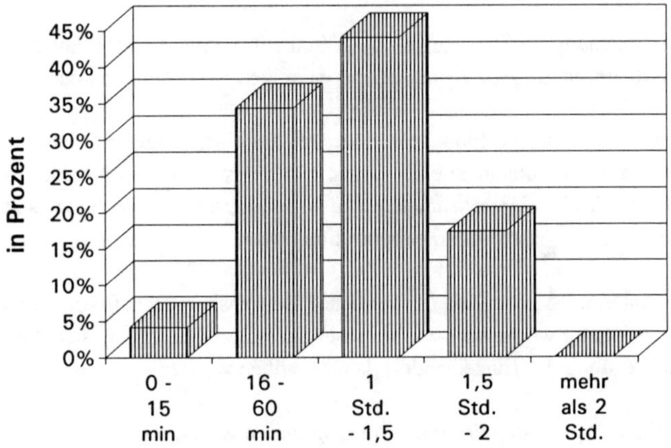

Abb. 9: Einkaufszeiten der Verbraucher

Da von den befragten Verbrauchern 80 % berufstätig sind (66 % ganztags und 14 % halbtags) und eine durchschnittliche Arbeitszeit von 33,5 Stunden zu erbringen haben, finden 43 % der Befragten nicht ausreichend Zeit sich den Einkäufen zu widmen, geschweige denn noch Preis- und Qualitätsvergleiche vorzunehmen. So hat die überwiegende Zahl der Verbraucher (66 %) nur begrenzt die Möglichkeit auch Preis- und Qualitätsvergleiche vorzunehmen - 13,2 % verbleibt hierfür überhaupt keine Möglichkeit (vgl. Anhang Teil C. Fragen 7-9). Insofern verwundert es nicht, daß innerhalb dieses Zeitrahmens viele Konsumenten ihre Einkäufe während ihrer Arbeitszeit (22 %) oder in der Mittagspause (8,6 %) erledigen bzw. auf die freien Tage (39,6 %) verlagern (vgl. Anhang Teil C. Fragen 2/10).

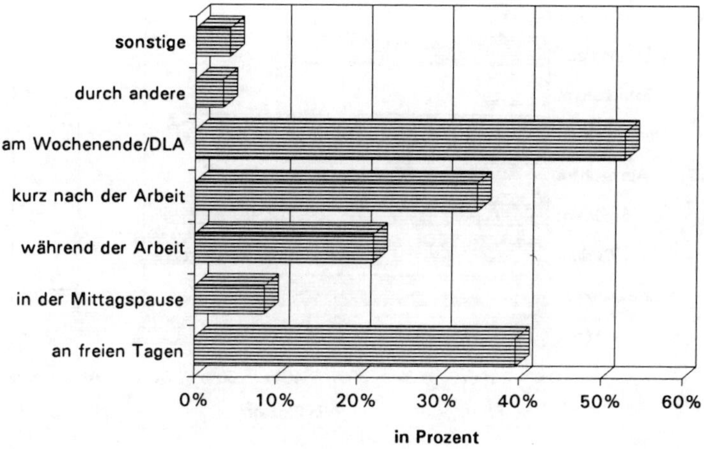

Abb. 10: Einkaufsverhalten der Verbraucher

Auch werden die Einkäufe mehrheitlich (52,2 %) in der Nähe der Arbeitsstätte getätigt, was als ein weiteres Indiz für die knapp bemessene Zeit der Verbraucher angesehen werden kann, das Interesse an großen Verkaufszentren in den Außenbezirken (9 %) hält sich somit verständlicherweise in Grenzen (vgl. Anhang Teil C. Fragen 12/13). Gleichzeitig zeichnet sich in den Untersuchungsergebnissen eine leichte Präferenz zugunsten der Warenhäuser ab (39,6 % gegenüber 31 % der Filialhändler und 29,4 % des Einzelhandels), die vorrangig auf der Sortimentsbreite (64 %) und dem geringeren Zeitaufwand eines "One-stop-shops" (41,1 %) beruht (vgl. Anhang Teil C. Fragen 4/5).

Die Frage nach den wesentlichen Einflußfaktoren beim Einkauf, scheint diese These zu bestätigen, da neben der Qualität (70,4 %) und Preis (75 %) auch die Möglichkeit des "One-stop-shoppings" einen wesentlichen Rang (immerhin zu 56,6 %) bei der Bewertung des Einkaufs einnimmt (vgl. Anhang Teil C. Frage 15).

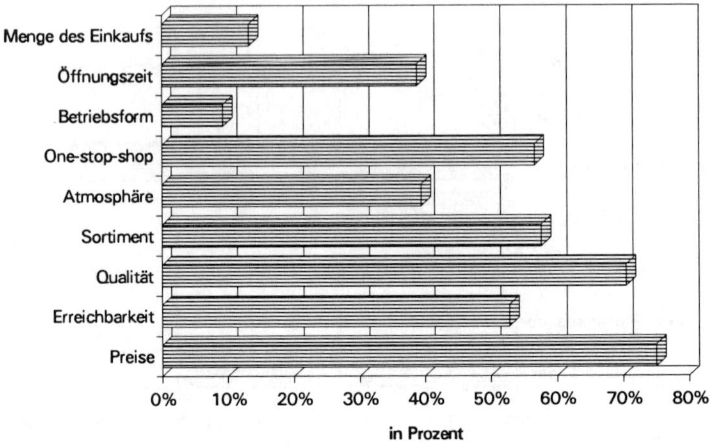

Abb. 11: Einflußfaktoren auf das Einkaufverhalten der Verbraucher

Will man das Potential derer ergründen, die liberalen Ladenöffnungszeiten positiv gegenüberstehen würden, so zeigt sich aus den vorliegenden Umfrageergebnissen, daß bereits heute 7,2 % aller Verbraucher regelmäßig bis häufig von der Möglichkeit Gebrauch machen, in Spätverkaufs- oder Tankstellen nach Ende der allgemeinen Öffnungszeiten einzukaufen. Hierbei handelt es sich vorrangig um jüngere Personen (< 26 Jahre) und Selbständige. Zudem kommt es bei immerhin 30,8 % der Verbraucher häufig und bei 61,4 % seltener vor, daß der Wunsch besteht noch etwas kaufen zu wollen und dies aufgrund des frühen Ladenschlusses nicht mehr möglich ist, so daß man von einem Nachfragestau reden kann (vgl. Anhang Teil C. Frage 4/21/22). Unter diesen Umständen ist es auch einleuchtend, daß sich 69,8 % aller befragten Personen für eine Flexibilisierung aussprechen (Gegner: 4,2 %, Kompromiß: 21,8 %, egal: 4,2 %), wobei hier eine Reihe signifikanter Beziehungen vorzufinden sind:

Männer (mit 67 %) haben einen ausgeprägteren Wunsch nach verlängerten Öffnungszeiten als Frauen (mit 47 %). Ebenso befürworten die Berufstätigen die abendlichen Öffnungszeiten zu 70 %, halbtags- und Nichtberufstätige sprechen sich hingegen nur zu 54 % bzw. 41 % dafür aus. Von Seiten der Befürworter wird vor allem die Streßausschaltung (39 %) und die zu erwartende Wettbewerbsaktivierung (20,1 %) als Grund für die Zustimmung zur Deregulierung angegeben. Hausfrauen und Rentner sind dagegen mehrheitlich auf Seiten der Gegner ein Flexibilisierung zu finden, was aufgrund ihrer verfügbaren Einkaufszeit nachzuvollziehen ist und von

Ängsten hinsichtlich einer schlechteren Versorgung durch eine zunehmende Konzentration (80,3 %) sowie Preiserhöhungen (69,7 %) zu begründen ist (vgl. Anhang Teil C. Frage 24/25).

Allerdings wären im Falle einer Liberalisierung des Ladenschlußgesetzes 53,2 Prozent der Verbraucher bereit, einen Preisanstieg innerhalb enger Grenzen zu tolerieren, da sie in einer Verlängerung der zeitlichen Betriebsbereitschaft eine weitere Leistungskomponente sehen und vor dem Hintergrund möglicher Beschäftigungseffekte hierin einen Beitrag zu Entlastung des Arbeitsmarktes erkennen; gar 13,8 % würden ohne jede Bedingung einen Preisanstieg akzeptieren (vgl. Anhang Teil C. Frage 27).

Als Favorit eines liberalen Ladenschlußmodells - aus Sicht der Konsumenten - läßt sich anhand der vorliegenden Daten folgendes Bild aufzeigen: Die Mehrzahl der Befragten würde eine verlängerte Ladenöffnungszeit (70,6 %), die sich auf alle Werktage (39,4) sowie das Wochenende (38,2 %) verteilt und von den Händlern eigenverantwortlich (83 %) bestimmt werden sollte, befürworten, wobei sich eine knappe Mehrheit (37,8 %) der Konsumenten für einen Ladenschluß um 20.00 Uhr ausspricht. Eine Öffnungszeit über 22.00 Uhr hinaus befürworten nur etwa 5,8 % der Befragten. Wer dabei jetzt schon mit seiner Einkaufszeit auskommt, neigt signifikant zu einem früheren Geschäftsschluß (vgl. Anhang Teil C. Fragen 28-31).

Bei einem solch ausgestalteten Ladenschluß würden sich auch über die Hälfte der Konsumenten (54,2 %) bereiterklären, auf ihre täglichen Gewohnheiten (Fernsehen etc.) zu verzichten, und den Einkauf als Erlebnis wahrzunehmen. 17,8 % der Befragten gaben an, nach Einführung eines liberalen Ladenschlußmodells ihre aufgestauten Bedürfnisse zu befriedigen und hierfür ihre Konsumausgaben auszuweiten. Weitere 35,2 % würden die monatlichen Ausgaben im geringen Maße erhöhen und ein Viertel der befragten Personen würde die monatlichen Konsumausgaben auf gar keinen Fall erhöhen (weiß nicht: 22%) (vgl. Anhang Teil C. Fragen 32/35/36). Somit ist davon auszugehen, daß ein ausreichendes Nachfragepotential vorhanden ist, um verlängerte Öffnungszeiten zu tragen.

Als Fazit der empirischen Erhebung läßt sich festhalten: Auch wenn in der Befragung ein positives Bild in bezug auf Liberalisierungsbestrebungen vorzufinden ist, kann letztlich nur ein Modellversuch oder die Aufhebung des Ladenschlußgesetzes eindeutige Ergebnisse hinsichtlich der Folgewirkungen einer solchen Flexibilisierung liefern. Empirische Studien können nie das genau Verhalten der Befragten in zukünftigen Entscheidungssituationen ermitteln und haben somit nur prognostischen Charakter. Unabhängig von dem Maß der Zustimmung oder Ablehnung einer Liberalisierung der Ladenöffnungszeiten ist darauf zu verweisen, daß Mehrheiten in Meinungsbildern keine gewichtige Rolle zukommt, wenn man berücksichtigt, daß Veränderungen bzw. Innovationen bisher meistens von einer Minderheit initiiert wurden.

10. Exkurs: Übertragbarkeit auf den industriellen Sektor

Im Zusammenhang mit dem Industriestandort Deutschland werden immer wieder zu hohe Lohnnebenkosten und die rigide Handhabung des Sonn- und Feiertagsverbots als eine Gefahr für die internationale Konkurrenzfähigkeit angesehen (vgl. Czada/Tolksdorf/Yenal 1992, S. 342). Im Rahmen dieser Arbeit ist daher die Frage zu stellen, ob nicht die im Zuge einer Liberalisierung des Ladenschlußgesetzes angestrebte weiterführende Entkoppelung von Betriebs- und Arbeitszeit, auch auf den industriellen Sektor zu übertragen ist. Schließlich könnte dies mit dazu beitragen, die Interessen des Arbeitnehmers im Hinblick auf die Gestaltung seiner Arbeitszeit und die Wünsche der Arbeitgeber nach einem möglichst kontinuierlichen Produktionsprozeß zur Erhöhung der besseren Kapazitätsauslastung zu erfüllen.

10.1 Beschäftigungssituation im industriellen Sektor

Mit der Regulierung der zeitlichen Betriebsbereitschaft durch ein gesondertes Gesetz (Ladenschlußgesetz), stellt der Einzelhandelssektor einen Ausnahmebereich im wirtschaftlichen Umfeld dar (vgl. Gschwendtner 1976, S. 16). Diese Sonderbehandlung bleibt - insbesondere unter Berücksichtigung der in den vorangegangen Kapiteln beschriebenen Sachverhalte - unverständlich, ist es doch in allen anderen Wirtschaftsbereichen möglich, den Arbeits- und Wettbewerbsschutz auch durch die geltenden allgemeinen Schutznormen (AZO, GWB usw.) zu gewährleisten.

Auch im industriellen Sektor haben sich in den letzten Jahren Arbeitszeitverkürzungen durchgesetzt und zu einer Entkoppelung der Maschinenlaufzeiten von den individuellen Arbeitszeiten geführt. Dennoch arbeitet mehr als ein Drittel aller Beschäftigten länger als 40 Stunden in der Woche, was unter anderem darauf zurückzuführen ist, daß trotz verstärkter Massenarbeitslosigkeit Überstunden immer noch einen erheblichen Teil der Arbeitsleistung bestimmen. So lag die Zahl der Überstunden in der gesamten Wirtschaft im Jahre 1984 bei geschätzten 1,6 Mrd. Stunden, was einer Jahresarbeitsleistung von rund 980.000 Arbeitnehmern entspricht (vgl. Adamy/Steffen 1985, S. 57).

Trotz einer im europäischen Vergleich sehr geringen durchschnittlichen Betriebslaufzeit der Maschinen von 53 Stunden (Wert bezieht sich auf die alten Bundesländer; vgl. BM vom 7. November 1993, S. 55) führt die, aus wirtschaftlichen (Stückkostendegression bei längerer Nutzungszeit) oder technischen Überlegungen (z.B. Materialhaltbarkeit) vieler Betriebe über den "Normalarbeitstag" hinausgehende zeitliche Betriebsbereitschaft dazu, daß ein Teil der Arbeitnehmer (im Durchschnitt des gesamten Industriesektors rund 8 % aller Beschäftigten; vgl. Adamy/Steffen 1985, S. 61) in der sozial- und gesundheitspolitisch umstrittenen Schicht- oder Nachtarbeit tätig sind. Mit der Aufhebung des Nachtarbeitsverbots für Arbeitnehmerinnen durch ein Urteil des Bundesverfassungsgerichts (vgl. NJW 1992, S. 964 ff.) können auch Frauen zur Nachtarbeit herangezogen werden. Im Vergleich hierzu scheint sich die bei der Liberalisierung der Ladenöffnungszeiten zu erwartende marktgesteuerte Ausdehnung der zeitlichen Betriebsbereitschaft (bis auf maximal 22.00 Uhr) und die damit verbundenen Befürchtungen hinsichtlich einer Verschlechterung der Arbeitsbedingungen (vgl. Dichtl/Müller 1984, S. 29; Gartz 1984, S. 209; DAG 1990, S. 30; HBV 1993, S. 6) noch in annehmbaren Grenzen zu bewegen.

Aufgrund der zuvor geschilderten Situation im industriellen Sektor müssen alle Flexibilisierungsbestrebungen nicht nur den Anforderungen der Unternehmen entsprechen, sondern entscheidend zu einer Verbesserung der Arbeitsbedingungen der Arbeitnehmer beitragen, um eine Änderung der jetzigen Ausgangssituation gegenüber den Skeptikern einer Ausweitung der Maschinenlaufzeiten durchsetzen zu können.

10.2 Anwendbarkeit flexibler Beschäftigungskonzepte

In den letzten Jahren wurde mit der Verkürzung der Arbeitszeit ein Durchbruch in Richtung Flexibilisierung getan. So wurde z.B. in der Metallindustrie die regelmäßige wöchentliche Arbeitszeit auf 36 Stunden herabgesetzt und darüber hinaus im Sinne des Flexibilisierungsbestrebens der Arbeitgeber ein Beschluß gefaßt, demzufolge 18 % der Belegschaft (einschließlich der leitenden Angestellten) trotz dieser geregelten Arbeitszeit freiwillig bis zu 40 Stunden bei Freizeit- oder Lohnausgleich mehr arbeiten können (vgl. BM vom 7. November 1993, S. 55; Czada/Tolksdorf/Yenal 1992, S. 387). In der Praxis zeigte sich jedoch, daß nur rund 30 Prozent der metallverarbeitenden Unternehmen dieses tarifvertragliche Flexibilisierungspotential nutzen und die darin enthaltenen Kostensenkungs- und Rationalisierungsmöglichkeiten ausschöpfen. Ein Grund für diese Haltung dürften die hohen Lohnzuschläge für Mehr- und Nachtarbeit sein, die die Unternehmen von einer weiteren Ausnutzung der Maschinenlaufzeiten abzuhalten scheinen. Dennoch finden immer mehr mittelständische Unternehmen in Zusammenarbeit mit dem Betriebsrat zu einer auftragsangepaßten Arbeitszeit (z.B. je nach Auftragslage wechselnder 32-Stunden/42-Stunden-Rhythmus), was die Zeitindividualität der Arbeitnehmer fördert und gleichzeitig krisensichere Jobs schaffen kann. Gleitzeitmodelle finden auch immer mehr Anwendung im Produktionsbereich, wobei dieses Arbeitszeitmodell auch dahingehend eine Erweiterung erfährt, als daß z.T. nur vier Pflichtstunden zwischen 6.30 und 19.00 Uhr von den Angestellten zu erbringen sind, und das Arbeitszeitkonto um 72 Stunden über- oder unterschritten werden darf und den Arbeitnehmer zum Ausgleich des Kontos sechs Monate verbleiben (vgl. BM vom 7. November 1993, S. 55).

Allerdings tragen diese Arbeitszeitmodelle nicht zu einer Entspannung des Arbeitsmarktes bei, da dem Bestreben nach einer Umverteilung der Arbeit auf mehr Schultern nicht entsprochen wird, sondern nur die Flexibilität des Personaleinsatzes auf Seiten der Unternehmen angestrebt wird. Auch in dem von der Bundesregierung entworfenen neuen Arbeitszeitgesetz wird den Unternehmen die Möglichkeit zum Einsatz von Sonntagsarbeit eingeräumt, sofern die gesetzlichen Betriebszeiten voll ausgeschöpft wurden (in sechs Tagen in der Woche wird bereits rund um die Uhr gearbeitet), die Sonn- und Feiertagsarbeit aus sozialen Gründen notwendig ist, es der Sicherstellung der Versorgung dient oder zur Sicherung kontinuierlicher chemischer und technischer Prozesse notwendig ist (vgl. HB vom 18/19. Februar 1994, S. 4). Rahmenbedingungen, die es ermöglichen würden die Unternehmen dazu zu bewegen, die Entkoppelung der Arbeitszeit von den Betriebszeiten zu fördern und neue Beschäftigungsverhältnisse zu schaffen, fehlen dabei jedoch.

Sinnvoll erscheint es, im Hinblick auf den Erhalt der internationalen Wettbewerbsfähigkeit die Betriebszeiten auszudehnen. Dies sollte allerdings durch eine weitergehende Wochenarbeitszeitverkürzung und die weiterführende Entkoppelung der individuellen Arbeitszeit begleitet werden, so daß auch im industriellen Bereich mehr Teilzeitarbeit im Rahmen einer sozialversicherungspflichtigen Beschäftigung zum Einsatz kommen könnte. Immerhin ist die Quote der Teilzeitarbeitnehmer (weniger als 15 %) im Vergleich zum Einzelhandelssektor vergleichsweise niedrig und offenbart somit ein Potential zur Umverteilung der Arbeit auf mehr Schultern. Schließlich geht man in Wirtschaftskreisen davon aus, daß rund 60 Prozent aller Arbeitsplätze rentabel zu teilen sind und für die Unternehmen zudem ein Kostensenkungs- und Produktivitätspotential bieten (vgl. FAZ vom 9. Juni 1994, S. 17). Folglich wäre bei der großen Zahl der im industriellen Bereich geleisteten Überstunden und der geringen Nutzung des flexiblen Arbeitszeitmodells der Teilzeitarbeit eine Übertragbarkeit des für den liberalen Ladenschluß entwickelten Modells denkbar. So könnte eine staatliche Freigabe der Maschinenlaufzeiten zu einem Anstieg der Nachfrage nach Beschäftigten führen, sofern Überstunden durch eine Anhebung des Mehrarbeitszuschlages unattraktiv gestaltet werden, ein Bestandsschutz der "Altbeschäftigten" tarifvertraglich vereinbart wird und über eine zeitlich begrenzte Lohnsubventionierung in der Übergangsphase die Grenzkosten der Unternehmen für eine zusätzliche Arbeitskraft minimiert würden. Allerdings weist der Bereich der Industrie durch die Nutzung von Maschinen von Hause aus einen hohen Produktivitätsgrad auf, so daß Beschäftigungseffekte (relativ gesehen) eine wesentlich geringere Wirkung zeigen würden als im Einzelhandelsbereich. Zudem ist nicht zu verkennen, daß entgegen der im Einzelhandelsbereich zu erwartenden maximalen Arbeitszeit bis 22 Uhr, eine Ausdehnung der Maschinenlaufzeit den Einsatz von Arbeitskräften über diesen Zeitpunkt hinaus erfordern würde und dies u.a. aufgrund der Umstellung des Schlafrhythmus' langfristig zu gesundheitlichen Schädigungen führen kann, so daß ein Ausbau der Nacht- und Schichtarbeit für den einzelnen nicht erstrebenswert scheint (vgl. DAG [b] 1992, S. 1 ff.). Anders als im Einzelhandel wird nämlich im industriellen Sektor die zeitliche Betriebsbereitschaft nicht unmittelbar von der Nachfrage bestimmt, sondern vor allem durch den Produktionsprozeß.

Bei der Frage, ob die Überlegungen des für den Einzelhandel skizzierten Flexibilsierungsmodells und der damit verbundenen Folgewirkungen auch auf den industriellen Sektor zu übertragen sind, ist zu prüfen, ob aus ordnungspolitischer Sicht für die Reglementierung der Maschinenlaufzeiten die gleiche Ausgangssituation wie im Falle des Ladenschlußgesetzes besteht, die eine Liberalisierung sinnvoll erscheinen ließe: Hierbei stehen wirtschaftliche Interessen (internationale Konkurrenzfähigkeit) dem Staat obliegenden Pflichten zum Schutz sicherungsbedürftiger Personengruppen (Arbeitnehmerschutz) gegenüber. Eine Abwägung beider Interessen ist schwierig: Der Erhalt der internationalen Konkurrenzfähigkeit stellt ein genauso wichtiges Interesse des Allgemeinwohls dar wie der Schutz der Arbeitnehmer vor gesundheitsbeeinträchtigenden Arbeitsbedingungen. So sichert der Erhalt der internationalen Wettbewerbsfähigkeit vor allem auch eine Vielzahl von Arbeitsplätzen; kann die weltweite Wettbewerbsposition aus Gründen der begrenzten Maschinenlaufzeiten (infolge staatlicher Reglementierung), überdurchschnittlicher Personalkosten oder anderer Gründe, die unmittelbare Wirkung auf die Konkurrenzfähigkeit haben, nicht aufrechterhalten werden, würden nämlich in der Folge die Unternehmen bestrebt sein, ihre Produktion ins Ausland zu verlegen. Dies hätte über die damit verbundenen negativen Beschäftigungseffekte unmittelbaren Einfluß auf die gesamtwirtschaftliche Situation. Insofern ist es im Allgemeininteresse, zu starke Reglementierungen des industriellen Sektors zu vermeiden. Allerdings ist eine Ausweitung der Maschinenlaufzeiten zu einem gewissen Grad (abhängig vom Automatisierungsgrad) mit einem Anstieg der dem Arbeitnehmerschutz widersprechendem Interesse einer Zunahme von Nacht- und Schichtarbeit verbunden. Eine Abwägung muß letztlich zwischen einzel- und gesamtwirtschaftlichen Interessen auf der einen Seite und dem Schutz des betroffenen Individuums auf der anderen Seite erfolgen. Letztlich wird man wirtschaftliche Belange nicht über das menschliche Wohl stellen, so daß im Hinblick auf eine Liberalisierung im Gegensatz zum Einzelhandelsbereich weiterhin der Staat gezwungen sein wird, reglementierend die Rechte der schutzbedürftigen Arbeitnehmer zu wahren.

Fazit

Wie die letzten Kapitel dieser Arbeit gezeigt haben, scheinen die Ängste und Befürchtungen, die mit einer Liberalisierung der Ladenöffnungszeiten oftmals verbunden werden und dazu beitragen, die Flexibilisierungsbestrebungen zu unterbinden, wenig begründet. Mehrheiten in den Meinungsbildern spielen keine Rolle, wenn man bedenkt, daß Veränderungen bzw. Innovationen - wie es auch eine Deregulierung des Ladenschlußgesetzes bedeuten würde - oftmals von einer Minderheit initiiert werden.

Zusammenfassend läßt sich vielmehr folgendes Fazit ziehen:

Das Ladenschlußgesetz hat in der historischen Entwicklung seine Funktion als Arbeitsschutznorm in dem Maße verloren, in dem der Arbeitsschutzgedanke in spezielles Recht übertragen wurde. Da weder Regulierung noch Deregulierung der Ladenöffnungszeiten dem im Einzelhandel vorherrschenden Konzentrationsprozeß entgegenwirken können, ist das ursprüngliche Ziel der gesetzlichen Regelung verfehlt worden. Das Ergebnis der Regulierung der Ladenöffnungszeiten in Form des Ladenschlußgesetzes ist ein verworrenes und fast unüberschaubares Geflecht von Ausnahmeregelungen. Dies schafft eine erhebliche Rechtsunsicherheit für ganze Händlergruppen. Die Arbeitnehmer des Einzelhandels sind auch ohne den Fortbestand des Ladenschlußgesetzes genauso geschützt wie andere Arbeitnehmer, da auch für sie die gleichen Arbeitszeitbestimmungen (der AZO), tarifvertraglichen Gestaltungsmöglichkeiten und Mitbestimmungsrechte (z.B. durch das BetrVG) gelten.

Eine konsequente Berücksichtigung des gesellschaftlichen Wandels sowie der sich ändernden Konsumgewohnheiten führt im Rahmen einer juristischen Auseinandersetzung mit den derzeit geltenden Rechtsvorschriften des Ladenschlusses dazu, die verfassungsrechtlich gebotene Verhältnismäßigkeit in Zweifel zu ziehen. Die häufig als gravierendes Hemmnis der Nutzung zusätzlicher Öffnungszeiten bezeichneten tarifvertraglichen Vereinbarungen sowie die Mitbestimmungsregelungen des Betriebsverfassungsgesetzes (§ 87 BetrVG zur Lage und Dauer der Arbeitszeit) sind unter wettbewerbs- und verfassungsrechtlichen Gesichtspunkten stark zu relativieren.

Auch im Ausland wurde das Thema des Ladenschlusses vielfach heiß diskutiert, doch mit der Überführung des Arbeitsschutzgedankens in spezielles Recht gaben viele Länder die staatliche Regulierung auf und machten liberaleren Regelungen Platz. Insofern hat die Bundesrepublik neben Österreich im europäischen Vergleich eine der rigidesten Ladenschlußregelungen überhaupt. Die ausländischen Erfahrungen zeigen, daß eine Deregulierung tendenziell über eine Umstrukturierung der Handelslandschaft zu einer gesteigerten Leistungsfähigkeit des gesamten Einzelhandelsbereichs beitragen kann. Insgesamt überwiegen die positiven Erfahrungen: Befürchtungen hinsichtlich steigender Preise oder einer verstärkten Konzentration zugunsten der Großunternehmen bestätigten sich nicht.

Das Ladenschlußgesetz steht zum Grundgedanken einer marktwirtschaftlich ausgerichteten Wettbewerbswirtschaft im Widerspruch, so daß es vorrangig eine ordnungspolitische Aufgabe ist, durch eine Deregulierung die Konsumentensouveränität wiederherzustellen, die Beschränkungen der unternehmerischen Gestaltungsfreiheit über die Nutzbarmachung der zeitlichen Betriebsbereitschaft als absatzpolitisches Instrument zu beseitigen und potentiellen Arbeitskräften die Chance zu bieten, zu denen von ihnen als günstig empfundenen Zeiten arbeiten zu können.

In einer, im zunehmenden Maße dem Wandel unterworfenen Handelslandschaft, in der zukünftig der Einkauf sich mehr erlebnisorientiert gestalten wird, ist ein früher Ladenschluß entwicklungshemmend. Die bisherige Ladenschlußgesetzgebung konnte eine zunehmende Konzentration im Einzelhandel nicht verhindern; vielmehr hat es sie eher gefördert. Zudem beinhaltet das Ladenschlußgesetz eine Mittelstandspolitik, die eine Schutzzone begründet, in der Grenzanbieter unter Ausnutzung eines monopolartigen Preisspielraums ihr Überleben sichern können. Außerdem bevorteilt das derzeit bestehende Ladenschlußmodell tendenziell Vollsortimenter (sog. "One-stop-shops") und beschränkt über die Ausschaltung des Wettbewerbsparameters der zeitlichen Betriebsbereitschaft kleinerere Unternehmen in ihrer Möglichkeit einer innovativen und kreativen Verkaufspolitik.

Die Höchstarbeitszeit der im Einzelhandel tätigen Arbeitnehmer liegt bereits heute deutlich unter dem Rahmen der zulässigen Öffnungszeiten, so daß die mit einer Liberalisierung einhergehenden Befürchtungen einer Verschlechterung der Arbeitsbedingungen unbegründet erscheinen. Zudem verstärken gerade die begrenzten Öffnungszeiten, über die damit geschaffenen Zeitrestriktionen beim Verbraucher, die Belastungsspitzen beim Verkaufspersonal. Dieser Sachverhalt verschlechtert die Arbeitsbedingungen des Verkaufspersonals und ist nach empirischen Erhebungen neben den hohen Überstunden zur Bewältigung des Kundenaufkommens ein wesentlicher Grund für die geringe Attraktivität des Berufsbildes des Verkäufers (vgl. z.B. FAZ vom 12. März 1994, S. 45). Zudem geht eine über den allgemeinen Arbeitsschutz hinausgehende Absicherung bestimmter Ruhezeiten zu Lasten jener Arbeitsuchender, die flexible Arbeitszeiten bevorzugen und bereit wären, abends zu arbeiten.

Für einen Teil der Verbraucher hat das Ladenschlußgesetz anscheinend dazu geführt, daß der Zeitraum für den Preis- und Qualitätsvergleich geschmälert wurde. Hierdurch kann u.U. die Markttransparenz eingeschränkt werden. Die eventuell dadurch entstehenden Kosten (z.B. für Fehleinkäufe) sind in einem System, wonach sich alle handelspolitischen Maßnahmen an den Wünschen und Bedürfnissen der Verbraucher ausrichten sollten, um das Kundeninteresse erfüllen zu können, nicht vorteilhaft.

Insofern scheint ein Handlungsbedarf zu bestehen, das derzeit gültige Ladenschlußmodell abzuändern. Eine Teilliberalisierung kann allerdings nicht die Erfordernisse an einen arbeitnehmer- und verbraucherfreundlichen Ladenschluß erfüllen, da eine Fortschreibung der gesamtwöchentlichen Öffnungszeiten keine durchgreifenden Verbesserungen der Situation der Unternehmen, Verbraucher und Arbeitnehmer bewirken würde. Folglich ist es die vordringliche Aufgabe im Zuge einer Aufhebung des Ladenschlußgesetzes (vollständigen Liberalisierung), solche Rahmenbedingungen zu schaffen, die den Interessen der Verbraucher, Unternehmen, Arbeitnehmer (Gewerkschaften) und potentiellen Arbeitskräfte entgegenkommen und das beschäftigungspolitische Potential fördern. Rahmenbedingungen eines "sozial- und wettbewerbsorientierten Ladenschlußmodells" sollten vor allem in der Bestandssicherung der bestehenden Arbeitsverhältnisse (Lage und Länge der Arbeitszeit), in dem Verzicht auf Nachtzuschläge, der Erhöhung des Mehrarbeitszuschlags (Erhöhung der Attraktivität von Neueinstellungen) und einer direkten, zeitlich begrenzten staatlichen Lohnsubventionierung bestehen. Durch ein solches, auf Interessenausgleich bedachtes Modell, ließen sich eventuelle Nachteile, die sich aus einer ohne flankierende Maßnahmen gestalteten Aufhebung des Ladenschlußgesetzes ergeben könnten, vermeiden.

Bei einer Liberalisierung würde sich die Nachfrage nach Gütern und Dienstleistungen zunächst nur aufgrund der aufgestauten Bedürfnisse der zuvor "zeitbeschränkten" Konsumenten sowie durch die Anregung von Impulskäufen erhöhen (primärer Nachfrageeffekt). Eine zusätzliche Nachfragebelebung ist über die Zunahme des gesamtwirtschaftlichen Einkommensniveaus im Zuge von Beschäftigungseffekten zu erwarten (sekundärer Nachfrageeffekt).

Auch wenn die sich aus dem Marktgeschehen herausbildenden neuen Öffnungszeiten keine erheblichen Umsatzsteigerungen des Einzelhandels insgesamt erbringen sollten, so lassen sich durch Ausnutzung verschiedener strategischer Konzepte einzelwirtschaftliche Vorteile erzielen (Produktivitätssteigerung, Erhöhung der Kapazitätsauslastung etc.), die sich kostendampfend niederschlagen würden und den zu erwartenden Personalkostenanstieg kompensieren könnten. Aus dem betriebswirtschaftlichen Kalkül heraus ergibt sich auch, daß eine Aufhebung nicht unbedingt zu längeren Öffnungszeiten führen muß. Zusätzliche Umsätze und Gewinne können diejenigen Betriebe erzielen, die es am besten verstehen, ihr Warenangebot den Kundenwünschen anzupassen. Durch einen sinnvollen und auf die Kundenbedürfnisse ausgerichteten Einsatz des Wettbewerbsparameters "Öffnungszeit" lassen sich Kostensteigerungen reduzieren und eine Überwälzung auf den Verbraucher vermeiden. Der preispolitische Spielraum dürfte zudem durch das Wettbewerbsgeschehen eingeengt sein. Zudem sind Verbraucher häufig bereit, höhere Preise zu akzeptieren, wenn sie damit ein verbessertes Dienstleistungsangebot verbinden, wie es eine verlängerte zeitliche Betriebsbereitschaft verkörpert. Eine Erhöhung der Konsumausgaben würde auch gleichzeitig eine Umsatzausweitung bewirken. Mehr Erlebniskauf (Impulskäufe) lenkt zudem zusätzliche Umsätze in den Einzelhandel.

Allein durch den Abbau der im Einzelhandel geleisteten Mehrarbeit ergibt sich ein beschäftigungspolitischer Effekt, der zu einer geringfügigen Entlastung des Arbeitsmarktes beitragen kann. Zusätzliche arbeitsplatzschaffende (vor allem von Teilzeitarbeitsplätzen) Wirkungen würden von der nachfragegesteuerten Ausweitung der gesamtwöchentlichen Ladenöffnungszeiten ausgehen, die durch die Belebung der gesamtwirtschaftlichen Nachfrage zudem nicht nur auf den Bereich des Einzelhandels beschränkt bleiben wird. Insofern kann in der Flexibilisierung der Ladenöffnungszeiten - entgegen der Meinung der Gegner - sehr wohl ein arbeitsmarktpolitisches Instrument gesehen werden. Selbst wenn man sich über das Ausmaß der zu erwartenden Beschäftigungseffekte streiten mag, kommt der Deregulierung des Ladenschlußgesetzes eine arbeitsmarktpolitische Bedeutung zu, da zumindestens der im Einzelhandel in den vergangenen Jahren vorherrschende Beschäftigungsabbau gestoppt werden könnte. Die Beschaffung von qualifiziertem Personal für die erweiterten Öffnungszeiten würde aufgrund der Arbeitsmarktlage kein Problem darstellen. Mit einer Zunahme des Beschäftigtenstandes direkt verbunden, wäre auch ein Anstieg des gesamtwirtschaftlichen Einkommensniveaus.

Eine Gefährdung der klein- und mittelständischen Betriebe ist im Zusammenhang mit einer Aufhebung des Ladenschlußgesetzes nicht zu erwarten; im Gegenteil stellt die zeitliche Betriebsbereitschaft gerade für dynamische Unternehmen eine Chance zur Abgrenzung gegenüber Großanbietern dar (verbesserte Nutzung von Marktnischen). Ebenso ist mit der Abnahme des aus zeitlichen Gründen häufig praktizierten "One-stop-shopping" zu rechnen, was dem Fachhandel zugute käme. Nahversorger wären nicht mehr auf Öffnungszeiten angewiesen, in denen die Wohngebiete aufgrund der Berufstätigkeit weitgehend entvölkert sind. Langfristig sind auch neue Verkaufsstrategien zu erwarten, die sich der Ausnutzung einer branchenungleichen Agglomeration (Bildung von Shopping Malls) bedienen werden. Eine Aufhebung des Ladenschlußgesetzes wird aber nicht verhindern können, daß unrentabel agierende Anbieter vom Markt verdrängt werden.

Die Position der Verbraucher würde durch eine höhere Markttransparenz und eine individuellere Ausrichtung des Einkaufsverhaltens verbessert. Dem Einkaufen käme endlich der ihm zugeschriebene Erlebniswert zu. Allein hierin ist ein wohlfahrtstheoretischer Gewinn zu sehen. Mit dem Wegfall der Kontrollkosten der Einhaltung des Ladenschlußgesetzes und der Schaffung neuer Arbeitsplätze wären zudem die öffentlichen Haushalte zu entlasten.

Die Erfahrungen, die im Zusammenhang mit der Einführung des Dienstleistungsabends gesammelt wurden, können nicht mit den möglichen ökonomischen Folgewirkungen einer vollständigen Aufhebung des Ladenschlußgesetzes gleichgesetzt werden, da der Dienstleistungsabend aufgrund der unterschiedlichen Grundvoraussetzungen (Teilliberalisierung versus vollständige Liberalisierung) keinen geeigneten Vergleichsmaßstab darstellt. Allerdings zeigen die Erfahrungen der Einführung abendlicher Öffnungszeiten, daß diese von Seiten des Einzelhandels als auch der Verbraucher genutzt werden.

Die im Rahmen der Arbeit durchgeführten empirischen Erhebungen bestätigen die Vermutungen, wonach ein Teil der Einzelhändler und der Konsumenten eine Liberalisierung der Ladenöffnungszeiten befürworten würde, und die mit der Absicht dieser Nachfragegruppe verbundene Konsumausweitung, auch die Umsatzerwartungen eines Teils der Händler begründet. Aus wirtschaftlicher Sicht bestimmen die Konsumentenwünsche die einzelhandelspolitischen Maßnahmen, so daß auch die Bedürfnisse einer Minderheit Berücksichtigung finden müssen.

Das im Rahmen der Arbeit entwickelte Modell ließe sich ohne weiteres auch auf den industriellen Bereich übertragen. Die zu erwartenden Beschäftigungseffekte wären aber aufgrund des hohen Rationalisierungsgrades der Industrie nicht so hoch einzuschätzen.

Literaturverzeichnis

A. Bücher

Achten, Udo: Geschichte des Ladenschlusses - Dokumente, Bilder, Lieder, 1988 WI-Verlag

Adamy, Wilhelm/Steffen, Johannes: Handbuch der Arbeitsbeziehungen, 1985 Westdeutscher Verlag

Aengenendt, Renate [a]: Die Ladenöffnungszeit im Einzelhandel, 1971 Kölner Universitäts-Verlag

Aengenendt, Renate [b]: Neue Materialien zur gesamtwirtschaftlichen Bedeutung der Ladenöffnungszeiten, Informationen zur Mittelstandsforschung, 1978 Institut für Mittelstandsforschung Bonn

Allen, R.G.D.: Macro-Economic Theory. A Mathematical Treatment, reprinted edition, 1975

Althoff, Theodor: Was wäre wenn ? in: Ladenschluß kontrovers - Beiträge zur aktuellen Diskussion, Hrsg. Schriftenreihe des Vereins für wirtschaftliche und soziale Fragen e.V. Stuttgart Nr. 19, S. 54 - 67, 1984 Seewald Verlag

Aschinger, Gerhard u.a.: Deregulierung - eine Herausforderung an die Wirtschafts- und Sozialpolitik in der Marktwirtschaft, hrsg. von Hellmuth St. Seidenfus, 1989 Dunker & Humblot

Auld, Robin/ Archibald, Liliana/ Airncross, Frances (Hrsg.): The Shops Acts. Late-Night and Sunday Opening, London 1984

Babl, Monika: Die arbeits- und sozialrechtlichen Fragen bei ausgewählten Formen flexibler Arbeitszeit, Konstanzer Dissertationen, Bd. 215, 1988 Hartung-Gorre Verlag

Barro, Robert J./ Grossman, Herschel I.: Money, Employment and Inflation, 1976 Cambridge University Press

Batzer, Erich: Änderung des Ladenschlußgesetzes - Übertriebene Erwartungen ? in: Ladenschluß kontrovers - Beiträge zur aktuellen Diskussion, Hrsg. Schriftenreihe des Vereins für wirtschaftliche und soziale Fragen e.V. Stuttgart Nr. 19, S. 13 - 27, 1984 Seewald Verlag

Baumeister, Rosemarie: Schluß mit dem Ladenschluß ! in: Ladenschluß kontrovers - Beiträge zur aktuellen Diskussion, Hrsg. Schriftenreihe des Vereins für wirtschaftliche und soziale Fragen e.V. Stuttgart Nr. 19, S. 67 - 73, 1984 Seewald Verlag

Bosch, Gerhard u.a.: Arbeitszeitverkürzung im Betrieb. Die Umsetzung der 38,5-Stunden-Woche in der Metall-, Druck- und Holzindustrie sowie im Einzelhandel, 1988 Bund-Verlag

Branson, William H.: Macroeconomic Theory and Policy, third edition, 1989

Branson, William H./ Litvack, James M.: Macroeconomics, second edition, 1981

Bundesarbeitsgemeinschaft der Mittel- und Großbetriebe des Einzelhandels e.V. (BAG): Einkaufsverkehr - Gewinner und Verlierer. Ergebnisse der BAG-Untersuchung Kundenverkehr 1992, Köln 1993

Bundesministerium für Arbeit und Sozialordnung (Hrsg.): Übersicht über die soziale Sicherheit, Bonn 1990

Bundesministerium für Raumordnung, Bauwesen und Städtebau: Städtebauliche Auswirkungen veränderter Ladenschlußzeiten (Dienstleistungsabend), erstellt von der Forschungsstelle für den Handel Berlin (FfH) e.V., 1993

Bundesvereinigung der Deutschen Arbeitgeberverbände: Flexible Arbeitszeit - Chance für verbesserte Wirtschaftlichkeit und mehr Beschäftigung, Köln 1987

Busch, Axel/Soltwedel, Rüdiger/Groß, Alexander/Laaser, C.-F.: Deregulierungspotentiale in der Bundesrepublik, Kieler Studien, hrsg. von Herbert Giersch, Bd. 202, Tübingen 1986

Busch, Rolf (Hrsg.): Flexibilisierung der Arbeitszeit - Flexibilisierung der Arbeit, Dokumentation einer Tagung der Freien Universität Berlin in Zusammenarbeit mit dem Deutschen Gewerkschaftsbund, Landesbezirk Berlin am 25./26. Februar 1987

Buschmann, Rudolf/Ulber, Jürgen: Flexibilisierung: Arbeitszeit - Beschäftigung (Basiskommentar), 1989 Bund-Verlag

Czada, P./Tolksdorf, M./Yenal, A.: Wirtschaftspolitik - Aktuelle Problemfelder, 2. völlig überarbeitete Auflage, 1992 Landeszentrale für politische Bildungsarbeit Berlin

Däubler, Wolfgang: Das Arbeitsrecht, Band 1/2, 1990 Rowohlt Taschenbuch Verlag

Degenhart, Christoph: Staatsrecht I, 10. neubearbeitete Auflage, Heidelberg 1994

DeSerpa, Allen C.: Microeconomic Theory. Issues and Applications, second edition, 1988

Deutsche Angestellten Gewerkschaft: Ladenschlußgesetz im Kreuzfeuer der Meinungen, Ladenschlußgesetz - Gesetzestext zur Einführung eines Dienstleistungsabends i.d. Fassung vom 10. Juli 1989 - Ladenschlußgesetz im Kreuzfeuer der Meinungen, 1990

Dichtl, Erwin/Müller, Stefan: Das Ladenschlußgesetz: Probieren geht über Studieren, in: Ladenschluß kontrovers - Beiträge zur aktuellen Diskussion, Hrsg. Schriftenreihe des Vereins für wirtschaftliche und soziale Fragen e.V. Stuttgart Nr. 19, S. 27 - 43, 1984 Seewald Verlag

Dornbusch, Rüdiger/Fischer, Stanley: Makroökonomik, 1989 Oldenbourg Verlag

Drumm, H.-J.: Vom Einheitskonzept zur Individualisierung: Neue Entwicklungen in der Personalwirtschaft, in: Ders. (Hrsg.): Individualisierung der Personalwirtschaft, S. 1 - 13, Bern/Stuttgart 1989

Duesenberry, James S.: Income, Saving and the Theory of Consumer Behavior, fifth printing, 1967 Harvard University Press

Eckhoff, Rolf: Der Grundrechtseingriff, hrsg. von Albert Bleckmann in der Schriftenreihe Völkerrecht, Europarecht, Staatsrecht, Bd. 4, 1992 Carl Heymanns Verlag

Federal Energy Administration (Hrsg.): A Study of the Impact of Reduced Retail Store Operating Hours on Sales, Employment, Economic Concentration and Energy Consumption, Research conducted by Energy Ressources Inc., 1974

Fischer, S./Dornbusch, R./Schmalensee, R.: Introduction to Microeconomics, second edition, 1988

Fisher, Irving: The Theory of Interest, Macmillan, New York, 1930

Forschungsstelle für den Handel Berlin (FfH) e.V.: Städtebauliche Auswirkungen veränderter Ladenschlußzeiten (Dienstleistungsabend), im Auftrag des Bundesministeriums für Raumordnung, Bauwesen und Städtebau, bearbeitet von Dipl.-Vw. Andrea Wölk, 1993

Friedman, Milton: A Theory of the Consumption Function, A Study by the National Bureau of Economic Research Inc., third print, 1964 Princeton University Press

Friend, Irwin/ Jones, Robert (Hrsg.): Consumption and Saving, 1960 University of Pennsylvania Press

Gartz, Hubert: Hände weg vom Ladenschluß ! in: Ladenschluß kontrovers - Beiträge zur aktuellen Diskussion, Hrsg. Schriftenreihe des Vereins für wirtschaftliche und soziale Fragen e.V. Stuttgart Nr. 19, S. 203 - 217, 1984 Seewald Verlag

Gasser, Thomas Peter: Das Shopping Center in Nordamerika. Einkaufszentren in Europa, Diss. Bern 1960

Gesamtverband des Einzelhandels Land Berlin e.V. (GdE) [a]: Jahresbericht für 1992

Gesamtverband des Einzelhandels Land Berlin e.V. (GdE) [b]: Jahresbericht für 1993

GfK Handelsforschung (Hrsg.): Handelsentwicklung - Wertewandel-Perspektiven für die Handelslandschaft, erstellt von Gunter Redwitz, Sonderdruck aus Wertewandel und Konsum, 1990

Glaubrecht, H./Wagner, D./Zander, E.: Arbeitszeit im Wandel: Möglichkeiten und Formen der Arbeitszeitgestaltung, 3. Auflage, 1988 Rudolf Haufe Verlag

Gschwendtner, Helmut u.a.: Die volkswirtschaftlichen Auswirkungen einer Liberalisierung des Ladenschlußgesetzes, Forschungsberichte aus dem Institut für Angewandte Wirtschaftsforschung Tübingen, Serie A, Forschungsbericht Nr. 15, Tübingen 1976

Hart, Robert A. (Hrsg.): Employment, Unemployment and Labour Utilization, Boston 1988

Hesse, Konrad: Grundzüge des Verfassungsrechts der Bundesrepublik Deutschland, Heidelberg 1991

Höger, Peter: Die zeitliche Betriebsbereitschaft im Einzelhandel, Diplomarbeit, München 1972

Hüttner, Manfred: Grundzüge der Marktforschung, 4. Auflage, Berlin - New York 1989

Immenga, Ulrich: Grenzen des kartellrechtlichen Ausnahmebereichs Arbeitsmarkt: Zur Zulässigkeit tarifvertraglicher Regelung von Ladenschlußzeiten, 1989 Verlag C.H. Beck

Inderst, Georg/Clemenz, Gerhard: Ökonomische Analyse der Ladenöffnungszeiten, Schriftenreihe des Ludwig Boltzmann-Instituts für Ökonomische Analysen Wirtschaftspolitischer Aktivitäten, Bd. 4, Wien 1989

Institut für angewandte Verbraucherforschung e.V., IFAV (Hrsg.) [a]: Der Dienstleistungsabend - Erfahrungen nach einem Jahr, Kurzfassung des Berichts über eine empirische Untersuchung des IFAV im Auftrage der Bundesarbeitsgemeinschaft der Mittel- und Großbetriebe des Einzelhandel e.V. (BAG), Köln 1990

Institut für angewandte Verbraucherforschung e.V., IFAV (Hrsg.) [b]: Der Dienstleistungsabend. Erfahrungen nach einem Jahr, - Tabellenband -, Köln 1990

Isensee, Josef/ Kirchhof, Paul: Handbuch des Staatsrechts der Bundesrepublik Deutschland, Bd. 1, Heidelberg 1987

Kay, J.A./Morris, C.N./Jaffer, S.M./Meadowcroft, S.A.: The Regulation of Retail Trading Hours. The Institute for Fiscal Studies, London, October 1984, in: The Shop Acts. Late-Night and Sunday Opening, hrsg. von Robin Auld, Liliana Archibald and Frances Airncross, London 1984, S. 101 ff.

Keynes, John Maynard: The General Theory of Employment Interest and Money, re printed edition, London 1964

Klein, Lawrence R.: The Empirical Foundations of Keynesian Economics, in: Post-Keynesian Economics, hrsg. von Kenneth K. Kurihara, second impression, S. 277 ff., London 1962

Kroeber-Riel, Werner: Konsumentenverhalten, 4. Auflage, 1990 Franz Vahlen Verlag

Kruse, Jörn: Ordnungstheoretische Grundlagen der Deregulierung, in: Deregulierung - eine Herausforderung an die Wirtschafts- und Sozialpolitik in der Marktwirtschaft, hrsg. von Hellmuth St. Seidenfus, S. 9 - 37, 1989 Dunker & Humblot

Kurihara, Kenneth K. (Hrsg.) : Post - Keynesian Economics, second impression, London 1962

Kuznets, Simon: National Product since 1869, National Bureau of Economic Research Inc. Number 46, New York 1946

Lenders, Helmut: Ein Beitrag zur Ladenschluß-Diskussion, in: Ladenschluß kontrovers - Beiträge zur aktuellen Diskussion, Hrsg. Schriftenreihe des Vereins für wirtschaftliche und soziale Fragen e.V. Stuttgart Nr. 19, S. 179 - 191, 1984 Seewald Verlag

Lepa, Manfred: Der Inhalt der Grundrechte, 6. Auflage, 1990

Martensson, Rune: Ladenschluß in der Bundesrepublik Deutschland - "Unheilige Allianz" - von Verbandsinteressen und Gewerkschaften gegen eine Mehrheit von Verbrauchern ? in: Ladenschluß kontrovers - Beiträge zur aktuellen Diskussion, Hrsg. Schriftenreihe des Vereins für wirtschaftliche und soziale Fragen e. V. Stuttgart Nr. 19, S. 73 - 87, 1984 Seewald Verlag

Matzat, Martin: Grundrechte, 7. Auflage, 1992

Maunz, Theodor/Zippelius, Reinhold: Deutsches Staatsrecht, München 1991

Mayer, Thomas: Permanent Income, Wealth and Consumption: A Critique of the Permanent Income Theory, the Life-Cycle Hypothesis, and Related Theories, 1972 University of California Press

McKinsey and Company, New York (Hrsg.): Flexible Teilzeitarbeit als Instrument der Arbeitsmarktentlastung. Zusammenfassung der Ergebnisse eines McKinsey-Forschungsprojektes, Düsseldorf 1987

Modigliani, Franco: The Life Cycle Hypothesis of Saving Twenty Years Later, in: Contemporary Issues in Economics, hrsg. von Michael Parkin/A.R. Nobay, S. 2 ff., 1975 Manchester University Press

Modigliani, Franco/Ando, Alberto: The `Permanent Income' and `Life Cycle' Hypothesis of Saving Behavior: Comparison and Tests, in: Consumption and Saving, hrsg. von Irwin Friend/Robert Jones, S. 49 ff., 1960 University of Pennsylvania Press

Modigliani, Franco/Brumberg, Richard: Utility Analysis and the Consumption Function: An Interpretation of Cross-Section Data, in: Post-Keynesian Economics, hrsg. von Kenneth K. Kurihara, second impression, S. 388 ff., London 1962

Müller, Manfred: Flexible Arbeitszeitformen im Einzelhandel, in: Flexibilisierung der Arbeitszeit - Flexibilisierung der Arbeit, Hrsg. Rolf Busch, Dokumentation einer Tagung der Freien Universität Berlin in Zusammenarbeit mit dem Deutschen Gewerkschaftsbund, S. 36 - 50, Landesbezirk Berlin am 25./26. Februar 1987

Neumann, Manfred: Liberalisierung des Ladenschlußgesetzes unter wettbewerbspolitischen und strukturpolitischen Aspekten, in: Ladenschluß kontrovers - Beiträge zur aktuellen Diskussion, Hrsg. Schriftenreihe des Vereins für wirtschaftliche und soziale Fragen e.V. Stuttgart Nr. 19, S. 43 - 54, 1984 Seewald Verlag

Nicholson, Walter: Intermediate Microeconomics and Its Application, fifth edition, 1990

Parkin, Michael/A.R. Nobay (Hrsg.): Contemporary Issues in Economics, 1975 Manchester University Press

Piepenbrock, Hartwig (Hrsg.) [a]: Ladenschluß kontrovers - Beiträge zur aktuellen Diskussion, in: Schriftenreihe des Vereins für wirtschaftliche und soziale Fragen e.V. Stuttgart Nr. 19, 1984 Seewald Verlag

Piepenbrock, Hartwig [b]: Ist das Ladenschlußgesetz noch zeitgemäß ? in: Ladenschluß kontrovers - Beiträge zur aktuellen Diskussion, Hrsg. Schriftenreihe des Vereins für wirtschaftliche und soziale Fragen e.V. Stuttgart Nr. 19, S. 87 - 103, 1984 Seewald Verlag

Pieroth, Bodo: Arbeitnehmerüberlassung unter dem Grundgesetz, Schriften zum Öffentlichen Recht, Band 403, Berlin 1982

Redwitz, Gunter: Handelsentwicklung - Wertewandel-Perspektiven für die Handelslandschaft, Sonderdruck aus Wertewandel und Konsum, hrsg. von GfK Handelsforschung, 1990

Reichert, Klaus: Das Ladenschlußproblem in der Bundesrepublik Deutschland, Diss., Wien 1971 Verlag Notring

Rose, Klaus: Einkommens- und Beschäftigungstheorie, in: W. Ehrlicher u.a.(Hrsg.): Kompendium der Volkswirtschaftslehre, Bd. 1, Göttingen 1975

Salvatore, Dominick: Microeconomics, second edition, 1994

Schimke, Anneliese: Das Ladenschlußgesetz - eine Story ..., in: Ladenschluß kontrovers - Beiträge zur aktuellen Diskussion, Hrsg. Schriftenreihe des Vereins für wirtschaftliche und soziale Fragen e.V. Stuttgart Nr. 19, S. 191 - 203, 1984 Seewald Verlag

Schlecht, Otto: Starre Ladenschlußzeiten - im Interesse der Betroffenen ? in: Ladenschluß kontrovers - Beiträge zur aktuellen Diskussion, Hrsg. Schriftenreihe des Vereins für wirtschaftliche und soziale Fragen e.V. Stuttgart Nr. 19, S. 117 - 127, 1984 Seewald Verlag

Schmidt, Axel/Kayser, Gunter: Ladenschluß international - Das deutsche Ladenschlußgesetz im Lichte ausländischer Erfahrungen, in: Schriften zur Mittelstandsforschung Nr. 10 NF, hrsg. vom Institut zur Mittelstandsforschung, 1986 Verlag C. E. Poeschel Stuttgart

Schunck/ De Clerk: Allgemeines Staatsrecht und Staatsrecht des Bundes und der Länder, 1993

Siebke, Jürgen/Thieme, Jörg: Einkommen, Beschäftigung, Preisniveau, in: Vahlens Kompendium der Wirtschaftstheorie und Wirtschaftspolitik, S. 85 ff., München 1984

Smith, Adam: The Wealth of Nations, hrsg. von Campbell/Skinner/Todd, 2. Bd., Oxford 1976

Stein, Ekkehart: Staatsrecht, 14. Auflage, Tübingen 1993

Steinmann, Frank: Die Klett Passage in Stuttgart - Erfahrungen mit acht Jahren Abendverkauf, in: Ladenschluß kontrovers - Beiträge zur aktuellen Diskussion, Hrsg. Schriftenreihe des Vereins für wirtschaftliche und soziale Fragen e.V. Stuttgart Nr. 19, S. 103 - 117, 1984 Seewald Verlag

Stern, Klaus: Das Staatsrecht der Bundesrepublik Deutschland, Bd. 1, 1994

Stober, Rolf [a]: Wirtschaftsverwaltungsrecht, 6. Auflage, 1989 Kohlhammer Verlag

Stober, Rolf [b]: Handbuch des Wirtschaftsverwaltungs- und Umweltrechts, 1989 Kohlhammer Verlag

Stober, Rolf [c]: Wirtschaftsverwaltungsrecht, 9. Auflage, 1994 Kohlhammer Verlag

Tessar, Hubertus: Das Ladenschlußgesetz ist ein optimaler Kompromiß, in: Ladenschluß kontrovers - Beiträge zur aktuellen Diskussion, Hrsg. Schriftenreihe des Vereins für wirtschaftliche und soziale Fragen e.V. Stuttgart Nr. 19, S. 127 - 151, 1984 Seewald Verlag

Triesch, Günter: Liberalisierung ohne Nutzen, in: Ladenschluß kontrovers - Beiträge zur aktuellen Diskussion, Hrsg. Schriftenreihe des Vereins für wirtschaftliche und soziale Fragen e.V. Stuttgart Nr. 19, S. 151 - 165, 1984 Seewald Verlag

Vajna, Thomas: Das Kaufkraftargument, Beiträge zur Wirtschafts- und Sozialpolitik, Nr. 110, 1982 Institut der deutschen Wirtschaft Köln

Volkhardt, Michael: Vereinbarkeit des Arbeitsvermittlungsmonopols mit dem Grundgesetz: gleichzeitig eine rechtsvergleichende Arbeit, Diss., Frankfurt a.M. 1971

Volkmar, Günter: Das Ladenschlußgesetz - ein bewährter Kompromiß, in: Ladenschluß kontrovers - Beiträge zur aktuellen Diskussion, Hrsg. Schriftenreihe des Vereins für wirtschaftliche und soziale Fragen e.V. Stuttgart Nr. 19, S. 217 - 225, 1984 Seewald Verlag

Wichmann, Walter: Vom schlechten Kompromiß zur ökonomischen Vernunft - Flexible Ladenöffnungszeiten sind überfällig ! in: Ladenschluß kontrovers - Beiträge zur aktuellen Diskussion, Hrsg. Schriftenreihe des Vereins für wirtschaftliche und soziale Fragen e.V. Stuttgart Nr. 19, S. 165 - 179, 1984 Seewald Verlag

Windthorst, Kay: Verfassungsrecht I. Grundlagen, München 1994

B. Nachschlagewerke

Allensbacher Jahrbuch der Demoskopie 1984 - 1992

Autorenkollektiv: Grundausbildung in Statistik für Wirtschaftswissenschaftler, Freie Universität Berlin, Universität Bielefeld und Technische Universität Hannover

Baßeler, Ulrich/Heinrich, Jürgen/Koch, Walter: Grundlagen und Probleme der Volkswirtschaft, hrsg. vom Verein für Didaktik, Wirtschaft, Technik, Gesellschaft e.V. Köln, 13. Auflage, Köln 1991

Bortz, Jürgen: Lehrbuch der empirischen Forschung für Sozialwissenschaftler, 1984 Springer Verlag

Deutsche Bundesbank [a]: Monatsbericht April 1994

Deutsche Bundesbank [b]: Saisonbereinigte Wirtschaftszahlen April 1994, Statistisches Beiheft zum Monatsbericht

ifo Institut für Wirtschaftsforschung München: Spiegel der Wirtschaft - Economic Indicators Germany 1993/94. Struktur und Konjunktur in Bild und Zahl, ifo Institut für Wirtschaftsforschung München, 1993 Campus Verlag GmbH

Landeszentrale für politische Bildungsarbeit (Hrsg.) [a]: Die kleine Berlin-Statistik 1992, Statistisches Landesamt Berlin, Berlin 1992

Landeszentrale für politische Bildungsarbeit (Hrsg.) [b]: Die kleine Berlin-Statistik 1993, Statistisches Landesamt Berlin, Berlin 1993

Schnell, R./ Hill, P.B./ Esser, E.: Methoden der empirischen Sozialforschung, 1989 Oldenbourg Verlag

Statistisches Bundesamt (Hrsg.) [a]: Zahlenkompass 1993, Sonderauflage für die Landeszentrale für politische Bildungsarbeit, Wiesbaden 1993

Statistisches Bundesamt (StBA) [b]: Statistisches Jahrbuch für die Bundesrepublik Deutschland, Stuttgart 1993

Statistisches Bundesamt: Telefonische Anfrage vom 9. August 1994

C. Aufsätze, Zeitschriften und Zeitungen

Ando, Albert/Modigliani, Franco: The 'Life Cycle' Hypothesis of Saving: Aggregate Implications and Tests, in: American Economic Review, March 1963, S. 55 ff.

Anzinger: Längere Ladenöffnungszeiten. Ein Bericht zu Art. 9 des Gesetzes zur Änderung wirtschafts-, verbraucher-, arbeits- und sozialrechtlicher Vorschriften, in: Neue Zeitschrift für Arbeits- und Sozialrecht 1986, S. 589 ff.

Arbeitsgemeinschaft City e.V. Berlin: Stellungnahme zu den Flexibilisierungsbestrebungen des Ladenschlußgesetzes von der Geschäftsführerin der Arbeitsgemeinschaft City e.V., Frau Remus-Woelffling, vom 2. Februar 1994

Arbeitsgemeinschaft der Verbraucherverbände e.V.: Ladenschluß-Liberalisierung ist längst überfällig. Bundesratsinitiative: Schritt in die richtige Richtung, in: Verbraucherpolitische Korrespondenz, Nr. 44, vom 3. November 1993

Augustin, Hartmut: Heimspiel für Rexrodt. Ladenschlußgesetz entzweit Wirtschaftspolitiker, Einzelhändler und Gewerkschaften, in: Berliner Zeitung vom 12./13. Februar 1994, S. 19

Bach, Hans-Uwe/Spitznagel, Eugen: Gesamtfiskalische Kosten der Arbeitslosigkeit im Jahr 1993 auf 116 Mrd. DM gestiegen. Öffentliche Haushalte kaum im Gleichgewicht zu halten - Bundesanstalt für Arbeit trägt mit knapp 45 Prozent die größte Last, in: IAB Kurzbericht, Nr. 6, 1994 Institut für Arbeitsmarkt- und Berufsforschung der Bundesanstalt für Arbeit

Bangemann, Martin: Grußwort des Bundesministers für Wirtschaft anläßlich des Symposiums der Friedrich-Naumann-Stiftung zum Thema: "Ladenschluß in Europa. Erfahrungen der Nachbarn - Konsequenzen für die Bundesrepublik Deutschland ?", vom 23. Oktober 1985 in Königswinter

Batzer, Erich: Koreferat zum Thema "Für und wider eine Liberalisierung des Ladenschlußgesetzes" anläßlich des Symposiums der Friedrich-Naumann-Stiftung zum Thema: "Ladenschluß in Europa. Erfahrungen der Nachbarn - Konsequenzen für die Bundesrepublik Deutschland ?", gehalten am 23. Oktober 1985 in Königswinter

BBE-Unternehmensberatung GmbH [a]: Flexible Arbeitszeitsysteme als Wettbewerbsfaktor, in: BBE-Dokumentationen: Mitteilungen für Unternehmensberater, September 1993

BBE-Unternehmensberatung GmbH [b]: Arbeitszeit, in: BBE Chef - Telegramm, BBE Verlag

Becker, Gary S.: A Theory of the Allocation of Time, in: The Economic Journal, September 1965, S. 493 ff.

Berliner Morgenpost: Flexible Arbeitszeiten im Kommen - Vor allem mittelständische Unternehmen gehen neue Wege, vom 7. November 1993, S. 55

Bieback, Karl-Jürgen: Betriebliche Sozialpolitik, staatliche Subventionen und die Mitbestimmung des Betriebsrates, in: Recht der Arbeit 1983, S. 265 ff.

Blinder, Alan S.: Intergenerational Transfers and Life Cycle Consumption, in: American Economic Review 1976, S. 87 ff.

Blinder, Alan S./Deaton, Angus: The Time Series Consumption Function Revisited, in: Brookings Papers on Economic Activity, vol. 2, 1985, S. 465 ff.

Böhmer, Werner: Grundfragen der verfassungsrechtlichen Gewährleistung des Eigentums in der Rechtsprechung des Bundesverfassungsgerichts, in: Neue Juristische Wochenschrift 1988, S. 2561 ff.

Bothrop, Helena: Stellungnahmen des Presseachtaché der Schwedischen Botschaft (Außenstelle Berlin) zum Thema Ladenschluß in Schweden vom 23. Februar 1994 und 22. Juni 1994

Brady, D.S./ Friedman, R.D.: Savings and the Income Distribution, in: Studies in Income and Wealth, vol. 10, S. 247 ff.

Bundesarbeitsgemeinschaft der Mittel- und Großbetriebe des Einzelhandels e.V. (BAG) [a]: Positionspapier zum Ladenschluß, 1993

Bundesarbeitsgemeinschaft der Mittel- und Großbetriebe des Einzelhandels e.V. (BAG) [b]: Frankfurter Thesen zum Dienstleistungsabend, 1993

Bundesministerium für Arbeit und Sozialordnung [a]: Ladenschluß in den neuen Bundesländern, Pressemitteilung vom 16. Juli 1991

Bundesministerium für Arbeit und Sozialordnung [b]: Ladenöffnungszeiten in westeuropäischen Ländern (Zusammenfassung), Stand: Januar 1993

Bundesministerium für Arbeit und Sozialordnung [c]: Schreiben vom 9. Februar 1994 mit Stellungnahme zum Thema Ladenschlußgesetz

Bundesministerium für Wirtschaft [a]: Standortpapier zum Thema Ladenschluß, vom 28. September 1993

Bundesministerium für Wirtschaft [b]: Gespräch mit Frau Blank (Bundesministerium für Wirtschaft, Außenstelle Berlin), vom 31. Januar 1994

Buschmann, Rudolf [a]: Mitbestimmung des Betriebsrats bei der Festlegung der Arbeitszeit im Einzelhandel, in: Der Betrieb 1982, S. 1059 ff.

Buschmann, Rudolf [b]: Die Günstigkeit der Nachtarbeit, in: Neue Zeitschrift für Arbeits- und Sozialrecht 1990, S. 387 f.

Buschmann, Rudolf/Schwegler, Lorenz: Fördert das Beschäftigungsförderungsgesetz die Beschäftigung ?, in: Betriebs-Berater 1986, S. 1355 - 1357

Buttler, F./Kühlewind, G./Möller, U.: Für mehr Beschäftigung und Standortqualität. Nicht längere, sondern flexiblere Arbeitszeiten und längere Betriebszeiten sind ein Gebot der Stunde, in: IAB Kurzbericht, Nr. 7, 1993 Institut für Arbeitsmarkt- und Berufsforschung der Bundesanstalt für Arbeit

Der Tagesspiegel: Spinat und Bier - weggesperrt, vom 27. Oktober 1993, S. 9

Der Tagesspiegel: Wettbewerb funktioniert trotz Fusionen. Gutachten der Monopolkommission über den Handel - Ladenschluß sollte fallen, vom 19. Februar 1994, S. 19

Der Tagesspiegel: Konzentrationen auf dem Prüfstand, vom 19. Februar 1994, S. 19

Deutsche Angestellten Gewerkschaft [a]: Nachtverkauf? Nein danke !, in: Aktuelles zur Situation im Einzelhandel, November/Dezember 1993

Deutsche Angestellten Gewerkschaft [b]: In Zukunft souverän: Neue Wege zur Arbeitszeitgestaltung im Handel, verfaßt von Hannelore Buls, Hamburg 1992

Deutsche Angestellten Gewerkschaft [c]: Flexibel geht der Job zu Grunde - Perspektiven der geringfügigen Beschäftigung im Handel, verfaßt von Hannelore Buls, Hamburg 1991

Deutsche Angestellten Gewerkschaft [d]: Frauenförderung im Handel - Bestandsaufnahme und Forderungen, verfaßt von H. Buls/W. Klimm, Hamburg 1990

Deutscher Gewerkschaftsbund: Dienstleistungsabend statt Feierabend ?, 1988

Deutscher Industrie- und Handelstag: Rundschreiben vom 3. Dezember 1993 zur Flexibilisierung des Ladenschlusses

Deutsches Institut für Wirtschaftsforschung: Einkommensklassen (alte Bundesländer), Aufstellung des verfügbaren Monatseinkommens 1989 je Vollperson sowie des realen Einkommensanstiegs in % von 1979 bis 1989; Darstellung in 8899 Globus, 1989

Dwyer, G.P./ Lindsey, C.M.: "Robert Giffen and the Irish Potato", in: American Economic Review, March 1984, S. 188 ff.

EMNID-Institut für Markt- und Meinungsforschung [a]: Repräsentativ-Befragung in Gesamt-Berlin zum Thema "Ladenschluß", Untersuchung im Auftrag der Verbraucherzentrale Berlin, Erhebungszeitraum: Dezember 1992/Januar 1993

EMNID-Institut für Markt- und Meinungsforschung [b]: Befragungsergebnisse zum Thema Ladenschluß, Tabelle 4: Ladenschlußzeiten, Befragungszeitraum: 13. - 16. August 1993

Europäische Gemeinschaft: EuGH: Ladenöffnungszeiten am Sonntag müssen national geregelt werden, in: EG-Nachrichten 1991, Nr. 12, S. 3 f.

Flavin, Marjorie A.: The Adjustment of Consumption to changing Expectations about Future Income, in: Journal of Political Economy, October 1981, S. 974 ff.

Frankfurter Allgemeine Zeitung: Die Lücke in Nürnberg steigt auf 24,4 Milliarden, vom 11. Januar 1994, S. 11

Frankfurter Allgemeine Zeitung: Im Lebensmittelhandel sinken die Umsätze, vom 29. Januar 1994, S. 12

Frankfurter Allgemeine Zeitung: In Holland ist Teilzeit oft das kleinere Übel, vom 29. Januar 1994, S. 12

Frankfurter Allgemeine Zeitung: Die Arbeitsbedingungen schrecken den Nachwuchs vom Einzelhandel ab, vom 12. März 1994, S. 45

Frankfurter Allgemeine Zeitung: Blüm und Rexrodt werben für Teilzeitarbeit, vom 9. Juni 1994, S. 17

Friedrich-Naumann-Stiftung: Ladenschluß - eine Dokumentation des Symposiums zum Thema: "Ladenschluß in Europa. Erfahrungen der Nachbarn - Konsequenzen für die Bundesrepublik Deutschland ?", mit Beiträgen von Bundeswirtschaftsminister Bangemann, Armin Gutowski, Erich Batzer, Gunter Kayser und F.D.P. Generalsekretär Haussmann, Königswinter 1985

Gaugler, E.: Flexibilisierung des Arbeitskräfteeinsatzes, in: Staehle, W.H./Stoll, E. (Hrsg.): Betriebswirtschaftslehre und ökonomische Krise, S. 259 - 271, Wiesbaden 1984

Gesamtverband des Einzelhandels Land Berlin e.V. (GdE): Telefonische Anfrage zum Bruttoentgelt der Beschäftigten der Tätigkeitsgruppe K 2 in West-Berlin, vom 4. April 1995

Gewerkschaft Handel, Banken und Versicherungen: Positionen zum Ladenschlußgesetz. Wir stellen Fakten gegen Behauptungen, Oktober 1993

Grabitz, Eberhard: Der Grundsatz der Verhältnismäßigkeit in der Rechtsprechung des Bundesverfassungsgerichts, in: Archiv des öffentlichen Rechts 1973, S. 568 ff.

Gröner, Helmut /Köhler, Helmut: Der Ladenschluß im Einzelhandel, Wirtschaftswissenschaftliches Studium 1987, S. 165 ff.

Gutowski, Armin [a]: Einführungsreferat "Für und wider eine Liberalisierung des Ladenschlußgesetzes" anläßlich des Symposiums der Friedrich-Naumann-Stiftung zum Thema: "Ladenschluß in Europa. Erfahrungen der Nachbarn - Konsequenzen für die Bundesrepublik Deutschland ?", gehalten am 23. Oktober 1985 in Königswinter

Gutowski, Armin [b]: Das Ladenschlußgesetz - ein Fremdkörper in der Marktwirtschaft, HWWA-Report Nr. 69, 1986 Institut für Wirtschaftsforschung Hamburg

Hall, Robert E.: Stochastic Implications of the Life Cycle-Permanent Income Hypothesis: Theory and Evidence, in: Journal of Political Economy, December 1978, S. 971 ff.

Hall, Robert E./Mishkin, Frederic S.: The Sensitivity of Consumption to Transitory Income: Estimates from Panel Data on Households, in: Econometrica, March 1982, S. 461 ff.

Handels: This is Handels - Trade unionism in Sweden, Sweden 1986

Handelsblatt: City-Lagen sind Gewinner des langen Donnerstag, vom 12. Dezember 1990, S. 19

Handelsblatt: Nach Büroschluß zum Shopping, vom 12. Dezember 1990, S. 1

Handelsblatt: Reisebedarf auch nach Ladenschluß, vom 27. Oktober 1993, S. 1

Handelsblatt: Über Sonntagsarbeit einig - Arbeitszeitgesetz /Koalition macht Weg für Reform frei, vom 18./19. Februar 1994, S. 4

Handelsblatt: 300.000 Arbeitslose suchen Teilzeitjob, vom 9. Juni 1994, S. 3

Hansen, Lars Peter/Singleton, Kenneth J.: Generalized Instrumental Variables Estimation of Nonlinear Rational Expectations Models, in: Econometrica, September 1982, S. 1269 ff.

Haussmann, Helmut: Zusammenfassung und Schlußbemerkung zum Thema Ladenschluß anläßlich des Symposiums der Friedrich-Naumann-Stiftung zum Thema: "Ladenschluß in Europa. Erfahrungen der Nachbarn - Konsequenzen für die Bundesrepublik Deutschland ?", vom 24. Oktober 1985 in Königswinter

Hayashi, Fumio: The Permanent Income Hypothesis: Estimation and Testing by Instrumental Variables, in: Journal of Political Economy, October 1982, S. 895 ff.

Hayashi, Fumio: The Effect of Liquidity Constraints on Consumption: A Cross-Sectional Analysis, in: Quarterly Journal of Economics, February 1985, S. 183 ff.

Hertie Waren- und Kaufhaus GmbH: Gespräch mit Herrn Preuschoff (Zentrale Personalleitung der Hertie Waren- und Kaufhaus GmbH Berlin), vom 18. Januar 1994

Hoffmann, Egon: Zweiter Bericht der Deregulierungskommission Technisches Prüfungs- und Sachverständigenwesen, Rechtsberatung und Wirtschaftsberatung, Handwerk, Arbeitsvermittlung und Ladenschluß, Fortsetzung von Gewerbe-Archiv 1991, S. 256 in Gewerbe-Archiv 1991, S. 296 - 298

Hubbard, R. Glenn/Judd, Kenneth L.: Liquidity Constraints, Fiscal Policy, and Consumption, in: Brookings Papers on Economic Activity, vol. 1, Washington 1986, S. 1 ff.

Hufen, Friedhelm: Ladenschluß: Zum verfassungsrechtlichen Kern eines politischen Dauerthemas, in: Neue Juristische Wochenschrift 1986, Heft 20-21, S. 1291 ff.

ifo Institut für Wirtschaftsforschung München: Überprüfung des Ladenschlußgesetzes vor dem Hintergrund der Erfahrungen im In- und Ausland. Zusammenfassung der Untersuchungsergebnisse des ifo Instituts. Gutachten im Auftrag des Bundesministeriums für Arbeit und Sozialordnung und des Bundesministeriums für Wirtschaft, in: Sonderdruck aus ifo Schnelldienst Nr. 24, August 1995, München

Ipsen, Jörn: "Stufentheorie" und Übermaßverbot - Zur Dogmatik des Artikel 12 Grundgesetz, in: Juristische Schriften 1990, S. 634 ff.

Kayser, Gunter: Überblicksreferat zum Thema "Ladenschluß im internationalen Vergleich" anläßlich des Symposiums der Friedrich-Naumann-Stiftung zum Thema Ladenschluß in Europa. Erfahrungen der Nachbarn - Konsequenzen für die Bundesrepublik Deutschland ?, gehalten am 24. Oktober 1985 in Königswinter

Knappe, Eckhard/Rosar, Alexander: Deregulierung, Lohnstruktur und Beschäftigung, in: Wirtschaftswissenschaftliches Studium 1990, S. 165 ff.

Kotlikoff, Laurence J./Summers, Lawrence H.: The Role of Intergenerational Transfer in Aggregate Capital Accumulation, in: Journal of Political Economy, August 1981, S. 706 ff.

Kulka, Michael: Die kartellrechtliche Zulässigkeit von Tarifverträgen über das Ende der täglichen Arbeitszeit im Einzelhandel, in: Recht der Arbeit 1988, S. 336 ff.

Kuznets, Simon: Proportion of Capital Formation to National Product, in: American Economic Review, Papers and Proceedings, May 1952, S. 507 ff.

Landespressedienst Berlin [a]: Umfrageergebnisse zum Ladenschlußgesetz und Einkaufsverhalten, vom 27. Mai 1992

Landespressedienst Berlin [b]: Aus der Sitzung des Senats: 1993 zusätzlich vier "lange Sonnabende" in Berlin, Nr. 232 (BW), vom 1. Dezember 1992

Löwisch, Manfred: Mitbestimmungsrecht des Betriebsrats bei der Regelung von Ladenöffnungszeiten, in: Sammlung Arbeitsrechtlicher Entscheidungen 1983, S. 141 ff.

Martens, Klaus-Peter: Unternehmerische Mitbestimmung mit den Mitteln des Betriebsverfassungsrechts ?, in: Recht der Arbeit 1989, S. 164 ff.

Modigliani, Franco: Life-Cycle, Individual Thrift, and Wealth of Nations, in: American Economic Review, June 1986, S. 297 ff.

Modigliani, Franco: The Life Cycle Hypothesis of Saving, the Demand for Wealth and the Supply of Capital, in: Social Research, vol. 33, no. 2, 1966, S. 160 ff.

Moll, Wilhelm: Diskussionsbericht anläßlich des Symposiums zur 600-Jahr-Feier der Universität zu Köln mit dem Thema "Unternehmerische Freiheit und soziale Verantwortung heute", in: Recht der Arbeit 1989, S. 173 f.

Nelson, Charles R.: A Reappraisal of Recent Tests of the Permanent Income Hypothesis, in: Journal of Political Economy, June 1987, S. 641 ff.

Niedersächsisches Ministerium für Wirtschaft, Technologie und Verkehr: Positionspapier zu den Möglichkeiten/Auswirkungen einer Flexibilisierung der Ladenöffnungszeiten/Abschaffung des Ladenschlußgesetzes, bearbeitet von Peter Trauth, Hannover 1993

Ossenbühl, Fritz: Die Freiheiten des Unternehmers nach dem Grundgesetz, in: Archiv des öffentlichen Rechts 1990, S. 1 ff.

o.V.: Bundeskartellamt: Tarifvertragliche Regelung der Ladenöffnungszeiten verletzt § 1 GWB, in: Wirtschaft und Wettbewerb 1989, Heft Nr. 7/8, S. 563 f.

Pettersson, Kenth: Shop opening hours in Sweden, The Swedish Commercial Employees Union, Sweden 1986

Pressestelle der SPD-Fraktion im Abgeordnetenhaus von Berlin [a]: SPD: Konzentrationsprozeß im Einzelhandel stoppen ! , Presseinfo SPD Berlin, Nr. 13, Thema: Handel (Ladenschluß), vom 19. Januar 1993

Pressestelle der SPD-Fraktion im Abgeordnetenhaus von Berlin [b]: Pressekonferenz zum Thema Ladenschluß mit der Vorsitzenden des Arbeitskreises Wirtschaft, Gerlinde Schermer, sowie dem wirtschaftspolitischen Sprecher der SPD-Fraktion, Dr. Joachim Niklas, Presseinfo SPD Berlin, Nr. 358, Thema: Wirtschaft, vom 2. Dezember 1992

Reuter, Dieter: Die Mitbestimmung des Betriebsrats über die Lage der Arbeitszeit von Ladenangestellten, in: Zeitschrift für Arbeit 1981, S. 165 ff.

Ross, C./Danzinger, S./Smolensky, E.: Social Security, Work Effort, and Poverty among Elderly Men, 1939 - 1979, in: Institute for Research on Poverty Discussion Paper no. 785-85, October 1985, University of Wisconsin-Madison

Rupp: Verhältnismäßigkeit und Übermaßverbot, in: Archiv des öffentlichen Rechts 1992, S. 232 ff.

Rürup, Bert /Struwe, Jochen: Arbeitszeitflexibilisierung als Instrument der Beschäftigungspolitik, in: Konjunkturpolitik 1984, Heft 1, S. 1 ff.

Schmalen, Helmut: Die Liberalisierung des Ladenschlußgesetzes: Was meinen dazu der Münchner und die Münchnerin "auf der Straße" ?, in: Jahrbuch der Absatz- und Verbrauchsforschung 1989, S. 292 ff.

Scholtissek, Friedrich-Karl: Das Ladenschlußgesetz ist nicht mehr zeitgemäß. Eine Betrachtung unter besonderer Berücksichtigung des Tankstellen-Ladenschlusses, in: Betriebs-Berater 1992, S. 589 ff.

Scholz, Rupert: Verdeckt Verfassungsneues zur Mitbestimmung ? Besprechung des BVerfG-Urteils (1 BvR 143/83) zur Mitbestimmungsregelung des § 87 I Nr. 2 BetrVG, in: Neue Juristische Wochenschrift 1986, S. 1587 ff.

Seifert, Hartmut: Kein Anstieg bei der Nacht- und Wochenendarbeit, in: WSI-Mitteilungen 1993, S. 52 ff.

Senat von Berlin: Pressenotiz - Bundesratsinitiative zur Änderung des Ladenschlußgesetzes

Stahlhacke: Die Allgemeinverbindlicherklärung von Tarfiverträgen über das Arbeitszeitende im Verkauf, in: Neue Zeitschrift für Arbeits- und Sozialrecht 1988, S. 344 ff.

Statens offentliga utredningar /Civildepartementet: Affärstiderna, Betänkande av 1989 års affärstidsutredning, Stockholm 1991

Stehn, Jürgen: Das Ladenschlußgesetz - Ladenhüter des Einzelhandels ? Eine Analyse im Lichte ausländischer Deregulierungserfahrungen, in: Kieler Diskussionsbeiträge Nr. 128, 1987 Institut für Weltwirtschaft Kiel

Stober, Rolf [a]: Zur verfassungsrechtlichen Problematik der Ladenschlußnovelle, in: Betriebs-Berater 1986, S. 659 ff.

Stober, Rolf [b]: Zur Auslegung des Ladenschlußgesetzes, in: Gewerbe-Archiv 1982, S. 1 ff.

Stober, Rolf [c]: Grundlagen des deutschen Ladenschlußrechts, in: Gewerbe-Archiv 1985, S. 353 ff.

Techniker Krankenkasse Berlin: Telefonische Anfrage zu den allgemeinen Beitragssätzen der Renten-, Arbeitslosen-, Kranken- und Pflegeversicherung, vom 4. April 1995

Töpfer, Armin/Poersch, Michael: Ladenschluß: Einstellungen und Auswirkungen aus der Sicht der Händler und Verbraucher, in: Jahrbuch der Absatz- und Verbrauchsforschung 1988, S. 352 ff.

Verbraucherbeirat: Empfehlung des Verbraucherbeirats zur Liberalisierung des Ladenschlußgesetzes vom 27. Oktober 1993

Verbraucherzentrale Berlin e.V. [a]: Presseinformation: Entscheidung des Senats über Ausnahmegenehmigung nach dem Ladenschlußgesetz erlaubt keine Verzögerung, 1. April 1993

Verbraucherzentrale Berlin e.V. [b]: Presseinformation: Mitteilung zur Liberalisierung des Ladenschlußgesetzes, 11. August 1993

Verbraucherzentrale Berlin e.V. [c]: Presseinformation: Der Countdown für die Aufhebung des Ladenschlußgesetzes läuft, 26. Oktober 1993

Vogt, Stefan: Langer Donnerstag - Das Gesetz zur Einführung eines Dienstleistungsabends, in: Neue Juristische Wochenschrift 1989, S. 2376 ff.

von Livonius, Detlef: Position des Versandhandels zu den Ladenschlußflexibilisierungen, Direktor Wirtschaftspolitik und Kommunikation Otto Versand, vom 17. Januar 1994

Weinberg, P. /Gottwald, W: Impulsive Consumer Buying as a Result of Emotions, in: Journal of Business Research 1982, S. 43 ff.

Wendt, Rudolf: Der Garantiegehalt der Grundrechte und das Übermaßverbot. Zur maßstabsetzenden Kraft der Grundrechte in der Übermaßprüfung, in: Archiv des öffentlichen Rechts 1979, S. 414 ff.

Zellenkens, Hermann-Josef: Ladenschluß und kein Ende ? , in: Die Betriebswirtschaft, 1981, S. 23 ff.

Zmarzlik, Johannes: Zulässigkeit gewerblicher Sonn- und Feiertagsarbeit, in: Betriebs-Berater 1991, S. 901 ff.

E. Drucksachen

Abgeordnetenhaus von Berlin: *14. Sitzung vom 26. September 1991, Mündliche Anfrage (Nr. 16)* des Abgeordneten Otto Hoffmann (FDP) über Anwendung des Ladenschlußgesetzes - Wortlaut der Anfrage und Antwort der Senatsverwaltung für Soziales

Abgeordnetenhaus von Berlin: *Drucksache 12/732* - Antrag der Fraktion der F.D.P. über Gesetzesinitiative zum Ladenschluß

Abgeordnetenhaus von Berlin: *Drucksache 12/733* - Antrag der Fraktion der F.D.P. über Gestaltung des Ladenschlußgesetzes im öffentlichen Interesse

Abgeordnetenhaus von Berlin: *Drucksache 12/1329* - Kleine Anfrage (Nr. 1825) des Abgeordneten Ulrich F. Krüger (CDU) über Ladenschlußgesetz - Wortlaut der Anfrage (vom 29. Januar 1992) und Antwort (Schlußbericht vom 23. März 1992)

Abgeordnetenhaus von Berlin: *Drucksache 12/2375* - Antrag der Fraktion der PDS über Bericht über bisherige Erfahrungen mit verlängerten Ladenöffnungszeiten

Abgeordnetenhaus von Berlin: *Drucksache 12/3521* - Beschlußempfehlung des Ausschusses für Wirtschaft und Technologie vom 8. November 1993 zum Antrag der Fraktion der F.D.P. über Gesetzesinitiative zum Ladenschlußgesetz (Drucksache 12/732)

Abgeordnetenhaus von Berlin: *Drucksache 12/3522* - Beschlußempfehlung des Ausschusses für Wirtschaft und Technologie vom 8. November 1993 zum Antrag der Fraktion der F.D.P. über Gestaltung des Ladenschlußgesetzes im öffentlichen Interesse (Drucksache 12/733)

Abgeordnetenhaus von Berlin: 57. Sitzung vom 25. November 1993, Sitzungspunkt lfd. Nr. 28, Protokoll, *Aussprache zu den Drucksachen 12/3521 und 12/3522*

Ausschuß für Bundes- und Europaangelegenheiten: Stellungnahme des Ausschusses für Bundes- und Europaangelegenheiten vom 4. Juni 1992 zum Antrag der Fraktion der F.D.P. über Gesetzesinitiative zum Ladenschlußgesetz (Drucksache 12/732)

Ausschuß für Bundes- und Europaangelegenheiten: Stellungnahme des Ausschusses für Bundes- und Europaangelegenheiten vom 4. Juni 1992 zum Antrag der Fraktion der F.D.P. über Gestaltung des Ladenschlußgesetzes im öffentlichen Interesse (Drucksache 12/733)

Bundesrat: *Drucksache 608/93* vom 15. Oktober 1993 - Entwurf eines Gesetzes zur Änderung des Ladenschlußgesetzes

Bundesregierung: *Bundestags-Drucksache 12/5620*, S. 51 - Bericht zur Zukunftssicherung des Standortes Deutschland vom 3. September 1993, Stellungnahme zum Gesetzesentwurf des Bundesrates (Drucksache 608/93)

Deutscher Bundestag [a]: *Drucksache 11/7666* - Parlamentarische Anfrage des Abgeordneten Kübler (SPD) zu den Erfahrungen der Bundesregierung mit dem Dienstleistungsabend und den sich daraus ergebenen Konsequenzen (Frage Nr. 32) und Antwort des parlamentarischen Staatssekretärs Vogt vom 9. August 1990

Deutscher Bundestag [b]: *Drucksache 12/6431* - Parlamentarische Anfrage der Abgeordneten Renate Hellwig (CDU/CSU) zur Verlängerung der Behördenöffnungszeit am verkaufsoffenen Sonntag (Fragen 59-61) und Antwort des parlamenatrischen Staatssekretärs Horst Günther vom 9. Dezember 1993

Deutscher Bundestag [c]: Arbeitsamt im Parlament - Anfrage der Abgeordneten Heidi Knake-Werner (PDS) zur Höhe der durchschnittlichen und allgemeinen Kürzungen beim Arbeitslosengeld auf Basis der Bemessungsgrenze (Frage 31) und Antwort des parlamenatrischen Staatssekretärs Horst Günther vom 26. Januar 1995

Senatsverwaltung für Soziales Berlin: *Senatsvorlage Nr. 3767/93* - Bundesratsinitiative zur Änderung des Ladenschlußgesetzes

F. Urteilsbesprechungen

Besprechung des BVerfG-Urteils (Beschluß des Dreier-Ausschusses) vom 18. Dezember 1985 (1 BvR 143/83): Abkehr vom sogenannten Mitbestimmungsurteil, in: Neue Juristische Wochenschrift 1986, S. 1587 ff.

Besprechung des BVerfG-Urteils vom 28. Januar 1992 (1 BvR 1025/82, 1 BvL 16/83, 1 BvL 10/90): Nichtigkeit des Nachtarbeitsverbots für Arbeitnehmerinnen, in: Neue Juristische Wochenschrift 1992, S. 964 ff.

Besprechung des BVerfG-Urteils vom 29. Juli 1992 (1 BvR 868/90): Erläuterungen des Beschlusses des Bundesverfassungsgerichts zum Thema des eingerichteten und ausgeübten Gewerbebetriebes, in: Neue Juristische Wochenschrift 1992, S. 36 ff.

Besprechung des BVerfG-Urteils vom 9. März 1994 (2 BvL 43/92 u.a.): Rechtsprechung und Erläuterungen des Beschlusses des Bundesverfassungsgerichts zum Thema der Strafbarkeit des unerlaubten Umgangs mit Cannabisprodukten, in: Neue Juristische Wochenschrift 1994, S. 1577 ff.

Besprechung des EuGH-Urteils (Rs C 41/90) vom 23. April 1991: Beratung bei der Besetzung von Stellen für Führungskräfte der Wirtschaft, in: Der Betrieb 1991, S. 1013 f.

Besprechung des OLG-Urteils Hamm vom 25. Januar 1990 (3 Ss OWi 599/89): Geltung der Ladenschlußzeiten für Tankstellen, in: Neue Juristische Wochenschrift 1991, S. 1368 f.

Besprechung des OVG-Urteils Münster vom 3. Dezember 1990 (4 A 1513/89): Geltung der Ladenschlußzeiten für Tankstellen, in: Neue Juristische Wochenschrift 1991, S. 1374 f.

G. Urteile

Beschluß des BAG vom 31. August 1982 (1 ABR 27/80), in: Neue Juristische Wochenschrift 1983, S. 953

BGH-Urteil vom 10. Juni 1952 (GSZ 2/52), in: BGHZ 6, S. 270 ff.

BGH-Urteil vom 20. Dezember 1956 (III ZR 97/55), in: BGHZ 23, S. 36 ff.

BGH-Urteil (III ZR 141/55), in: BGHZ 23, S. 157 ff.

BGH-Urteil vom 9. Dezember 1958 (VI ZR 199/57), in: BGHZ 29, S. 65 ff.

BGH-Urteil vom 28. Juni 1984 (III ZR 35/83), in: BGHZ 92, S. 34 ff.

BVerfG-Urteil vom 19. Dezember 1951 (1 BvR 220/51), in: BVerfGE 1, S. 97 ff.

BVerfG-Urteil vom 30. April 1952 (1 BvR 14, 25, 167/52), in: BVerfGE 1, S. 265 ff.

BVerfG-Urteil vom 20. Juli 1954 (1 BvR 459, 484, 548, 555, 623, 651, 748, 783, 801/52, 5, 9/53, 96, 114/54), in: BVerfGE 4, S. 7 ff.

BVerfG-Urteil vom 17. August 1956 (1 BvB 2/51), in: BVerfGE 5, S. 85 ff.

BVerfG-Urteil vom 11. Juni 1958 (1 BvR 596/56), in: BVerfGE 7, S. 377 ff.

BVerfG-Urteil vom 16. Juni 1959 (1 BvR 71/57), in: BVerfGE 9, S. 338 ff.

BVerfG-Urteil vom 8. Juni 1960 (1 BvL 53/55, 16, 31, 53/56, 7, 18, 24/57), in: BVerfGE 11, S. 168 ff.

BVerfG-Urteil vom 16. Mai 1961 (2 BvF 1/60), in: BVerfGE 12, S. 341 ff.

BVerfG-Urteil vom 30. Oktober 1961 (1 BvR 833/59), in: BVerfGE 13, S. 181 ff.

BVerfG-Urteil vom 29. November 1961 (1 BvR 148/57), in: BVerfGE 13, S. 225 ff.

BVerfG-Urteil vom 29. November 1961 (1 BvR 758/57), in: BVerfGE 13, S. 230 ff.

BVerfG-Urteil vom 29. November 1961 (1 BvR 760/57), in: BVerfGE 13, S. 237 ff.

BVerfG-Urteil vom 21. Februar 1962 (1 BvR 198/57), in: BVerfGE 14, S. 19 ff.

BVerfG-Urteil vom 23. Juli 1963 (1 BvL 1, 4/61), in: BVerfGE 16, S. 286 ff.

BVerfG-Urteil vom 26. November 1964 (1 BvL 14/62), in: BVerfGE 18, S. 257 ff.

BVerfG-Urteil vom 14. Dezember 1965 (1 BvR 413, 416/60), in: BVerfGE 19, S. 206 ff.

BVerfG-Urteil vom 15. Dezember 1965 (1 BvR 513/65), in: BVerfGE 19, S. 342 ff.

BVerfG-Urteil vom 5. August 1966 (1 BvF 1/61), in: BVerfGE 20, S. 150 ff.

BVerfG-Urteil vom 18. Juli 1967 (2 BvF 3, 4, 5, 6, 7, 8/62; 2 BvR 139, 140, 334, 335/62), in: BVerfGE 22, S. 180 ff.

BVerfG-Urteil vom 23. Januar 1968 (1 BvR 709/66), in: BVerfGE 23, S. 50 ff.

BVerfG-Urteil vom 5. März 1968 (1 BvR 579/67), in: BVerfGE 23, S. 127 ff.

BVerfG-Urteil vom 18. Dezember 1968 (1 BvL 5, 14/64, 5, 11, 12/65), in: BVerfGE 25, S. 1 ff.

BVerfG-Urteil vom 9. Juli 1969 (2 BvL 20/65), in: BVerfGE 26, S. 302 ff.

BVerfG-Urteil vom 18. März 1970 (2 BvO 1/65), in: BVerfGE 28, S. 119 ff.

BVerfG-Urteil vom 9. März 1971 (2 BvR 326, 327, 341, 342, 343, 344, 345/69), in: BVerfGE 30, S. 250 ff.

BVerfG-Urteil vom 16. März 1971 (1 BvR 52, 665, 667, 754/66), in: BVerfGE 30, S. 292 ff.

BVerfG-Urteil vom 8. Februar 1972 (1 BvR 170/71), in: BVerfGE 32, S. 311 ff.

BVerfG-Urteil vom 9. Mai 1972 (1 BvR 518/62, 308/64), in: BVerfGE 33, S. 125 ff.

BVerfG-Urteil vom 30. Mai 1972 (1 BvL 21/69, 18/71), in: BVerfGE 33, S. 199 ff.

BVerfG-Urteil vom 19. Juni 1973 (1 BvR 206/73), in: BVerfGE 35, S. 280 ff.

BVerfG-Urteil vom 18. Juli 1973 (1 BvR 23, 155/73), in: BVerfGE 33, S. 382 ff.

BVerfG-Urteil vom 5. März 1974 (1 BvL 27/72), in: BVerfGE 37, S. 1 ff.

BVerfG-Urteil vom 11. März 1975 (2 BvR 135, 136, 137, 138, 139/75), in: BVerfGE 39, S. 156 ff.

BVerfG-Urteil vom 19. März 1975 (1 BvL 20, 21, 22, 23, 24/73), in: BVerfGE 39, S. 210 ff.

BVerfG-Urteil vom 24. Mai 1977 (2 BvR 988/5), in: BVerfGE 44, S. 353 ff.

BVerfG-Urteil vom 8. Juni 1977 (2 BvR 499/74, 1042/75), in: BVerfGE 45, S. 141 ff.

BVerfG-Urteil vom 12. Oktober 1977 (1 BvR 217, 216/75), in: BVerfGE 46, S. 120 ff.

BVerfG-Urteil vom 8. August 1978 (2 BvL 8/77), in: BVerfGE 49, S. 89 ff.

BVerfG-Urteil vom 26. September 1978 (1 BvR 525/77), in: BVerfGE 49, S. 168 ff.

BVerfG-Urteil vom 1. März 1979 (1 BvR 532, 533/77, 419/78; 1 BvL 21/78), in: BVerfGE 50, S. 290 ff.

BVerfG-Urteil vom 22. Mai 1979 (1 BvL 9/75), in: BVerfGE 51, S. 193 ff.

BVerfG-Urteil vom 16. Januar 1980 (1 BvR 249/79), in: BVerfGE 53, S. 135 ff.

BVerfG-Urteil vom 28. Februar 1980 (1 BvL 17/77, 7, 9, 14, 15, 16, 37, 64, 74, 78, 100/78, 5, 16/79; 1 BvR 807/78), in: BVerfGE 53, S. 257 ff.

BVerfG-Urteil vom 18. Juni 1980 (1 BvR 697/77), in: BVerfGE 54, S. 301 ff.

BVerfG-Urteil vom 9. Februar 1982 (1 BvR 689,771/79), in: BVerfGE 59, S. 336 ff.

BVerfG-Urteil vom 8. März 1983 (1 BvR 1078/80), in: BVerfGE 63, S. 266 ff.

BVerfG-Urteil vom 4. Oktober 1983 (1 BvR 1633, 1549/82), in: BVerfGE 65, S. 116 ff.

BVerfG-Urteil vom 19. Oktober 1983 (2 BvR 298/81), in: BVerfGE 65, S. 196 ff.

BVerfG-Urteil vom 31. Oktober 1984 (1 BvR 35, 356, 794/82), in: BVerfGE 68, S. 193 ff.

Beschluß des Dreier-Ausschusses des BVerfG vom 18. Dezember 1985 (1 BvR 143/83), in: Neue Juristische Wochenschrift 1986, S. 1601

Beschluß des Dreier-Ausschusses des BVerfG vom 18. Dezember 1985 (1 BvR 143/83), in: Der Betrieb 1986, S. 486 f.

BVerfG-Urteil vom 14. Januar 1987 (1 BvR 1052/79), in: BVerfGE 74, S. 129 ff.

BVerfG-Urteil vom 10. Mai 1988 (1 BvR 482/84, 1166/85), in: BVerfGE 78, S. 179 ff.

BVerfG-Urteil vom 18. Mai 1988 (2 BvR 579/84), in: BVerfGE 78, S. 205 ff.

BVerfG-Urteil vom 21. Juni 1989 (1 BvR 32/87), in: BVerfGE 80, S. 257 ff.

BVerfG-Urteil vom 7. Februar 1990 (1 BvR 26/84), in: BVerfGE 81, S. 242 ff.

BVerfG-Urteil vom 9. Januar 1991 (1 BvR 929/89), in: BVerfGE 83, S. 201 ff.

BVerfG-Urteil vom 25. März 1992 (1 BvR 298/86), in: BVerfGE 86, S. 28 ff.

BVerfG-Urteil vom 13. Juli 1992 (1 BvR 303/90), in: Neue Juristische Wochenschrift 1993, S. 1969 ff.

BVerwG-Urteil vom 12. Dezember 1976 (I C 34.67), in: BVerwGE 28, S. 295 ff.

BVerwG-Urteil vom 23. März 1982 (1 C 157.79), in: BVerwGE 65, S. 167 ff.

BVerwG-Urteil vom 18. April 1985 (3 C 34.84), in: BVerwGE 71, S. 183 ff.

BVerwG-Urteil vom 26. Oktober 1993 (1 C 17.91), in: Gewerbearchiv 1994, S. 117 ff.

OLG-Urteil vom 1. April 1993 (6 U 9/92), in: Der Betrieb 1993, S. 2729

H. Kommentare und Gesetzessammlungen

Arbeitsförderungsgesetz (AFG) in der Fassung vom 25. Juni 1969 (BGBl. I S. 582). Zuletzt geändert durch Gesetz vom 23. Juni 1993 (BGBl. S. 944), Beck-Texte, 22. Auflage, S. 1 - 188

Arbeitszeitordnung vom 30. April 1938 (RGBl. I S. 447). Zuletzt geändert durch Zuständigkeitslockerungsgesetz vom 10. März 1975 (BGBl. I S. 685) mit Maßgaben für das Gebiet der ehemaligen DDR durch Anlage I Kapitel VIII Sachgebiet C Abschnitt III Nr. 7 des Einigungsvertrages vom 31. August 1990 (BGBl. II S. 889), Beck-Texte, 43. Auflage (Arbeitsgesetze), S. 183 - 194

Betriebsverfassungsgesetz in der Fassung der Bekanntmachung vom 23. Dezember 1988 (BGBl. 1989 I S. 1, ber. S. 902). Geändert durch Gesetz vom 18. Dezember 1989 (BGBl. I S. 2261) mit Maßgaben für das Gebiet der ehemaligen DDR durch Anlage I Kapitel VIII Sachgebiet A Abschnitt III Nr. 12 des Einigungsvertrages vom 31. August 1990 (BGBl. II S. 889), Beck-Texte, 43. Auflage (Arbeitsgesetze), S. 370 - 426

Denecke, J.: Arbeitszeitordnung (Kommentar), 2. Auflage, 1953 Verlag C.H. Beck

Denecke, Johannes/Neumann, Dirk: Arbeitszeitordnung: nebst der Arbeitszeitregelung für Jugendliche nach dem Jugendarbeitschutzgesetz, sowie die Vorschriften über Sonntagsarbeit, Lohnzahlungen an Feiertagen und dem Ladenschluß, Kommentar, 10. Auflage, 1987 Verlag C.H. Beck

Dietz/Richardi: Kommentar zum Betriebsverfassungsgesetz, 6. Auflage, 1982

Einkommensteuergesetz in der Fassung der Bekanntmachung vom 7. September 1990 (BGBl. I S. 1898, ber. 1991 I S. 808), Beck-Texte, 5. Auflage (Einkommensteuerrecht), S. 1 - 261

Gesetz gegen den unlauteren Wettbewerb vom 7. Juni 1909 (RGBl. S. 499). Zuletzt geändert durch Gesetz vom 17. Dezember 1990 (BGBl. I S. 2840) und einer Anwendungsmaßgabe für das Gebiet der ehemaligen DDR, Beck-Texte, 16. Auflage (Wettbewerbs- und Kartellrecht), S. 45 - 57

Gesetz gegen Wettbewerbsbeschränkungen (Kartellgesetz) in der Fassung der Bekanntmachung vom 20. Februar 1990 (BGBl. I S. 235). Zuletzt geändert durch Gesetz vom 27. Dezember 1993 (BGBl. I S. 2378), Beck-Texte, 16. Auflage (Wettbewerbs- und Kartellrecht), S. 177 - 239

Gesetz über arbeitsrechtliche Vorschriften zur Beschäftigungsförderung vom 26. April 1985 (BGBl. S. 710). Geändert durch Gesetz vom 22. Dezember 1989 (BGBl. I S. 2406), Beck-Texte, 43. Auflage (Arbeitsgesetze), S. 58 - 60

Gesetz über das Bundesverfassungsgericht in der Fassung der Bekanntmachung vom 12. Dezember 1985 (BGBl. I S. 2229/2230) mit Maßgaben für das Gebiet der ehemaligen DDR (BGBl. III 1104-1), Beck-Texte, 27. Auflage (Grundgesetz), S. 125 - 152

Gesetz über den Ladenschluß vom 28. November 1956 (BGBl. I S. 875). Zuletzt geändert durch Gesetz vom 10. Juli 1989 (BGBl. I S. 1382), Beck-Texte, 24. Auflage (Gewerbeordnung), S. 177 -188

Gesetz über den Ladenschluß vom 28. November 1956 (BGBl. III S. 8050-20). Zuletzt geändert durch Gesetz vom 10. Juli 1989 (BGBl. I S. 1382), in Sartorius I: Verfassungs- und Verwaltungsgesetze, Textausgabe, 59. Auflage

Gesetz zur Änderung wirtschafts-, verbraucher-, arbeits- und sozialrechtlicher Vorschriften vom 27. Juli 1986 (BGBl. I S. 1169), hierbei insbesondere Art. 9 (Ladenschluß)

Gesetz zur Einführung des Dienstleistungsabends vom 10. Juli 1989 (BGBl. I S. 1382), Beck-Texte, 43. Auflage (Arbeitsgesetze), S. 207

Gesetz zum Schutze der arbeitenden Jugend (Jugendarbeitsschutzgesetz - JArbSchG) vom 12. April 1976 (BGBl. I S. 965). Zuletzt geändert durch Gesetz vom 24. April 1986 (BGBl. I S. 560), Beck-Texte, 43. Auflage (Arbeitsgesetze), S. 233 - 258

Gesetz zum Schutze der erwerbstätigen Mutter (Mutterschutzgesetz - MuSchG) in der Fassung der Bekanntmachung vom 18. April 1968 (BGBl. I S. 315). Zuletzt geändert durch Gesetz vom 30. Juni 1989 (BGBl. I S. 1297) mit Maßgaben für das Gebiet der ehemaligen DDR durch Anlage I Kapitel X Sachgebiet A Abschnitt III des Einigungsvertrages vom 31. August 1990 (BGBl. II 889), Beck-Texte, 43. Auflage (Arbeitsgesetze), S. 208 - 218

Gewerbeordnung in der Fassung der Bekanntmachung vom 1. Januar 1987 (BGBl. I S. 425). Zuletzt geändert durch Gesetz vom 17. Dezember 1990 (BGBl. I S. 2840), Beck-Texte, 24. Auflage, S. 15 - 86

Gewerkschaft Handel, Banken und Versicherungen (HBV) [a]: Tarifvertrag über Gehälter, Löhne und Ausbildungsvergütungen für den Einzelhandel in den westlichen Verwaltungsbezirken des Landes Berlin, Juli 1992

Gewerkschaft Handel, Banken und Versicherungen (HBV) [b]: Manteltarifvertrag für den Einzelhandel in den östlichen Verwaltungsbezirken des Landes Berlin, Februar 1991

Gewerkschaft Handel, Banken und Versicherungen (HBV) [c]: Änderungsvereinbarung zum Manteltarifvertrag für die östlichen Verwaltungsbezirken des Landes Berlin vom 15. Juni 1993

Gewerkschaft Handel, Banken und Versicherungen (HBV) [d]: Tarifvertrag über Gehälter, Löhne und Ausbildungsvergütungen für den Einzelhandel in den östlichen Verwaltungsbezirken des Landes Berlin, Mai 1993

Grundgesetz für die Bundesrepublik Deutschland vom 23. Mai 1949 (BGBl. S. 1). Zuletzt geändert durch Einigungsvertrag i.V.m. Kap. II Art. 4 Einigungsvertrag vom 31. August 1990 (BGBl II S. 885, 890), Beck-Texte, 27. Auflage, S. 35 - 39

Hess/Schlochauer/Glaubitz: Kommentar zum Betriebsverfassungsgesetz, 3. Auflage, 1986

Jarass, Hans/Pieroth, Bodo: Grundgesetz für die Bundesrepublik Deutschland - Kommentar, 3. Auflage, München 1995

Leibholz, Gerhard/Rinck, Hans-Justus/Hesselberger, Dieter: Grundgesetz für die Bundesrepublik Deutschland - Kommentar an Hand der Rechtsprechung des Bundesverfassungsgerichts, Bd. 1, 1993

Maunz /Dürig: Kommentar zum Grundgesetz, Bd.1 und 2, 1993

Maunz/Dürig: Kommentar zum Grundgesetz. Aufsatz von ***Rupert Scholz*** zu Art. 12 GG, 1990 Verlag C.H. Beck

Neumann, Dirk: Das neue Ladenschlußgesetz mit allen wichtigen Verordnungen aus Bund und Ländern mit Erläuterungen, Beck'sche Gesetzestexte mit Erläuterungen, 2. Auflage, 1989 Verlag C.H. Beck

Schmidt-Bleibtreu, Bruno /Klein, Franz: Kommentar zum Grundgesetz, 7. Auflage, Juli 1990

Stahlhack, Eugen /Bleistein, Franzjosef (Hrsg.): Kommentar zur Gewerbeordnung - GewO. Arbeitsrechtlicher Teil, 1989

Stege, Dieter /Weinspach, F.K.: Betriebsverfassungsgesetz. Handkommentar für die betriebliche Praxis, 5. Auflage, 1984 Deutscher Instituts-Verlag GmbH

Stober, Rolf: Ladenschlußgesetz (Kommentar), 2. Auflage, 1988 Carl Heymanns Verlag

Tarifvertragsgesetz in der Fassung vom 25. August 1969 (BGBl. I S. 1323). Geändert durch Heimarbeitsänderungsgesetz vom 29. Oktober 1974 (BGBl. I S. 2879) mit Maßgaben für das Gebiet der ehemaligen DDR durch Anlage I Kapitel VIII Sachgebiet A Abschnitt III Nr. 14 des Einigungsvertrages vom 31. August 1990 (BGBl. II S. 889), Beck-Texte, 43. Auflage, S. 360 - 365

Verordnung über den Verkauf bestimmter Waren an Sonn- und Feiertagen vom 21. Dezember 1957 (BGBl. I S. 1881), Beck-Texte, 24. Auflage (Gewerbeordnung), S. 189 f.

Verordnung über den Verkauf bestimmter Waren an Sonn- und Feiertagen vom 21. Dezember 1957 (BGBl. I S. 1881), in Sartorius I: Verfassungs- und Verwaltungsgesetze, Textausgabe, 59. Auflage

Verordnung über die Ladenschlußzeiten für Verkaufsstellen auf Personenbahnhöfen der nicht bundeseigenen Eisenbahnen (NE-Ladenschlußzeiten-V) vom 18. Juli 1963 (BGBl. S. 501), in Sartorius I: Verfassungs- und Verwaltungsgesetze, Textausgabe, 59. Auflage

von Landmann, Robert /Rohmer, Gustav: Gewerbeordnung und ergänzende Vorschriften, Bd. 1, Gewerbeordnung und Kommentar, 1994

von Mangoldt, Hermann /Klein, Friedrich /Stark, Christian: Das Bonner Grundgesetz - Kommentar, 1985

von Münch, Ingo /Kunig, Philip: Grundgesetz - Kommentar, Bd. 1, 4. Auflage, München 1992

Wassermann, Rudolf (Hrsg.): Kommentar zum Grundgesetz für die Bundesrepublik Deutschland, Bd. 1, 1989

Wernicke, K.G.: Bonner Kommentar Grundgesetz, Februar 1993

I. Datenbanken

FfH-Literaturdatenbank-Anfrage bei der Forschungsstelle für den Handel Berlin (FfH) e.V. vom 24. Januar 1994, Thema Ladenschluß

FfH-Literaturdatenbank-Anfrage bei der Forschungsstelle für den Handel Berlin (FfH) e.V. vom 28. Januar 1994, Thema Ladenschluß und Wochenendarbeit

GOLEM-Datenbank-Anfrage beim Institut für Arbeitsmarkt- und Berufsforschung der Bundesanstalt für Arbeit vom 17. Januar 1994, Thema Ladenschluß

GOLEM-Datenbank-Anfrage beim Institut für Arbeitsmarkt- und Berufsforschung der Bundesanstalt für Arbeit vom 2. Februar 1994, Thema Wochenendarbeit, Samstags-, Sonntags- und Feiertagsarbeit

GOLEM-Datenbank-Anfrage beim Institut für Arbeitsmarkt- und Berufsforschung der Bundesanstalt für Arbeit vom 2. Februar 1994, Thema Arbeitszeitflexibilisierung

GOLEM-Datenbank-Anfrage beim Institut für Arbeitsmarkt- und Berufsforschung der Bundesanstalt für Arbeit vom 2. Februar 1994, Thema Ökonomische Theorie der Arbeitslosigkeit

JURIS-Datenbank-Anfrage beim Fachbereich Rechtswissenschaften der Freien Universität Berlin vom 13. Januar 1994, Thema Ladenschluß und Wochenendarbeit

JURIS-Datenbank-Anfrage beim Fachbereich Rechtswissenschaften der Freien Universität Berlin vom 25. März 1994, Thema Urteile - Ladenschluß

LABORDOC-Datenbank-Anfrage beim Internationalen Arbeitsamt Genf vom 18. Januar 1994, Thema Ladenschluß international

Anhang

A. Auswertungsergebnisse der empirischen Studie: Stichprobenraum Verkaufspersonal

Stichprobenraum: 300 Verkaufsangestellte per Random-Route-Verfahren (n = 300)
Befragungszeitraum: 1. Februar 1994 - 1. April 1994

01. An welchen Tagen verzeichnen Sie Ihrer Erfahrung nach die größten Kundenströme ? (Mehrfachnennungen möglich)

Montags	42 = 13,9 %
Dienstags	41 = 13,7 %
Mittwochs	40 = 13,5 %
Donnerstags	62 = 20,6 %
Freitags	51 = 17,1 %
Sonnabends	73 = 24,2 %

02. Zu welchen Uhrzeiten ist das Kundenaufkommen derzeit besonders groß ? (Mehrfachnennungen möglich)

zwischen 09 - 11 Uhr	17 = 5,5 %
zwischen 11 - 13 Uhr	100 = 33,4 %
zwischen 13 - 15 Uhr	5 = 1,8 %
zwischen 15 - 17 Uhr	50 = 16,7 %
zwischen 17 - 18 Uhr	119 = 39,7 %
kurz vor Ladenschluß	42 = 14,1 %

03. Wieviele Arbeitsstunden arbeiten Sie in der Woche in diesem Geschäft ?
Durchschnittswert lag bei 34 Stunden (gerundet)

04. Welches Arbeitsvertragsverhältnis besteht zwischen Ihnen und dem Arbeitgeber ?

Angestelltenvertrag	201 = 67 %
Teilzeitarbeiter(in)	81 = 27 %
Aushilfe	18 = 6 %
	300 = 100 %

05. Sind Sie mit Ihrem derzeitigen Arbeitszeitvolumen zufrieden ?

ja	266 = 88,7 %
nein	34 = 11,3 %
	300 = 100 %

06. Falls Sie unzufrieden sind, worin liegen die Gründe hierfür ? (n = 34)

Wunsch nach längerer Arbeitszeit	0 = 0 %
Wunsch nach kürzerer Arbeitszeit	34 = 100 %

07. Würden Sie sich wünschen, daß bei der Lage der Arbeitszeit mehr auf ihre individuellen Wünsche geachtet wird ?

ja	213 = 71,0 %
geschieht bereits	59 = 19,7 %
nicht erforderlich	28 = 9,3 %
	300 = 100 %

08. Würden Sie auch abends arbeiten, sofern Ihnen die Möglichkeit geboten würde ?

ja	124 = 41,3 %
nein	176 = 58,7 %
	300 = 100 %

09. Nennen Sie Ihre Gründe hierfür: (Mehrfachnennungen möglich) Drei meistgenannte Gründe:

Pro Nachtarbeit (n = 124):		Contra Nachtarbeit (n = 176):	
- Verdienst	64 = 51,6 %	- Kriminalität	112 = 63,6 %
- Flexibilität	59 = 47,3 %	- Motivation	92 = 52,3 %
- Motivation	47 = 37,9 %	- Familie	69 = 39,1 %

10. Arbeiten Sie auch am Wochenende, d.h. Sonnabends ?

ja	263 = 87,7 %
nein	37 = 12,3 %
	300 = 100 %

11. Wann tätigen Sie in diesem Zeitrahmen dann Ihre eigenen Einkäufe ? (Mehrfachnennungen möglich)

an freien Tagen	120 = 40,0 %
in der Mittagspause	129 = 43,0 %
während der Arbeitszeit	64 = 21,3 %
kurz nach der Arbeit	37 = 12,3 %
am Wochenende bzw. DL-Abend	61 = 20,3 %
durch andere	39 = 13,0 %
vor der Arbeit	28 = 9,3 %

12. Wie würden Sie den Zeitraum für diese Einkäufe bezeichnen ?

viel Zeit	29 = 9,7 %
gute Zeit	27 = 9,0 %
wenig Zeit	244 = 81,3 %
gar keine Zeit	0 = 0,0 %
	300 = 100 %

13. Tätigen Sie Ihre Einkäufe in unmittelbarer Umgebung Ihrer Arbeitsstätte ?

ja	211 = 70,3 %
nein	89 = 29,7 %
	300 = 100 %

14. Beteiligt sich Ihr Arbeitgeber am Dienstleistungsabend ?

ja	234 = 78 %
nein	66 = 22 %
	300 = 100 %

15. Sind Sie selbst am "langen Donnerstag" im Einsatz ?

ja	121 = 40,3 %
nein	179 = 59,7 %
	300 = 100 %

16. Benennen Sie die Gründe für Ihre Entscheidung ? (bei nein, danach weiter mit Frage 18) (Mehrfachnennungen möglich) Drei meistgenannte Gründe:

Teilnahme (n = 121):		Nichtteilnahme (n = 179):	
- Freizeitausgleich/ Arbeitszeitmodell	69 = 57,3 %	- Erfahrungen	109 = 60,7 %
- Verdienst	60 = 49,6 %	- Motivation	95 = 53,2 %
- Pflichterfüllung	35 = 29,1 %	- Familie	74 = 41,3 %

17. Welche Erfahrungen haben Sie mit dem Dienstleistungsabend gemacht ? (n = 234, d.h. alle Mitarbeiter von Unternehmen, die am DLA teilnehmen)

großer Kundenandrang	124 = 53,1 %
mittelmäßiger Kundenstrom	81 = 34,4 %
kaum etwas zu tun	29 = 12,5 %
	234 = 100 %

18. War es aus Ihrer Sicht schwer für den "langen Donnerstag" Personal in Ihrer Firma zu finden, das sich bereiterklärte auch abends zu arbeiten ?

sehr schwer	27 = 11,7 %
gutes Verständnis bei Mitarbeitern	176 = 75,4 %
nur über Zusatzpersonal	31 = 12,9 %
kein williges Personal zu finden	0 = 0,0 %
	234 = 100 %

19. Wurden von Ihrem Arbeitgeber im Zuge des DL-Abends Neueinstellungen vorgenommen ?

nein	146 = 62,5 %
ja	88 = 37,5 %
	234 = 100 %

davon Teilzeitkräfte	62 = 70,5 %
Vollzeitkräfte	26 = 29,5 %
	88 = 100 %

20. Haben sich die Kundenströme im Zuge der Einführung des Dienstleistungsabends verändert (Umsatzverschiebungen) ?

nein	176 = 75 %		
ja	58 = 25 %		
	234 = 100 %		
		davon Kundenzuwachs	28 = 48,3 %
		Samstagseinbruch	30 = 51,7 %
			58 = 100 %

21. Sofern Ihr Arbeitgeber nicht am DL-Abend teilnimmt: Haben Sie den Eindruck durch die Nichtteilnahme Ihrer Firma am Dienstleistungsabend einen Nachteil zu erleiden (z.B. Umsatzverlust auch an anderen Tagen) ? (n = 66)

nein	66 = 100 %
ja, und zwar	0 = 0 %

22. Wie stehen Sie zu den Bestrebungen einer Flexibilisierung der Ladenöffnungszeiten ?

Befürworter	154 = 51,3 %
Gegner	109 = 36,3 %
für einen Kompromiß	37 = 12,4 %
ohne Meinung	0 = 0,0 %
	300 = 100 %

23. Welche Gründe sprechen Ihrer Auffassung nach für eine Deregulierung bzw. Beibehaltung der bestehenden Regelungen (z.B. Angst vor Konzentration, neue Wettbewerbsvorteile) ? (Mehrfachnennungen möglich) Drei meistgenannte Gründe:

Befürworter (n = 172)		Gegner (n = 128)	
- Frauenintegration	93 = 53,9 %	- Angst vor Mehrarbeit	94 = 73,1 %
- Flexibilität	91 = 52,7 %	- Kriminalität	73 = 57,2 %
- Arbeitsmöglichkeit	85 = 49,3 %	- Lebensstil	32 = 24,6 %

24. Sofern Ihrer eigene Arbeitszeit von einer Änderung der Öffnungszeiten unberührt bliebe (Entkoppelung der persönlichen Arbeitszeit von der Öffnungszeit), würde dies etwas an Ihrer Aussage ändern ?

ja	61 = 20,3 %
nein	239 = 79,7 %
	300 = 100 %

25. Sehen Sie in der Schaffung neuer Arbeitsplätze im Zuge der Flexibilisierung der Öffnungszeiten Schwierigkeiten für sich ?

ja	2 = 0,7 %
nein	241 = 80,3 %
ich weiß nicht	57 = 19,0 %
	300 = 100 %

26. Würden Sie auf zusätzliche Lohnanteile zugunsten der jetzigen Arbeitszeit verzichten wollen (Arbeitsplatzabsicherung) ?

auf gar keinen Fall	116 = 38,7 %
nur bei vertraglicher Zusicherung	61 = 20,3 %
ja, aber nur sofern andere profitieren	32 = 10,7 %
ja, uneingeschränkt	91 = 30,3 %
	300 = 100 %

27. Wenn es zu einer Änderung der Ladenöffnungszeiten käme, welche Form würden Sie als Verbraucher bevorzugen ?

jedem selbst überlassen	217 = 72,3 %
brancheneinheitlich neu regeln	0 = 0,0 %
gesamteinheitlich neu regeln	83 = 27,7 %
	300 = 100 %

28. Sollte dabei die wöchtliche Gesamtöffnungszeit

verlängert	152 = 50,7 %
verkürzt	0 = 0,0 %
beibehalten werden ?	148 = 49,3 %
	300 = 100 %

29. Wann sehen Sie Vorteile bei einer längeren Öffnungszeit ?

an einem Werktag	0 = 0,0 %
an mehreren Werktagen	27 = 9,0 %
an allen Werktagen	155 = 51,7 %
am Wochenende	35 = 11,6 %
garnicht	83 = 27,7 %
	300 = 100 %

30. An welche Öffnungszeiten würden Sie dabei denken ?

garnicht	83 = 27,7 %
bis 20 Uhr	155 = 51,7 %
bis 21 Uhr	62 = 20,6 %
bis 22 Uhr	0 = 0,0 %
unbegrenzt	0 = 0,0 %
	300 = 100 %

Statistik:

Branchen

Lebensmittel	34 = 11,2 %
Konsumgüter	266 = 88,8 %
	300 = 100 %

Branchenbezeichnung

Möbel	23 = 7,7 %
Elektro	29 = 9,7 %
Bekleidung/Textilien	65 = 21,7 %
Haushaltswaren	17 = 5,7 %
Bücher/Schreibwaren	34 = 11,2 %
Lebensmittel/Getränke	20 = 6,7 %
Warenhausvollsortimenter	112 = 37,3 %
	300 = 100 %

Organisationsform

Einzelhandel	44 = 14,6 %
Warenhaus	151 = 50,4 %
Filialbetrieb	105 = 35,0 %
	300 = 100 %

Größe

Kleinbetrieb	39 = 13,0 %
mittelständischer Betrieb	55 = 18,3 %
Großbetrieb	206 = 68,7 %
	300 = 100 %

Angestelltenzahl

unter	5 Beschäftigte	31 = 10,3 %
	5 bis 10 Beschäftigte	38 = 12,7 %
	10 bis 30 Beschäftigte	112 = 37,3 %
	mehr als 30 Beschäftigte	119 = 39,7 %
		300 = 100 %

Alter der befragten Person

bis	25	24 = 8 %
	26 - 40	48 = 16 %
	41 - 50	201 = 67 %
	50 - 65	27 = 9 %
		300 = 100 %

Gewerkschaftszugehörigkeit

ja	63 = 21 %
nein	237 = 79 %
	300 = 100 %

Familienstand

ledig	81 = 27 %
Familie ohne Kind(er)	102 = 34 %
Familie mit Kind(er)	117 = 39 %
	300 = 100 %

Geschlecht

männlich	72 = 24 %
weiblich	228 = 76 %
	300 = 100 %

B. Auswertungsergebnisse der empirischen Studie: Stichprobenraum Unternehmensvertreter

Stichprobenraum: 150 Unternehmensvertreter per Random-Route-Verfahren (n = 150)
Befragungszeitraum: 1. Februar - 1. April 1994

01. Das derzeit bestehende Gesetz zum Ladenschluß gilt als ein bewährter Kompromiß zwischen Unternehmen und Arbeitnehmervertretern. Wie stehen Sie dem derzeitigen Ladenöffnungszeitenkonzept gegenüber ?

sehr positiv	41 = 27,3 %
von Ausnahmen abgesehen, positiv	54 = 36,0 %
negativ	44 = 29,3 %
egal	11 = 7,4 %
	150 = 100 %

Ausnahmen sind (meistgenannte Gründe):

- fehlender langer Sonnabend	32 = 59,3 %
- Lage der Öffnungszeiten	22 = 40,7 %
	54 = 100 %

02. Sehen Sie Ihre unternehmerische Handlungsfreiheit durch die derzeitigen rechtlichen Bestimmungen beschränkt ? (sofern nein, weiter mit Frage 04)

ja	55 = 36,7 %
nein	95 = 63,3 %
	150 = 100 %

03. Wenn Sie sich durch die Gesetzgebung eingeschränkt sehen, in welchen Aspekten ? (Mehrfachnennungen möglich) (n = 55)

Kreativität	26 = 47,2 %
Wirtschaftlichkeit	25 = 45,9 %
Öffnungszeitenwahl	17 = 31,3 %
langer Samstag	11 = 19,1 %
Abendöffnung	10 = 17,6 %

04. Sehen Sie sich durch die Ladenschlußbestimmungen nicht einer wichtigen Wettbewerbskomponente beraubt - der zeitlichen Betriebsbereitschaft für den Kunden ?

ja	65 = 43,3 %
nein	85 = 56,7 %
	150 = 100 %

05. Sehen Sie sich durch die gesetzlichen Regelungen gegenüber anderen Branchenangehörigen benachteiligt (z.B. Versandhandel, Großbetriebe, Spätverkaufsstellen) ?

ja	55 = 36,7 %	(Tankstellen zu 27 %, Warenhäuser zu 34 %)
nein	95 = 63,3 %	
	150 = 100 %	

06. Sehen Sie einen direkten Zusammenhang zwischen den bestehenden Ladenöffnungszeiten und dem gestiegenen Umsatzanteil des Versandhandels ?

ja	44 = 29,3 %
nein	106 = 70,7 %
	150 = 100 %

07. Können Sie mir Ihre wöchentliche Gesamtöffnungszeit benennen Sie ?

Durchschnittswert liegt bei 55,3 Stunden durch Nichtausnutzung der Öffnung in den Morgenstunden.

08. Sofern diese unterhalb von 68,5 Stunden liegt, nennen Sie mir bitte die Gründe für die Nichtausschöp fung des durch das Ladenschlußgesetzes bestimmten Zeitrahmens ? (Mehrfachnennungen möglich)

Kundeninteresse am Morgen	110 = 73,4 %
Tarifvertrag/Betriebsrat	14 = 9,1 %
Selbständigkeit	19 = 12,7 %
Branche	39 = 26,1 %
Standort	49 = 32,3 %
fehlendes Personal	53 = 35,4 %

09. An welchen Tagen verzeichnen Sie Ihrer Erfahrung nach die größten Kundenströme ? (Mehrfachnennungen möglich)

Montags	19 = 12,6 %
Dienstags	21 = 14,0 %
Mittwochs	20 = 13,3 %
Donnerstags	33 = 22,0 %
Freitags	24 = 16,0 %
Sonnabends	34 = 22,6 %

10. Zu welchen Uhrzeiten ist das Kundenaufkommen derzeit besonders groß ? (Mehrfachnennungen möglich)

zwischen 09 - 11 Uhr	8 = 5,1 %
zwischen 11 - 13 Uhr	51 = 34,2 %
zwischen 13 - 15 Uhr	4 = 2,7 %
zwischen 15 - 17 Uhr	26 = 17,3 %
zwischen 17 - 18 Uhr	61 = 40,4 %
kurz vor Ladenschluß	25 = 16,3 %

11. Beteiligen Sie sich am Dienstleistungsabend ?

ja	109 = 72,7 %
nein	41 = 27,3 %
	150 = 100 %

12. Benennen Sie die Gründe für Ihre Entscheidung ? (bei nein, danach weiter mit Frage 17) (Mehrfachnennungen möglich) Drei meistgenannte Gründe:

Teilnehmer (n = 109):		Nichtteilnehmer (n = 41):	
- Nachfrage	69 = 63,5 %	- Ortslage	20 = 49,7 %
- Wettbewerb	32 = 29,2 %	- Umsatz	9 = 21,5 %
- Umsatz	51 = 47,1 %	- Kosten	24 = 59,1 %

13. Welche Erfahrungen haben Sie mit dem Dienstleistungsabend gemacht (Nutzen-Kosten-Abschätzung) ? (n = 109)

Umsatzanstieg	55 = 50,5 %
Umsatzstagnation bzw. -umverteilung	54 = 49,5 %
Umsatzeinbrüche	109 = 100 %

14. War es schwer für den "langen Donnerstag" Personal zu finden, das sich bereiterklärte auch abends zu arbeiten ?

sehr schwer	9 = 8,3 %
gutes Verständnis bei Mitarbeitern	70 = 64,2 %
nur über Zusatzpersonal	30 = 27,5 %
kein williges Personal zu finden	0 = 0,0 %
	109 = 100 %

15. Haben Sie im Zuge des DL-Abends Neueinstellungen vorgenommen ?

nein	44 = 40,9 %		
ja	65 = 59,1 %		
	davon		
		Teilzeitkräfte	25 = 39 %
		Vollzeitkräfte	16 = 24 %
		Aushilfen	24 = 37 %

16. Haben sich die Kundenströme im Zuge der Einführung des Dienstleistungsabends verändert (Umsatzverschiebungen) ?

nein	75 = 68,5 %		
ja, und zwar	34 = 31,5 %		
	davon		
		weg vom Freitag	21 = 61,1 %
		weg vom Samstag	7 = 20,4 %
		weg vom Ladenschluß	6 = 18,5 %

17. Sofern Sie nicht am Dienstleistungsabend teilnehmen: Haben Sie den Eindruck durch die Nichtteilnahme am Dienstleistungsabend einen Nachteil zu erleiden (z.B. Umsatzverlust auch an anderen Tagen) ? (n = 41)

nein	36 = 87 %
ja, und zwar	5 = 13 %
	41 = 100 %

18. Wie stehen Sie zu den Bestrebungen einer Flexibilisierung der Ladenöffnungszeiten ?

Befürworter	73 = 48,7 %
Gegner	18 = 12,0 %
für einen Kompromiß ....*Samstagsausweitung*...	59 = 39,3 %
ohne Meinung	0 = 0,0 %
	150 = 100 %

19. Welche Gründe sprechen Ihrer Auffassung nach für eine Deregulierung bzw. Beibehaltung der bestehenden Regelungen (z.B. Angst vor Konzentration, neue Wettbewerbsvorteile) ? (Mehrfachnennungen möglich)

Deregulierung (n = 102):		Regulierung (n = 48):	
- Kundenwunsch	32 = 31,7 %	- Kosten	28 = 57,9 %
- Entzerrung	35 = 34,6 %	- Konzentration	15 = 31,3 %
- bessere Auslastung	43 = 41,7 %	- Personalproblem	20 = 42,2 %

20. Gehen Sie ebenfalls vom "Paradoxon des Einzelhandels" aus, wonach eine Konsumsteigerung bei einer Flexibilisierung nicht zu erwarten ist ?

ja	97 = 64,7 %
nein, Erwartung von Konsumausweitung	53 = 35,3 %
	150 = 100 %

21. Glauben Sie nicht, daß unter der Voraussetzung daß Neueinstellungen getätigt würden, der Konsum aufgrund der gesteigerten Einkommenswerte zunehmen würde ? (n = 97)

ja, unter dieser Bedingung	61 = 62,7 %
nein, auch dann nicht	36 = 37,3 %
	97 = 100 %

22. Würde eine gesetzliche Aufhebung der Ladenöffnungszeiten erfolgen, würden Sie Ihr Geschäft dann länger geöffnet lassen ?

ja	106 = 70,7 %
nein	44 = 29,3 %
	150 = 100 %

23. Würden Sie Neueinstellungen tätigen, sofern die Arbeitszeiten der bereits beschäftigten Mitarbeiter konstant blieben (Entkoppelung der persönlichen Arbeitszeit von der Öffnungszeit) ?

ja, uneingeschränkt	33 = 22,0 %
zuerst Ausnutzung von Arbeitszeitmodellen	76 = 50,7 %
nein, eher auf Verkauf verzichten	41 = 27,3 %
	150 = 100 %

24. Wenn es zu einer Änderung der Ladenöffnungszeiten käme, welche Form würden Sie bevorzugen ?

jedem selbst überlassen	43 = 28,7 %
brancheneinheitlich neu regeln	22 = 14,7 %
gesamteinheitlich neu regeln	20 = 13,3 %
Markt überlassen	65 = 43,3 %
	150 = 100 %

25. Sollte dabei die wöchtliche Gesamtöffnungszeit

verlängert	97 = 64,9 %
verkürzt	0 = 0,0 %
beibehalten werden ?	53 = 35,1 %
	150 = 100 %

26. Wann sehen Sie Vorteile bei einer längeren Öffnungszeit ?

an einem Werktag	13 = 8,3 %
an mehreren Werktagen	58 = 38,7 %
an allen Werktagen	24 = 16,3 %
am Wochenende	47 = 31,3 %
garnicht	8 = 5,4 %
	150 = 100 %

27. An welche Öffnungszeiten würden Sie dabei denken ?

bis 20 Uhr	88 = 58,6 %
bis 21 Uhr	33 = 22,0 %
bis 22 Uhr	11 = 7,4 %
unbegrenzt	10 = 6,6 %
keine Ausweitung	8 = 5,4 %
	150 = 100 %

28. Welche Hemmnisse stehen einer Änderung des Ladenschlußgesetzes aus Ihrer Sicht vor allem entgegen (z.B. Tarifverträge, Betriebsverfassungsgesetz) ? (Mehrfachnennungen möglich)

keine	46 = 30,9 %
Betriebsrat	26 = 17,4 %
Tarifvertrag	87 = 58,2 %
Wirtschaftlichkeit	59 = 39,1 %
fehlendes Personal	67 = 44,6 %
Politik	41 = 27,3 %

Statistik:

Branchen

Lebensmittel	24 = 16,0 %
Konsumgüter	126 = 84,0 %
	150 = 100 %

Branchenbezeichnung

Möbel	13 = 8,7 %
Elcktro	26 = 17,3 %
Bekleidung/Textilien	41 = 27,3 %
Haushaltswaren	20 = 13,3 %
Bücher/Schreibwaren	12 = 8,0 %
Lebensmittel/Getränke	24 = 16,0 %
Warenhausvollsortimenter	14 = 9,1 %
	150 = 100 %

Organisationsform

Einzelhandel	105 = 70,0 %
Warenhaus	14 = 9,3 %
Filialbetrieb	31 = 20,7 %
	150 = 100 %

Größe

Kleinbetrieb	69 = 46,0 %
mittelständischer Betrieb	67 = 44,7 %
Großbetrieb	14 = 9,3 %
	150 = 100 %

Angestelltenzahl

unter	5 Beschäftigte	69 = 46,0 %
	5 bis 10 Beschäftigte	10 = 6,7 %
	10 bis 30 Beschäftigte	57 = 38,0 %
	mehr als 30 Beschäftigte	14 = 9,3 %
		150 = 100 %

Verhältnis Vollzeit/Teilzeit-Arbeitskräften

durchschnittlich bei 70:30

Durchschnittliche Personalkosten je Stunde und Mitarbeiter

rund 20 % des Umsatzes

Umsatzentwicklung

Umsatzanstieg	65 = 43,3 %
Umsatzstagnation	64 = 42,7 %
Umsatzrückgang	21 = 14,0 %
	150 = 100 %

Betriebsrat

ja	37 = 24,7 %
nein	113 = 75,3 %
	150 = 100 %

C. Auswertungsergebnisse der empirischen Studie: Stichprobenraum Verbraucher

Stichprobenraum: 500 Verbraucher per Random-Route-Verfahren (n = 500)
Befragungszeitraum: 1. Februar - 1. April 1994

01. Kommen Sie mit der derzeit bestehenden Regelung der Ladenöffnungszeiten zurecht ?

ja	346 = 69,2 %
nein	154 = 30,8 %
	500 = 100 %

02. Wann tätigen Sie Ihre Einkäufe ? (Mehrfachnennungen möglich)

zwischen 09.30 Uhr und 12.00 Uhr	154 = 30,8 %
zwischen 12.00 Uhr und 13.00 Uhr	67 = 13,4 %
zwischen 13.00 Uhr und 16.00 Uhr	43 = 8,6 %
zwischen 16.00 Uhr und 18.00 Uhr	176 = 35,2 %
kurz vor Ladenschluß	179 = 35,8 %

03. Wieviel Zeit nehmen Sie sich durchschnittlich für Ihren Einkauf ?

0 - 15 Minuten	21 = 4,2 %
16 - 60 Minuten	172 = 34,4 %
1 Stunde - 1½ Stunden	220 = 44,0 %
1½ Stunden - 2 Stunden	87 = 17,4 %
mehr als 2 Stunden	0 = 0,0 %
	500 = 100 %

Dabei ergab sich rein rechnerisch ein Durchschnittswert von 36 Minuten.

04. Wo liegt Ihr Schwerpunkt bei Einkäufen ?

Warenhaus	198 = 39,6 %
Fachhandel (Filiale)	155 = 31,0 %
Einzelhandel	147 = 29,4 %
	500 = 100 %

05. Welche Gründe haben Sie hierfür ? (Mehrfachnennungen möglich)

Gründe für <u>Warenhaus oder Filialbetrieb (n = 353):</u>		Gründe für <u>Einzelhandel (n = 147):</u>	
Sortiment	226 = 64,0 %	Beratung	110 = 74,8 %
Zeitknappheit	145 = 41,1 %	Qualität	87 = 59,2 %
Preise	66 = 18,7 %	Frische	23 = 15,6 %

06. Wie würden Sie Ihren Zeitrahmen beim Einkauf beschreiben ?

viel Zeit	66 = 13,2 %
ausreichend Zeit	157 = 31,4 %
kaum Zeit	254 = 50,8 %
gar keine Zeit	23 = 4,6 %
	500 = 100 %

07. Bleiben dabei auch genügend Möglichkeiten zum Preisvergleich ?

nur begrenzt	330 = 66,0 %
garnicht	66 = 13,2 %
ja	104 = 20,8 %
	500 = 100 %

08. Wieviel Stunden arbeiten Sie in der Woche ?

Der Durchschnittswert lag trotz der in der Umfrage erfaßten Hausfrauen, Rentner und Schüler bei 33,5 Stunden.

Dabei arbeiteten

330 = 66,0 % ganztags
70 = 14,0 % halbstags
100 = 20,0 % gar nicht bzw. im Haushalt

09. Finden Sie neben Ihrem Beruf ausreichend Zeit, um sich den Einkäufen zu widmen ?

ja	285 = 57,0 %
nein	215 = 43,0 %
	500 = 100 %

10. Wann tätigen Sie in dem Ihnen gesetzten Zeitrahmen Ihre eigenen Einkäufe ? (Mehrfachnennungen möglich)

an freien Tagen	198 = 39,6 %
in der Mittagspause	43 = 8,6 %
während der Arbeitszeit	110 = 22,0 %
kurz nach der Arbeit	174 = 34,8 %
am Wochenende bzw. DL-Abend	264 = 52,8 %
durch andere	17 = 3,4 %
sonstiges	21 = 4,2 %

11. Gibt es dabei besondere "Einkaufstage" ? (Mehrfachnennungen möglich)

nein	352 = 70,4 %
ja, und zwar	148 = 29,6 %

Dienstags	22 = 14,9 %
Donnerstags	66 = 44,6 %
Freitags	27 = 18,2 %
Sonnabends	88 = 59,5 %

12. Tätigen Sie Ihre Einkäufe in unmittelbarer Umgebung Ihrer Arbeitsstätte ?

ja	261 = 52,2 %
nein	239 = 47,8 %
	500 = 100 %

13. Würden große Verkaufszentren in Außenbezirken Ihr Interesse wecken ?

ja	45 = 9,0 %
nein	455 = 91,0 %
	500 = 100 %

14. Wie oft kommt es vor, daß Sie Spätverkaufsstellen oder Tankstellen nutzen, um Ihre Wünsche zu befriedigen ?

regelmäßig	5 = 1,0 %
häufiger	31 = 6,2 %
selten	266 = 53,2 %
nie	198 = 39,6 %
	500 = 100 %

15. Worauf achten Sie insgesamt beim Einkauf ? (Mehrfachnennungen möglich)

Preise	375 = 75,0 %
Erreichbarkeit des Einkaufsortes	264 = 52,8 %
Qualität	352 = 70,4 %
Angebotssortiment	288 = 57,6 %
Einkaufsatmosphäre	197 = 39,4 %
One-stop-shop	283 = 56,6 %
Betriebsform	47 = 9,3 %
Öffnungszeit	194 = 38,8 %
Menge des Einkaufs	66 = 13,2 %

16. Was halten Sie vom sog. "Dienstleistungsabend" ?

gute Einrichtung	441 = 88,2 %
weniger gute Einrichtung	59 = 11,8 %
	500 = 100 %

17. Nennen Sie Gründe für Ihre Einstellung:

Befürworter (n = 441):		Gegner (n = 59):	
Einkaufszeit	265 = 60,1 %	Beschränkung auf Einzelhandel	47 = 79,7 %
Flexibilität	133 = 30,2 %	Lage der Öffnungszeit	22 = 37,3 %
Fülleverteilung	21 = 4,8 %		

18. Haben Sie Ihre Einkäufe auf den Dienstleistungsabend verlagert ?

ja	198 = 39,6 %
nein	302 = 60,4 %
	500 = 100 %

19. Wie häufig gehen Sie Sonnabends einkaufen ?

ausschließlich	23 = 4,6 %
häufig	197 = 39,4 %
selten	261 = 52,2 %
nie	19 = 3,8 %
	500 = 100 %

20. Nennen Sie Ihre Gründe hierfür: (Mehrfachnennungen möglich)

Pro Samstag (n = 220):		Contra Samstag (n = 280)	
Frische der Waren	68 = 30,9 %	Fülle	154 = 55,0 %
Zeit	87 = 39,5 %	früher Ladenschluß	23 = 8,2 %
freier Tag	65 = 29,5 %	andere Tage ausreichend	22 = 7,9 %
Familientag	21 = 9,5 %	Freizeittag	47 = 16,8 %

21. Passiert es Ihnen häufig, daß Sie sich wünschten, jetzt noch etwas besorgen zu können ?

häufig	154 = 30,8 %
selten	307 = 61,4 %
nie	39 = 7,8 %
	500 = 100 %

22. Wann kommt dies eher vor ?

am Wochenende	153 = 30,6 %
innerhalb der Woche	308 = 61,6 %
keine Angaben	39 = 7,8 %
	500 = 100 %

23. Sehen Sie sich in Ihrer Freizeitplanung durch die bestehende Ladenschlußgesetzgebung behindert ?

ja	153 = 30,6 %
nein	347 = 69,4 %
	500 = 100 %

24. Wie stehen Sie zu den Bestrebungen einer Flexibilisierung der Ladenöffnungszeiten ?

Befürworter	349 = 69,8 %
Gegner	21 = 4,2 %
für einen Kompromiß	109 = 21,8 %
ohne Meinung	21 = 4,2 %
	500 = 100 %

25. Welche Gründe sprechen Ihrer Auffassung nach für eine Deregulierung bzw. Beibehaltung der bestehenden Regelungen (z.B. Angst vor Konzentration, neue Wettbewerbsvorteile) ? (Mehrfachnennungen möglich)

Deregulierung (n = 403):		Regulierung (n = 76):	
individuelle Planung	69 = 17,1 %	Arbeitnehmerinteressen	67 = 88,2 %
Wettbewerbsaktivierung	81 = 20,1 %	Konzentrationsprozeß	61 = 80,3 %
Auslandserfahrung	103 = 25,6 %	Preiserhöhung	53 = 69,7 %
Streßabbau	157 = 39,0 %		

26. Sofern Ihrer eigene Arbeitszeit von einer Änderung der Öffnungszeiten unberührt bliebe (Entkoppelung der persönlichen Arbeitszeit von der Öffnungszeit), würde dies etwas an Ihrer Aussage ändern ?

ja	19 = 3,8 %
nein	459 = 91,8 %
keine Angaben	22 = 4,4 %
	500 = 100 %

27. Sofern durch eine Liberalisierung neue Arbeitsplätze geschaffen würden und Sie als Kunde mehr Zeit zum Einkauf hätten, würden Sie hierfür bereit sein auch höhere Preise zu zahlen ?

ja	69 = 13,8 %
nein	165 = 33,0 %
hängt davon ab wie hoch	266 = 53,2 %
	500 = 100 %

28. Wenn es zu einer Änderung der Ladenöffnungszeiten käme, welche Form würden Sie als Verbraucher bevorzugen ?

jedem selbst überlassen	415 = 83,0 %
brancheneinheitlich neu regeln	44 = 8,8 %
gesamteinheitlich neu regeln	22 = 4,4 %
keine Angaben	19 = 3,8 %
	500 = 100 %

29. Sollte dabei die wöchtliche Gesamtöffnungszeit

verlängert	353 = 70,6 %
verkürzt	17 = 3,4 %
beibehalten werden ?	111 = 22,2 %
keine Angaben	19 = 3,8 %
	500 = 100 %

30. Wann sehen Sie Vorteile bei einer längeren Öffnungszeit ?

an einem Werktag	0 = 0,0 %
an mehreren Werktagen	93 = 18,6 %
an allen Werktagen	197 = 39,4 %
am Wochenende	191 = 38,2 %
keine Angaben	19 = 3,8 %
	500 = 100 %

31. An welche Öffnungszeiten würden Sie dabei denken ?

bis 20 Uhr	189 = 37,8 %
bis 21 Uhr	139 = 27,8 %
bis 22 Uhr	124 = 24,8 %
unbegrenzt	29 = 5,8 %
keine Angaben	19 = 3,8 %
	500 = 100 %

32. Würden sich nach Ihrer Ansicht ihre monatlichen Ausgaben erhöhen, sofern längere Öffnungszeiten bestünden, d.h. würden Sie mehr Entsparen bzw. mehr ausgeben ?

möglich aufgrund der aufgestauten Bedürfnisse	89 = 17,8 %
im geringen Maße	176 = 35,2 %
nein	125 = 25,0 %
weiß nicht	110 = 22,0 %
	500 = 100 %

33. Welche Verkehrsmittel benutzen Sie zu Ihrem Einkauf ? (Mehrfachnennungen möglich)

Auto	375 = 75,0 %
zu Fuß	224 = 44,8 %
Fahrrad	132 = 26,4 %
Öffentliche Verkehrsmittel	179 = 35,8 %

34. Schildern Sie kurz Ihren durchschnittlichen Abendverlauf:

Als abendliche Aktivitäten stehen vor allem Fernsehen, Kultur (Kino, Theater, Restaurantbesuche etc.) und Sport auf dem Programm

35. Würden Sie von diesen Gewohnheiten zugunsten einer Einkaufsmöglichkeit abweichen ?

ja	271 = 54,2 %
nein	229 = 45,8 %
	500 = 100 %

Statistik

Geschlecht

männlich	151 = 30,3 %
weiblich	349 = 69,7 %
	500 = 100 %

Alter des Kunden

bis 25 Jahre	85 = 17 %
26 - 40 Jahre	290 = 58 %
41 - 50 Jahre	145 = 29 %
51 - 65 Jahre	35 = 7 %
66 und mehr Jahre	25 = 5 %
	500 = 100 %

Personenhaushalt

Einpersonenhaushalt	145 = 29 %
Zweipersonenhaushalt	200 = 40 %
Dreipersonenhaushalt	70 = 14 %
Vierpersonenhaushalt	75 = 15 %
und mehr Personen	10 = 2 %
	500 = 100 %

Beruf

Hausfrau	80 = 16 %
Studenten/Schichtarbeiter	60 = 12 %
Angestellte/Beamte	195 = 39 %
Arbeiter	80 = 16 %
Akademiker	85 = 17 %
	500 = 100 %

Anteil des Einkommens für Konsumausgaben

bis 200 DM	21 = 4,3 %
200 - 400 DM	65 = 13,0 %
400 - 600 DM	41 = 8,3 %
600 - 900 DM	87 = 17,4 %
900 - 1200 DM	68 = 13,5 %
über 1200 DM	218 = 43,5 %
	500 = 100 %

davon Anteil der Lebensmittelausgaben: Durchschnittswert lag bei 65 %.

Ort der Befragung

Einzelhandel	160 = 32 %
Warenhaus	165 = 33 %
Filialbetrieb	175 = 35 %
	500 = 100 %